叢書・ウニベルシタス　1090

社会的なものを組み直す

アクターネットワーク理論入門

ブリュノ・ラトゥール
伊藤嘉高 訳

法政大学出版局

ともに苦難の時を過ごしてくれた博士課程の学生たちに

フランクリン：箴言の第6章ではこう言っているよ。「なまけ者よ。アリのところへ行き、そのやり方を見て、知恵を得よ」ってね
ペパーミント・パティ：やってみたわよ……アリも答えを知らなかったんだから……

社会的なものを組み直す——アクターネットワーク理論入門◉目次

謝辞 3

序章——連関をたどる務めに立ち帰るには……7

第I部 社会的世界をめぐる論争を展開させるには

はじめに——論争を糧にすることを学ぶ……43

第一の不確定性の発生源——グループではなく、グループ形成だけがある……53

グループ形成が残す痕跡のリスト 59

ノー・ワーク、ノー・グループ——働きかけがなければ、グループはない 67

媒介子対中間項 72

第二の不確定性の発生源——行為はアクターを超えてなされる……83

〈アクターが行為する〉ように他の多くのものがしている 88

実地に根ざした形而上学を探究する 97
エージェンシーをめぐる論争を地図に示すためのリスト 100
誰かに何かをさせる方法 112

第三の不確定性の発生源――モノにもエージェンシーがある……119

働いているアクターの種類を増やさなくてはならない 121
モノを行為の進行に与するものにする 132
モノはところどころでしか痕跡を残さない 140
モノの活動が簡単に可視化される状況のリスト 148
権力関係を忘却してきたのは誰なのか 155

第四の不確定性の発生源――〈厳然たる事実〉対〈議論を呼ぶ事実〉……163

構築主義 対 社会構築主義 165
科学社会学の幸いなる難破 175
社会的説明は必要ない 187
翻訳 対 移送 199
経験には目に映る以上のものがある 204
〈議論を呼ぶ事実〉を展開するのに資するリスト 218

第五の不確定性の発生源——失敗と隣り合わせの報告を書きとめる……229
テクストを書くのであって、窓ガラスを通して見るのではない　231
ついにネットワークが何であるのかを定義する　242
基本に帰る——ノートのリスト　253
批判ではなく、展開　257

アリ／ANTであることの難しさについて——対話形式の幕間劇……267
導入——消極的な理論と積極的な理論　267
ネットワークと、記述の重要性について　270
解釈的なパースペクティブと客観主義的なパースペクティブについて　274
相対主義、ANT、コンテクストについて　279
文字による記述、作り話、論文について　282
痕跡を残さないアクターと、研究から学ぶ必要のないアクターについて　287
反省性と説明について　290
構造主義とANTの果てしない隔たり　294
科学、権威、意義について　298

第II部　連関をたどり直せるようにする

はじめに――社会的なものをたどることは、なぜ難しいのか？……307
社会的なものをフラットな状態に保つ方法……319
第一の手立て――グローバルなものをローカル化する……333
パノプティコンからオリゴプティコンへ　336
パノラマ　352
第二の手立て――ローカルなものを分散させ直す……367
分節化、ローカル化の装置　371
対面的な相互作用という場の怪しさ　382
プラグイン　391
アクターから、分かちがたい結合へ　409
第三の手立て――複数の場を結びつける……419
規格から収集型の言表へ　424
ついに媒介子　442

プラズマ――ミッシング・マス　458
結章　社会から集合体へ――社会的なものを組み直すことは可能か……467
どのような政治認識論なのか？　471
数あるなかの一学問分野　478
政治の異なる定義　487
訳　註　497
訳者あとがき　517
文献一覧　(28)
事項索引　(7)
人名索引　(1)

凡例

1 傍点は、原文のイタリック体による強調部分に対応している。

2 一般名詞の頭文字が大文字になっている場合は、原則として、当該訳語を〈 〉で括った。また、日本語に訳すと、熟語であること（語句のかかり方）が見えづらくなる場合も、〈 〉で括ってわかりやすくした。具体的には、〈議論を呼ぶ事実〉、〈厳然たる事実〉などである。

3 原語を知ることが、その単語の（多様な）ニュアンスや文意の理解につながると考えられる場合は、原則として、ルビを用いて原語をカタカナ表記した。ただし、第一項の傍点と重なる場合は、傍点を優先し、原語については、訳語の後ろに（ ）を用いて欧文表記で示した。

4 〔 〕は訳者による補足であることを示す。

5 原註は番号（1、2、3……）を付して側註とした。訳註は番号（訳註1、訳註2、訳註3……）を付して巻末にまとめた。

6 文献註について、邦訳書のない出典は欧文表記のままであり、邦訳書のある出典の場合は、邦訳書名、カタカナ表記による著者名、訳書の刊行年と当該頁数を漢数字で記載した。

7 引用文献の訳文については、必ずしも既訳書にはしたがっていない。原典がフランス語、ドイツ語等で著されている文献について、英訳が引かれている場合は、原典を優先した。

8 仏語版では英訳がない仏語参照文献が追加されており、そのうち邦訳文献があるものは、本訳書にも追加した。

9 本文中のコラムの位置は、仏語版に従っている。ただし、段落構成については、読者の参照の便を考え、二、三の例外を除き、英語版のままである。

10 人名表記は、人口に膾炙している表記があれば、それを優先し、人口に膾炙している表記がない場合は、当該人物の主要言語による発音に近い表記を採用している。

11 訳註について、本書全体の理解に関わる語句（あるいは、アクター－ネットワーク－理論の用語）に対する註は、その語句を太字で示した。

社会的なものを組み直す——アクターネットワーク理論入門

謝　辞

本書は、紆余曲折を経てできあがった。その始まりは、約三十年前に遡る。当時、私は、ケニアにて、シャーリー・ストラムとシャーリーの〔研究対象であった〕ヒヒから、霊長類の社会学を教わる機会を得た。シャーリーとのプロジェクトは棚上げの状態にあるものの、この経験を核として、パリの鉱業学校で若いエンジニアたちに社会学を教えることになったのである。一九九六年に、ルーヴァン＝ラ＝ヌーヴで開かれたルクレール講義の講師として呼ばれたとき、当時、「アクター＝ネットワーク＝理論」として知られるようになったものについて、多くの人びとから学んできたことをまとめ上げる頃合いだと考えるようになった。具体的には、ミシェル・カロン、ジョン・ロー、マドレーヌ・アクリッシュ、アンディ・バリー、アネマリー・モル、アントワーヌ・エニョンなどから学んできたことである。こうした人びととの数々の共同研究は、読者の頭をしきりに悩ませてきた。読者を悩ませたのは、科学の営為をはじめとするさまざまな話題に関する私たちの見方よりも、むしろ、「社会的」と「社会的説明」という語に私たちが与えていた特有の意味であった。それなのに、既存のものに代わる私たちの新たな社会理論が、それまで体系的な入門書の対象になることはなかった。そこで、私は、この小派が、フランケンシュタイン博士の研究所を抜け出した怪物さながらになってしまったと嘆くのではなく、興味をもってくれる読者に対してその知の骨格を提示するほうが理にかなっているのではないかと思うようになった。

一九九九年になって、バーバラ・チャニオウスカから、「組織研究のニーズに適った」社会理論を扱う集中講義の講師を依頼されたことで、ようやく全体の草稿を書き始めることになった。現在のテクストは、バーバラが厚意で用意してくれた講義録を用いたものではないが、この題材をまとめることができたのはバーバラとイェーテボリ大学の学生のおかげである。加えて、ロンドン・スクール・オブ・エコノミクスの情報システム学部〔現・経営学部〕でも、一九九九年、二〇〇〇年、二〇〇一年の冬期に、このテーマについて繰り返し論じる機会を得た。さらに、二〇〇二年秋に向けて、畏友スティーヴ・ウールガーから、オックスフォード大学サイード・ビジネス・スクール主催のクラレンドン講義の講師依頼を受けたことで、また別の草稿を書くことになった。そして、この草稿をたたき台にして、アンドリュー・バリー、ハウイー〔ハワード〕・ベッカー、ジェフ〔ジェフリー〕・バウカー、フランソワ・クーレン、ディディエ・デベス、ジェラルド・デ・フリース、エミリー・ゴマート、ファビアン・ミュニエーザ、ヌールチェ・マレス、シャーリー・ストラム、アルベナ・ヤネヴァ、ベネディクテ・ジトゥニ、エドガー・ウィトレーとさまざまな深さの議論を重ねたことで、この新たな版が生まれた。最後に、マイケル・フラワー、ジャン＝トゥーサン・ルカ、マイケル・リンチ、パオロ・クワットローネ、イザベル・ステンゲルス〔スタンジェール〕、エドゥアルド・ヴァルガスによる第二弾の批判を受けた。もちろんのことながら、残された欠点は、すべて以上の人びとによるものではなく、私によるものである。

しかし、誰よりも感謝を捧げたいのは、長年にわたって私自身の「論文作成ワークショップ」に参加してくれた博士課程の学生たちである。私自身はこれまで一度も正規の教育を受けていない分野について何とか貢献しようとしてきたが、学生たちはその最良かつ最も忍耐強い教師であった。

こうして長い時間をかけて他にはないかたちで生まれたことが、この作品の片意地張ったところをいくらか説明してくれるだろう。この新たな社会理論がきちんと示された今、読者はこの理論をどう扱うのかを決めることができる。しっかりと活用しようとするのか、原形をとどめないほどねじ曲げてしまうのか、あるいは、最もありそうなことだが、すべて投げ捨ててしまうのか——しかし、今度はその内容を知りながら！　私について言えば、本書を書くことで、ようやく、自分が社会学者と呼ばれることを誇りに思える条件を見つけることができた。

序章——連関をたどる務めに立ち帰るには

本書で主張し問題にしたいことは、ごく簡単に述べることができる——社会科学者が何かしらの事象に「社会的《ソーシャル》」という形容詞を加えるとき〔「○○は社会的だ」と言う場合〕、社会科学者が指し示しているのは、安定化した物事の状態《ステイト・オブ・アフェアーズ》／事態であり、一つの束になった〔人や事物の〕結合であること、そして、そうした社会的なものが、後には、別の何らかの事象を説明するために持ち出されもすることだ。(訳註1)「社会的」という語を用いることで、すでにひとつに組み合わさったものを指し示して、組み合わさったものの性質について一切の予断を加えないのであれば、何の問題もない。しかし、「社会的」という語が、「木製」「鉄製」「生物的」「経済的」「精神的」「組織的」「言語的」などといった他の形容詞とおよそ同列のものであると言わんばかりに、一種の素材《マテリアル》を意味し始めると、(訳註2)問題が起きてしまう。

(※)注では短縮した参照表記を用い、短縮のない参考文献の一覧を巻末に掲載する。本書は、いささか飾り気に欠けるので、エミリー・エルマンと著したもっと軽めの *Paris ville invisible* (Latour and Hermant 1998) と横並びにして読むこともできる。同書は、写真エッセイを並べて、同じ話題の多くをカバーしようとしたものである。英語版 *Paris the Invisible City* は、オンライン (http://bruno-latour.fr) で入手できる。

その時点で、社会的という語は、二つのまったく異なる事柄を指し示すことになり、意味が破綻してしまうのだ。つまり、一方で、〔さまざまな人や事物が〕ひとつに組み合わさる動きを指し示しているにもかかわらず、他方で、他の素材と異なるとされる種差的[訳註3]な成分を指し示してしまうということだ。

本書のねらいは、社会的なものを素材や領域の一種と見なせない理由を示すことにあり、さらには、他の何かしらの事態に対して「社会的説明」を行おうとすることに異を唱えることにある。社会的説明は、かつては有益であり、おそらくは欠かせないものであったが、今や、その大半は、他ならぬ社会科学の成功のせいもあって有益ではなくなっている。現段階の社会科学では、社会的な領域の構成／組み上げ《コンポジション》に加わる諸要素を正確に調べ上げることは到底不可能である。そこで、本書では、社会的という概念をその原義に立ち帰って定義し直し、社会科学者には思いもよらなかった諸要素の結びつきをたどり直せるようにしたい。そうすることで、もっと適した手法を用いて、社会科学の伝統的な目標に立ち帰れるようになるだろう。私は、自然という「組み立て／組み合わせ《アセンブリッジ》」に関する幅広い研究を行ってきた結果、社会という傘の下で「組み合わさる《アセンブルド》」ものの正確な内容をもっと徹底的に調べることが必要であると考えるようになった。おそらく、この取り組みは、社会学のかつての務め、つまりは「共生の科学」[1][訳註4]に忠実であるための唯一の道である。

しかし、この道を進むためには、「社会学《ソシオロジー》」という語で広く理解されていることを定義し直すことが必要だ。「ソシオ・ロジー」は、ラテン語とギリシア語の双方からの翻訳でできており、「社会的なものの科学」を意味する。この表現は、二つの欠点、つまりは、「社会的」という語と「科学」という語の欠点がなければ、優れたものになろう。今日の私たちが科学技術の取り組みに進んで認めている諸々の価値や力〔日常の科学化など〕は、社会科学の創始者たちが自らの学問領域を創り出したときに念頭にあったものからかけ離れている。近代化のまっただなかにおいて、科学は、どこまでも伸びていく非常に強力な欲望であり、その進歩を遅らせようとするためらいなどなかった。社会科学の創始者たちは思いもしなかったことだが、科学はその拡大によって他の社会的な営みとほとんど同じ広がりを有するまでになっているのだ。社会科学の創始者たちが「社会」という言葉で表したものにも同じく根本的な変容が見られ、その変容の大半は、まさに科学技術の産物の広がりによるものである。〔訳註5〕「社会的」と呼ぶのに十分に種差的な諸関係が存在し、ひとつにまとまって「社会」として機能しうる特別な領域を作り上げられるのかどうかはもはや定かでない。社会的なものは、至るところに薄く広がっているように見えるけれども、とくにどこかにあるわけではないようにも見える。このように、科学も社会も、強固な「社会的なものの科学《ソシオ・ロジー》」を請け合うのに十分に安定した状態を保ってはいないのだ。

この二重の変容にもかかわらず、ほとんどの社会科学者は、思い切って社会科学の対象と方法論をしかるべく改めようとしてこなかった。社会学者たちは今なお、何度となく挫けながらも、いつの日

(1)「共生の科学」の表現については、ローラン・テヴノーの 'Une science de la vie ensemble dans le monde' (Thévenot 2004) で説明されている。この論理の順序——自然の組み立てに続く社会の組み立て——は、私の思考の進み方とは真逆をなしている。〔自然の組み立てを扱った〕一対の書——『科学論の実在』(ラトゥール 二〇〇七) と *Politics of Nature* (Latour 2004) ——を著すよりもずいぶん前に、共同研究者とともに科学技術のフィールドワークを実施して明らかになった新たな謎を扱うために、私は新たな社会理論を作り出していた。

か、実在する社会的世界を扱う真の科学という約束の地にたどりつくことを望み続けているのだ。私のように、「科学の社会学」〔科学の社会科学〕という撞着語法を長年実践してきた者たち以上に、この板挟みの苦しさを自覚している研究者はいない。この鋭くも少なからず捻れた「科学の社会学」が引き起こしてきた数々のパラドクスのために、さらには、「科学」の意味の数々の変化のために、「社会的」という語の意味するところを修正する時がきているように思う。したがって、「社会学」の新たな定義を考え出すことを望みつつも、この有用なラベルは捨てずに取っておき、かなうならば、社会学の伝統的な使命に忠実なままでありたい。

　社会とは何なのか。「社会的」という語は何を意味するのか。なぜ、ある種の活動には「社会的次元」があると言われるのか。どうすれば、「社会的要因」が働いていることを示せるのか。いつになれば、社会に関する研究や他の社会的なまとまり／総合体《アグレゲイト》に関する研究が優れたものになるのか。どのようにして、社会の進む道を変えることができるのか。以上の問いに答えるために、大きく分けて二つの相異なるアプローチがなされ、そのうちの一方だけが当然視されている——本書の対象は、当然視されていないほうのアプローチである。

　第一の解法は、「社会」、「社会秩序」、「社会的営為」、「社会的次元」、「社会構造」などとさまざまに呼ばれる種差的な事象の存在を措定することであった。社会理論が練り上げられてきた二十世紀に重要であったのは、社会学の実在領域〔現実《リアリティ》の領域〕を他の実在領域（たとえば経済学、地理学、生物学、心理学、法学、科学、政治学の領域）と区別することであった。ある事象が「社会的」であるとか「社会に関係する」といったように言われるのは、消極的《ネガティブ》ないし積極的《ポジティブ》なかたちで種差的な特性を有していると定義できる場合である。たとえば、前者は、「何々という事象が、『純粋に』生物的、言語的、経済的、自然的であるはずはない」というものであり、後者は、「何々という事象が、社会秩序を打ち立てる、強化する、表現する、維持する、再生産する、破壊するに違いない」というものだ。ひとたび社会的領域が定められると、それがどんなに曖昧なものであろうとも、次には、「社会的」事象に何かしらの光を当てるのに用いられることにもなった——社会的なものが社会的なものを説明することになった。さらには、他の学問分野では説明がつかないことに対して相応の説明を行うために用いられた——「社会的要因」に訴えることで、非社会的な事象の「社会的側面」が説明できるというわけだ。

たとえば、法には相応の力があるけれども、そこに「社会的次元」を加えるならば、法についてもっとうまく理解できるだろうとか、経済の力は独自の論理で展開するけれども、社会的要素も存在しており、計算高い行為者の多少なりともぶれた行動が説明できるとか、心理状態はその内的動因によって生まれるけれども、もっと入り組んだ心理状態のなかには「社会的影響」を受けるものもあるといえるとか、科学は自己推進する力を備えているけれども、科学の探求には、「自らの生きる時代の社会的コンテクストに埋め込まれた」科学者たちの「社会的限界」にどうしても「縛られる」ところがあるとか、芸術のほとんどは「自律的」であるけれども、社会的・政治的「動機」によっても「影響」されており、それによって名作の諸側面がたいてい説明できるとか、経営学には独自のルールがあるけれども、「社会的、文化的、政治的な側面」を考えることも賢明であろうし、そうした側面を考えることで、理にかなっているのになぜ実際には決して適用されない組織原理があるのかが説明できる、といった具合である。

　他にも多くの例が簡単に見つかるが、それは、こうした類の社会理論が、私たちの頭のなかの情報処理プログラムの基本設定になっているからである。このプログラムにインプットされているのは次の点だ。①社会的でない活動の背景には社会的な「コンテクスト」〔文脈〕がある、②社会的コンテクストは、ひとつの種差的な実在領域である、③社会的コンテクストは、固有の因果を有するものとして扱うことができ、それによって他の領域（心理学、法学、経済学など）では十分に扱いきれない面が説明できる、④社会的コンテクストは、社会学者や「何とか」社会学者と呼ばれる専門家が研究する――この「何とか」にはさまざまな学問分野の名前が入る、⑤通常の人や組織は常に自らを取り巻く社会的世界の「なかに」いるために、その世界に関する「インフォーマント」〔情報提供者〕になれるのがせいぜいであり、最悪の場合には、社会的世界の存在に気づいておらず、その影響の如何はもっと訓練された社会科学者の目でなければ見えない、⑥社会的世界の研究を進めることがどんなに難しくても、他の科学者と同じように定量的な手法を用いて客観的になることで、社会科学者は、自然科学の成功をおおよそ擬することができる、⑦それができない場合には、科学のエートスを捨て去ることなく、扱っている問題の「人間的」、「意図的」、「解釈学的」側面を説明に入れる新たな方法論を考え出さなければならない、⑧社会科学者が社会工学に関する専門家としての知見を求められたり、社会の変革に加わるよう求められたりするときには、以上の研究がある種の政治的な意義《ポリティカル・レリバンス》を有するだろうが、それは十分な知識が蓄積されてからの話である。

　以上の基本設定は、社会科学者だけでなく、一般のアクター〔行為者〕にとっても、新聞、大学教育、政党政治、バーの会話、ラブストーリー、ファッション誌などを介して当たり前のことになっている。(2)社会科学は、公益企業が電気や電話を提供するのと同じくらい効果的に、自らの社会の定義を広めてきた。自分たちや他の人たちが「社会のなかで」していることに見られる不可避の「社会的次元」についてあれこれ言うことは、携帯電話を使ったり、ビールを注文したり、エディプス・コンプレックスを引き合いに出したりするのと同じくらいありふれたことになっている――少なくとも先進国においては。

もう一方のアプローチは、こうした第一のアプローチの基本的な信条を当然視しない。このアプローチが訴えるのは、①社会的な秩序に種差的なものは何もないこと、②いかなる種類の社会的次元も「社会的コンテクスト」もなく、「社会的」ないし「社会」というラベルが貼れるような明確な実在領域もないこと、③他の学問領域では説明が付かなかった特徴を「説明」するために「社会的な力」を持ち出せないこと、④構成員たちは、自分が何をしているかについて、たとえ観察者の満足のいくように明確に表現できなくとも、とてもよくわかっていること、⑤アクターは社会的コンテクストに埋め込まれておらず、どんな場合でも「単なるインフォーマント」をはるかに超えた存在であること、⑥したがって、他の科学の専門領域に何かしらの「社会的要因」を付け加える意味は何もないこと、⑦「社会の科学」を通して得られる政治的な意義は、必ずしも望ましいわけではないこと、⑧あらゆ

(2) 「アクター」の語の広まり自体が、社会理論の影響を示す数々の印のひとつである。アクターの語の意味については、しばらくあいまいなままにしておこう――八八頁以下を参照のこと。

るものが「コンテクストのなかに」枠づけられると言われたりするが、「社会」はそうしたコンテクストでは決してなく、むしろ、狭い導管《コンジット》を循環している数々の連結装置《コネクタ》〔人や事物を結びつけるもの〕のひとつとして解釈されなければならないこと、(訳註6)である。ある種の挑発も込めて、この第二の学派は、サッチャー夫人〔新自由主義政策を推し進めた英国の元首相〕が声高らかに主張した有名なセリフである「社会などというものは存在しない」を自らのスローガンとして使うこともできよう（ただし、まったく異なる理由から！）。

両学派がこのように相異なるものであるならば、どうして、両者ともに、自らが社会的なものの科学であると主張し、「社会学」という同じラベルを用いることができるのだろうか。一見する限り、両者はまったく相容れないはずである。というのも、第一の立場が解き明かされるべき大きな謎として受けとめているものを、第二の立場は解決策として受けとめているからだ。つまり、種差的な社会的な紐帯《ちゅうたい》〔人びとを結びつけるもの〕があることから、種差的な社会的な力が隠れて存在していることは明らかだというわけである。それに代わる第二の見方では、〔第一の立場のいう〕「社会的なもの」は、他の接着剤ではくっつけられないものを含めあらゆるものをくっつけられる接着剤などではない。むしろ、「社会的なもの」は、〔経済、法、宗教など〕他の多くの種類の連結装置によってひとつにくっつけられるものである。社会学者（あるいは、社会経済学者、社会言語学者、社会心理学者など）は、社会的なまとまりを、経済学、言語学、心理学、経営学などの残余面に何らかの光を当てることができる所与のものとして受けとめるのに対して、第二の研究者は、逆に、社会的なまとまりを、経済学、言語学、心理学、法学、経営学などによって作り出される種差的なつながり／連関(訳註7)（*association*）によって説明さ

れるべきものと考えるのである。(3)

とはいえ、「社会的《ソーシャル》」という語の語源に遡って考えてみると、二つのアプローチは俄然似通ったものに見えてくる。ほとんどの社会科学者は均質的なものを「社会的」と呼ぼうとするだろうが、同じ語を用いて、異種多様な要素同士のつながりを指し示すこともできるだろう。というのも、いずれの場合も、社会的という語はその原形——ラテン語源のソキウス——をとどめているからだ。したがって、社会学を、「社会的なものの科学」と定義するのではなく、つながりをたどること（*tracing of association*）と定義し直すことで、社会科学の本来の直観に忠実であり続けることができる。この第二の意味において、社会的という形容詞は、白羊のなかにいる黒羊のように他とは異なる事物を指し示すのではなく、それ自体は社会的でない事物同士のある種の結びつき（*a type of connection*）を指し示すものである。(訳註8)

（3）本書では、「社会をはじめとする社会的なまとまり」という表現を、社会的なグループの性質に関する「第一の不確定性の発生源」と後に呼ぶものに対する数々の解決法をひっくるめて指すために用いる。ここでは、とくに「全体論的」な定義を狙おうとしているのではない。以下に見るように、「個人主義的」ないし「生物学的」定義も同じように有効であるからだ。五三頁以下を参照のこと。

縮小し続けるソーシャル（社会的）という語の意味

「ソーシャル」を基本語とする単語群に起きてきた意味の変化には、はっきりとした傾向が見られ、最も多面的な意味から最も一面的な意味に向かっている（Strum and Latour 1987）。「ソーシャル」の語の語源そのものが多くのことを教えてくれる。その語根は *seq-*, *sequi* であり、第一義は「後に続くこと」である。ラテン語のソキウス（*socius*）は仲間や友人《アソシエート》を意味する。さまざまな言語における「ソーシャル」という語の歴史的系譜を読み解くと、まず、誰かの後についていくことであり、次に、加わることや集まることになり、最後に、「何らかの共通点をもつこと」になる。次のソーシャルの意味は、営利的な活動をともに行うことである。社会契約《ソーシャル・コントラクト》に見られるような「ソーシャル」はルソーの発明である。社会問題《ソーシャル・プロブレム》に見られるような「ソーシャル」は十九世紀に新たに考え出された。「社交的《ソーシャブル》」のような類似する語は、個々人が社会のなかで品行よく生活できるためのスキルを指している。以上の移り変わりから見てとれるように、ソーシャルの意味は時とともに縮小している。あらゆるつながりと同じ広さをもつ定義から始まったものが、いまや、ありていに言えば、政治学、生物学、経済学、法学、心理学、経営学、テクノロジーなどが自らの取り分を確保した後に残った部分に限定されて用いられているのだ。

この絶えざる意味の縮小（社会契約、社会問題、ソーシャルワーカーへの縮小）のために、私たちは、社会的なものを人間と近代社会に限定し、社会的なものの領域はそれよりもはるかに広範に及ぶことを忘れてしまっているところがある。ドゥ・カンドールは、科学計量学――科学研究の活動を計測するための統計利用――の創始者であるとともに、自分の父親と同じく植物社会学者であった（Candolle 1873/1987）。カンドールにとっては、サンゴ、ヒヒ、樹木、ミツバチ、アリ、クジラもまたソーシャルである。社会生物学は、このソーシャルの意味の拡張を広く受け入れてきた（ウィルソン一九九九）。しかし、こうした取り組みは、残念なことに、ソーシャルの意味を広げることに対して社会科学者が最も恐れていたことを裏付けるものになってしまった。とはいえ、数々の社会生物学が生物に与えてきた非常に限定的なエージェンシー（訳註9）の定義を真に受けることなく、ソーシャルの意味の拡張を受け入れることは、なんら不可能なことではない。

一見、この定義は馬鹿げている。社会的という語が、化学結合から法的拘束まで、原子間力から法人まで、生物の有機体から政治集会まで、ありとあらゆる種類のまとまりを指すことになれば、社会学が薄っぺらなものになりかねないからだ。しかし、ありとあらゆる種類のまとまりを指すことこそ、この新たな社会理論の一派が指摘したいと望んでいることである。というのも、そうした異種多様な要素は、どれもが、何らかの事態において新たに組み合わさるかもしれないからだ。これは、荒唐無稽な憶測などではなく、逆に、私たちが実際に「社会的」と呼んでいるものについて最も日常的に経験していることである。たとえば、新たなワクチンが市場に出回り、新たな職務規定が示され、新た

な政治運動が生まれ、新たな惑星系が発見され、新たな法案が票決され、新たな大災害が起きる。どの場合にも、私たちをひとつに結びつけているものに対する考えが揺さぶられる。それまでの定義が多少なりとも有意《レリバント》でなくなっているからだ。私たちには、もはや、「私たち」の意味するところがよくわからない。私たちは、いつもの社会的な紐帯《ソーシャル・タイ》とは似ても似つかぬ「紐帯《タイ》」によって結びつけられているように見える。

こうなると、私たちが一緒に行うとされていることが、疑わしくなる。帰属意識が危機に瀕している。しかし、この危機から目をそらすことなく、新たな結びつきに目を向けるために、社会的なものに対して別の概念化を行う必要がある。その概念が指すのは、社会的という語によって通常呼ばれているものよりもはるかに幅広くなければならないが、新たなつながりをたどることと、その組み合わせ《アセンブリッジ》をデザインすることに厳しく限定されなければならない。したがって、社会的なものを、特別な領域、種差的な領野などと定義するのではなく、つなぎ直し、組み直していく固有の動きとして定義するにとどめようとしているわけである。

そうした見方をすれば、たとえば、法は、その内部論理に加えて「社会構造」によって説明されるべきものとは考えられないはずだ。逆に、法の内部論理こそが、諸々のつながりをもっと持続させ拡張させるものの特徴を説明してくれるだろう。個別事案と一般則とをつなぐ判例の力がなければ、何らかの問題を「もっと広いコンテクストに」位置づけることについて、何もわからないだろう[4]。同様に、科学を、その「社会的な枠組み」で置き換えても、つまりは、科学の枠組みが、科学自体の客観性だけでなく、「社会的な力によって形成される」としても、うまくいかない。というのも、科学の対象自体が、研究所が思いもよらぬかたちで結びつけていく外来の要素を通して、どんな所与のコンテクストもずらしてしまうからである。SARSウイルスのせいで隔離された人びとが、もはやそれまでと同じように両親やパートナーと「付き合え《アソシエイト》」なくなることを思い知らされたのは、疫学とウイルス学の研究施設の国際的なネットワークによって明らかにされた小さな病原体の突然変異によってであった。[5] 同様に、宗教を、社会的な力によって「説明」しても、うまくいかない。というのも、宗教は、まさにその名が示すとおり――いや、まさにその名によって――、社会秩序の一部をなしていない諸々の事物《エンティティ》[訳註10]をひとつに結合させているからである。アンティゴネの時代から、誰もが、神々の命によって動かされることがどういうことなのかを知っており、それは、クレオンのような政治家に帰しえないものなのである。[訳註11] 同様に、組織を「もっと広い社会的枠組み」に位置づける必要はない。というのも、「もっと広い」状況に組み込まれることについて、当の組織自体が、すぐれて実際的な意味づけを行っているからである。いずれにせよ、飛行機に乗る際、自分の搭乗券に印刷され、航空会社の係員が赤丸で囲んだ番号を何度も気にして見ることなく、自分の行くべき搭乗口がわかる乗客などいない。〔たとえば、対テロ戦争を掲げる〕政治家による型どおりの発言の背後で「目に見えない社会の力」が作用していることをあばこうとしても、何も得られないだろう。他ならぬその発言がなければ、

(4) パトリシア・イーウィックとスーザン・シルビーの *The Common Place of Law* (Ewick and Silbey 1998)、ならびに、ピーター・ウェイベルとの共編著 *Making Things Public* (Latour and Weibel 2005) に寄稿されたシルビーの論考。

(5) 科学の営為を扱った研究は、ここで見ている社会的なものの新たな定義に向かう大きな力を与えてきたけれども、その点については、後に第四の不確定性を定義したところで取り組むことにする。一六三頁以下を参照のこと。

グループの一味であると私たちが理解しているものの大半がなくなってしまうからだ。イラクで相争う派閥による相反する宣伝や演説なくして、バグダッドの「占領地」ないし「解放地」のなかで、敵と味方とを見分けられる者がいるだろうか。

さらに、同じことは、他のあらゆる分野についても当てはまる。[6] 第一のアプローチでは、あらゆる活動——法律、科学、テクノロジー、宗教、組織、政治、経営など——は、それらすべての背後にある同一の社会的なまとまりと関連づけて説明できるのに対して、第二の社会学の見方では、たとえ、そうした活動が、社会を生み出す——あるいは生み出さない——ようなかたちで結合されるにしても、その活動の背後には何も存在しない。これが、ふたつのアプローチの決定的な違いである。社会的であることは、もはや問題をはらまない確固たる特性ではない。第一のアプローチでは、新たな結びつきをひとつもたどれず、整形済みの組み合わせをデザインし直せないであろう。本書を通して明らかになるように、「社会的説明」と呼ばれるものは、かつては数々の有益な役割を果たしてきたが、今となっては、逆効果になっており、連関の動きを取り戻す代わりに、連関の動きを妨げてしまっている。

第二のアプローチからすれば、第一のアプローチを信奉する者は、説明すべき対象を説明そのものと混同してしまった。第一のアプローチでは、社会をはじめとする社会的なまとまりが出発点にされていたが、実際には、そこを終着点にすべきである。社会的なものは本質的に社会的《ソーシャル》な紐帯《タイ》でできていると考えられていたが、実際のところ、諸々のつながりを作っているのは、それ自体は社会的でない紐帯である。社会学は種差的な領域に限定されると思い描かれていたが、実際のところ、社会学者は、異種混淆した新たなつながりが作られるところであればどこへでも旅すべきである。社会的なものは常に手の届くところにあり自在に使いこなせるものであると考えられていたが、実際のところ、社会的なものは、はっきりと見て取れるようなものでもなければ、目に見えるものの背後にあると措定できるようなものでもない。社会的なものは、それ自体は何ら「社会的」でない諸要素のあいだで新たな連関が（試行(訳註12)のもとで）生み出されているときに残される痕跡（trace）によってのみ見ることができる。私たちの政治の未来は、私たちをひとつに束ねるものを決めるという務めのなかにあるのに、第一のアプローチは、私たちはすでに何かしらの社会の力に抑えつけられているとしてしまった。要するに、第二の学派は、第一の学派が不意に途絶えさせてしまった接続と収集の務めを再び始めることを訴えているのだ。本書は、社会的なものを組み直すことを望んで調査を行う者に資するものである。

わかりやすくするために、第一のアプローチを「社会的なもの《ザ・ソーシャル》の社会学」と呼び、第二のアプローチを「連関《アソシエーション》の社会学」と呼ぶことにしたい（「連関学《アソシオロジー》」という言葉が使えればよいのだが）。さらに、本書を通して、第一の標準的なアプローチは、後に批判社会学(7)(訳註13)と呼ぶもっとラディカルな亜流と区別

（6）この〔社会的なものの領域と他の領域という〕対置を、因果関係を反転させるだけでなく、もっと精緻なかたちで定式化し直す方法について、第II部の四五〇頁以下で見る。

（7）批判社会学と批判の社会学〔批判を扱う社会学〕の区別については、リュック・ボルタンスキーとローラン・テヴノーの『正当化の理論』（二〇〇七）、'The Sociology of Critical Capacity'（Boltanski and Thévenot 1999）、とりわけ、ボルタンスキーの *L'amour et la justice comme compétences*（Boltanski 1990）を参照のこと。〔連関の社会学と〕社会的なものの社会学とのあい

されることになる。この後者の分派は、三つの特徴によって定義づけられるものである。第一に、社会的なものに自らを制限するだけでなく、その研究対象を社会的関係でつくられる別の問題に置き換えてしまう。第二に、この置き換えは、社会的なもの「以外の」何かがあるという幻想の下で生きざるをえない社会的アクターには受け入れられないと主張してしまう。第三に、そうした社会的説明に対してアクターが不服を唱えることが、その説明が正しいことを示すこの上ない証拠であると考えてしまう。

以上の呼び名は、社会科学には数々の色調の違いがあることを考えれば（私はひとまとめにしてしまっているが）、かなりアンフェアであろう。しかし、本書は、読者になじみのない議論について正確さを十分に期す必要のある入門書なのだから、よく知られた分野について駆け足になるのはやむを得ない。社会的なものの社会学には数多くの優れた入門書が存在するのだから、粗く描写しても許されよう。他方で、私の知る限りでは、この小さな下位分野の入門書はなく(8)、これまでの呼び名は——さて、どのように呼ぶべきなのだろうか。あいにく、昔からの名称は「アクター－ネットワーク－理論」(actor-network-theory) である。この名称は、収まりが悪く、あいまい〔多義的〕で、中身がないからこそ、これからも使い続けるに値する。たとえば、旅行ガイドの著者が、自分が紹介しようとする土地について好きなように解説できるとしても、その最もよく知られた地名を勝手に変えることはできないはずだ。最も簡潔な目印が一番よいからだ——いずれにせよ、「アメリカ」の語の由来のほうがはるかに収まりが悪い。以前は、アクター－ネットワーク－理論のラベルをはがして、「翻訳の社会学」、「アクタン－リゾーム存在論」、「イノベーションの社会学」といった具合にもっと精緻な名称を選ぶのもやぶさかではなかったが、ある人から指摘されて考えが変わった。つまり、ANTという頭文字は、目が見えず、視野が狭く、脇目をふらず、跡を嗅ぎつけて、まとまって移動するものにぴったりであると言うのだ。アリ《アント》（ANT）が他のアリたちのために書く。これは、私のプロジェクトにぴったりではないか。(9) 理想を言えば、社会学という語を用いることができれば一番なのだが、しかし、その二つの構成要素——社会的なものと科学——が少なからず見直されなければ、この語を用いることはできない。本書が進むにつれ、社会学の語を用いることが増えていくので、「社会的なものの社会学」という表現を、（私に言わせれば）あまりに安易に自分に制限をかけてしまう他の社会科学者たちの手法を示すものとして残しておきたい。

だに何らかの連続性を打ち立てることが必要であると思うのであれば、批判社会学とその「幻想という幻想」に対する対決の姿勢をいっそう強める必要がある。

（8）直近の指針は、ジョン・ローの *After Method*（Law 2004）に示されている。アンドリュー・バリーの *Political Machines*（Barry 2001）、アネマリー・モルの『多としての身体』（二〇一六）も、拙著 *Aramis or the Love of Technology*（Latour 1996）とともに優れた入門書とみなせるかもしれない。

（9）ここでは、拙稿 'On Recalling ANT'（Latour 1999c）と正反対の立場をとることを弁明しなければならない。当時は、このひどく不細工な表現について、ハイフンを含むあらゆる要素を批判したのだが、今では、そのすべてを擁護するつもりである（ハイフンを含めて！）。

アクター－ネットワーク－理論を掲げる文献の道案内

関連文献のほとんどは、ジョン・ローが管理する優れたウェブサイト「アクター・ネットワーク・リソース（Actor Network Resource）」で見つけることができる[10]。このアプローチは、科学技術論に適した新たな社会理論を求めるなかで始まった（Callon and Latour 1981）。ただし、本格的には三編の文献（Latour 1988b, Callon 1986; Law 1986b）に始まる。このなかで、非人間〔人間以外のもの〕――細菌、ホタテガイ、岩、船――が、社会理論に対して新たなかたちで姿を現したのだ。第四の不確定性を検討する一六三頁以下で説明するように、私にとって初めて、科学技術の対象が、言ってみれば社会的なものと互換的になった。この議論の哲学的基盤は、把握しづらいかたちではあるが、拙著（Latour 1988a）の第二部で示している。

それ以来、このアプローチは多方面にわたって発展し、ローのウェブサイトでリストされている数々の論文によって検討され批判されてきた。ANTに当てはまるのかどうかを明確に判別するリトマス試験紙はないものの、当座の基準であれば考えることができる。言うまでもなく、ここでのANTに対する解釈は、私の見方を示したものにすぎない。本書の狙いは、集約度の高い提示を行うことではなく、体系性の高い提示を行うことに絞られている。ここでは、私が最も有用であると考えるテストをいくつか紹介しておこう。

ひとつは、非人間にはっきりとした役割が与えられているのかどうかである。非人間は、アクター（八八頁の定義を参照のこと）でなければならず、象徴的投影のあわれな運搬役〔訳註14〕であってはならない。ただし、非人間の働きは、これまで〈厳然たる事実〉ないし自然物に結びつけられてきたような作用《エージェンシー》であってもならない。したがって、象徴面での因果関係と自然主義的な因果関係のどちらかを用いているならば、いくら自分の説明はANTであると主張しようとも、ANTの文献目録に収めるわけにはいかない。逆に、伝統的に見られる自然的な因果関係よりも開かれた――しかも、象徴面での因果関係にとどまらない――エージェンシーを非人間に与える研究であれば、たとえその著者がANTのアプローチに結びつけられることをまったく望んでいなくても、ANTの目録に加えることができる。たとえば、ある生物学の著作（Kupiec and Sonigo 2000）は、遺伝子に新たに能動的な役割を与えているので、ANTにふさわしいと言えよう。

もう一つのテストは、その説明がどの方向に向かって展開しているのかを確かめることである。最終的に示される社会的なもののリストは、諸々の要素の大半を説明する（あるいは、説明から取り除く）のにそれまで用いられてきたものと変わらず、限定的なものなのか。社会的なものを安定化させたまま、ある物事の状態を説明するのに用いるならば、それはANTではない。たとえば、技術の社会的構成論（Bijker 1995）は、私たち皆の目をどれだけ見開かせてくれたとしても、社会的なものを最初からずっと安定させたままであり、その社会的なものによって技術の変化が説明されているために、ANTの文献目録に加わることはない。しかし、マクニール（二〇〇七）は、ANTの著者ではまった

（10）http://www.lancaster.ac.uk/fass/centres/css/ant/antres.htm を参照のこと。

くないが、帝国に「集められる」べきものの定義にネズミとウイルスと微生物を含めることで、結びつけられるべきものが見直されているために、ANTの文献目録に収まる資格がある。この点で、クロノン（Cronon 1991）のような著作は、メトロポリス自体を発展させるメトロポリスの構成物を説明するために隠れた社会的な力を持ち込んでいないので、間違いなくANTの傑作である。同じことは、分散認知について書かれた著作（Hutchins 1995）にも当てはまる。この基準は、科学技術史の多くが私たちのプログラムにとって重要であった理由でもあり、とりわけエニョン（Hennion 1993）の影響を通して、芸術社会学が旅の仲間であり続けている理由である。

三つめのさらに難しいテストは、その研究が社会的なものを組み直すことを目指しているのか、今なお離散や脱構築を主張しているのかを調べることである。ANTは、「大きな物語」や「ヨーロッパ中心的」ないし「覇権主義的《ヘゲモニック》」な見地に対するポストモダン流の批判と混同されてきた。しかし、これは大きな誤解をもたらす見方である。離散、破壊、脱構築は、達成されるべき目標ではなく、克服されるべき対象である。社会的なものを集め、社会的なものを結びつけ直せる新たな制度、手続き、概念が何であるのかを探るほうがはるかに重要である（Callon et al. 2001; Latour 2004b）。

確かに、たいていの場合、社会的なものの社会学を持ち出すのは、理に適っているだけでなく、欠かせないことでもある。当の分野ですでに受け入れられている要素をまとめて指し示すのに便利な短縮表記を与えてくれるからだ。「IBM」、「フランス」、「マオリ文化」、「上昇移動」、「全体主義」、「社会化」、「下層ミドルクラス」、「政治的コンテクスト」、「社会関係資本」、「ダウンサイジング」、「社会的構築」、「個々のエージェント」、「無意識の衝動」、「同調圧力」などといった概念を用いるのを避けるのは、馬鹿げているし衒学的にすぎる。しかし、イノベーションが次々と起こる状況、グループの境界が不確定な状況、説明に入れるべき事物の範囲が揺れ動いている状況の場合、社会的なものの社会学では、もはやアクターによる新たなつながりをたどれはしない。現時点で一番やってはいけないのは、つながりの姿形《シェイプ》、大きさ、異種混淆性、組み合わせをあらかじめ限定してしまうことであろう。社会的なものという便利な短縮表記に代わって、つながりに対して骨が折れ手間のかかる表記法を用いなければならない。その結果、社会科学者のすべきことが変わる。つまり、アクターの役割を、十分にわかっていることの実例を提供してくれるインフォーマントの役割に限定するのでは、もはや不十分なのだ。社会的なものを作り上げているものについて自前の理論《セオリー》／理屈を作り上げる能力をアクターの手に戻さなければならない。社会科学者の役目は、もはや、何らかの見方を押しつけたり、受け入れ可能な事物の範囲を定めたり、アクターたちにアクター自身が何をしているのかを教えたり、アクターたちの盲目的な営為に何らかの反省性(訳註15)を付け加えたりすることではない。ANT生まれのスローガンを使えば、「アクター自身に従うこと」が必要である。つまりは、この世のすべての存在がアクターの手のなかでどうなっているのかをアクターから学び、そうした存在をうまくかみ合わせるためにアクターがどんな方法を練り上げてきたのかをアクターから学び、アクターが打ち立てざるをえなかった新たな連関を最もうまく定義できるのはどのような説明なのかをアクターから学ぶために、アクターによるたいていは野放図《ワイルド》なイノベーションを追いかけていくことが必要なのである。社会的なものの社会学は、すでに組み合わさったものをうまく扱うとしても、社会的な領域とは言えない――まだ言えない――ところにある参与子《パーティシパント》（訳註16）を新たに集めるとなると、同じようにうまくはいかない。

もっと際立ったかたちで二つの学派を関連づけるために、少し注意を要するが、物理学の歴史から両学派の関係に対応するものを借りてくることができる。つまり、社会的なものの社会学は「相対論以前」の状態にとどまっているのに対して、私たちの社会学は全面的に「相対論的」でなければならない。平常のケース（たとえばゆっくりと変化する状況）では、ほとんどの場合、相対論以前の枠組みはまったく申し分ないものであり、固定した基準系／参照フレーム《フレーム・オブ・リファレンス》（訳註17）がひどく変形することなく、動きを記録することができる。しかし、物事が加速し、イノベーションが次々と起こり、存在するものの数が次々に増えるやいなや、絶対論的なフレームが生み出すのは絶望的に役に立たないデータになってしまう。こうした場合に、まったく異なる速度と加速度で移動している基準系から生まれる諸々の痕跡のあいだで共約可能性（訳註18）を保ちたいならば、相対論的な解法が考え出されなければならない。相対性理論は、非常に基本的な疑問を引き金とした私たちの精神器官の大転換を示す格好の例なので、連関の社会学が、社会的なものの社会学を反転させて特殊なものであることを示すという点で、相通じる例として用いることができるのだ。

以下において、私の関心は、論駁すること――他の社会理論が間違っていることを明らかにすること――ではなく、提案することにある。ある社会的領域の存在が、理に適った参照フレームを社会科学に与えてくれるという常識的な前提をいったん脇に置くことで、どこまで進めるだろうか。(11) 前世紀初頭の物理学者たちは、絶対的な剛性と無限定の可塑性を有するエーテル(訳註19)という当時の常識的な解法を捨て去ることができたのだが、社会学者たちは、社会的な実体《サブスタンス》という観念を「無用の仮説」として放棄して、新たな旅の可能性を発見することができるだろうか。私の立場は中心からかなり外れたところに位置しており、成功の見込みも限られている。したがって、完全に筋が通っており、私の立場をどんな点からも粉砕してしまいかねない選択肢にも等しく目を向けるわけにはいかない。そこで、本書では、二つの視点の違いをはっきりと示すために、自説に強くこだわり、方々で自説に肩入れすることになる。公平性への違背と引きかえに、この実験的な立場から最も極論的な結論を出す際には、できる限り整合性がとれるように努めるつもりだ。新たな出発点に立つことで従わざるをえない責務のすべてを頑なに(盲目的にでも)守ることで、どれだけ多くの問題が新たに表面化するのかを見ることにしたい。最後に、本書の結章では、連関の社会学が、異なる種類の新たな結びつきに注意を向けることで、社会的なものの社会学を引き継げているのかを確かめ、さらには、社会的なものの科学を築くという大志のなかで正統とされたもののすべてを受け継げたのかを確かめたい。例によって、

(11) たとえ、社会的なものの社会学に対して私が辛辣に扱っているように見え、私の態度が批判社会学にとって心底鼻持ちならないものであろうとも、それは一時的なものにすぎない。本書では、いずれ、社会的なものの社会学の元来の直観の正しさを取り戻す方法を学ぶことになる。規格という鍵概念(第II部、四二四頁)を導入することで、社会的なものの社会学を十二分に公正に評価できるようになるが、批判社会学については、残念ながら、結章で政治的意義の問題に取り組むまで待たなければならない。

以上の試みが成功しているのかどうかの判断は、読者の手に委ねることにしたい。

あるイノベーションをその尊ぶべき先駆者と結びつけようとする者にとって注目に値するのは、社会科学の責務を理解する方法がこのように対照的に二分されるのは、何ら新しくないことだ。この区別は、(少なくともフランスにおいては) 社会科学の最初期にすでに見られた。つまりは、年長者のガブリエル・タルドとエミール・デュルケムの論争である (勝者はデュルケムであったが)(12)。タルドが常に訴えていたところによれば、デュルケムは原因と結果を取り違えたために、社会を説明するという務めを捨て去り、社会的な結合について理解するという務めを、社会工学に向かう政治的な企てにすげ替えてしまった。タルドが自分より若い挑戦者に対してさかんに主張したのは、社会的なものは特別な実在領域でなく結びつきの原理であること、「社会的なもの」を生物有機体やさらには原子といった他のつながりと分ける理由は何もないこと、社会科学になるために哲学 (とりわけ形而上学) と手を切る必要はないこと、社会学は実際のところ心間心理学(13)の一種であること、イノベーションととりわけ科学技術に関する研究が社会理論の成長分野であること、経済学は、損益の計算を記述するための不明瞭なメタファーとして使われるものではなく、徹底的に作り直さなければならないことである。とりわけ、タルドにとって、社会的なものは、特殊な有機体ではなく、循環する流動的なものであって、新たな方法で注意を向けるべきものであった。タルドの特異的なところ――たくさんある――のすべてを受け入れる必要はないものの、タルドは、著名な先人たちの肖像画が並ぶなかにあって、ハロルド・ガーフィンケルと並び立つ、類い稀な存在のひとりである (ガーフィンケルの場合、社会学は、いかに社会がひとつに結びついているのかを明らかにする科学になりうるものであり、社会を持ち出して、他の何かを説明したり当時の政治問題のひとつの解決に資したりするものではなかった）。タルドが、社会的なものの社会学者によってすっかり否定され、一世紀にわたって幽霊のような存在に貶められるまでになっているからといって、タルドが間違っていたことにはならない。それどころか、その事実は本書の必要性をいっそう高めるだけである。社会学が（コント、スペンサー、デュルケム、ヴェーバーは言うまでもなく）タルドからもっと多くのことを受け継いでいれば、いっそう有意義な学問分野になりえたに違いない。タルドの社会学には、本書の最後に見るように、今なお、その資質がある。ふたつの伝統はたやすく和解させることができる。第二の伝統は、第一の伝統があまりに早く達せられると思っていた作業を再開するものにすぎない。過去に「社会的領域」というラベルの下に集められた因子は、社会でなく集合体と本書で呼ぶもののなかで、将来的に組み合わせることが必要になる要素の一部にすぎないのだ。

（12）英語でタルドを幅広く紹介したものは、ガブリエル・タルドとテリー・クラークの *On Communication and Social Influence* (Tarde and Clark 1969) しかない。もっと最近の概説については、拙稿「〈社会的なもの〉の終焉」（二〇一一）を参照のこと。タルドの *Social Laws* (Tarde 1899/2000) の旧訳は、オンラインで入手できる〔最新の邦訳は、タルド二〇〇八a〕。

（13）心内心理学と対比されるが、タルドは心内心理学についてほとんど言及していない。ガブリエル・タルドの『モナドロジーと社会学』（二〇〇八b）を参照のこと。

ガブリエル・タルド――もうひとつの社会理論の先駆者

ガブリエル・タルド（一八四三〜一九〇四）は裁判官であったが、後に独学で犯罪学者となり、コレージュ・ド・フランスに奉職し、ベルクソンの前任者となった。引用をいくつか見れば、二つの思考の潮流が非常に対照的であることがわかるだろう。タルドによる社会の定義はこうである。

> しかし、これまでの議論が物語っているのは、あらゆるものが社会であり、あらゆる事象が社会的なことであるということだ。そして注目すべきことに、科学には、その当初の展開からの論理的な流れとして、社会という概念を奇妙なかたちで一般化していく傾向が見られる。科学は細胞社会について述べているし、原子社会について述べてもおかしくないだろう。天体社会（恒星系）については言うまでもない。あらゆる科学が、社会学の下位分野になるように運命づけられているように思われる。（タルド 二〇〇八b・一六三頁）

何よりも興味深いことに、タルドは長年にわたり統計局長を務めており、どんな時も、モノグラフと量的データをともに信用していたが、しかし、社会学がたどらなければならない最小単位についてデュルケムと意見が合うことはなかった。

タルドの狙いは、ライプニッツのモナドを[訳註20]（神を無くして）一般化させることで、ミクロとマクロのつながりを反転させることにある。

もっと小さな規模ではあるが、さまざまなかたちで、同じ誤りがいつも現れる。社会的な事象の規則性、秩序、論理が徐々に現れてくる様子を見るためには、そもそも不規則な細部を観察するべきではなく、高所から全般的な作用を一望する視点に立たなければならないとする誤りである。あらゆる社会的調和の源泉と基盤が、何かしらの一般的な事実としてあって、そこから、個々の事実へと降りていき、次第にその力を失っていくというわけだ。ようするに、行動するのは人間であっても、それを導いているのは進化の法則だというのである。私は、ある意味、これとは逆の見方をとっている。（タルド 二〇〇八a・九一―二頁）

これが、タルドより一世代若いデュルケムとの根本的な違いを表している。

この着想は、実際、単線的な進化論者やデュルケム氏の考えとはほとんど正反対をなしている。進化の法則を最高位に置くことですべてを説明する、つまり、決まったかたちでどこまでも自己再生産し自己反復することを集合的な事象に押しつける代わりに、また、大きな事実で小さな事実を説明し、全体で部分を説明する代わりに、私は、各要素のごく小さな作用を積み上げることで、全体に見られる類似点を説明する——小さなもので大きなものを説明し、部分で全体を説明する。このような事象の捉え方は、微積分学〔無限小の計算〕の導入が数学にもたらした変化と同じような変化を社会学にもたらしてくれるはずである。（タルド 二〇〇八a・四二頁）

タルドがANTの先駆者とみなせる理由は、タルドが常に挙げる社会的な結びつきの格好の例が科学史や科学社会学であることにある。

科学という建造物は、おそらく人類のさまざまな建造物のなかでもっとも壮麗なものであり、何ら疑いを挟む余地はない。この建造物は、歴史のもっとも輝かしい時期に建設されたものであり、私たちはほとんどその始まりから今日に至るまでの発展を知ることができる。……すべては個人から生まれた。素材だけでなく計画も含めて、また、細部の計画だけでなく全体の計画も含めて、すべては個人から生まれたものである。現在の小学校で教育を受けているあらゆる児童の脳に浸透している科学理論でさえも、その起源は誰かの頭脳に秘められたものであった。その小さな灯火は最初はゆらゆらと頼りなく揺れるしかなかった。しかし、その灯火は、多くの障害を苦労して乗り越えるうちに、狭い範囲を照らすことができるようになり、そして、さらに広まるとともにさらに強くなっていき、最後には巨大な光を放つようになったのである。そして、科学がこのように形成されたことが明らかな事実であるとしたら、宗教的教義や法体系、政府、経済体制が同じように形成されたことも事実であろう。しかし、もしかすると、言語や道徳については疑問が抱かれるかもしれない。というのも、言語や道徳は起源があいまいで、その変化もゆっくりしているので、その発展の過程のほとんどが知られていないからである。それでも、言語や道徳が同じような進歩の道のりをたどったことは、大いに考えられるのではないだろうか。（タルド 二〇〇八a・一〇五―六頁）

タルドが扱っているのは、人ではなくイノベーションであり、つまりは、独自の命脈を有する最小単位の変化である。

それこそが、工業製品にせよ詩文にせよ政治思想にせよ、ある日ある人の脳の片隅に出現し、際立った特徴を有する社会的産物が、アレクサンドロスの世界征服の夢さながらに、人間のいるあらゆる場所に、無数の複製を通じて自己を広げようとする理由である。そして、同じように野心的な何らかの競合産物によって押さえ込まれるまで、その歩みが決して止むことのない理由である。（タルド 二〇〇八b・二一八頁）

ANTにとって何よりも参考になるのは、タルドが、社会科学を哲学から切り離さず、さらには、形而上学からも切り離さなかったことである。

存在しているというのは、異なっているということである。いわば、差異とは、物事の本質的な

> 側面であり、物事にそなわる最も共通したものであり、物事を最も際立たせるものである。この差異から出発しなくてはならない。そして、人びとが誤って出発点にしている同一性という概念にすべてを帰着させるような説明を避けなければならない。というのも、同一性とは、たんに差異がもっとも小さいことを指しているにすぎないからであり、いいかえれば、同一性は差異の一種、しかも、限りなく珍しい一種にすぎないからである。このことは静止が運動の一種であるのと同様であり、円が楕円の特殊な一変種にすぎないのと同様である。何らかの同一性を出発点にすれば、到底ありえない特異点を原点にすることになってしまう。あるいは、単一の存在が次には特段の理由もなく分かれてしまうという不可解な事態から始めることになってしまう。（タルド二〇〇八b・一八四頁）

本書は、諸々の社会的な結びつきを組み直すためにANTをどう活用すればよいのかを扱うものであり、以下の三部で構成される。各部は、社会的なものの社会学が一緒くたにしてきた社会学の三つの務めに対応しており、もはや一緒くたにすることは正当化されない。つまり、

- 社会的なものをあらかじめ特定の領域に限定してしまうことなく、つながりをめぐる〔アクターによる〕数々の論争をどのように展開させる（*deploy*）のか。

● そうした数々の論争をアクターが安定化（*stabilize*）できるようにする手段をどのように記録するのか。
● どのような手続き（*procedures*）であれば、社会でなく集合体のかたちで社会的なものを組み直せるのか。

第I部では、社会的世界に属する存在の種類をあらかじめ限定すべきでないことを示したい。社会科学は、目の前のつながりの複雑性を展開させるのに臆病になりすぎてきた。[14] そこで、いわば、論争を糧として、優れた相対論者になる方法を学べることを示したい――これは、間違いなく、新たな領野に踏み込むのに欠かせない準備である。第II部では、第I部で確認した論争を安定させるためになされることに目を向け、いかにして、社会的な結びつきがたどれるようになるのかを示したい。地図製作のメタファーを借りれば、ANTは社会的世界をできるだけフラットにしようとしてきたと言える。フラットにすることで、どんな新たな結合が作られようとも、その結合がはっきりと確実に目に見えるようにしているのである。最後に、集合体を組み立てる務めが追求するに値する理由を示して結論としたいが、集合体を組み立てるためには、社会と「社会的説明」という近道を捨て去ること

(14) 本書では量的社会学の問題を脇に置いているが、それは質的データに高い信頼を置いているからではない。どの数量／最小単位（*quantum*）を集計するのかという規定こそが、本書で注意を向けようとしているさまざまな社会的なベクトルの定義において問われているからである。

が不可欠である。社会的なものの社会学者が示してきた社会の見方は、主として、近代化が進むなかで文明の秩序を確保するための手段であった。[15] とすれば、近代化が疑問に付されるようになる一方で、共生の道を探る務めがかつてなく重要になっている今日において、連関の社会学者は、どんな種類の集合的な生活とどんな種類の知識を得ることができるだろうか。

いくつかの点で、本書は旅行ガイドに似ている。本書で案内されるのは、まったくありふれた地域である――私たちが見慣れている社会的世界そのものである――と同時に、まったく見慣れない地域である――いちいちゆっくりと進むやり方を学ばなければならなくなる。生真面目な研究者は、社会学的方法の規準を旅行ガイドと比べることに意味を見出さないかもしれない。しかし、覚えておいて頂きたいのだが、「どこを旅するのか」《ホウェア・トゥ・トラベル》や「そこで見る価値があるものは何か」《ホワット・イズ・ワース・シーイング・ゼア》という言葉は、「方法」《メソッド》や、それどころか「方法論」《メソドロジー》といった仰々しいギリシア語由来の名称で通常言われていることを平易な英語で言っているものにすぎない。「方法に関する叙説」〔方法序説〕に対するガイド本的アプローチの利点は、ガイド本と実際の土地が混同されない点にある。ガイド本はその土地を外からカバーしているにすぎない。ガイド本は、うまく使いこなすことも無視することもできるし、バックパックにしまったり、油やコーヒーでしみをつけたり、至るところに走り書きをしたり、バーベキューの火をつけるために何ページか破いたりしてもよい。端的に言えば、ガイド本が行うのは、読者への押しつけではなく、読者への提案である。とは言っても、本書は応接間に置かれた豪華本ではないので、出不精な訪客の目にあでやかな光景を見せるものでない。本書はハウツーものとして、現場で実践する者に向けて書かれており、行き詰まるたびに自分の位置を確かめるのに役立つものである。そうでない者にとっては、本書はまったく理解できないままになるだろう。これからたどることになる社会的な紐帯は、これまで注意を向けるよう訓練されてきたものには決して似ていないからである。

(15) フレデリック・オドレンの 'Les juristes et les mondes de la science sociale en France' (Audren 2006) によれば、「社会学」と「社会科学」の語が初めて用いられたのは、エマニュエル＝ジョゼフ・シエイエス(一七四八—一八三六)による著名な小論『第三身分とは何か』であり、あらゆる「官房学」が統治術に融合したものを指す語であった。

第Ⅰ部　社会的世界をめぐる論争を展開させるには

はじめに――論争を糧にすることを学ぶ

あらゆる科学と同様に、社会学もまた驚きに始まる。社会学者の驚きを呼び起こすものはさまざまであろう。ただし、そこには、常に次のような逆説的な姿が見られ、したがって社会学者は社会的なものという野獣を何としてでも手なずけようとしている――目には見えないのに感じ取れるもの、当たり前のことなのに驚かされること、ありきたりなのにどうにも捉えがたいもの。「私たちが生活している集団は、しっかりと確立しているように見えるのに、どうして、こんなに速く変質してしまうのか」、「私たちは、外からの作用《エージェンシー》によって動かされており（訳註21）、そうした作用は、自分たちでどうこうできるものではないが、ごくありふれた自明なものに見える」、「目に見えない何かが、私たち全員に重くのしかかっており、それは、鋼よりも強固なのに恐ろしく不安定だ」、「自然科学者が研究するものと妙に似通っているけれども、まったく異なる法則に従う力が存在している」、「このようにはっきりとした手応えが感じられながらもどうにも複雑なありようは、広く分析を受けつけているように見えるのに、一切の分析を寄せつけない」。以上の難題のいずれにも心を揺さぶられない社会科学者を見つけるのは困難であろう。これらの謎は、私たちの知識欲（*libido sciendi*）の源ではないのか。私たちは、何に押されて、この謎を解き明かすのにこれほどまでのエネルギーを注ぐのか。

しかし、以下で見るように、以上の一連の驚きを引き起こす原因と、そうした驚きを説明するために考え出された解法との距離は広がる一方である。第Ⅰ部で論じるのは、以上の社会学の洞察は正しいけれども、社会的なものを狭く定義することで示される解法が、多くの点で、社会学の建設的、科学的な面を劣化させてきたことである。したがって、以上の一連の問いの一つひとつを検討し直し解剖することで、連関／つながりの定義を一新できるようにしたい。

社会学の教科書の大半に常に見られるように、社会的領域を、すでに社会的領域の一員であるとされているアクター、方法、分野のリストに切り分ける代わりに、相対論の原則を守り、本書の第Ⅰ部の各章を、この世界が何でできているかをめぐってなされる種々の論争で構成する。〔論争をもたらす〕以下の五つの主だった不確定性を検討することで、社会科学の核をなす直観を保つことが可能になるだろう[16]。

●グループの性質に関する不確定性――アクターには、数々の相矛盾したかたちでアイデンティティが与えられている。

●行為の性質に関する不確定性――各々の行為が進むなかで、実に多様なエージェントが入り込み[訳註22]、当初の目的を置き換えるように見える。

●モノの性質に関する不確定性――相互作用に参与するエージェンシーの種類は、いくらでも広げられるように見える。

●事実の性質に関する不確定性——自然科学が社会の他の部分と結びついていることが、止むことのない論争の根源であるように見える。
●社会的なものの科学というラベルの下でなされる研究に関する不確定性——社会科学が厳密に経験的であると言える条件は決して明確にならない。

ANTがこうも受け入れがたいものになっているのには理由がある。どこに向かうにしても、以上の五つの不確定性を相互に折り重ねなければならず、新たな不確定性を重ねるごとに、それまでの不確定性がいっそうややこしくなってしまうからだ。このもつれは、何らかの分別が再び付くようになるまでは、ややこしくなるばかりである——しかし、最後になるまで、再び分別が付くようにはならない。これまでのところ、ANTを手にした者の大半は、最後まで辛抱強く待てなかったのだが、そのことは責められない。[17]

これから見ていくように、第I部でなされる一連の教示は入り組んでおり、ANTによる移動は

(16)「不確定性」の語を——〔量子力学における〕「不確定性原理」を若干ほのめかして——採用したのは、不確定性が観察者の側にあるのか観察される事象の側にあるのかを決めることは決してできないからだ。これから見るように、アクターの無視している物事が分析者にわかることは決してないし、観察者の無視している物事がアクターにわかることも決してない。そのために、社会的なものは組み直される必要があるのだ。

(17)科学論に一番関心のある読者は、第四章(一六三頁以下)を先に読んでから、他の不確定性の発生源を一つずつ消化するのがよいだろう。ANTをよく知っている読者であれば、幕間劇(二六七頁以下)から始めたほうが手間が省けるだろう。

さらに手間を要し骨の折れるものになる。というのも、「社会」、「社会的要因」、「社会的説明」といった概念を持ち出して記述を急加速させてしまう習癖を断ちきりたいと考えているからだ。社会的なものの社会学者が「社会」、「権力」、「構造」、「コンテクスト」といった語を発するときには、多くの場合、一足跳びに、無数の生活と歴史を結びつけたり、巨大な力を持ち出したり、入り組んだ相互作用から現れる劇的なパタンを見つけ出したり、よく知られた類型のさらに多くの実例を手近な事例にあまねく認めたり、舞台裏で糸を引いている陰の力を明らかにしたりしているように見える。けれども、社会的なものの社会学者が間違っているわけではない。長いこと見られる諸々の社会的関係がパッケージ化されることで、多くの難題について手っ取り早い説明を与えてくれるように見えるのは、間違いないからだ。しかし、こうして組み合わせられるまとまりの型に、そして、相互に結びつけられるありように、もっと細やかな観察の目を向ける時が来ているのである。

不意に現れたばかりで、まだ「社会」の歴とした構成子《メンバー》になっていない予期せぬ新たなアクターを発見したいならば、まったく異なる道具を手にして、他の場所に旅しなければならない。これから見ていくように、「社会的」という語の二つの用法に見られる違いの大きさは、既設の高速道路を運転する方法を身につけることと、起伏のある土地を初めて探索することの違いの大きさに等しい[18]。しかし、後者の土地には、多くの地域の意に反して道路を引くことが計画されている。ANTが好むのは、言うまでもなく、小道を徒歩でゆっくりと進み、移動にかかるすべての費用《コスト》を自分の財布から支払って旅することである。

このように進む速さを変える理由は、ANTに言わせれば、それ相応の立場をとってあらかじめ何らかの秩序を押しつけるよりも、アクターに自分が身を投じている論争を余すところなく展開してもらった後のほうが、はるかによい秩序を見出せるからである。ANTはアクターにこう言っているかのようである。「あなたがたを規律に服させて、私たちのカテゴリーに当てはめようとするつもりはありません。皆さんに自分自身の世界を展開してもらってからはじめて、どのようにその世界を打ち据えたのかを皆さんに説明してもらうようお願いすることにします」。社会的なものを規定し秩序づける役目はアクター自身に任せるべきであり、分析する者が取り上げてしまってよいものではない。したがって、ある種の秩序感覚を取り戻すのに最善の解法は、所与の論争をいかに解決すべきかを決めようとすることではなく、他ならぬ論争同士の結びつきをたどることである。(19) 秩序、厳密さ、パタンの探究は決して断念されない。アクターが、どんなに直観に反しているように見えても、他と

(18) 出版前にこの原稿に目を通してくれた者の一人は、いかなる意味で、社会的なものに対する私たちの理論を「従来《コンベンショナル》の」社会学と調和させることができるのかと問い、ひとつの異論として、エイズ患者がひとつの団体として動員されるあり方を挙げた。この者にとっては、伝統的な「社会運動」を見れば、患者団体が「従来の」社会的なものの定義に合致することは言うまでもないことであった。患者がレトロウイルスから政治的活動《アクティビズム》を作り出すことがどれほど革新的《イノベーティブ》であったのかを完全に無視していたのである。他方で、私たちにしてみれば、エイズ差別反対運動、もっと広く見れば、患者団体は、まったく新しい社会的なものの定義を必要とする類のイノベーションにほかならない。スティーブン・エプスタインの *Impure Science*（Epstein 1996）、ミシェル・カロンとボロロナ・ラバリゾアの *Le pouvoir des malades*（Callon and Rabeharisoa 1999）、ニコラス・ドディエの *Leçons politiques de l'épidémie de sida*（Dodier 2003）を参照のこと。以上の研究は、人びとが新たなつながりをどれだけ性急になおざりにして、「旧来の」社会の定義に含めてしまうのかを明らかにしている。

(19) このアプローチの豊かさを示す好個の例が、ボルタンスキーとテヴノーの『正当化の理論』（二〇〇七）である。この大

は異なる独自のコスモスを広げることができるように、そうした探究はさらに一歩進んだ抽象へと位置づけ直されるだけである。(20)

この社会理論の抽象度の深化が、ANTを一見把握しづらくしている。けれども、この抽象度の移行は、地図の製作者が外国の海岸の地形を紙に示そうとする際にすることと変わらない。ある地図の製作者が、探検家から送られてくるさまざまな報告を、何らかの既存の幾何学的な形式に合わせようとしているとしよう――湾は円形に、岬は三角形に、大陸は四角形にする必要があるといったように。しかし、探検家が記録したものは、どれも前もって決めた形に正確に当てはまることはなく、やがて収まりがつかなくなってしまう。そこで、地図製作者は、幾何学的な厳密さの探求を、まったく抽象的なデカルト的方眼で置き換えようという提案を進んで受け入れるだろう。すると、地図製作者はこの空白の方眼を使って海岸線そのものを根気よく記録することになり、海岸線は、地質学上の歴史によって作られたのと同じように曲がりくねったかたちで描かれるようになるだろう。ひとつひとつの報告地点をすべて経度と緯度でただ記録するというのは馬鹿げているように見えるかもしれないが、あらかじめ決まっている幾何学的な形状に合うデータだけを採るべきだと主張するほうがはるかに馬鹿げている。同じように、ANTが主張するのは、一つの参照フレームを安定したままにしようとするよりも、むしろ不安定で移ろう参照フレーム同士の結びつきを記録する方法を見つけ出すことで、もっと堅固な関係をたどることができ、もっと多くのことを伝えてくれるパタンが発見できるということだ。アフリカが円で、フランスが六角形で、コーンウォールが三角形で「おおむね」できてはいないのと同じように、社会は「個人」や「文化」や「国民国家」で「おおむね」できているのではない。この抽象に向かう動きに驚くべきところは何もない。いかなる科学的な分野も、手元のデータに適用できるような相対主義のあり方を、時間をかけて発展させてきたからだ。なぜ、社会学だけが、独自の道を考え出すことを禁じられ、決まり切ったものにこだわることを求められるのだろうか。地質学者は、堅固な冷えた大陸プレートが、深い海溝から漏れ出る熱く溶解した海底地盤の上を自由に浮いているという考えを受け入れた今、いわば、「もっとしっかりした〔研究の〕地盤」の上に立っているのではないか。同じように、ANTが主張するのは、あふれ出る論争を妨げようとしなければ、ずっと科学的なかたちで、社会的世界を築き上げる方法を見出すことになるということだ。私たちも、流砂に乗った堅固な地盤を見出すべきである。一般に言われていることとは反対に、相対主義とは、データの上に浮かぶ方法であって、データのなかでおぼれ死ぬ方法ではない。しかし、連関の社会学者が取り込むべきさまざまな不確定性が展開されることになれば、地図製作

作によれば、普通のフランス人が自らの立場を正当化しなければならない論争に関わるときには、ひとつではなく全部で六つの正当化の原理を頼りにすることができ、このことを認めるならば、はるかに堅固な秩序を見出すことができる。具体的には、商業、産業、市民、家庭、インスピレーション、意見という六つのシテつまり偉大さの序列であり、さらに、テヴノーらは、後に、環境保護による正当化もありうるとして付け加えている。クローデット・ラフェイとローラン・テヴノーの'Une justification écologique? Conflits dans l'aménagement de la nature' (Rafaye and Thévenot 1993) を参照のこと。以上の正当化の原理は共約不可能であるにもかかわらず、こうした社会学者たちが抽象化を一歩進めることで、比較可能にすることができたのである。相対性のもつ力を示すこの見事な例を、本書では見習おうとしている。

(20) 第II部に入ってから、論争を安定化させるというもうひとつの問題を扱うことにする。後になってはじめて明らかになる理由により、社会的なものの社会学者は、この二つの動きを切り分けておけずにいる。

や物理学から借りたメタファーは瞬く間に使い物にならなくなる。実際、社会学者が自らの仕事を始めるために当然視するであろうことに対して、アクターは、一つ残らず異を唱える驚くべき力を備えているようだ。完全に共約不可能な独自の世界制作《ワールド・メイキング》(21)の活動をアクターに自由に展開させたい場合に手放さなければならないものと比べれば、物理学者がしたように、エーテルによって固定された座標系を捨てることは、後から振り返ってみれば、むしろ容易いことであるように見える。どんなに深く常識に根ざしているように見えようとも、行為主体《エージェンシー》、構造、精神、時間、空間を、他のすべての哲学と人類学のカテゴリーとともに、投げ捨てる心構えが必要だ。(訳註23)

地図製作者の例を使えば、多くの旅行者から送られてくる幾重に重なる報告だけでなく、複数の投影図法の方眼にも対処しなければならないかのようである。方眼の一つひとつの点がそのためだけの特別《アドホック》な座標を求めているのだ。この混乱に直面すれば、論争の範囲を制限するか、そのすべてを解き放つかを決めることになるだろう。相対論以前の第一の解法は、うまくはいくが、社会学を、いつもどおりの静かで冷めた状況に制限するリスクを冒すものである。第二の相対論的な解法は、活発で熱く並々ならぬ状況に取り組むが、論争を行き着くところまで展開させる必要がある。二つの立場のあいだで何らかの妥協点を見出そうとするのが一番馬鹿げている。論争は、ただ遠ざけておくべき厄介なものでなく、論争によって、社会的なものを打ち立てることが可能になり、種々の社会科学が社会的なものの構築に寄与することが可能になる。そうした学問分野の発展を困難にしているものの多くは、十分に理論的であることを拒むことから生まれているとともに、政治的な意義を得たいという早まった願望とないまぜの常識にこだわるという見当違いの態度から生まれている。以上が、私が可能な限り長く維持しようと試みている極論的な立場である。その欠点は、長い旅を通して、読者は常に食べ慣れない食事に甘んじなければならないことにある。つまり、読者は、社会的なものが何でできているのかをめぐる論争を糧にしなければならないのだ。

残念ながら、第Ⅰ部で明らかになるのは、ANTとともに旅をすることが、苦痛を感じるまでに遅いことである。移動は、五つの種類の不確定性によって、絶えず妨害され、中断させられ、ずらされる。ANTが旅をしようとしている世界において、手間がかかり骨の折れる移行《トランスレーション》(訳註24)／翻訳なしで可能な移動はないように見える。社会的なものの社会学者は、天使のように軽やかに動き、権力や関係を軽々《インマテリアリー》と動かしていくように見える一方で、ANTの研究者はアリのようにのろのろと歩かなければならず、この上なく小さな結びつきをたどる場合であっても重い道具を運ばなければならない。第Ⅰ部の最後で、ANTによる良質な報告(訳註25)を、そうでない報告から区別するもの——決定的に重要な品質試験——をまとめる際には、次の三つの問いを投げかける。①旅することの難しさがすべて認められているのか、②ある結びつきから別の結びつきに移動する際にかかる全費用がそっくり支払われているのか、③旅行者は、いかさまをして、既存の「社会秩序」からこっそりと車を出してもらっていないか。この時点でのアドバイスは、荷物を最低限にすること、切符の支払いを忘れないこと、遅

(21) ネルソン・グッドマン『世界制作の方法』(二〇〇八)を参照してほしいが、「世界制作」は、そこで見られる「制作」の概念と「一つの世界」の定義がなければ、よくできた語となる。したがって、この表現は暫定的なものであり、後に、構築主義を定義し直し(一六五頁以下参照)、さらに後段で、「一つの共通世界」を組み上げることの意味を定義し直すことになる(四六七頁以下参照)。

れに備えることである。

第一の不確定性の発生源——グループではなく、グループ形成だけがある

どこから始めればよいだろうか。例によって、一番よいのは、前置きなく事のまっただ中から《イン・メディアス・レス》始めてしまうことだ。新聞を開いてみるとよいのではないか。この出発点に不足はない。新聞を開けば、すぐさま、大雨、洪水、伝染病、寄生虫に襲われるかのようになる。つまり、記者たちが、一行おきに、何かしらのグループが作られたり変えられたりしていることの記録《トレース》／痕跡を残しているのだ。ある記事では、大企業のCEOが出てきて、合併から五年が経つのに、各部門がいまだ完全に統合されていないことにため息をもらしている。このCEOが思い巡らせているのは、いかにして「共通の企業文化を広げるか」である。さらに数行進むと、人類学者が出てきて、ルワンダのフツ族とツチ族のあいだに「民族」差はないことを説明している。本当のところは「階級差」なのであって、その差が、植民地支配者によって「道具化」され、次には「文化的」なものとして「自然化」されてきたのだという。投書欄に目を向けると、あるスコットランド人が、スコットランド女王《メアリー・スチュアート》とフランスとの「栄光の同盟」を読者に思い起こさせた上で、イングランド人の激しいヨーロッパ嫌いをスコットランドが共有すべきでない理由を説明している。フランスからの特派員は、イスラムのベールをまとっ

て学校に通うアルジェリア系二世の少女を取り上げ、教師たちが少女たちのことをフランス共和国から「自分自身を排除」する「狂信者」と見なしている理由を説明しようとしている。ヨーロッパ欄では、ＥＵの職員が次第に「ヨーロッパ人として」考えるようになり、もはや「自分の国籍に忠実でない」ことが説明されている。音楽欄では、バロック合奏団同士がどのピッチを用いるのかをめぐって激論を交わしており、「近代主義的だ」、「伝統に忠実でない」、「伝統に偏っている」といった応酬がなされている。コンピュータ欄では、記者が、大差ない機器に向けるマック・ユーザーのこだわりを揶揄するとともに、「テクノ狂い」のひとつと名づけたものに対する「文化的な解釈」を示している。さらに下を見ると、論説委員が、イラクの国境はごく最近に引かれたものだが、今後は、ひとつの国として存在し、宗教や歴史的な「勢力圏」によるかつての境界線に沿って分割されることはないと予測している。別のコラムでは、イラク戦争に反対する者は「反米」だという言いがかりを一笑に付している。こうした具合にどこまでも続いていく。

　いずれかのグループに属するということは、現在進行形のプロセスであり、そのプロセスを構成するのは、不確定で、脆弱で、議論を呼び、絶えず移り変わる紐帯である。これは奇妙ではないか。新聞の示すところに素直に従うならば、社会学の核をなす直観は、アクターはいつ何時でも、あるグループ——多くの場合、複数のグループ——に合わせられている（*made to fit*）（訳註26）ということになるはずだ。ところが、社会理論家の書いたものを読んでみると、決定的に重要で最優先に扱うべき主題は、社会調査を始める上でどのグルーピングが望ましいのかということであるように見える。社会的なまとまりは「個人」でできていると捉えるべきなのか。あるいは、「組織」なのか、「階級」なのか、「役割」

なのか、「生活履歴」なのか、「言説の領界」なのか、「利己的な遺伝子」なのか、「生活形式」なのか、「社会的ネットワーク」なのか。社会科学者は、まったく飽きもせず、ある存在《エンティティ》を、実在のものにしたり、確固たるものにしたり、立証済みのものにしたり、定着したものにしたりしているように見える。そして、他の存在を、不自然なもの、想像上のもの、移り変わるもの、錯覚によるもの、抽象的なもの、非人間的なもの、意味がないものであるなどとして批判している。ミクロレベルの相互作用に焦点を合わせるべきなのか、はたまた、マクロレベルのほうをもっと有意《レリバント》なものとして考えるべきなのか。市場なり組織なりネットワークなりを私たちの集合的な生活の本質をなす要素と見たほうがよいのか。

実際の社会的世界で最も広く見られる経験は、グルーピングのやり直しを求める複数の相反する捨てがたい声に同時に捕えられてしまうというものだ。他方で、社会科学者になるためにすべき最も重要な決定は、どの要素がすでに社会にあるのかを最初に決めることであるようだ。言うまでもなく、私たちは第三者による数々の干渉によってグループに編入されて（*enrolled*）おり、この干渉を見れば、あるグルーピングが有意であることを主張しそれ以外のグルーピングが有意でないことを主張する人びとが明らかになる。さらに、社会科学者は、リアルな一つのグルーピングの型が「外在《アウト・ゼア》」（訳註27）していると主張し、他のグルーピングは実際には偽物であるとか、陳腐であるとか、的外れであるとか、不自然であるなどと主張しなければならないかのようである。私たちは、社会的世界の最も重要な特徴が、このように他の人びとに対して絶えず境界線を引くことにあることをよく知っているのに、社会的なものの社会学者の考える社会的世界の中心をなす特徴は、議論の余地なき境界の存在にあり、誰がどんな手段を用いて線引きしているのかとは無関係なのである。いっそう奇妙なのは、社会科学者や経済学者、歴史学者、心理学者、政治学者が、新聞のコラムや講演、授業、報告、調査、委員会、統計の仕事に取り組み、グループの定義と再定義に与しているというのに、数々の社会理論を見てみると、関連するアクターはそうした専門家による膨大な数の仕事からまったく独立して存在しているかのように扱われていることだ。もっとまずい場合には、社会学はこの再帰的ループから逃れられないために、どうやっても科学になり得ないかのように扱われる。けれども、フロイトなくして「無意識」に訴える方法が誰にわかろうか。マルクスなくして「疎外」を問題視することが誰にできようか。社会統計学なくして自分が「アッパーミドルクラス」であると誰が明言できようか。リベラルな新聞の社説なくして「ヨーロッパ人であると感じる」ように誰がなれようか。

まとめよう。社会学者にとってまず問題になるのは、ひとつの特権的なグルーピングを決めることであるようだ。けれども、私たちのごくありふれた経験を素直に受けとめるならば、数々の相反するグループの形成、グループへの編入――社会科学者が間違いなく大きく寄与している活動――があることがわかる。したがって、選択肢は明らかだ。社会理論家にならって、どの種類のグループと分析レベルに焦点を合わせるのかを最初に設定することから旅を始めるのか。そうでなければ、アクター自身のやり方に従って、グループを形成し解消するアクターの活動が残す痕跡によって旅を始めることだ。

私たちが学ぶべき第一の不確定性の発生源は、社会的なまとまりを作り上げているといえる有意なグループはどこにも存在せず、議論の余地のない出発点として利用できる確立した構成要素も存在しないというものだ。[22] 社会学の調査研究の多くは、ひとつの——あるいは複数の——グルーピングの型を設定することから始まり、その多少なりとも恣意的な限定は、多くの場合、「範囲を限定する責務」や「対象を規定する科学者の権利」のために必要であるとされるが、そのことをくどくどと弁明することは二の次である。しかし、そうした社会学者によるグルーピングの設定、責務、弁明は、連関の社会学者が出発点にしたいと望んでいるものとはまるで異なるものである。私たちのすべきことは、社会的なものを作り上げるグルーピングのリストを——わかりやすさのためであろうと、利便性のためであろうと、合理的に見えるためであろうと——安定させることではない。その真逆である。つまり、出発点は、どのグルーピングがふさわしいのかをめぐる論争自体にあり、そこには、当然のことながら、社会的世界が何でできているのかをめぐる社会科学者間の論争も含まれる。

「グループ」、「グルーピング」、「アクター」といった語に何の意味があるのかと指摘する人がいれば、こう答えたい。「まさにそのとおり」と。「グループ」という語は確かに中身がなく、規模も内容

(22) ガーフィンケルのエスノメソッドは同じ出発点を選んでおり、議論の代わりに日常の記述から始めるか、あるいは、「違背」〔通常の文脈ではありえない受け答えをすることで相手を混乱させ、日常の相互作用において人びとが暗黙のうちに依拠しているルールを明るみに出すこと〕という優れたアイデアを通して始めている。違背によって、日常的な出会いでさえも口論に変わってしまう。ハロルド・ガーフィンケルの *Studies in Ethnomethodology* (Garfinkel 1967) を参照のこと。その結論は、アクター - ネットワーク - 理論と同様である。つまり、構成子《メンバー》に代わって社会的世界が何でできているのかをあらかじめ決めることは社会学者の務めではないということ——化学者、物理学者、博物学者にとってはごく一般的な考え——である。ただし、社会科学のなかではまだ物議をかもすものと見られている。

も設定されていない。惑星にも個人にも当てはめることができるし、マイクロソフトにも私の家族にも、植物にもヒヒにも当てはめることができる。これこそが、この語を選んだ理由である。

ここには、ANTの語彙をめぐるさらに重要なポイントがある。本書の読者は、早い段階でANTの用語に慣れてもらう必要があるのだが、それは、本書の言い回しと、私たちが訪れる景色を混同することを避けるためである。私は、アクター自身の豊かな語句や表現と区別がつかなくならないようにするために、原則として、最もあいまいで、最もありきたりで、さらには最も低俗ですらある用語を使うことにしている。ところが、社会的なものの社会学者は、得てして、正反対のことをしてしまう。アクターが言っている（と社会学者が言っている）ことに対して、精選され彫琢された明晰な用語を作り出そうとしているのだ。しかし、その結果、二つのメタ言語(訳註28)——アクターにも独自の十分に反省的で精巧なメタ言語がある——を混同する過ちを犯すことになりかねない。批判社会学を実践するならば、アクターをすっかり無言にしてしまうという、さらに大きなリスクが生まれてしまう。ANTが用いたいのはインフラ言語とでも呼べるものであり、それは、ある参照フレームから別の参照フレームへの移動を可能にすること以外には、やはり、何の意味ももたない。私の経験では、アクターの語彙をはっきりと聞きとるには、インフラ言語を用いるほうがよい——そして、このことによって、社会科学者の内輪の用語《ジャーゴン》が格下げされるかどうかは、はっきり言って、どうでもよい。ANTによる報告の良し悪しを判定する照合表——品質評価の重要な指標——を提示する必要があるならば、アクターの用いる概念が分析者の用いる概念よりも強いことが認められているのか、あるいは、分析者が一人で一から十まで話してしまっているのかを問えば十分である。レポートを書くことについて言えば、精確だが難しいテストになる。つまり、さまざまな引用文や記録文書についてコメントしている本文は、アクター自身の表現や行動よりも興味深いのか、興味深くないのか、同じくらい興味深いのか。こんなテストは簡単すぎて答えるまでもないというのであれば、ANTはあなたに向いていない。

グループ形成が残す痕跡のリスト

社会理論家たちのあいだで、そして、アクターたち自身のあいだで、社会の基礎的な構成要素をめぐって多くの論争がなされているが、だからといって、社会科学への望みを捨てるべきだとの結論を出すことにはならない。ANTが主張するのは、社会を作り上げているのは「本当のところ」個々の計算高い小さなエージェントであるのか、大きなマクロアクターであるのかが、いずれわかるということではない。また、どれでもよいので好きな候補を自由に選んでよいということでもない。逆に、ANTが引き出すのは、相対論的な結論、すなわち、科学的な結論である。つまりは、そうした論争から、社会的な結びつきをたどれるようにするのに欠かせない資源が分析者にもたらされると考えるのだ。ANTが主張するのは、こうした数々の参照フレームに詳しくなりさえすれば、社会的なものがどのように生まれるのかがしっかりと把握できるようになるということにすぎない。というのも、諸々の参照フレームを相対論的に結びつけるほうが、常識の示す絶対論的な（つまりは恣意的な）かたちで参照フレームを設定するよりも客観的判断の優れた源になるからである。したがって、「社会的なまとまりは主にXでできている」といった類の宣言から始めないことが決定的に重要なのである。このXに当てはまるのが、「個別的なエージェント」であろうと、「組織」であろうと、あるいは、「人種」、「小集団」、「国家」、「人」、「メンバー」、「意志の力」、「リビドー」、「バイオグラフィー」、「界／場《フィールド》」（訳註29）などであろうと、違いはない。ANTは、研究対象の人びとに代わって社会的なものを安定させることが自らのすべきことであると単純には考えない。そうした義務は、「アクター自身」にそのまま残されるべきである——この決まり文句は、ひどい中傷を受けてきたが、この点についてはまた改めて検討する。

一見したところ、社会学者にとっては、グループ形成をめぐる論争をマッピングするよりも、一つのグループを決めてしまうほうが簡単であるように見えるが、実際にはその反対であり、確たる経験的な理由がある。グループ形成は、すでに確立した結びつきよりも多くの痕跡を残しており、確立した結びつきは、そもそも、音を発することなく目に入らないままであろう。既定の全体的調和《アンサンブル》があるだけであれば、それは目に入らないし、それについて何も言われはしない。全体的調和は痕跡を生み出さず、したがって、何の情報も生み出さない。もし目に入るならば、それは遂行《パフォーム》（訳註30）されているのであって、次には、新たな興味深いデータを生み出すことになる。私たちの解決法は、社会的なまとまりからなるグルーピングのリストを作成する代わりに——これは実行不能である——、グループをめぐる論争に常に現れる要素のリストを作成することである——こちらのほうがはるかに容易だ。この二番目のリストは、どんなグルーピングの輪郭描写にも必要なことを扱うので、たしかに抽象的ではあるが、格段に多くのデータをもたらしてもくれる。というのも、新たなグルーピングが言及されるたびに、そのグルーピングを持続させるのに必要な製作のメカニズムが可視化されることになり、したがって、たどれるようになるからである。百五十年経っても、社会学者は、「正しい」社会的なまとまりとみなすべきものについて合意に至っていない一方で、[23] グループ形成をめぐるいかなる論争にも——もちろんアカデミックな論争も含め——いくつかの特徴が例外なく見られることはずっと容易に認めることができる。その特徴とは、①グループは代弁者を必要とすること、②反対グループが配置されること、③グループの境界をさらに強化するために新たな資源が持ち出されること、④非常に専門的な道具一式を有する専門家が動員されることである。

第一に、グループの輪郭を描くためには、グループの存在を「代弁する」者が必要である——そして、新聞の例から明らかなように、時には非常に饒舌な代弁者が必要である。グループをゼロから創り出す必要がある場合でも、単に活性化する必要がある場合でも、そうである。カリフォルニア在住のフェミニストのドッグオーナーであれ、旧セルビアのコソボ人であれ、私の生まれ育ったブルゴーニュの「ブルゴーニュワイン鑑定騎士団《シュバリエ・デュ・タートバン》」であれ、アマゾン川のアチュア族であれ、会計士であれ、反グローバル主義者であれ、科学社会学者であれ、自我であれ、トロツキストであれ、労働者階級で

(23) この出発点——個人、構造、界、軌跡など——をめぐる不確定性がいつまでも決着しない理由のひとつは、社会がSサイズからXXLサイズへと階層化されているという確信にある。この思い違いの起源と、この思い違いを避ける方法は、本書第II部で取り組む（三三六頁以下を参照のこと）。

あれ、市場原理であれ、陰謀であれ、どんな場合でも、あらゆるグループには、それが誰であり、何であるべきであり、何であったのかを定義する人びとが必要である。代弁者は絶えず働いており、グループの存在を正当化し、規則と先例に訴え、これから見るように、一つの定義を他のすべての定義よりも上に位置づける。グループとは、静かなものではなく、むしろ、グループとは何であるのか、誰が何に属しているのかをめぐって発せられる無数の相反する声による絶え間ない激論の暫定的な産物である。ホモ・エコノミクスという並外れたくくりの輪郭描写に費やされた会話と文章の量について考えてほしい。(24) ある種の求人担当者がいないグループは存在しない。羊飼いのいない——さらには、羊飼いの犬、羊飼いの杖、予防接種証明書の束、EU助成金を得るための事務処理の山がない——羊の群れはない。それでもグルーピングが——たとえば「個人」が——「それ自体で」存在すると思うのであれば、あなた方が「自分の人生に責任を持つ」ことができるまでに、どれくらいの労力がかけられなければならなかったのかを思い出してみればよい。私たちは、自分自身というひとつのまとまり《グループ》(自我)を持たなければならないことを知るまでに、両親、教師、上司、仲間、同僚からどれだけ戒められ諭されてきたのか。そして、どれだけ早く、その教えを忘れていたのか。(25) グループはひとりでに続くように見えても、ANTの見るところでは、その傍らにグループを作る者、グループを語る者、グループを支える者が相当数いなくても存在するグループはないのである。

第二に、グループの境界線を引いたり引き直したりすることが必要なときは、いつでも、他のグルーピングが、中身がない、廃れている、危うい、役に立たないなどと指摘される。ある結びつきが強調される場合には、どのような結びつきであれ、競合する他の結びつきとの比較によってなされるのが常である。したがって、定義されるグループごとに、反対グループのリストが設けられる。このことは、観察者にとっては非常に都合がいい。というのも、アクターは自らの置かれている「社会的コンテクスト」の地図を製作するという作業に常に携わっていることになり、したがって、そのアクターをどんな社会学で扱うべきかに関する正真正銘の理論を分析者に示してくれるからである(26)。だからこそ、どんな種類の社会的なまとまりが、アクターによるすべての地図にコンテクストを与えることができるのかを前もって規定しないことが、わけても重要なのである。グループの輪郭描写は、社会科学者の職務の一つであるだけでなく、アクター自身が絶えず行う務めでもある。アクターは社会学者に代わって社会学を行っており、社会学者は、何によってアクターのつながりが作り上げられているのかを、アクターから学ぶのである。

以上のことは明白に見えるはずなのに、現実には、こうした答えは批判社会学者の基盤をなす学知

(24) ガブリエル・タルドの *Psychologie économique*（Tarde 1902）。主たる著作は今なおカール・ポランニーの『大転換』（二〇〇九）であるが、アルバート・O・ハーシュマンの『情念の政治経済学』（二〇一四）、ミシェル・カロンの *The Laws of the Markets*（Callon 1998b）とともに人類学と経済学の分野も参照のこと。ANTの観点に立った近年の経験的研究については、ファビアン・ミュニエーザの 'Des marchés comme algorithmes'（Muniesa 2004）、ヴァンサン・レピネの 'Les formules du marché'（Lépinay 2003）を参照のこと。

(25) 他者の影響を個人化の高まりと関連づけたことは、タルドの心間心理学の大きな功績である。ガブリエル・タルドの『世論と群集』（一九八九）、*On Communication and Social Influence*（Tarde 1969）を参照のこと。

(26) ガーフィンケルほどこの点を徹底的に展開した者はいない。アグネスの不確定なジェンダー認定という有名な事例〔ガーフィンケル 一九八七〕と、ノーマン・K・デンジンが 'Harold and Agnes'（Denzin 1990）で行った批判を参照のこと。

に反している。批判社会学者にとって、アクターは、全体像が見えておらず、単なる「インフォーマント」にとどまる。したがって、アクターは、自分がどんなコンテクストの「なかに」位置づけられており、そのコンテクストに「ついて」ごくわずかな部分しか見えていないことを教わらなければならず、他方で、批判社会学者は空高く浮遊し「全体」を目にしていることになる。このように批判社会学者が鳥瞰を占有していることに対する言い分は、決まって、インフォーマントが「無意識に」行っていることを、科学者は「再帰的／反省的《リフレキシヴ》」に行っているというものである。しかし、この言い分でさえ疑わしい。社会科学者が蓄積できるわずかな気づきは、再帰的なグループ形成から得られるものであって、社会学者は、この再帰的なグループ形成に寄生しているにすぎない。概して、社会科学の大半において反省性／再帰性としてまかり通っているのは、分析者が発する問いの見当違いのはなはだしさであり、アクターの重大な関心事からはかけ離れたものである(27)。原則として、調査者は常に調査対象者よりも遅れた再帰的ループを有しているということを基本的な立場とするほうがずっとよい。この立場が常に正しいわけではないとしても、研究対象者よりも明晰であると主張するよりは、間違いを起こす可能性は低くなるだろう。

　第三に、グループが形成されたり割り当て直されたりするときには、その代弁者が、グループを境界画定《ディーファイン》する方法をかなり必死になって探している。グループの境界が、引かれ、定められ、固定され、耐久力あるものにされる。あらゆるグループは、どんなに小さかろうと大きかろうと、建国期ローマにロムルスが引いた神話上の城壁さながらの防衛線を必要としている。このこともまた分析者にとって非常に都合がよい。というのも、どのグループ形成の場合にも、広範にわたって特徴の掘り起こしがなされるからであり、そうした特徴を持ち出すことで境界が強化され、グループの境界を融解させる恐れのあるあらゆる反対グループからの相反する圧力に抗しているのだ。グループの定義を安定した確かなものにするやり方は数限りなく存在し、強く安定し確かなものになることで、ついには、そのグループが机や水差しのように議論の余地のないものに見えるようになる。たとえば、伝統や法に訴えることもあるだろうし、「戦略的本質主義」のような奇妙なハイブリッドを発明したり、「自然」のなかに境界線を設けたりすることもあるだろうし、さらには、「遺伝子によるもの」を求めたり、「血と土」(訳註31)と結びつけたり、「民族の伝統」にしたり、慣習や習慣に溶け込ませたりすることもあるだろう。逆に、自由、解放、作為、流行、歴史などと結びつけることもあるだろう。ついには、グループは疑い得ないものとなり、その結果、当然のものと受け止められ、もはやどのような痕跡、刺激、情報も生み出さなくなる。こうなると、全体的調和のなかの諸要素は、たとえ、通常の意味における社会の歴とした構成子であるとしても、ANTの意味における社会的世界からは、すっかり外れてしまうのだ。

第四に、持久力のあるグループの定義を可能にする多くの代弁者のなかに、社会科学者、社会科学、社会統計学、ソーシャル・ジャーナリズムを入れなければならない。この点は、二つの学派の最も大

(27) 反省性〔再帰性〕は注意を要する語であり、アクターやモノに与えられる場合には興味深い意味をもつが、社会学者が客観性に違背しないようにする認識論上の長所として捉えられる場合には有害なものになる。アントワーヌ・エニョンの 'Pragmatics of Taste' (Hennion 2004) を参照のこと。

きな違いの一つである。社会的なものの社会学者にとって、社会学は、外部世界に対する客観的視点という伝統的で不偏的な意味での科学を目指すものであり、アクターによるグループの有形化からある程度独立した記述を念頭に置いたものだ。連関の社会学者にとっては、いかなる社会科学者によるいかなるグループに関するいかなる研究も、グループが存在、存続、衰退、消失するのになくてはならないものだ。先進国の世界では、少なくとも何かしらの社会科学の道具立てを備えていないグループはない。この第四の点は、社会学者もまた「社会の一員《ソーシャル・メンバー》」であり、自らの「社会的カテゴリー」の拘束から「抜け出す」ことが困難であるという事実に由来する、社会学に「固有の限界」などではない。右に記した点を主張するのは、社会学者が、その研究対象者と肩を並べて寸分違わぬ仕事を行っており、私たちを社会的に結びつけるものをたどるという同じ務めに与しているからにほかならない(異なる器具を用いており、異なる職業上の責務のためではあるが)。第一の学派の場合、アクターと研究者は二隻の異なるボートに乗っているが、第二の学派の場合、両者はずっと同じボートに乗り続けており、同じ役割、つまり、グループ形成を担っている。社会的なものが組み立てられるのなら、あらゆる手立てが必要である。この根本的な対等性がもたらす政治的な帰結については、本書の最後まで待ってほしい。

以上のリストがどんなに概略的で暫定的なものに見えたとしても、このリストだけで数多くの社会的な結びつきをたどる方法が会得できる。そして、社会学が焦点を当てるべき正しい分析単位を最終決定するという無理難題にいつも行き詰まることから逃れることができる。しかし、このことはANTのごく限られた長所である。一方では、私たちを失速させることになる無理難題から解き放ってくれる。しかし、他方では、今や、望んできたよりもはるかに多くの相反する社会的なものの地図製作を考慮に入れなければならない――そして、そのことで、私たちはさらに歩を緩めることになる。

ノー・ワーク、ノー・グループ――働きかけがなければ、グループはない

いま見たように、選択すべきは、確かさとあいまいさのどちらかでもなければ、何らかのアプリオリな決定の恣意性と果てしなき差異の泥沼のどちらかでもない。グルーピングは絶えず繰り返される必要があり、そして、このグループの創出ないし再創出のなかで、グループを作る者は多くの痕跡を残し、その痕跡がインフォーマントによるデータとして用いられることになる。したがって、私たちは一方で失ったもの――固定されたグループのリスト――を、反対側から取り戻しているのだ。グループに対する見方の違いを示すために、社会的なまとまりは、直示的（*ostensive*）な定義の対象――マグカップや猫や椅子のように人さし指で指せる――ではなく、遂行的（*performative*）な定義の対象でしかないと言うことができる。社会的なまとまりは、「それが存在する」とさまざまなかたちで言われることで作られるということだ。しかし、この区別には、言語学的、形而上学的に微妙な問題が数多くある。ここでは、グループが言われるがままに作られるとか、さらに悪く、単なる言語上の慣習に従った発話行為（訳註32）でできているとかいったことを示そうとしているのではない。(28)「遂行的」という語を用

いたいのは、何らかの慣性力を有するグループと、何らかのグループ制作の取り組みによって絶えず維持される必要があるグルーピングとの違いを強調したいからにすぎない。社会的なものの社会学者は「社会的慣性」に訴えることを好み、まるでどこかで紐帯が貯蔵されており、その蓄えは長い時間をかけてはじめて減少していくものであると言わんばかりだ。ANTに言わせれば、グループを作り続けることを止めれば、グループはなくなってしまう。「社会的な力」から生まれる力の蓄えが助けてくれることはない。社会的なものの社会学者にとっては、秩序が常に見られるのであって、減退、変化、創造は異例なことである。連関の社会学者にとっては、遂行が常に見られるのであって、説明されるべきは、つまり、問題をはらむ異例なことは、ありとあらゆる、長期に及ぶ、もっと規模の大きな安定性である。二つの学派では、背景と前景が逆さになっているかのようだ。

この反転のもたらす影響はとてつもなく大きい。慣性、持続性、射程、堅牢性、傾倒、忠誠、執着などが説明されなければならないのであれば、そうした安定性を生み出せる〔エージェンシーの〕移送装置《ビークル》、ツール、器具、材料を探すことが不可欠だ——第三、第四の不確定性を参照のこと。社会的なものの社会学者にとって、社会に訴えることの大きな利点は、この長期にわたる安定性をただでやすやすと示せることにあるが、その一方で、私たちの学派にとっての安定性は、まさに、手間暇のかかる諸々の手段に訴えて説明しなければならないものである。さらに、そうした器具はそもそも「社会的」であることとは別の特質を有しているはずだ。というのも、そうした器具が、グルーピングをいくらか広げ、いくらか長く持ちこたえるようにしているに違いないからだ。社会的なものに対する直示的な定義がはらむ問題は、現存するグループを維持するのに追加的な取り組みは一切必要ないように見えてしまう一方で、分析者の影響はものの数に入らないように——あるいは、できる限り小さくすべき単なる混乱要因のように——見えてしまうことにある。他方で、遂行的な定義の大きな利点は、その正反対である。遂行的な定義は、グループの絶え間ない維持に必要な手段に対する注意を促し、分析者自身の資源による重要な寄与に対する注意を促すのである。連関の社会学は、社会的なものの社会学が無限の資本ストックにかけている費用のつけを小銭でちまちまと支払わなければならないのだ。

グループの輪郭を描きグループを存続させるのに実際に必要となる手段を指摘することで、両社会学者の職務の食い違いに直面することになる。そして、この食い違いが、社会的なものの社会学者の高速道路と、私たちが地図化したい地域の曲がりくねった小道との明確な分岐点——到着点ではない！——を示している。すべては、「手段」という語で指し示されるものに左右される。第一の調査者が、「どうしたって、どこかから始める必要がある。だから、社会はXでできていると定義するこ

(28) ここでの「遂行的」という語は、ジョン・サールが *The Construction of Social Reality* (Searle 1995) のなかで社会科学に当てはめた意味で用いているのではなく、むしろ、自然科学の成功を説明するためにイアン・ハッキングが 'The Self-Vindication of the Laboratory Sciences' (Hacking 1992) で提示した意味で用いている。サールは、自然主義を守るために、自力達成《ブートストラップ》という点から社会的世界を定義したことで、〈厳然たる事実〉と社会法則のあいだの亀裂をさらに広げてしてしまった。ただし、少し調べてみればその区分は解消される。というのも、貨幣——サールが好む例——のようなものを材料なしに維持することはどう考えても不可能であり、さらには、どんな〈厳然たる事実〉も、測定に始まり、カテゴリー、形式主義、取り決め、翻訳なくして定義されることはありえないからである。二〇四頁以下を参照のこと。

とから始めればよいではないか」と声高に主張するのに対して、第二の調査者は、同じくらい力強く「私たちではなく、アクターにその役目を果たしてもらおう。何が社会的なものを作り上げるのかを、アクターに代わって定義してはならない」と主張する。この職務の違いが生まれる理由は、前者の調査者から見れば、社会的世界はすでに存在しているので、出発点の選択は必ずしも重要でないことにある。「個人」の代わりに「階級」を強調しようと、「階級」の代わりに「民族」を強調しようと、「社会的役割」の代わりに「生活履歴」を強調しようと、「組織」の代わりに「社会的ネットワーク」を強調しようと、すべての道は最後にはひとつになる。同じ巨大動物の輪郭をどう描くのかに関する裁量の多寡の問題にすぎないからだ――ことわざ〔群盲象を評す〕の象が、脚なり耳なり鼻なり牙なりによって一つずつ捉えられるのと同じことだ。しかし、ANTの場合は、社会ありき、ないし、社会的なものありきではないので、事態はまったく異なる。社会なり社会的なものは、非社会的な資源の結びつき方のわずかな変化を通して見つけるほかない。したがって、選択する出発点ごとに、完全に異なる代物が描かれることになり、他とはまったく共約不可能なものになる。第一の学派の場合、社会は常にそこにあり、その力をもってして、自らを運べる移送装置をすべて動かしてしまう。第二のアプローチの場合、社会的な結合は、入れ替えできないさまざまな移送装置の循環から突き止めるしかない。

たとえば、あるインフォーマントが自分は「神の与え給いし世界で」生きていると言っているならば、〔第一の学派の場合、〕この言明と、自分が「市場原理に支配されている」と主張する別のインフォーマントの言明との違いは何らない。というのも、どちらの用語――「神」と「市場」――も、同じ社会的世界の単なる「表現」であるにすぎないからだ。しかし、ＡＮＴの訓練を受けた社会学者にとって、この言明は、共約不可能で乗り越えることのできない大きな差を作り出している。神とのつながりは、他のいかなるつながりによっても代替できず、完全に独特であり、市場原理で成り立つ別のつながりと融和させることは不可能である。そして、市場原理はと言えば、法的な結びつきによって描かれるパタンとはまったく異なるパタンをデザインしている。社会的なものの社会学者は、インフォーマントのありとあらゆる用語を翻訳してしまえる安定的かつ絶対的な第三項の用語を常に手にしており、自在に使っている。このマスター・ボキャブラリーは、同一の均質的な基本特性――つまり、社会的であるということ――を共有している商品間の交換を即座に行う一種の交換／清算所《クリアリング・ハウス》のような働きをしている。他方で、ＡＮＴの社会学者は、そうした共通通貨を手にしていない。社会的という語が、何かに取って代わることはできず、何かもっとよいものを表すこともできず、他の何かが――どんな形であれ――代わりになることもできない。社会的なものは、どこでも受けつけてくれるクレジットカードのような、あらゆるものの公約数的なものではない。社会的なものは、間接的に把握できる動きでしかなく、元々あった連関が少しだけ新しくなったり違ったものになったりする際にわずかな変化が起きる場合に把握できるものである。社会的なものは、決して安定した確かなものではなく、他の非社会的な事象の移り変わりや、揺らぎ、わずかなずれによって生まれる時々の火花でしかない。ということは、人びとが数々のやり方で「社会的なものを打ち立てる」なかで見られる時としてこの上なく小さな差異を、まじめに受けとめなければならないということなのか。残念ながら、そのとおりである。

すべての社会科学者が次のことを「自然に」認めていると言って、二つの学派の違いを小さくすることもできよう。つまり、グループは、他の非社会的な手段によって作られ、新たに作り直されていく必要があること、そして、何らかのかたちで維持する動きがなければ、どんなグルーピングもその存在を維持し続けられないことである。たとえば、次のようなことには誰もが同意するだろう。多くの人を集める祭礼が「社会的な紐帯を新たにする」のに必要であること、「ナショナル・アイデンティティ」と結びついた感情を「高める」ためにプロパガンダが不可欠であること、伝統は「発明される」こと、社内報を配布することは「忠誠心を高める」ために会社にとって有効であること、値札やバーコードなしに値段を「計算する」のは非常に困難であること、小さい頃からのお尻たたきは、子どもが「責任を果たせる」ようになるために何ら害をなさないこと、トーテムがなければ、ある部族が自分たちが同じ一族の「一員《メンバー》」であると認めることが難しくなってしまうこと、などである。この種の表現は、私たちのキーボードからとめどなく出てくる。しかし、この種の表現のもつ効果となると、グループの「制作」を匂わせるあらゆる話法を私たちがどれだけ正確に理解しているのかによって変わってしまう。社会的なものの社会学者の場合、そうした用語が指し示すのは、同じ社会秩序がとりうる数多くの化象《アバター》であり、あるいは、社会秩序が「表象」されたり「再生産」[29]されたりする際に用いられる多様なツールである。社会的なものの社会学者にとってみれば、「社会的な力」は常にすでに背景に存在しているので、それを顕在化させる手段が極めて重要なのである——けれども、決定的に重要なのではない。

連関の社会学者の場合には、手段によって世界は大きく変わってしまう。というのも、元から存在している社会はなく、人びとを結びつけるものを貯蔵する倉庫もなく、以上見たようなグループのすべてをひとつに結びつける接着剤の入った頼もしい大瓶もないからだ。今、祭りを開かなかったり、今日、新聞を印刷しなかったりすれば、グループの形成を維持することはまったくできない。グループは、修復が必要な建物ではなく継続が必要な運動である。ダンサーが踊るのを止めれば、ダンスは終わる。ショーを進める慣性力はない。だから、直示的な定義と遂行的な定義との区別を持ち込む必要があったのだ。直示的な定義の対象は、傍らで見ている者の指標記号《インデックス》がどうなろうとも、変わらないままである。しかし、遂行的な定義の対象は、それが遂行されなくなると消えてしまう――もし消えていなければ、他のアクターがその中継《リレー》を引き継いだことになる。そして、この中継は、当然、「社会的世界」ではありえない。というのも、「社会的世界」こそが新たな中継を何よりも必要としているからだ。

この入門書で必要となる専門用語はごくわずかであるが、そのうちの二つを用いれば、社会的なものを生み出す手段を中間項（*intermediary*）として捉えるのか、媒介子（*mediator*）として捉えるのかによっ

(29)「再生産」という語は、よく「社会的再生産」といった表現で使われるが、生産される物と「再生産する者」との関係によって二つのまったく異なる意味をとる。ほとんどの場合、生産される物は原型によって完全に予測できるので、「再」生産によって何かが加えられることはなく、この場合の再生産は、必要ではあるがほとんど受動的な中間項の連鎖としか見なされない。

て、非常に大きな違いが生まれる。(訳註33) この分岐は、初めのうちはささいに見えるが、これは本書を通じて見られる決まり文句になるので、できるだけ早く慣れてもらいたい。実際、どちらの意味に従うのかによって、まったく異なる領域にたどりつくことになる。この点については、本書の最後でようやく全貌が明らかになるだろう――読者が最後まで十分に忍耐強ければ！

中間項は、私の用語法では、意味や力をそのまま移送《トランスポート》する〔別のところに運ぶ〕ものである。つまり、インプットが決まりさえすれば、そのアウトプットが決まる。実際のところ、中間項は、ブラックボックスとして捉えられるだけでなく、たとえその内部が多くのパーツでできているとしても、ひとつのものとして扱われる。他方で、媒介子は、きっかりひとつのものとみなすことはできない。媒介子は、ひとつのものとされるかもしれないし、物の数に入らなくなるかもしれないし、かなりの数のものとされるかもしれないし、無数のものとされるかもしれない。インプットからアウトプットをうまく予測することは決してできない。その都度、媒介子の特性が考慮されなければならない。(30) 媒介子は、自らが運ぶとされる意味や要素を変換し、翻訳し、ねじり、手直しする。中間項はどんなに複合的であろうとも、実際には、きっかりひとつのものとみなされるだろう――あるいは、簡単に忘れ去られてしまうこともあるために、物の数に入らなくなる場合すらある。媒介子はどんなに単純に見えようとも、複雑になる可能性がある。(訳註34) 媒介子は、多方面に広がり、自らの役割について加えられる諸々の相反する報告をすべて作り変えてしまう場合もある。正常に作動するコンピュータは複合的な中間項の格好の例と見なせる一方で、日常の会話は、恐ろしく複雑な媒介子の連鎖になることもあり、そこでは、感情や意見、態度が至るところで枝分かれする。しかし、コンピュータは、壊れてしまえば、恐ろしく複雑な媒介子に一変するだろう。他方で、学会で開かれる非常に高度なパネルディスカッションが、どこかほかでなされた決定を追認するだけであるならば、まったくもって予測可能で問題をはらまない中間項になる。(31) これから少しずつ明らかになるように、事物の根本的な性質に関するこの絶えざる不確定性――その事物は、中間項として振る舞っているのか、媒介子として振る舞っているのか？――は、私たちが目を向けることにした他のすべての不確定性の源泉である。

この定義が打ち立てられれば次のことがすぐにわかる。社会学者は、グループが数々の手段によって作られたり、「再生産」されたり、「構築」されたりすることを認め、さらに、多くのツールによって表現されることを認めるだけでは不十分であることだ。実際のところ、大半の社会学者が「構築」と呼ぶものを見てみると、掘っ立て小屋のように簡単なものが築かれたのかどうかすら定かでなく、「社会」については言うまでもない（この点に関しては一六五頁を参照のこと）。「構築」に使われる「手段」ないし「ツール」が、もはや単なる中間項として扱われるのではなく、媒介子として扱われることで、

(30) 原因と結果の関係を変えることが必要であるということに、何か並外れたものが求められるわけではない。ユリが光合成を通して太陽エネルギーを引き出せるようになるまでは、太陽はユリの「原因」ではない。ベネチアが水面に浮かび上がるようになるまでは、ベネチアの湖沼はベネチア発展の理由の一つではなかった。原因と結果は、遡及的《レトロスペクティブ》／事後的に出来事を解釈するやり方にすぎない。このことは、「社会的」な出来事にも、「自然」な出来事にも当てはまる。この因果関係の哲学に関して、イザベル・ステンゲルスの *Penser avec Whitehead* (Stengers 2002) を参照のこと。

(31) 複雑性《コンプリケーション》と単純な要素の複合の区別を用いることについては、シャーリー・ストラムとの共著 'The Meanings of Social' (Strum and Latour 1987) を参照のこと。

二つの学派の本当の違いがはっきりとする。このことが瑣末なことにこだわっている《スプリッティング・ヘアーズ》ように見えるならば、まあ、そうなのだが、それは、二つの社会学の取る方向が髪の毛の太さほども離れていないためである。いずれにせよ、物理学者がエーテルを捨てられるようになったとすれば、それは実に多くの瑣末なことにこだわったためであった。

タルド的なときのデュルケム

グループ制作においてトーテムが果たす役割についてデュルケムが記した有名な一節（以下に引用）が示すように、媒介子と中間項の違いは極めて微妙である。トーテムは、グループを表現しているのか、グループの凝集を促すものなのか、はたまた、グループがグループとして存在するのを可能にしているものなのか。

どのようにデュルケムがこの問題を扱ったかというと、

記章《アンブレム》が、あらゆる種類の集団にとって、人びとを集結させる核として有効であることは証明するまでもあるまい。記章によって社会の統一を物質的な形で表すことによって、社会の統一は万人にいっそう感じられるようになる。したがって、ひとたび記章という象徴の観念が生まれるや、その使用はすぐに広まったはずである。しかし、さらにこの観念は、共同生活の諸条件から自然発生的に噴出したに違いない。というのも、記章は、単に社会が自らについて抱いている感情をいっそう明確にするのに格好の手段であるばかりではなく、この感情を創り出すのに資してもいるからである。記章それ自体が、この感情の構成要素のひとつなのである。

……そもそも、象徴がなかったなら、社会的諸感情は束の間しか存続し得ないだろう。……しかし、これらの社会的感情を表すのに用いられた運動が、持続する事物に刻み込まれるならば、それらの感情自体も持続的になるであろう。これらの事物は、こうした感情を諸個人の意識に絶えず想起させ、常に目覚めたままに保つ。それは、あたかもそうした感情を引き起こした当初の原因が作用し続けているかのようである。こうして、社会がみずからを意識することを可能にするために必要な記章の体系は、この意識の継続性を確保するためにもやはり必要不可欠なのである。

それゆえこれらの象徴を、既成の表象をより扱いやすくするために、その表象に付加された単なる技巧やレッテルのたぐいとみなすことは控えねばならない。これらの象徴は、そうした表象の不可欠の部分なのである。……

したがって、集団の統一性が感じられるのはただ、その全構成員がもっている集合的な名前、ならびにこの名前によって指示された事物を再現する、同様に集合的な記章のおかげである。氏族とは、本質的に、同一の名前をもち、同一の記号《シーニュ》を囲んで集結する諸個人の集合である。名前とそれを物質化する記号を取り除いてしまえば、もはや、氏族を表象することはできないのである。

（デュルケム 二〇一四・上五〇〇―一、六頁）

この微妙な違いに意味はないように見えるが、その効果は根源的である。たとえば、ある社会的差異が服装の細部に「表現」ないし「投影」されており、この細部――たとえば、ナイロンにはない絹の輝き――が、何らかの社会的意味――「絹は高級な人向けだ《ハイブロー》」、「ナイロンは低級な人向けだ《ローブロー》」――を忠実に移送する中間項と見なされるならば、生地の細部が取り沙汰されてきたことは無駄であった。生地の細部は、ただ例を挙げるために持ち出されてきたからだ。絹とナイロンに化学的な違いがなくとも、高級な人と低級な人の社会的差異は、どのみち存在し続けることになるだろう。その社会的差異は、その性質とはまったく無関係である布きれに、「表象」ないし「反映」されてきただけである。逆に、化学面、製造面での一つひとつの違いが媒介子として扱われるならば、絹とナイロンの感じ、手触り、色合い、輝きといった数々の物質的な違いがなければ、この社会的差異はまったく存在しないことになるだろう[32]。この非常に小さな媒介子と中間項の区別から、最終的には、私たちが求めている二つのタイプの社会学の違いのすべてが生まれることになる。この対照性をおおざっぱにまとめるならば、社会的なものの社会学者が信じているのは、一種類の社会的なまとまりが存在し、多くの中間項があり、媒介子はほとんど存在しないことである。他方のANTの場合、他に勝る社会的なまとまりはなく、無数の媒介子が存在しており、そして、媒介子が忠実な中間項に変わるならば、それはいつものことではなく、めったにない例外的なことであり、何らかの特別な手間をかけて説明される必要があることである――たいていは、さらに多くの媒介子を持ち出すことによって![33] 同じモノに対する二つの視点で、これ以上に異なるものはありえないだろう。

以上の基礎的な直観が主流派の社会学に共有されていないのを見ると困惑してしまうが、先に主張したように、ANTは社会科学の核をなす希望を鋳直そうとするものにすぎない。グループをめぐる論争に関わっているすべてのアクターと社会科学者の根本的な同等性がもっと早くから認められなかった理由としては、社会学があまりに早くから社会工学に与してきたことが考えられる。当初から一種の職務の混同があった。つまり、十九世紀中葉の社会学者は、社会的世界が何でできているのかを定義することが自分たちのすべきことであると決めることで、本来、政治がすべきことを引き受けたのである。[34] 後に見るように、政治が、集合的な生を段階的に組み上げることと定義されるならば、革命期にうんざりした一部の社会学者は、この時間と手間をかけて進む組み上げのプロセスをショー

(32) ナイロンの社会化学史については、スザンナ・ハンドリーの *Nylon* (Handley 2000) を参照のこと。アクセル・マドセンの *Chanel* (Madsen 1991) によるココ・シャネルの伝記を参照のこと。
(33) この論争の安定化については、第II部で、形式と規格という鍵概念を用いて取り組む。
(34) 統治のための諸科学における社会科学の位置づけに関して、パオロ・ナポリの *Naissance de la police moderne* (Napoli 2003) のほか、オドレンの 'Les juristes et les mondes de la science sociale en France' (Audren 2006) を参照のこと。

トカットしようとして、最も有意な社会の単位が何であるのかを自分たちだけで選び出そうとした。そして、その一番簡単な方法は、アクター自身が自分自身の「社会的コンテクスト」に与える思いもよらぬ突飛な定義を一掃することであった。社会理論家は立法者の役割を演じ始め、仮借なき近代化の事業に乗り出していた国家による強い後押しを受けた。(35)(訳註35)そのうえ、立法者としてのそぶりは科学的な創造力の証としてまかり通った。というのも、カント以後の科学者は、自分たちの「独自の対象を構築」しなければならなかったからだ。(訳註36)人間のアクターは、裁判官たる社会学者からの質問に答えるだけのインフォーマントになりさがり、したがって、そうした問いから、化学や物理学と同じくらい科学的な学問分野が生まれるとされた。(36)この立法の役割を演じるという強い責務がなければ、社会学者は、第一の明らかな不確定性の発生源に制限をかけ、アクター自身の方法による明確な再帰的な働きかけとの結びつきをすべて断ち切ることはなかったであろう。前近代を相手にしなければならなかった人類学者は、社会学者のように自然科学を模倣することが求められておらず、社会学者よりも運に恵まれており、アクターにもっと豊かな世界を展開させていた。多くの点で、ＡＮＴとは、現代社会の構成子に対して、民族誌学者《エスノグラファー》が与えるのと同じくらいの余地を持たせて自分自身を定義できるようにする試みに他ならない。私が主張するように「私たちは一度たりとも近代的であったことがない」ならば、社会学は最終的に人類学と同じように優れたものになれるであろう。(37)

本章で明らかにしたこの上なく軽い装具を身につけることで、今や、第一の不確定性の発生源をうまく活かす準備ができたはずだ。読者は、社会的なまとまりが、数多くの相反するかたちで、絶えず呼び起こされ、消し去られ、割り振られ、割り当て直されることを地図にし始めることができる。科学的、政治的、さらには道徳的な理由から決定的に重要なのは、調査者がアクターに代わって、社会的世界がどんな種類の構成単位でできているのかを前もって定義しないことである。この教えは確かに消極的ではあるけれども、実に多くの批判社会学者を駆り立てている政治的欲望を反転させるうえでは効果的な手立てである。広く知られたマルクスの引用句を立て直す時が来ているのかもしれない。「社会科学者は世界をさまざまに変えてきた。しかし、大切なことは世界を解釈することである」と。(訳註37)けれども、解釈するためには、あらゆる言葉を、社会的なものというすでに確立した慣用語《イディオム》に翻訳できるという奇妙な考えを捨て去る必要がある。この基礎訓練は重要であり、というのも、次章で見る

(35) ここでは、ジグムント・バウマンが *Intimations of Postmodernity* (Bauman 1992) で行った「立法者」と「解釈者」の区別を用いている。このバウマンの議論はこの上なく明瞭である。タルドは、後にガーフィンケルがそうしたように、まさに立法の役割を回避しているために興味深い。

(36) 社会科学の認識論には、自分の扱う事物の種類を規定する権利が観察者にあるのかというテーマがつきまとってきた。このテーマ自体が奇妙な科学哲学をなしており、少なくともフランスの場合には、ガストン・バシュラールによる物理学解釈から取り入れられたものである。ピエール・ブルデュー、ジャン゠クロード・シャンボルドン、ジャン゠クロード・パスロンの『社会学者のメチエ』(一九九四)を参照のこと(同書は、バシュラールの科学哲学にもっぱら依拠して書かれている)。科学の概念が変われば、社会科学の権利と義務が改められることになるのは明らかだ。

(37) この近代主義の問題——近代主義をいかに定義するのか、いかに研究するのか、いかに乗り越えるのか——については、拙著『虚構の近代』(二〇〇八)で記している。本書では、この問題は脇に置いて、近代主義に代わるものが必要とするであろう社会理論に力を注ぐことにする——*Politics of Nature* (Latour 2004b) で示したように、近代主義に代わるもののもうひとつの要件は、自然の概念もあわせて変わることである。

ように、社会的なまとまりは人間の結びつきでできているとは限らないからである。

第二の不確定性の発生源——行為はアクターを超えてなされる

私たちが「社会的」という語を用いるのは、ほとんどの場合、すでに組み合わされ、ひとまとまりのものとして動くものを指し示すためであり、その際、ひとつに集められ、束にされ、まとめられたものの内実についてあまり神経質になることはない。「何々が社会的である」とか「何々には社会的次元がある」などと言うときには、そのまとまりが根本的に相異なる複数の種類の事物で成り立っていようとも、いわば足並みをそろえて行進している一組の特徴を呼び集めているのだ。この用語法に何の問題もないのは、「社会的なものは、ひとつに合わさって進むものである」という文を、「社会的なものは、特定の種類の素材である」という文とまぜこぜにしない場合に限られる。前者の文が意味しているのは、ひとつの束になっていることが決定的に重要な側面をなす定常的な事態を扱っているということにすぎないのに対して、後者の文は、その主たる特徴が他の種類の材料との違いにある一種の実体を指し示している。まさに三匹の子ブタの家がわらと木と石でできていたように、物理的、生物的、ないし経済的なブロックの代わりに社会的な材料で組み立てられるものがあるというわけだ。この社会的という語の二つの意味の混同を避けるために、第二の不確定性の発生源を明らかにし、今度は、社会的な紐帯を作り上げている諸要素の異種混淆性を扱わなければならない。

私たちが行為するとき、他に誰が行為しているのか。どれだけの数の事物を用いているのか。どうして自分がしたいことをしないのか。なぜ、私たちは皆、自分たちが作り出したわけではない力に縛られるのか。こうした問いが、社会科学の最も古くて最も正統な直観であり、群衆、大衆、統計的平均、見えざる手、無意識の衝動が、(それまで私たちの卑小な魂を押したり引いたりしてきた天使と悪魔に取って代わり始めたのはもちろん)感情と理性に取って代わり始めてからというもの、観察者をとりこにしている。前章では、社会学者が思い描いていたわけではないグループ形成をめぐる論争の形跡を用いて社会的な結びつきをたどることを学んだ。社会科学者とアクターは比肩し合う存在であり、両者とも基本的に同じ種類の問いを発していた。つまり、社会的世界が何でできているのかをいかにして知るのか、である。今度は、第二の不確定性の発生源を切り開く方法を学ばなければならない。この不確定性は、さらに根源的で、あらゆる社会科学の核心をなしている。つまりは、行為は自明なものではないということだ。行為は、意識の完全な制御下でなされるものではない。むしろ、行為は、数々の驚くべきエージェンシー群の結節点、結び目、複合体として看取されるべきものであり、このエージェンシー群をゆっくりと紐解いていく必要がある。この由緒ある不確定性の発生源こそが、アクター－ネットワークという奇異な表現で蘇らせたいものである。

私たちが決して独りで行為しているのではないことを示すには、数例あれば十分だ。たとえば、大学の学位のために、両親と距離ができて、両親の馬鹿さ加減を恥ずかしく思うまでになってしまっているとしよう。批判社会学者の本を読むことで、このことが「文化資本」を欠いた「下層階級」の家族に生まれた「上昇志向」の強い若者世代全体に共通する経験であることがわかる。さらに、ここで考え始める。誰のせいで自分は家族から離れてしまったのか、そして、誰のせいで、自分の声や作法や顔つきが家族とはこんなに違ったものになってしまったのか。特定の誰かのせいというわけでないのであれば、誰の責任でもない奇妙な代物のせいなのだろう。それは確かにひとつの力であり、おそらくはハビトゥスなのだろう。次に、あなたは、将来のパートナーに恋をしたようだ。結婚パタンに関する統計調査を見てみると、彼の年齢、身長、収入、学歴、住んでいる町までの距離が、ほとんど同じ時期に何千もの他の若い女性たちが恋をしている相手の平均的な範囲内にほぼ収まっている。それでは、いったい誰が恋をしているのか。自分ではないものであるのは確かであり、つまりは、外からやって来る見知らぬエージェンシーであり、あなたとは似つかず、目も口も耳もないが、それでも作用《アクト》している。でも、具体的には？

フランス中部のブルボネーでは、村々が不規則に点在しているように見えるが、ある考古学者が、古代の道路網を掘り起こしてみると、すべての集落が古代の道に完璧に沿って並んでおり、ローマ軍による平均的な一日の行軍距離の分だけ離れていることがわかる。そこに集落を作り出しているのは誰なのか。どのような力が働いてきたのか。どうしてカエサルは今なお現在の景色に影響を与えることができるのか。何らかの他のエージェンシーが外からやって来ており、長期にわたって影響を及ぼす目には見えない力を働かせることで、移住者に対して、他ならぬその場所を「自由に選択」させているのか。やはり疑問である。ある朝の株取引で一千万人の株主たちがその日に同じ株を売っているのを目にするときには、まるで自分たちの集合意識が、何かしらの見えざる巨人の手によって一気に動かされたかのようなので、もっと疑問に思うことになる。学校のオープンハウス・パーティーでは、なぜ親という親が奇妙なまでに似通っているのか——同じ服を着て、同じ宝石を身につけ、同じ話し方をしており、子どもに対して同じ願いを抱いている。同じ時に同じことを皆がしているのはどうしてなのか。社会科学者である社会学者、歴史学者、地理学者、言語学者、心理学者、経済学者は、その学問分野の長きにわたる多様な歴史のなかで、行為の複雑性、多様性、異種混淆性を説明するために——自然科学の同僚たちのように——エージェンシーを増やしていかなければならなかった。それぞれの学問分野が、私たちが行っているようにみえるあらゆることに不意に入り込んでくるそうした数多くの外来者を飼い慣らす方法を見出さなければならなかった。

以上の例が社会科学の発展に拍車をかけてきたことは、今日の私たちにしてみれば、言うまでもないことである。そして、ANTが望んでいるのは、この伝統とこの直観を受け継ぐことに他ならない。行為はアクターを超えてなされる（overtaken）、あるいは、この危険なヘーゲル流の表現に対するあるスウェーデンの友人の書き換えにならえば、行為は他者になされる（other-taken）[訳註38]！　だから、行為は他の人びとに取り込まれており、人びとのあいだで広く共有されているのだ。行為は、不可思議なかたちで行われると同時に、他の人びとに分散されている。私たちは世界で独りきりなのではない。「私たち」なるものは、「私」なるものと同じく、蜂の巣である。つまり、詩人ランボーが記しているように、「私なるものは他者である（*Je est un autre*）」[38]。

しかし、この直観——行為はアクターを超えてなされる——と、ある社会的な力がコントロールしているといういつもの結論とのあいだには、埋めようのない深い巨溝が横たわっている。ANTは、この最初の直観を受け継ぐことを願う一方で、次の一歩を禁じることを望んでいる。そして、この前提と帰結のあいだには、途方もない溝があり、まったくもって誤った推論であることを示したいのだ。生来の活力を回復しようとする社会科学にとって決定的に重要なのは、アクターを超えたあらゆるエージェンシーを、それ自体が社会的であろう何らかのエージェンシー――「社会」、「文化」、「構造」、「界」、「個人」など、名前は何でもよい――に合成してしまわないことだ。行為を、驚くべきこと、媒介、出来事のままにしておくべきだ。だからこそ、おそらくはいつものように、「社会による行為の規定」、「個人の計算能力」、「無意識の力」から始めるのではなく、ここでもやはり、行為の未決定性から始めるべきであり、そして、「私たち」が行為するときに誰や何が行為／作用しているのかについての不確定性と論争から始めるべきなのだ――そして、もちろんのことながら、この不確定性の発生源が分析者にあるのかアクターにあるのかを決めることはできない。社会科学の核心をなすこの直観を進んで受け入れる必要があるならば――もしそうでなければ、自らを「社会《ソーシャル》」科学者と呼ぶ理由はなくなってしまう――、この直観が、「何か社会的なもの」が行為を実行に移すという誤った解釈に転じてしまうときに密かに持ち込まれる害毒を取り除くために、非常にゆっくりと進むべきである。実に多くの「社会的説明」が示しているように見えることとは逆に、二つの主張は補い合う

(38)「恐ろしい行動をいざ実行に移す時まで、最初に思いついた瞬間から、その間に横たわるすべての時間は、さながら怪異な幻、不気味な悪夢。理性と感情が激論を繰り返し、人間というこの小宇宙が、あたかも内乱の騒擾に陥ったかのよう」――シェイクスピア『ジュリアス・シーザー』二幕一場のブルータス。

ものでないのはもちろん、完全に矛盾しており両立しない。私たちに行為させるものは、社会的な材料でできていないからこそ、新たなかたちでつなぐことができる(39)。

〈アクターが行為する〉ように他の多くのものがしている

アクター－ネットワークという表現における「アクター」とは、行為の源ではなく、無数の事物が群がってくる動的な標的である。その複数性を取り戻すための最もわかりやすい解法は、これまで代用記号《プレースホルダー》として問題なく使ってきたアクターの語に含まれるメタファーを復活させることである。

この表現が、「パーソン」という表現と同じく、演劇から来ていることは偶然でない。アクターもパーソンも、純然たる問題なき行為の源を示すどころか、演劇そのものの成立と同じくらい古い謎を生み出している——知ってのとおり、ジャン・ポール・サルトルが、「ほんとうの自分」と「社会的役割」との違いがわからなくなったカフェのギャルソンを描くなかで、同じことを示している(40)。「アクター」という語を用いることで表されるのは、私たちが行為しているときに、誰が行為し何が作用しているかは決して明らかでないことだ。舞台上の役者《アクター》は決して独りで演じていないからだ。演技《プレイ・アクティング》することからして、複雑な局面に身を置くことになり、そこでは、誰がその演技を実行に移しているのかという問いは解決しえないものになっている。劇が始まるやいなや、アーヴィング・ゴフマンが幾度となく示しているように、確かなものは何もなくなる。これは本気なのか？　みせかけなのか？[41] 観客の反応が影響しているのか？ 照明はどうか？ 舞台裏のクルーは何をしているのか？ 脚本家のメッセージは忠実に伝えられているのか、台無しにされているのか？ 人物はうまく造形されているのか？ そうであるなら、どの程度の「演技」で、どうやって？ 共演者は何をしているか？ プロンプターはどこにあるのか？ このようにアクターのメタファーを展開することを認めるならば、アクターという語自体が、行為の完全なる散開《ディスロケーション》に注意を向けさせてくれる。そして、行為は首尾一貫しておらず、制御されておらず、均整がとれておらず、きれいに仕切れないことを知らしめてくれる。そもそも、行為は決して定置されず、常に非局所的《ディスローカル》である。[42] 行為は、借用され、分散され、提案され、影響を受け、支配され、曲げられ、翻訳される。あるアクターがアクター‐ネットワークであると言われるならば、何よりも強調されるべきは、その語が表しているのは、行為の起源に関する不確定性の主たる発生源である——「ネットワーク」の語の転回はやがてやって来る。十字架にかけられたイエスのように、アクターについて、常にこう言うべきなのだ。「父よ。彼らをお赦

(39) これは、ヴェーバーが実に入念に提示した限定的な定義の対極をなしている。ヴェーバーによれば、「『社会的』行為という場合は、単数あるいは複数の行為者の考えている意味が他の人びとの行動と関係を持ち、その過程が他の人びとの行動に左右されるような行為を指す」——マックス・ヴェーバー『社会学の根本問題』（一九七二・八頁）。

(40) ジャン・ポール・サルトル『存在と無』（二〇〇七—八）の有名なエピソードである。

(41) アーヴィング・ゴッフマン『行為と演技』（一九七四）の多くの事例がよく知られている。

(42) ここでの「非局所的《ディスローカル》」の概念は、フランソワ・クーレンの *Organizing Property of Communication*（Cooren 2001）で提示されたものである。

しください。彼らは、何をしているのか自分でわからないのです」。

このように行為の起源をめぐって激しい論争がある以上、行為がどこから生まれるのかを駆け足で口走るわけにはいかない。たとえば、「広範に及ぶ社会の力」、「私欲による開け広げの計算」、「内なる情念」、「人の志向性」、「良心のとがめ」、「社会的期待による役割」、「自己欺瞞」などを挙げるわけにはいかないのだ。なぜ、不確定性は不確定のままであるべきなのか。それは、身の程知らずにこう言いたくないからである――アクターは自分が何をしているかについてわかっていないかもしれないが、私たち社会科学者は、気づかれることなく「アクターを動かす」社会的な力が存在することを知っている、と。隠れた社会的動因、無意識を考え出すのであれば、私たちが不要にしようとしている社会的なものというエーテルを確実に再び持ち込むことになる。行為がどこから生まれるのかを駆け足で言わないのは、アクターは自分のしていることを知っており社会科学者は知らないからではなく、両者とも、社会的なものを組み直したいならば、いかなる行為であれ、その進行に与するものの正体に面食らったままでいなければならないからだ。

社会的なものがまだ作られていないからこそ、連関の社会学者が自分の最も大切な財産としておくべきものは、アクター自身が自分を動かす「動因」について感じるとまどいを表すあらゆる痕跡なのである。この痕跡を大切にすることが、社会科学の核をなす直観を再び生産的なものにする唯一の方法である――その直観が、何かしらの社会的な材料からなる行為についての議論へと不毛化してしまう前に。それゆえに、逆説的にも、あらゆる不確かさ、とまどい、ずれ、迷いを、私たちの土台として考えるべきなのだ。先に見たように、アクターは、他者によって、グループの形成と解体（第一の不確定性）に絶えず引き込まれているが、それとちょうど同じように、アクターは、自らの行為や他者の行為について相反する報告を行っている。ここでもやはり、この方向に進もうとするやいなや、痕跡は数えきれなくなる。そして、そうした論争に関する情報が足りないからといって研究が止まってしまうことは決してない。ひとつひとつのインタビュー、物語、語録が、どんなに取るに足らないように見えようとも、所与の行為の方法や理由を説明するおびただしい数の事物を分析者にもたらしてくれる。アクターからのデータの殺到が止むよりもずっと前に、社会科学者はしびれを切らしてしまうだろう。

私たちが避けられるようにしなければならない誤りは、こうした複雑きわまる呈示を聞き流して、アクターによる何よりも奇妙、いびつ、風変わりな用語を無視して、社会的なものからなる裏側の世界で流通している用語だけに従うことである。悲しいかな、この誤りがあまりに犯されているために、この誤りは優れた科学的研究法としてまかり通るまでになり、社会的説明という作りものの大半を生み出している。ある犯罪者が「私のせいじゃない。私には駄目な親がいた」と言うときに、私たちは「社会が彼女を犯罪者にした」と言ったり、「自分自身の罪から逃れるために、社会という不特定性のなかで自分の過失を減らそうとしている」と言ったりすべきなのか――かのサッチャー夫人ならば間違いなくそうコメントするだろう。しかし、その犯罪者はそんなことは何も言っていない。「私には駄目な親がいた」と言っただけである。その言葉をまじめに受けとめるならば、ひどい子育てを何か他のものに自動的に翻訳することはできず、確実に社会には翻訳できない――さらに、その犯罪者は「子を去勢する母親」とも言っていない。私たちが抗わなければならない考えは、アクターによる色とりどりの言葉のすべてをごくわずかな数の社会的語彙に翻訳できる辞書がどこかに存在するという考えだ。[43] 私たちには、よく知られていない表現を、広く知られた表現の代わりに用いようとしない勇気があるのだろうか。ここには、二つの社会学の科学、政治、さらには道徳に関する天地ほどの違いがある。

もっと難しいのは、巡礼者[訳註39]が「聖母マリア様に召されたので、この修道院にやって来ました」と言う場合である。聖母のエージェンシーを、ただちにアクターによる「明らかな」妄想と置き換えて、満足げに微笑む（つまりは、アクターは自分の決心を「隠す」ために宗教的偶像を「言いわけにすることにした」とみなす）のをどれくらい我慢すればよいか。批判社会学者ならこう答えるだろう――「礼を失しない範囲で我慢しよう。インフォーマントの目の前であざ笑うのは失礼だ」。他方で、連関の社会学者はこう答えられなければならない――「できるだけ長く我慢しよう。世界中で同時に作用している種々のエージェンシーを探るチャンスを巡礼者がくれているのだ。そのチャンスをつかまえよう」。今日、巡礼者たちに対して、自分を家に縛りつける良心のとがめをすべてはねのけて列車に乗り込むよう誘う力を「聖母」がもっていることが見いだせるならば、それは奇跡というほかない。[44] ある著名なソプラノ歌手が「私の声こそが、私に、いつ歌い始め、いつ歌い止めたらよいのかを教えてくれる」と言うとき、社会学者は、どれだけ駆け足で、次のような結論を出すべきなのか――この歌手はここで「虚偽意識」の「典型例」を示しているのであって、アーティストというのは、自分の手で作り出したものを、自分に何事かをさせる物神《フェティッシュ》にしたがるのが常である。[45] そして、この歌手の言うことに耳を貸すべきでなく、代わりに、この歌手の嘘を勇気を持って暴くことで「当人の妄想から解放させる」べきであると結論する。ミューズたちやビザなし滞在者は追い払え！　けれども、このソプラノ歌手は、何事かを自分にさせてくれる（*make her do*）自分の声と人生をともにすると言ったのだ。私たちは、この奇異な話し方を大切にすることができるのか、できないのか。彼女の話はとてもはっきりとしており、とても実直で、とても印象的で、その上、とても感動的《ムービング》であった。インフォーマントによって動かされること、もっと言えば、インフォーマントが動力源であることが、まさに調査《インクワイアリー》というものであるはずではないか。

　私たちが学ばなければならない苦々しい教訓は、今なお「社会的説明」という名のもとで世界中で教えられていることの対極にある。つまり、驚かされるがはっきりとした表現を、その背後に隠れているとされるよく知られた社会的なもののレパートリーに取り替えてはならないということだ。アクターには個別言語しかないが、分析者にはメタ言語があり、そこにアクターの言語は「埋め込まれ

（43）この微妙な違いは、「患者」ないし「犯罪者」であることを止めて〔精神科医によるメサドンの処方箋を受ける〕「薬物使用者」へと立ち位置を変えた麻薬中毒者が明確に示している。このことに関して、エミリー・ゴマートの *Surprised by Methadone*（Gomart 1999）、'Methadone'（Gomart 2002）、さらには、イザベル・ステンゲルス〔スタンジェール〕の *Drogues, le défi hollandais*（Stengers 1991）の議論を参照のこと〔簡潔な整理が、イザベル・スタンジェールの『科学と権力』（一九九九）でなされている〕。

（44）ここでは、エリザベート・クラヴリが *Les Guerres de la Vierge*（Claverie 2003）で示した研究法に関する優れた教えに従っている。パトリシア・デ・アキーノの 'La mort défaite'（Aquino 1998）も参照のこと。

（45）ブルーノ・モンサンジョン監督の映画 *Le chant possédé*（Idéale Audience 1998）に出演したユリア・ヴァラディによる。

る」などという振りをしてはならない。先に述べたように、分析者が手にすることが許されるのは何らかのインフラ言語だけであり、インフラ言語の役割は、アクター自身が有する十分に成熟したメタ言語に注意を向けるのに資することに限られる（このアクター自身のメタ言語は、アクターの言っていることの再帰的な報告である）。ほとんどの場合、ガーフィンケルが幾度となく示しているように、社会的説明は、アクターが言っていることの背後にある力を明らかにするどころか、アクターが言っていることを嘘で塗りつぶしてしまう余計な付け加えをしているにすぎない[46]。自然科学者も事象を理解するために隠れた存在を加え続けていると主張しても的外れである。自然科学者が目に見えない存在を引き合いに出すときには、目の前にある問題の最も手際を要する細かなところを説明するためであって、当惑させる情報から目をそらし、もっと思いどおりにいく情報に目を向けるためではない！

もちろん、すでに簡潔に示したように、この義務の取り違えには歴とした理由が存在する。多くの社会理論家の政治的議題《アジェンダ》が、その知識欲をコントロールしてきたのだ。社会理論家の考えでは、自分が真にすべきことは、作用しているエージェンシーの一覧を作成することではなく、世界を乱し人びとを疎外し続けている（と彼らの目には映る）多くの力を一掃することであった――「聖母」と「物神」はその最悪の元凶のひとつである。社会理論家が身を捧げてきた解放の仕事に求められるのは、受け入れることのできる存在をえり抜いて減らすことである。そこで、社会理論家は自らの職務規程を変える資格があると考え、自らのすべきは、アクターがどのように行為させられているはずなのかを決めることであると考えてしまい、アクターたちが互いに練り上げ合っている多くの相異なる世界をたどるという務めを忘れてしまう。そして、社会理論家は、社会的世界を作り上げる存在の受け入れ可能なリストがどのようなものであるのかを自分で決め始める。しかし、考慮に入れられるべき存在のほとんどを世界から作為的に取り除くことを目指すやり方が解放をもたらすとは到底、主張できないだろう。

隠れた変数を思慮なく受け入れることには、さらなる危険性がある。社会的なものの社会学から批判社会学に移行してしまうことだ。[47] 批判社会学は、データをないがしろにして、すでに組み立てられた社会的な力から生まれる、反論を受けつけないデータで置き換えてしまうときに自らが科学的であると信じる唯一の学問分野である。しかし、批判社会学が最悪なのは、そうして「説明される」人びとの憤った反応を、批判家による解釈が耐えがたい真実であることを証明するものとみなし、自らがさらに科学的であると考えていることである。この時点で、社会学は、経験的《エンピリカル》であることを止め、「吸血的《ヴァンピリカル》」になる。社会科学の大いなる悲劇は、この教訓が心に留められなかったことであり、さらには、批判社会学者が、むしろ恥ずべきことをいまだに自分の財産として考えていることであり、つまりは、データを曇らせるものを、データによって明らかになるものと混同していることである。あ

(46) エスノメソッドとは、社会の構成員が自らのふるまいの理解を可能にする語彙一式と社会理論一式を備えていることを発見することである。一〇九頁以下を参照のこと。

(47) 批判社会学が生まれるのは、社会理論の許容範囲が過度に拡大されて、法、宗教、経済、科学、技術を含む他のあらゆる存在よりも社会の存在が強力なものとされるまでになり、したがって、説明の順序を逆さにして、ありとあらゆるアクターを一人残らず幻想の犠牲者に変えてしまうときである。この段階で、批判社会学は陰謀論と区別がつかなくなる。つまりは、疑い深さと騙されやすさの二つの極致が混ざり合ったものになっているのだ。

なたは、フィールドワークで得られた明確な情報を脇に置いて、その情報を、目に見えない他の物事を例証するものに置き換えてしまったり、人びとが言っておらず、はっきりと否定した物事に置き換えてしまったりする学問を「科学的」な学問とみなすだろうか。今回ばかりは、常識にかなっているのは連関の社会学者である。連関の社会学者の場合、エージェンシーをめぐる論争は最大限に展開される必要があり、それはどれだけ困難であろうとも、集合体を組み立てる仕事を前もって単純化してしまわないために必要なことなのだ。

　だからといって、隠れた変数に言及することは金輪際差し控えるべきだということにはならないし、アクターは自分の行為を完全にコントロールするエゴ・コギトの曇りなき明晰さを有していると考えるべきだということにもならない。ここで見たのはその正反対である。社会科学の最も力強い洞察によれば、私たちのコントロールの及ばない私たち以外のエージェンシーが私たちにあれこれさせているのだ。次章では、行為がエージェントのあいだで分散しており、そのなかで人間のように見えるエージェントはごくわずかしかないことを幾度となく見る。[48] いかなる社会的説明にも警戒したい理由は、内部の状態を調べるコントロール・ウインドウを欠いたかたちで隠れた変数がパッケージ化されてきたという単純な事実にある。「即席《インスタント》の社会学」による説明は朝飯前のことになっており、「即席の精神分析」とそっくりだ。そうした説明は、ブラックボックス化した電子機器と同じように、検査をして手直しすることが不可能になっている。他ならぬ社会的な説明の成功こそが自らをとても粗末なものにしてしまったために、今や、隠れた力と見なされるものに関して手間をかけて、その品質管理を強化しなければならない。[49]

実地に根ざした形而上学を探究する

形而上学を、世界の基本構造を規定することを目指す哲学の伝統によって生まれた学問とみなすのであれば、経験的形而上学は、エージェンシーをめぐる論争から生まれるものである。そうした論争が、絶え間なく新たな動因《ドライブ》を世界に植えつけ、やはり絶え間なく、他の動因の存在に異議を唱えるからだ。(50) したがって、問われるべきは、アクター自身の形而上学を探究する方法である。社会的なものの社会学者は、形而上学をすっぱり断ち切り、哲学とのあらゆる関係を断つことで、こう答えてきた。この形而上学という空想的で非経験的な学問は、今日の成熟した社会科学の未熟児に相当する、と。この種の社会学者はまた、アクターを迷妄から解放するべく、この世界で「本当に作用している」エージェンシー群を厳格に限定して、大がかりな社会工学の地ならしを行い、近代化への道ならしを行って

(48) 第II部の最後に、「プラズマ」という見慣れない形象に直面することになる。これは、行為を報告する際のあらゆる結論を根底から覆すものである。

(49) つまりは、単に裏側や外側から作用する以外にも、数多くのかたちでエージェンシーが隠れている可能性があるということでもある。エスノメソドロジーの研究者によって、「わかってはいるが気づかれていない」という有名な定式が今やなじみあるものになり、本書では、すぐに、もうひとつの定式——行為させられている——を見ることになる。

(50) ほとんどの社会科学者は、社会的なものを定義するために自らが形而上学に与する必要があるという考えを断固として拒否するだろう。しかし、そうした態度は、ひとつの形而上学に固執していることに他ならない。その形而上学は、たいていの場合、普通のアクターが発する多くの根本的な問いをまったく公正に扱うことのできない非常にお粗末なものである。タルド、とりわけその著『モナド論と社会学』以上にこの態度に対する批判を推し進めた者はいない。

きた。[51]

この調査プログラムが行き詰まってしまったのも無理からぬことだ。人類学者が飽くことなく示してきたように、アクターは、世界のあらゆる構成要素を定義し直すことで、難解極まりない形而上学の構築に絶えず与している。哲学の伝統がもたらす思考の柔軟体操で訓練された研究者だけが、アクターが言わなければならないことを丹念に記録するのに十分に機敏、強靱、大胆、柔軟であることができる。エージェンシーは、おそらく、哲学における最難関の問題である。自分の助けとなるヘーゲル、アリストテレス、ニーチェ、デューイ、ホワイトヘッドなくして、どうして、調査者は、主婦、従業員、巡礼者、犯罪者、ソプラノ歌手、CEOの話を聞くことができ、その上、調査対象者の言うことに従うことができようか。そうした哲学者たちは、エージェンシーがいかなるものでありうるのかを明らかにするのに大いに役立つ数々の著述を行ってきたのではないか。ただし、こう言ったからといって、哲学者が社会科学者よりもよく知っており、奥深くに分け入り、核心を突いているというわけではないし、哲学者が社会学に「基礎」をもたらしてくれるとか、「メタ理論」に与しているとかいうわけでもない。ここで言いたいのは、哲学のイノベーションの蓄積から社会科学を切り離してしまうことで、確実に、普通のアクターが唱える形而上学上のイノベーションに誰も気づかなくなってしまうことだ――普通のアクターによるイノベーションは、多くの場合、プロの哲学者のイノベーションを超えている。さらに、社会科学者が形而上学を断ち切るだけでなく、エージェンシーのリストを最小限にすることにこだわることを自らの本分と捉え、アクターによる際限なき生産を自らの不十分な生産に絶えず翻訳し続けるならば、事態はさらに悪くなる。アクターには数多くの哲学があるのに、社会学者の考えでは、アクターはごくわずかの哲学に固執していることになってしまう。アクターは世界をエージェンシーで満たす一方で、社会的なものの社会学者はその世界が「本当は」どんな構成単位で作られているのかをアクターに話して聞かせる。社会的なものの社会学者がしばしばそんなことをしてしまうのは、多くの場合、高潔な理由からである。つまりは、「政治的に有意義」であろうとするためであり、「旧来の力による拘束から解放される」ことが望まれるアクターのために「批判的」であろうとするためであるが、そうした理由を聞いたところで、私の憂いは変わらない。たとえ優れた政治的手段になるとしても（以下に見るように、実際にはそうではないのだが）、やはり間違った科学なのである。

もちろん、アクターにあれこれさせるエージェンシーのリストを前もって限定することには、もっと歴とした実際的な理由がある。つまり、解放の政治に対する社会理論家の入れ込みという理由以外にも、エージェンシーの増殖に目を向けることが純粋に難しいという理由がある。確かに、経験的な形而上学に身を寄せて、アクター自身の後をついて回ることを調査者に求めるのは容易なことでない。しかし、エージェンシーが数限りなくあるならば、エージェンシーをめぐる論争がその論争そのものをうまく整理してくれる。解法は、先の不確定性の発生源のときと同じである。先の場合には、不確

(51) このはき違えを印象的に示す例が、ランドル・コリンズの *The sociology of philosophies* (Collins 1998) における哲学者の「社会的履歴」である。コリンズは、自らが「説明している」思想をもつ哲学者たちが、社会とは何であるのか、影響とは何であるのか、グループとは何であるのかについて、数十の議論を交わしていることをまったく認識していない。歴史上のあらゆる哲学者に対して同一の貧弱なメタ言語にこだわっても、そうした哲学の社会的説明を生み出すことにはならない。

定のグループのリストが存在するものの、あるグループ形成から別のグループ形成へと社会学者が動くことを可能にする手がかりのリストを考案することができた。ここでも同じように、自分を動かすものについてアクターが報告する際にアクターがどんなかたちでエージェンシーを信じる／信じないのかに目を向けるために、限られた数の手がかりを提示することができるだろう。

まだ屁理屈を言っているように見えるかもしれないが（ただし、本書が進むにつれてそうでもなくなる）、論争を糧にすることで、次のような受け入れがたい務めよりもはるかに安全な道が開かれる。つまり、今後、どのようなグループとエージェンシーが社会的世界を満たすことがありうるのかを、アクターに代わってアプリオリに設定するという務めである。またしても、ある参照フレームから別の参照フレームへの移動が、どんな絶対的すなわち恣意的な視点よりも多くの移動の自由を可能にしてくれる。そして、再び旅行ガイドのメタファーを取り入れれば、移動の自由が決定的に重要になる――たとえもっとゆっくり進むことを旅行者に強いることになるにしても！

エージェンシーをめぐる論争を地図に示すためのリスト

どんな人や物が私たちを動かしているのかが確実にわかることは決してない。しかし、起きていることに対してなされる相反する主張には常に見られる特徴があり、それをリストにすることはできる。つまり、①エージェンシーは報告によって定義される、②エージェンシーには何らかの姿形が与えられる、③エージェンシーは他の競合するエージェンシーと対置される、④エージェンシーは何かしらの明確な行為の理論をともなう、である。

第一に、エージェンシーは、何かをするものとして、常に報告に現れる。つまり、ある事態に何らかの変化〔差異〕を作り出し、Cによる試行《トライアル》を通してAをBに変換するものとして現れる。(52) 報告がなく、試行がなく、差異がなく、何かしらの事態に変化がなく、検出力のある参照フレームがなければ、当のエージェンシーについて何か意味のあることが言われることはない。差異を作らず、変化を生まず、痕跡を残さず、報告に入らない不可視のエージェンシーは、エージェンシーではない。以上。何かをするのか、何もしないのか、二つに一つである。あるエージェンシーに言及するならば、その作用についての報告を行わなければならず、さらに、報告するためには、どんな試行がどんな観察可能な痕跡を生み出したのかを多少なりとも明示しなければならない——もちろん、だからといって、エージェンシーについて話さなければならないわけではなく、話すことは、報告を生み出せる数々の行為の一つにすぎず、最もまれなものである。(53) 以上のことは言うまでもないことのようにみえるが、あまりに多くの不可視で報告不可能な社会的な力に陶酔している者たちに指摘する価値はある。ANTの場合、次のように言うことはできない。「誰も触れておらず、確証はないが、ここでは何らかの隠れたアクターが背後で動いていることは明らかだ。」これは、陰謀論であって、社会理論ではない。

(52) 報告可能性（accountablity）もまた、エスノメソドロジーの決定的に重要な側面である。報告可能性は、第五章で、テクストによる報告になる。

社会的なものの存在は、その都度、示される必要がある。社会的なものの存在を、証拠なしに仮定することは決してできない。移動する手段がなければ、社会的なものは、一インチたりとも動かず、痕跡を残さず、どんな種類の文書にも記録されない。ポローニアスがアラス織りの壁掛けに隠れていることをハムレットが見抜く場合でさえ、ネズミの鳴き声を聞く必要があった。

第二に、エージェンシーとその形象化（*figuration*）は別物である。作用を及ぼしているものは、報告のなかで、常に、何かしらの肉付けと容貌が与えられ、何らかの姿や形をまとうことになる（それがどんなに漠然としたものであろうと）。「形象化」は、「社会的説明」という条件反射を無効にするために導入しなければならない専門用語の一つである。というのも、擬人的な形象以外にも多くの形象が存在することを把握することが極めて重要であるからだ。ここでも、社会学はもっと抽象的になることを受け入れなければならない。エージェンシーに不特定性をもたせることは、名前や鼻や声や顔をもたせる場合とまったく同じように形象を与えることである。つまり、エージェンシーを擬人化（*anthropo*-morphic）する代わりに、擬観念化（*ideo*-morphic）しているにすぎない。調査票から得られ、（心臓疾患の原因を探す際のA型、B型のような）ラベルが貼られた統計集団は、「脂質の過剰摂取により、先週の土曜日に、カブを植えているあいだに脳卒中で亡くなった赤ら顔の血色のよい隣人」と同程度に具体的である。「文化が、庶出子を持つことを禁じている」〔文化的に、庶出子を持つことは許されない〕と言うことは、形象という点では、「将来義母となる人が、私に自分の娘と結婚することを望んでいる」と言うのとまったく同じ手間がかかっている。たしかに、最初の形象化（不特定）は二番目の形象化（私の義母）と異なっているが、いずれも、私に行動を禁じたり、強いたりするエージェンシーに姿、形、装いを与え、肉付けを行っている。形象化という視点で見る限り、最初のケースは「統計的な抽象概念」であり、次のケースは「具体的なアクター」であると言うわけにはいかない。個々人のエージェンシーもまた、抽象的な形象化が必要である。社会の「実体化《ハイポスタタイズ》」について不満をもらすのであれば、私の義母もまた実体化したものであることを忘れてはならない――そして、個人や計算高いエージェントもまた、悪名高い「見えざる手」と同様に実体化したものであることも忘れてはならない。このことは、まさに「アクター」と「パーソン」の語が意味することである。つまり、どんな個人についても、どれだけの数の力がそこで同時に働いているのかは誰にもわからないのだ。逆に言えば、統計データの点の集合にどれだけの数の個別性が存在しうるのかがわかる人はいない。形象化によってエージェンシーに姿が与えられるわけだが、必ずしも、具象（*figurative*）画家の作品さながらになめらかな描写手法がとられるわけではない。社会学者が自分の仕事をこなすためには、アクターを「描く」際に、近現代美術における形象化に関する議論と同じくらい豊かな多様性が必要である。「形象重視の社会学《フィギュラティブ・ソシオロジー》」とでも呼べるものの影響から逃げるために、ANTが用いるのが、文学研究で生まれたアクタンという専門用語である。(訳註40) ここで同一のアクタンに形象を与える四つのやり方を見てみよう。「帝国主義体制が、単独行動主義に突き進んでいる」、「米国が、国連脱退を望んでいる」、

（53）強度の試験（trial of strength）の概念は、拙著 *Irreductions*（Latour 1988）のなかで、詳しく展開している。試験／試行／試練（*épreuves*）は、リュック・ボルタンスキーが展開する道徳社会学の鍵概念にもなっている。ボルタンスキーとテヴノーの『正当化の理論』を参照のこと。

「ブッシュ・ジュニアが、国連脱退を望んでいる」、「数多くの米軍当局者と二十数人のネオコンのリーダーたちが、国連脱退を望んでいる」。第一は構造的特徴であり、第二は組織体であり、第三は個人であり、第四は個々人の緩やかなまとまりであり、このことは、もちろん報告に大きな違いをもたらしているが、同じ行為に対してそれぞれに異なる形象化を行っている。四つのなかに、他のものよりも「現実的」、「具体的」、「抽象的」、「人為的」である／ないものはない。いずれも、相異なるグループの固着化をもたらし、それによって、グループ形成に関する第一の不確定性の解決に資しているにすぎない。ANTの大きな難題は、形象化の種類に怖じ気つかないようにすることである。擬観念化であろうと、擬技術化であろうと、擬生物化であろうと、何らかのアクタンを一個人のかたちで具現させることとまったく同じ「擬態化《モーフィズム》」なのだ。

　文学理論家は、フィクションを扱うので、形象化に関する研究ではどんな社会科学者よりもずっと自由であり、とりわけ記号論やさまざまな物語論を用いるときには、そうである。というのも、たとえば寓話では、魔法の杖、こびと、妖精の内心の思い、二十数匹のドラゴンを退治する騎士などのエージェンシーを通して、同じアクタンを動かせるからである[54]。小説、演劇、映画は、古典的な悲劇から喜劇まで、私たちを行為させるものに関する報告を練習するための広大な場を提供してくれている[55]。したがって、アクタンとアクターの違いが理解されれば、たとえば、「私利に動かされた」、「社会的模倣によって引き継がれた」、「社会構造の犠牲者である」、「型どおりに行われた」、「神に召された」、「運命に打ちのめされた」、「自分の意志でなされた」、「規範にとらわれている」、「資本主義によって説明がつく」といったさまざまな文は完全に比較可能（*comparable*）である。以上の文は、〈アクターがあれこれする〉ようにするさまざまなやり方であるにすぎず、その多様性が完全に展開されるには、前もって「偽物の」エージェンシーから「本物の」エージェンシーを選り分ける必要はないし、そのすべては社会的なものという定型句で翻訳できると仮定する必要もない。

それゆえに、もちろんのことながら、ANTが物語論から取り入れてきたのは、その主張と内輪の言葉《ジャーゴン》のすべてではなく、その移動の自由である。哲学から切り離されることを拒むのも、同じ理由からである。つまり、社会学がフィクションであるとか、文学理論家が社会学者よりも多くのことを知っているだろうとかいった理由からではなく、紙の上で創作されたフィクションの世界の多様性によって、調査者は、現実世界を研究する際に必要となる柔軟性と射程の広さが得られるからである。(56) 何らかのかたちで文学になじみ続けることで、ANTの社会学者は、はじめて、どのようなエージェンシーが世界に息づいているのかをめぐる自身の定義の堅さ、窮屈さ、生硬さを和らげること

(54) ANTを、半ばガーフィンケルであり半ばグレマスであると評しても、的外れではないだろう。ANTは、大西洋の両岸で見られる最も興味深い知的運動の二つを単純に結びつけ、アクターによる報告とテクストの双方の内的再帰性を育む方法を見出してきた。記号論の古典的研究については、アルジルダス・ジュリアン・グレマスとジョゼフ・クーテの *Semiotics and Language* (Greimas and Courtes 1982) が最もよく整理されている。近年発表されたものとしては、ジャック・フォンタニルの *Sémiotique du discours* (Fontanille 1998) を参照のこと。

(55) 記号論者の形而上学的自由を示す優れた例として、ルイ・マランの *Opacité de la peinture* (Marin 1989)、*Des pouvoirs de l'image* (1992)、*On Representation* (2001) を参照のこと。記号論者の敵ではあるものの、トーマス・パヴェルの *La pensée du roman* (Pavel 2003) は文学理論家の比類なき移動の自由を見せている。

になるだろう。そして、その言葉には、自らが従おうとしているアクターのそれと同じくらい豊かな創作力がつき始めることだろう――アクターもまた、多くの小説を読み、多くのテレビ番組を見ているのだから！　行為の複雑なレパートリーを絶えず比較することで、社会学者ははじめてデータを記録できるようになるだろう――社会的なものの社会学者は、最初から一定の「社会的なアクター」のように見えないものをすべて除外せざるをえないのだから、この務めはいつまでも至難の業であろう。除外するのではなく記録すること、しつけるのではなく記述すること、これこそが聖典である。

　第三に、アクターもまた、他のエージェンシーを批判することに与しており、そこでは、他のエージェンシーが、偽物である、古びている、馬鹿げている、非合理である、作為的である、錯覚であるなどとして非難される。グループの遂行的形成《パーフォーメーション》が、自分の社会的世界を作り上げる反対グループを地図に示し、調査者に益するのと同じように、エージェンシーが報告される際には、新たな存在が絶えず加えられるとともに、他の存在が非正統的であるとして取り消される。したがって、各々のアクターは、分析者に益するようなかたちで、両者の直面する経験的形而上学を地図に示すことになる。ここで、次の言明を検討してみよう。「結局はプロパガンダにすぎない世間一般の意見に与するのはごめんだ」、「君の世代に共通する考えだね」、「社会構造というのは空疎な語であり、存在するのは個々人の行為だけだ」、「神があなたと話しているのではなく、イマームが神の代わりに話しているのだ」、「市場の力は、官僚よりもずっと有能だ」、「無意識によるこの巧みな言い間違いが、本心をあらわにしている」、「人間よりも天然のサケを守りたい[57]」。以上の文の一つひとつが、この世界で正統な役割が授けられたエージェンシーのリストに足し算や引き算を行おうとしているかのようだ。

企業とは何なのか（リチャード・パワーズ）

リチャード・パワーズは、小説『ゲイン』のなかで、スタッフを動機づけるスピーチを行おうとしている大企業のCEOをこう描いている。

利益を上げるためだ。安定した利益を上げるためだ。長期的な視点に立って利益を上げるためだ。生計を立てるためだ。ものを作るためだ。最も経済的にものを作るためだ。これまでにない数のものを作るためだ。最も長持ちするものを作るためだ。できるだけ長い期間、ものを作るためだ。人びとが必要としているものを作るためだ。人びとが欲しがっているものを作るためだ。人びとに欲しがらせるためだ。やりがいのある仕事を与えるためだ。確かな職を与えるためだ。人びとに何かすることを与えるためだ。何かをするためだ。できる限り多くの人びとに最もおいしい食を提供するためだ。一般の福祉を増進するためだ。共同の防衛に備えるためだ。普通株の価格を上げるためだ。定期配当を行うためだ。会社の純資産をできる限り増やすためだ。出資者全員に得をさせるためだ。成長するためだ。進歩するためだ。拡大するためだ。ノウハウを増やすため

（56）トーマス・パヴェルの *Fictional Worlds*（Pavel1986）を参照のこと。
（57）クリステル・グラマリアの 'La mise en cause environnementale comme principe d'association'（Gramaglia 2005）の引用。

だ。収益を上げて、経費を減らすためだ。仕事をもっと安くさせるためだ。効率的に競争するためだ。安く買って、高く売るためだ。人類に与えられた手札をもっとよくするためだ。次の技術革新を生み出すためだ。自然を合理化するためだ。景観を改善するためだ。空間をばらばらにして時間を止めるためだ。人類に何ができるのかを見るためだ。国の退職年金を積み立てるためだ。私たちがしたいことを何でもするために必要な資本を蓄えるためだ。私たちがしたいことを見つけ出すためだ。日が沈む前に建物から出るためだ。人生を少しでも楽にするためだ。人びとを少しでも裕福にするためだ。人びとを少しでも幸せにするためだ。よりよい明日をつくるためだ。積立金に利益を割り戻すためだ。資本の移動を促進するためだ。会社を守るためだ。取引をするためだ。営業を続けるためだ。事業の目的を見つけ出すためだ。(Powers 1998: 349-350)

調査を止めてしまえるのは、分析者が、こうした動きのなかから自分がより理にかなっていると考えるものを選びだそうとしてしまう場合だけである。とはいえ、社会科学者は無力で、いつもインフォーマントに束縛されるというわけではない。社会科学者が新たな形而上学を提唱したいならば、何よりもまず、研究対象の人びとによる世界制作の活動に向き合う必要があるということだ。アクターは本当は誰なのか、アクターを本当に行為させているのは何なのかについて、社会科学者——分析者——は最初からわかっているというのでは話にならない。そんな具合に自ら進んで盲目になっているのに、反省性を求めているのと見せかけているのも話にならない。社会科学者——とりわけ批判社会学者——は、往々にして、まるで自分が、「単純」かつ「無批判」かつ「非反省的」なアクターに出会う、「批判的」かつ「反省的」かつ「一歩離れた」調査者であるかのようにふるまう。しかし、往々にして、社会科学者が見せているのは、自分たちが、インフォーマントの数多くの表現を、社会的な力を示す自分たちの語彙に翻訳していることだ。この分析者は、すでに社会的世界を形成している要素を反復しているにすぎない。そして、アクターは、分析者の説明のなかで自分が言及されていることを無視しているにすぎない。[58]

第四に、アクターもまた、エージェンシーの影響がどのように及ぶのかを説明する独自の行為の理論を提示する力を有している。[59] 熟達した一人前の反省的な形而上学者であるアクターは、——ANTの新たな基本姿勢が示すように——エージェンシーがどのように作用するのかに関する独自のメタ理論をもっており、このメタ理論は、伝統的な形而上学者を唖然とさせてしまうものだ。アクターは、どんなエージェンシーが及んでいるのかをめぐる論争に加わるだけでなく、その現れ方に関する論争にも加わる。さらに、ここでもまた、そのエージェンシーが——存在、形象化、敵対するエージェンシーが与えられると——中間項として扱われるのか、媒介子として扱われるのかによって、

(58) さらに、第五の不確定性を扱うときに学ぶように、社会的なものの社会学の場合、アクターの態度や意見は分析者の報告を変えるものでなかったために、真のアクターではなく、文字どおり「報告に入れられて《テイクン・イントゥ・アカウント》」こなかった。したがって、ANTのいう意味での社会［集合体］が組み直されることはなく、そうした社会学が政治的な意義を手にする見込みはまったくない。

大きな違いが生まれることになる。分析者がどちらに決めるのかによって、アクターによる報告の結果は大いに違ったものになる。[60]

この違いがあらゆるエージェンシーに（その形象化がどんなものであろうとも）及ぶことを理解することは、これから本書で述べていくことにとって決定的に重要である。いわば「興味を引かないありふれた力の場」が媒介子として報告に加えられることもあれば、身近で、個別的で、「温かく」、「生きられた」志向性を有する人が単なる中間項として使い古されることもある。言い換えれば、どの形象化が選択されるのかを見ても、それだけでは、どの行為の理論が引き合いに出されるのかを予測することはできない。重要なのは、形象の種類ではなく、展開させることのできる媒介子の範囲である。このことが、社会科学のさまざまな学派のあいだでなされてきた議論を大いに混乱させてきた。つまり、どのエージェンシーを選ぶべきかを主張するばかりで、それぞれのエージェンシーがどのように作用するのかについては十分に主張してこなかったのである。ある人が、「生産諸力のありようが、社会的表象のありようを規定する」と断言することで、この使い古された表現がもっと能動的（*active*）になる場合もある。つまり、この一文が、「個々の人間の行為は常に志向性を有している」のように、一見すると局所的、具体的で、「生きられて」おり、「実存的」である文よりも、数多くの媒介子を生み出す場合もあるのだ。志向性という語が、意味を運ぶ一中間項として用いられるならば、もっと抽象的でグローバルな「生産諸力のありよう」よりも――このエージェンシーが媒介子として扱われるならば――能動的ではなくなる。[61] したがって、形象化と行為の理論は、このリストに登場する二つの相異なるアイテムであり、ひとつに合成すべきではないのだ。もしも合成されるならば、調査者は、ある形象化を「他よりも具体的である」として特権を与え、別の形象化を「他よりも抽象的である」としてしまいたくなり、したがって、社会的なものの社会学者の果たす立法と警備の役割に回帰し、相対主義〔相対論〕の確かな地盤を捨て去ることになってしまうだろう。(62)

(59) これまで、社会科学者は、そうした行為の理論のなかから正しいものを選び、したがって、アクターによる行為の理論を展開させるのではなく、論争に直接介入することを自らの務めとしてきた。アクターによる行為の理論を展開させることは、テヴノーの取り組みの独創性であり、テヴノーは、世間一般の人びとのあいだで同時に働いているさまざまな行為の型式を図示しようとしている。ローラン・テヴノーの 'Which road to follow?' (Thevenot 2002) を参照のこと。

(60) 第一の不確定性の場合と同様に、ここで、社会理論家、哲学者、心理学者、社会心理学者は、自分の報告を論争に加えることになる。その格好の例は、功利的な個人の存在に関する論争である。

(61) たとえば、「私がこだわるのは、特異性、局所性、特殊性だ」という典型的なポストモダン流のスローガンは空疎かつ独善的であろう一方で、「大きな物語」が最終的にもっと能動的な発言を引き起こす場合もある。ここでも、両者の違いは、選ばれる形象にあるのではなく、存在することが認められた媒介子の占める相対的な割合にある。

(62) こうした違いを見つけ出すために、いわば、中間項に対する媒介子の相対的な密度の測定を可能にするテクストの品質基準——テクストによる報告を測る一種の温度計——が必要になる。第五の不確定性の発生源を検討する際に見るように、これは客観性の試金石になる。

誰かに何かをさせる方法

第二の不確定性の発生源を受け入れることにすれば、社会学は、〈誰かが何かをする〉ようにすることに内在する散開《ディスロケーション》を重んじる学問分野になる。ほとんどの行為の理論において、「何か」は「誰か」で予測されるので、そうした散開は見られない。「原因を教えてくれれば、結果がわかる」というわけだ。しかし、二つの項が媒介子として扱われるときには、そうならない。中間項の場合は、インプットによってアウトプットがかなりのところまで予測できるので、謎はない。つまり、原因のなかにないのに、結果に現れるものはない。しかし、この一見科学的な話法には、常に問題がつきまとう。インプットによってアウトプットが予測できることが本当に正しいのであれば、結果に注意を払わず、原因に目を向けるほうがよいことになるだろう（そこでは、関心を引くことのすべてがすでに起きている――少なくとも可能的には《ポテンシャリー》（訳註41））。媒介子の場合には、状況が変わる。原因は、機会を与え、状況を定義し、前例を示すだけなので、原因から結果が演繹されることはない。結果として、たくさんの驚くべき外来子（*alien*）が、合間に現れるだろう[63]。

以上の区分はあらゆるエージェンシーに及ぶものであり、その形象化が、「抽象的」に見えるか――たとえば、「生産諸力のありよう」――、「具体的」に見えるか――たとえば「私の友人ジュリー」――は関係ない。エージェンシーが単に中間項を介して移送される原因とみなされる限り、その影響を展開するために選ばれる移送装置が何かを付け加えることはない。そうした奇妙かつ非常に古めかしい神学において、原因とは、無から事物を創造するものである。しかし、移送装置が他の媒介子を引き起こす媒介子として扱われるならば、次には、予測不可能な新たな状況が数多く起こることになる（予想されていたこと以外のことを媒介子が事物にさせるからである）。またどうでもよいことにこだわっているように見えるかもしれないが、しかし、両者による地図製作の種類はあまりに大きく違う。第一の解法は、少数のエージェンシーからなる世界の地図を描いており、そのエージェンシーの後に続くのは、何か他のものの影響なり表出なり反映なりを決して上回ることのない帰結の跡である。ANTが選ぶ第二の解法は、各点が十二分に作用しているといえる媒介子の連環からなる世界を描くものである。(64) したがって、社会科学の鍵となる問題は、少数の原因から「可能態《イン・ポテンチア》として」すでにそこにあった同じく少数の結果を演繹しようとするのか、あるいは、可能な限り多くの原因を

（63）このことは実験についても当てはまることを、私たちは、ハリー・コリンズの *Changing Order*（Collins 1985）に始まる科学論とコリンズの最新刊 *Gravity's Shadow*（Collins 2004）から学んできたし、さらには、エスノメソドロジーからも学んできた。マイケル・リンチの *Art and Artifact in Laboratory Science*（Lynch 1985）、ハロルド・ガーフィンケル、マイケル・リンチ、エリック・リヴィングストンの共著（Garfinkel, Lynch and Livingston 1981）に収められたガーフィンケルの 'The Work of a Discovering Science Construed with Materials from the Optically Discovered Pulsar' を参照のこと。実際のところ、自然科学の最も定型化された環境設定における因果の結びつきの文字どおりの複雑性が認識されたことによって、社会科学における行為の記述がすっかり空論化してしまったのである。こうした自然科学の研究がもたらした社会科学の職責の変化については、イザベル・ステンゲルスの *The Invention of Modern Science*（Stengers 2000）で浮き彫りにされている。

（64）ドゥルーズの用語では、第一の解法は「可能的《ポテンシャル》なものの実在化」であり、第二の解法は「潜在的《ヴァーチャル》なものの現実化」である。この概念の対置を示したものとして、フランソワ・ズーラビクヴィリの *Le vocabulaire de Deleuze*（Zourabichvili 2003）を参照のこと。

アクターの連関で置き換えようとするのかを決めることである――このアクターの連関こそが、「ネットワーク」の語が後にもつことになる専門的な意味に他ならない。

　この違いはおそろしく難しいが、さしあたっては、小さな挿話を用いることでわかりやすくすることができる。社会学者は、しばしば、社会的な力に動かされる操り人形のようにアクターを扱っているとして非難される。しかし、人形使いは、ソプラノ歌手とまったく同じように、〈操り人形があれこれする〉ようにする何かしらのものについてかなり異なる考えをもっているようだ。操り人形は、直接的な因果関係を示す最も極端な事例であるように見えるが――糸の動きにしたがっているだけである――、人形使いが、自分の操り人形を完全にコントロールしているかのようにふるまうことはほとんどないだろう。人形使いは、「操り人形が、思いもよらない動き方を教えてくれる」といった妙なことを言うだろう。[65] ある力が別の力を操るからといって、あるひとつの原因が結果を生み出しているとは限らない。他の物事が作用し始めるきっかけにもなるのだ。「操る《マニピュレイト》」の語のラテン語の語源のなかにも隠れている手は、思いどおりに動かせることとともに思いどおりには動かせないことを示す確かな印である。それでは、誰が糸を引いているのか。そう、その人形使いに加えて、操り人形が糸を引いている。ただし、こう言ったからといって、操り人形が人形使いをコントロールしていることにはならないし――それでは単に因果関係の順序を逆にしているだけだ――、もちろん、弁証法の出る幕でもない。つまり、ここで興味を引く問いは、誰がどのように行為しているのかを決めることではなく、行為についての確定性から行為についての不確定性に移行することにある。エージェンシーに関する一連の不確定性を再び開けば、社会科学の原点に位置する力強い直観をすぐに取り戻せる。したがって、社会学者はアクターを操り人形として扱っているとして非難されるけれども、社会学者が糸を増やして、行為することや操作することや操縦することをめぐる驚きを受け入れるならば、その非難は賛辞として受けとめられるはずなのだ。「人びとを操り人形のように扱っている」という言葉が罵りとなるのは、この媒介子の増殖が、ひとつのエージェンシー——社会的なもの——に変わってしまうときだけである。そうなってしまうと、エージェンシーの影響は、中間項の連鎖を通して、変形することなく移送されるだけである。こうして、本来の直観は、すっかり失われてしまったのである。

中間項と媒介子の区分を肝に銘じておくことは、社会学が行き場を失っているために——第II部で数多く目にすることになる——とりわけ重要である。社会学の行き場を失わせているのは、社会的領域には、行為が「具体的《コンクリート》」である特権的な場所が存在するという先入観である。つまり、「ラング」よりも「パロール」、「構造」よりも「出来事」、「マクロ」よりも「ミクロ」、「大衆」よりも「個人」、「社会」よりも「相互行為」、あるいは逆に、「個人」よりも「階級」、「力」よりも「意味」、「理論」よりも「実践」、「自然人」よりも「法人」といった具合である。しかし、行為が非局所的であるならば、行為が何らかの特定の場に属することはない。行為は、分散され、まだら模様であり、複合的であって、定位されず、アクターにとっても分析者にとっても謎のままである。(66)

(65) ヴィクトリア・ネルソンの *The Secret Life of Puppets* (Nelson 2002) を参照のこと。

(66) この点は、「状況に埋め込まれた」認知ないし「分散」認知に関する学問領域で鮮やかに指摘されており、その成果はこの点を助けにすることで、ANTを、これまでに物議をかもしてきた次のような数多くの展開のひとつと混同せずにすむようになる。つまり、生きられた世界を犠牲にする「社会構造による規定」の不特定的、抽象的な冷然たる影響に対して、あるいは、物質的なものによる「不特定的で技術的な冷然たる操作」に対して、意味に満ち相互行為的で志向的な行為が見られる人間個人の「具体性」に訴える方へと進むものである。この改革運動は、ほとんどの場合、現象学の影響を受けたものであり、現象学の欠陥をもれなく受け継いでいる。つまり、志向性を有する人間に備わるエージェンシー以外にも実在するエージェンシーが認められるであろう形而上学を想像することができないし、さらに悪いことには、人間の行為を自然物の単なる「物質的影響」に対置して、自然物には「エージェンシーはなく」「反応《ビヘイバー》」しかないと見なしてしまう。[67]「解釈的」社会学は、[訳註42]自らが取って代わることを望む、あらゆる「客観主義」ないし「実証主義」社会学と同じ社会的なものの社会学にすぎない。解釈的社会学は、特定の種類のエージェンシー――人、志向、感覚、仕事、対面での相互作用――によって、生や豊かさや「人間性」が自動的にもたらされると考えてしまうのだ。

「生きられた世界」に対するこの信念は、ホワイトヘッドの用語を用いれば「具体性を取り違える誤謬」の格好の例である。つまり、個別的なものがひしめく説明は、集合的なアクターだけからなる別の説明よりも抽象的である可能性があるということだ。たとえば、ビリヤードテーブルの緑色のフェルト上にビリヤードボールがあって、そのボールに別のボールがぶつかるとしよう。他方で、そのテーブルが置かれているパブの部屋には、煙がたちこめるなか、自分の「まなざし」を、もう一人の「何かを語りかけるような顔」の「豊かな人間世界」に向けている「人」がいるとしよう。この場合、両者は、まったく同じだけのエージェンシーがあるかもしれない。こんなことを、社会的なものの社会学者や現象学者が言うようなことはないだろうが、プレイヤー自身が自分自身の「反応《ビヘイバー》」と自分のビリヤードボールの予測不可能な「動き《アクション》」について言っていることに耳を傾けてほしい。プレイヤーたちが生み出す非常に多くの複雑な話の筋《インプログリオ》は、「志向的な行為《アクション》」と「厳密に客観的な反応《ビヘイバー》」との根本的な違いを維持すべきであるとする理論が厳しく禁じているものに見える。(68) ここでも再び、社会科学者は、分析者としての自身の役割を、往々にして、訓育や解放を求めるある種の政治的主張と混同してきたのだ。

以上の点を踏まえて、私たちは、これまでにない変わったやり方で社会的な結びつきをたどりたい

ANTにとって非常に重要である。エドウィン・ハッチンスの *Cognition in the Wild* (Hatchins 1995)、ジーン・レイブの『日常生活の認知行動』(一九九五)、ルーシー・サッチマンの『プランと状況的行為』(一九九九) を参照のこと。第三の不確定性を考える際には、ANTと以上の研究の関連はいっそう強いものとなる。第四、第五の発生源が検討される段になって、はじめて両者は袂を分かつことになる。

(67) ANTと現象学を調停する多くの取り組み、とりわけダーン・アイドとエヴァン・セリンジャーの *Chasing Technoscience* (Ihde and Selinger 2003) の取り組みにもかかわらず、両者の関心はかけ離れたままである。現象学者は、エージェンシーが人間から生まれることを過度に強調するからである。他の三つの不確定性が積み重なると、両者の溝はさらに大きくなる。このことが意味するのは、私たちが現象学の豊かな記述語彙を捨て去るべきであるということではなく、エージェンシーを「志向性をもたない」存在にまで広げなければならないということでしかない。

(68) ハリー・コリンズとマルティン・クーシュの *The Shape of Actions* (Collins and Kusch 1998) では、この区別が強く擁護されている。

のかどうかを決めなければならない。つまり、完全にできあがった一つの形而上学だけを有する分析者に従うのか、複数の形而上学でやりくりする「アクター自身に従う」のかを決めなければならない。具体性は、アクターに代わって、他の形象化とは異なる何らかの形象化を選ぶことによって生まれるのではなく、報告のなかで中間項に対する媒介子の割合が高まることで生まれる。これは、優れたANT研究がどんなものであるのかを示す確固たる目印であろう。以上のすべての理由によって、始めに設定すべきでないことがひとつあるならば、それは、他よりも豊かであると言われる特権的な行為の場を選び取ることである。「具体的」と「抽象的」という語は、ある特定の種類の性格——批判社会学に常に見られる怪しいもの——を指し示すものではない。私たちは、次のような横断的な問いを選ばなければならない。①どんなエージェンシーが引き合いに出されているのか、②どんな形象がエージェンシーに授けられているのか、③どんな作用の仕方でエージェンシーが関与しているのか、④私たちが話しているのは、原因とその中間項についてなのか、媒介子の連環についてなのか。ANTは、現地で生活する人びとに従うという決断を下した社会理論であり、それ以上でも以下でもない。たとえ、そうした人びとがどのような形而上学的に複雑な話の筋に導く——これから見るように、ただちに導く！——としても、である。

第三の不確定性の発生源――モノにもエージェンシーがある

社会学をその当初から特徴づけてきたものが、「行為は複数のエージェンシーによってアクターを超えてなされる」という発見にあったとすれば、社会学をさらに強く駆り立ててきたのは、次のような倫理的、政治的、経験的な発見である。つまり、ヒエラルキー、〔権力や支配といった〕非対称のもの、不平等が存在しており、社会的世界は山あり谷ありの格差のある世界であり、熱意や自由意志、才覚がいくらあっても、そうした非対称性を消し去ることはできず、非対称の関係がピラミッドのように人びとを圧迫しているように見える。そして、こうしたものが個々人の行為を妨げているとともに、なぜ社会を一種独特の《スイ・ゲネリス》〔ひとつのまとまりとして独立した〕種差的な存在とみなさざるを得ないのかを説明している。したがって、そうした不平等や差異を否定する考えを持つ者は、根が単純であるか、多少なりとも反動的であり、社会の非対称性を無視することは、万有引力が存在しないと主張するのと同じくらい馬鹿げている。こうした発見が社会学を強く駆り立ててきた。

以上の直観に忠実でありながらも、先の二つの不確定性の発生源を見た際に主張したように、グループが「絶えず」遂行されており、エージェンシーが「絶え間なく」議論されていると主張することなどできるのだろうか。本書がこの二つの出発点を選んだのは、世間知らずだからではないのか。そして、すこぶる不平等な社会的領域を平らにならして、公平な勝負の舞台にしてしまい、人それぞれの形而上学を生み出す機会が誰にも同じようにあるかのように偽っているのではないか。ANTは、あらゆる証拠に反して、誰にでも同じ可能性がある——負け組は運が悪かった——と主張する市場精神の現れのひとつではないのか。[69]「ANTは権力や支配をどこにやってしまったのか」と詰問する人がいるかもしれない。しかし、私たちは、そうした非対称を説明したいと望んでいるからこそ、非対称という語をただ繰り返して満足したくはないのである——非対称のものを何ら改めることなく遠くへと移送するわけにはいかない。ここでも、原因と結果を混同したくないし、説明する側（*explanans*）と説明される側（*explanandum*）とを混同したくない。したがって、とりわけ重要になるのが、こう主張することである。権力は、社会と同じく、あるプロセスの最終結果なのであって、おのずから説明をもたらしてくれる貯水池、備蓄庫、資本なのではない。権力や支配は、生み出され、作り上げられ、組み立てられなければならないものだ。[70]非対称なものが存在するのはそのとおりだが、では、それはどこから来ており、どんなもので作られているのか。

その説明を行うために、連関の社会学者は、第二の不確定性の発生源を糧にしようとした時と同じようにラディカルな決断をしなければならない。社会科学の本来の直観を保ちたいがために、次のようなあり得ない解法の提案を断固として拒絶しなければならない。いわく、社会は不平等であり階層的である。いわく、社会は一部の人びとを不等に抑えつけている。いわく、社会にはすべて慣性がある。支配されることで身体や精神が押しつぶされると述べることと、以上の階層、非対称、慣性、権力、残虐な仕打ちが社会的なものでできていると結論することは、まったく別の話である。二点目は一点目と論理的につながっていないだけでなく、これから見るように、完全に矛盾している。外からのエージェンシーが行為に影響しているからといって、社会が影響していることにはならないのと同じように、はなはだしい資源の非対称性があるからといって、それが非対称な社会的関係によって生み出されていることにはならない。資源の非対称性があることは、真逆の結論をもたらす——不平等な関係が生み出されざるをえないとすれば、それは社会的なアクター以外のアクターが関与していることの証左である。マルクスがヘーゲルの弁証法に対して行ったように、社会的説明を立て直す時である。

働いているアクターの種類を増やさなくてはならない

これまで、「社会的な紐帯《ソーシャル・タイ》」に見られる場合の「社会的なもの」と、「連関／つながり《アソシエーション》」に見られる

（69）リュック・ボルタンスキーとエヴ・シャペロの『資本主義の新たな精神』（二〇一三）では、このＡＮＴに対する截然たる批判がなされており、同じく、フィリップ・ミロウスキーとエドワード・ニックハの ‘Markets Made Flesh’（Mirowski and Nik-Khah 2004）でも痛烈な攻撃がなされている。政治的な意義の問題に改めて取り組み、以上のような批判に答えるには、結章まで待たなければならない。
（70）ジョン・ローの ‘On Power and Its Tactics’（Law 1986a）、*A Sociology of Monsters*（Law 1992）を参照のこと。

場合の「社会的なもの」との違いについて主に主張してきた——二番目の意味のほうが本来の語源に近いことを踏まえて。社会科学で「社会的」という語が用いられるときには、ほとんどの場合、ひとつの結合の種類が指し示されている。つまり、社会的というのは、ある特定の領域の呼び名にされており、わら、泥、糸、木、鋼などのような一種類の材料の呼び名にされている。だいたいの場合、何かしらの想像上のスーパーマーケットに入って、「社会的な紐帯」が詰め込まれた棚を指させるし、別の通路には、「物質的」、「生物学的」、「精神的」、「経済的」な結びつきが取りそろえられている。ANTの場合は、もうすでにおわかりのように、社会的という語に違った定義を与えている。つまり、実在する領域や特定の対象を指し示すものではなく、むしろ、移動、転置、変換、翻訳、編入の呼び名なのである。事物同士のつながりは、通常の意味での社会的なものであるとはまったく認識できず、事物が配置し直される一時に限って社会的なものと認識できる。スーパーマーケットのメタファーにこだわれば、私たちが「社会的」と呼ぶのは、どの棚でもどの通路でもなく、どんな商品を準備する際にも店中で行われるいくつもの改変——包装《パッケージング》、価格設定、値札付け——である。というのも、そうしたわずかな変更を観察することで、どんな新たな組み合わせが探られており、どんな経路がとられることになるのか（後に「ネットワーク」と定義されるもの）が明らかになるからである。[71] したがって、ANTにとって、社会的という語は、それまで「連関していなかった」力同士の束の間の連関を指すものなのである。[72]

　連関としての社会的なものという第二の意味を持ち込むことで、社会的なものの社会学者がどうしてこれほどまでに混乱しているのかが理解できる。社会的なものの社会学者は、この形容詞を用いて、二種類のまったく異なる事象を指し示そうとしているのだ。ひとつは、局所的、対面的で、何も身につけていない生身での動態的な相互作用である。もうひとつは、そうした一時的かつ対面的な相互作用が時間的、空間的に広がることのできる理由を説明するとされる種差的な力である。「社会的」という語によって、対面的関係というありふれた事象を指し示すのは、まったくもって理に適っている。しかし、他方で、「社会的」な力については、同語反復《トートロジー》、巧みなごまかし、呪文以外に、何の根拠も生み出せていない。そうした相互作用の時間的、空間的な安定化が、実際に、いかなる手段で、いかにして達せられているのかという問いを回避してしまっているからだ。相互作用を認めることから社会的な力の存在へと飛躍することは、やはり、前提と矛盾した推論であると言わざるを得ない。

対面的な相互作用としての社会的なものと、安定的、持続的な相互作用としての社会的なものとを区別することはとくに重要である。というのも、人間社会のなかで基礎的な社交《ソーシャル》スキル（訳註43）と呼びうるものを抜き出すことが現実的に困難であるからだ。「ローカルな相互作用」の概念を批判する第II部で見るように、相互作用の絡み合いとして理解される社会的世界を生み出せるのは、総じて、人間以外（アリ、猿、類人猿）の社会である。人間の場合、基礎的な社交スキルは今なお存在しており幅広く

（71）この手直しの考えについては、フランク・コショワの *Une sociologie du packaging ou l'âne de Buridan face au marché*（Cochoy 2002）を参照のこと。

（72）アネマリー・モルとジョン・ローの 'Regions, Networks, and Fluids'（Mol and Law 1994）では、「流動」（fluid）の語が導入されている——バウマンの『リキッド・モダニティ』（二〇〇一）も参照のこと。この語を用いるほうが、ネットワークの語を用いるよりも、移送されているものの性質や循環を強調することができる。

見られるとはいえ、その役割は限定的である。広範に及び長く持続するつながりのほとんどは、何か他のものによって作られており、それを見つけ出すには、社会的な力なる概念を精査することが欠かせない。ANTによって、第一の定義〔相互作用としての社会的なもの〕を非常に限定された範囲にとどめるとともに、第二の定義〔安定的、持続的な相互作用をもたらす種差的な力としての社会的なもの〕を捨て去る必要がある（ただし、ひとつに集められ、組み立てられたものを記述するための一種の短縮表現として用いる場合は別である）。[73] 端的に言えば、持続性があって社会的な材料でできていると言える紐帯はどこにもない。

社会的な力という概念を解体して、束の間の相互作用ないし新たな連関で置き換えることには、大きな利点がある。それは、社会という合成概念のなかで、その持続性に関わるものと、その実質に関わるものとが区別できるようになるということだ。[74] 確かに、持続的な紐帯は存在していよう。しかし、だからといって、そうした紐帯が社会的な材料でできていることにはならない――真逆である。今や、実際に紐帯を維持する手段を前面に出せるし、紐帯の他の源泉を取り込むために絶えず求められる創意と工夫を前面に出せるし、相互作用の拡張にかかる手間を前景に出すことができる。

基礎的な社交スキルのことを考えてみるならば容易に理解できるように、そうしたスキルが作り上げることのできる結びつきは常に非常に脆弱である。したがって、その結びつきは、社会理論家が社会的という語の定義に与えたいと思っているような重みには耐え切れない。社交スキルだけを動員する権力関係は、何もしなければ、ごく一時的、一過的な相互作用にとどまるだろう。しかし、これまで、社交スキルだけで権力関係が持続する状況がどこかで観察されたことがあるのか。ヒヒの群れは、多くの社会理論家が考え出す理念的世界に最も近いが、そのヒヒの群れでさえ、そんな極端な例を見せはしない。ホッブズとルソーがかつて述べたように、どんな巨人も、眠っているすきに小びとに打ち倒されないほど強くはなれない。どんな政治的連合も、さらに大きな連合によって解体されてしまわないほど強くはなれない。権力がずっと行使されるならば、それは権力が社会的な紐帯ではできていないからである。権力が社会的な紐帯だけに頼らざるをえないならば、長期にわたって行使されることはない。したがって、社会科学者が「社会的な紐帯」に訴えるときには、時空間の広がりをもつのが非常に困難で、慣性を有しておらず、絶えず取り決め直される必要のある紐帯について常に言うべきである。非対称性を維持すること、権力関係を確固たるものにして持続させること、不平等を強いることが非常に困難であるからこそ、弱くてすぐに朽ちてしまう紐帯を他の種類の結合へと移し替えるべく、実に多くの仕事が常につぎ込まれているのである。社会的世界がローカルな相互作用でできているならば、その社会的世界は、一時的で、不安定で、混沌とした様相のままであろうし、権力と支配に訴えることで説明できると称される大きな格差の見られる世界では決してないだろう。

基礎的な社会的相互作用と、そうした相互作用をいくらか遠くへと広げるために動員される非社会

(73) この議論を最初に定式化したものとして、ストラムとの共著 'The Meanings of Social' (Strum and Latour 1987) を参照のこと。

(74) 自然という複雑な概念の場合には、私は〔次章で見るように〕その外的実在性をその単一性から区別できるようになった。つまり、外的実在性と単一性は、実に多くの哲学があるにもかかわらず、両立しなかったのである（拙著 *Politics of Nature* を参照のこと）。同じことは、社会についても言える。持続性はその物質性を示すのではなく、その動きを示すにすぎない。

的な手段との区別が慎重に維持されなくなるや、分析者は、社会的な力を呼び出すことで非対称性が説明できると信じてしまいかねなくなる。社会学者が社会的な紐帯の持続性に訴えるときには、それに欠かせない持続性、堅牢性、慣性を実際に有しているものを取り入れていると主張するだろう。「社会」、「社会規範」、「社会法則」、「構造」、「社会的慣習」、「文化」、「規則」などといったものが十分な堅固さをもっているのであって、いかにして社会的な力が私たち全員に対する支配力を行使し、私たちがあくせくしている不均等な世界の原因になっているのかを、その堅固さが説明してくれるというわけだ。これは確かに手頃な解法であるが、「社会」や「社会規範」などの「堅固《スティーリー》」な性質がどこからやって来て社交スキルによる脆弱な結びつきを補強しているのかを説明していない。さらに、社会学者は、うかつにも道を誤って、持続性、堅牢性、慣性が、社会それ自体の持続性、堅牢性、慣性によってもたらされると言うかもしれない。ことによると、さらに進んで、この同語反復を、紛れもない矛盾と見なすのではなく、社会のもつ奇跡的な力のなかでも最も驚嘆されるべきものであると受け止めるかもしれない。つまりは、社会は一種独特のもの（*sui generis*）であり、社会は社会そのものから生み出されるというわけだ[75]。

この話法が、すでにひとつに束ねられているものを記述するための短縮表記と捉えられる場合には何ら有害でないにしても、以上のような主張が招く結果は潰滅的である。そうした主張によって、ついつい次のように振る舞いたくなってしまうからだ。つまり、すぐに消えてしまうあらゆる非対称の関係に対して、社交スキルそれ自体の力ではどうしても生み出せない時間的な長さと空間的な広がりをもたらせる何かしらの恐るべき力が今や存在するかのような振る舞いだ。その時点で、因果関係は逆さにされ、実際に社会的なものを持続させている手段が視界から消えてしまうことになるだろう。単なる形容詞の混同として始まったことが、すっかり別のプロジェクトになってしまっている。つまり、この地上世界に、古代キリスト教神学の天国さながらに捉えどころの無い世界が加えられてしまうのだ――ただし、この世界は、救済の希望を一切もたらさない。

社会的なものの社会学者は、自分の論法に以上のような同語反復があることを見つけ出せないほど愚かなのか。現実の世界の裏にもう一つの世界があると本当に信じ込んでいるのか。ある社会が自生的に生まれる〔社会自体が社会自体を生み出す〕という奇妙な自力達成《ブートストラッピング》を本当に信じているのか。(76) もちろんそうではない。社会的なものの社会学者は、社会の自力達成性を実際には用いてはおらず、したがって、社会の「自己生産」概念に内在する矛盾に直面することなど決してない。社会的なものの社会学者は、社会の自力達成性をいささか緩く用いているために、自分の議論が矛盾しているという論理必然的な結論を出さないのである。つまり、社会的なまとまりの持続性に訴えるときには、意識的にせよ無意識にせよ、常に、その脆弱な社会的な紐帯に対して他の多数の非社会的な物事による影響力を加えているのだ。常に物事《シングズ》こそが――今やこの語を強い意味で用いている――、実際には、薄命

(75) コルネリュウス・カストリアディスの『想念が社会を創る』（一九九四）はこの誤謬をさらに推し進めており、この同語反復そのものを、社会の想念の基盤とみなしている。この基盤を受け入れてしまえば、社会的なものがいかに構成されているのかを見出す方法は何もなくなってしまう。

(76) 自力達成（bootstrapping）は、社会的なもの自体の特徴のひとつと見なされている。バリー・バーンズの 'Social Life as Bootstrapped Induction' (Burns 1983) を参照のこと。

の「社会」に「堅固な」質を与えている。したがって、実際には、「社会の力」という語で社会学者が表しているのは、社会そのものでなく――そうであるならばまったくもって呪術的であろう――、非対称性をより長く持続させるためにすでに動員されている全存在を何らかのかたちでまとめたものである。[77]この短縮表現を用いることは同語反復にはならないが、大きな誤解を招きかねない。というのも、非社会的な物事がどのように動員されてきたのかを見極める経験的な手段がなくなってしまうからだ――そして、何よりも悪いのは、非社会的な物事による影響力がまだ効いているのかどうかを知る術がなくなってしまうことだ。社会という観念は、現代の「社会的説明の専門家」の手のなかで巨大なコンテナ船のようになり、その船に検査官が乗り込むことはできないので、社会科学者は、公的検査を受けることなく、国境を越えて商品を密輸できてしまう。その貨物は、空なのか満杯なのか、新鮮なのか腐食しているのか、無害なのか致死的なのか、新たに作られたのか長く使用されていないのか。サダム・フセインのイラクにおける大量破壊兵器の存在と同じように、推測するほかないものになっている。

ＡＮＴの解法は、社会的なものの社会学者との論戦に加わるためにあるのではなく、そうした社会学者が陥っているかもしれない矛盾を素早く見つけ出す機会を増やすためにあるのであって、それ以上でもそれ以下でもない。この解法は、社会学者に対して、社会的説明の力を持ち出すときに常に動員される非社会的な手段を再び記録することを促す唯一の方法である。[78]ＡＮＴが行うのは、次の問いを発し続けることである――どの社会学者も物事を社会的な紐帯に入れ込むことで、その持続と広がりを説明するのに十分な重みを与えているのだから、隠れてやるのではなく、堂々とやればよいのではないか。ANTのスローガン「アクターに従え」は、「アクターに従って、絶えず転変する相互作用の持続性を高めるために社交スキルに加えられてきた物事を縫い合わせるように進め」となる。

この点に、連関の社会学と社会的なものの社会学との真の違いを見てとることができるだろう。これまでは、二つの視点の違いを強調しすぎたかもしれない。最終的には、社会科学の多くの学派は、最初の二つの不確定性を自らの出発点として受け入れるだろう（とりわけ、経験的な形而上学の別名である人類学はそうであるし、エスノメソドロジーはもちろんだ）。諸々の論争を加えたとしても、社会科学者が研究したいであろう事象の種類が根本的に変わることはなく、そうした事象をリストする難しさが変わるだけである。しかし、今や、両者の溝は途方もなく広がることになる。というのも、私たちは、非対称な社会関係を生み出そうとするアクターに必要なものを、前もって規定される一つの小さなレパートリーに限定するつもりはないからだ。その代わりに、私たちは、百年以上にわたる社会的説明によって集合的存在から明確に排除された存在を、一人前のアクターとして受け入れよう

(77) 第II部で明らかになるように、この同語反復は、政治体の隠れた力を指し示すものである。つまり、市民と共和国という逆説的な関係が、アクターとシステムというまったく異なる関係に完全にすべり込んでいるのだ——三一一頁以下を参照のこと。

(78) 組織論で重要なのは、大きな代物の存在が同語反復的に示されるときはいつでも、報告、文書記録、文書配布に目を向けることである。バーバラ・チャニオウスカの *A Narrative Approach To Organization Studies* (Czarniawska 1997)、クーレンとジェームズ・R・テイラーの *Rethinking the Theory of Organizational Communication* (Cooren and Taylor 1993) を参照のこと。

としているのだ。その理由は、第一に、基礎的な社交スキルがもたらすのは、社会を作り上げる諸々のつながりの小さな一部分集合にすぎないからである。そして、第二に、社会的な紐帯への訴えに宿っているように見える力の付け足しは、よくても便利な短縮表現にすぎず、悪ければ同語反復以外の何物でもないからである。

シャーリー・ストラムのヒヒ

基礎的な社交スキルと社会の概念との関係を理解するためには、サルの研究を経由する回り道が必要となる。シャーリー・ストラムは、ニューヨーク市の近くの城で一九七八年に初めて開催したヒヒの研究に関する会合を回顧しながら、こう記している。

しかしそれでも、私が描き出したヒヒの社会の姿が、ほかの研究者には受け入れがたいものとなることはわかっていた。私の発見のなかで衝撃的だったのは、ヒヒの雄が優劣の序列〔順位制〕《ドミナンス・ヒエラルキー》をもっていないことであり、ヒヒが社交の戦略をもっていることであり、駆け引きが腕力に勝っていることであり、社交スキルと社会的互酬性が攻撃行動に優先していることである。これは、性の政治の始まりであり、雄と雌とが、互いに相手の持つものをもらう代わりに、自分の持つものを相手に提供していたのだ。ヒヒはその社会的世界を作り上げるのに精を出さなければならないように見えたが、そのやり方が、ヒヒを人間よりも「いい奴」であるように見せていた。ヒヒは、最も基本的なレベルで生き残るために――集団生活をすることで個体にもたらされる防護や利点のために――お互いを必要としており、さらには、最も高度なレベルでは、仕掛けたり守ったりという社交の戦略が特徴となっている。ヒヒが「いい奴」であるように見えるのは、人間と異なり、ポンプハウス〔群れの名前〕の誰もが、無くてはならない資源を差配する力を持ち合わせていないからでもある。つまり、それぞれのヒヒが、自分の食糧と水と日陰を手に入れ、自分の生存に必要となる基本的なものを確保しているのだ。攻撃行動は、相手に自分の意図を強制的に受け入れさせるときに用いられるが、実際に行われることはめったになかった。毛づくろい、接近、友好、協力が、他のヒヒとの取引やてこ入れのために用いることのできる唯一の財産であった。そして、以上のことが「いい奴であること」、つまり、攻撃行動ではなく協力関係の様相のすべてであった。ヒヒが互いにとって「いい奴」であるのは、協力行動が、息をすること、食べ物を食べることと同じように、その生存にとって欠かすことのできないものであるからだ。私が発見したのは、今まで報告されたことのないヒヒの社会の構図であった。実際、これまで研究されたどんな動物の社会を見ても、この構図は革命的であった。その意味するところは驚くべきものだ。私が主張したのは、攻撃行動はこれまで考えられてきたように進化の過程に普遍的ないし重要な影響を及ぼしたものではないこと、そして、社交の戦略と社会的互酬性が極めて重要であることだ。もしヒヒがこういった要素をもっているのなら、おそらくは人類の祖先も、同じよう

にこの要素をもっていたに違いない。（ストラム 一九八九・二九四―六頁）

ヒヒがその絶えず朽ちていく「社会構造」を修復しているのを事細かに見る機会に恵まれることが社会学者にあったならば、何の物事もなしに社交スキルだけで社会的支配を維持することに信じられないほど手間がかかることを目にしたであろう。そして、社会的な紐帯から作られる社会的な紐帯という同語反復に伴う代償を経験的に記録したであろう。[79] 権力は、眠らない事物と壊れないつながりを通して行使されてはじめて、さらに長く続き、さらに遠くに広がることになる――そして、そうした離れ技を成し遂げるためには、社会契約よりもはるかに多くの道具が考え出されなければならない。このことが意味するのは、社会的なものの社会学が役に立たないということではなく、社会的なものの社会学は、人間の研究ではなくヒヒの研究に適しているかもしれないということだ。

モノを行為の進行に与するものにする

この両学派の違いほど、劇的なものはない。持続的に広がる力が社会的な紐帯にあるのかを疑い始めれば、すぐにモノの果たす役割が中心に見えてくるだろう。[80] 逆に、社会的なまとまりが「社会的な力」に支えられて存続できると考えるやいなや、モノが視界から消える。そして、呪術的で同語反復的な社会の力があれば、文字どおり、何の物事《ウィズ・ノー・シング》もなく、あらゆる物事《エブリ・シング》を支えることができることになる。これ以上に際立った前景と後景の反転、これ以上にラディカルなパラダイム・シフトは想像できまい。だからこそ、ＡＮＴは当初から人びとの注目を集めたのである。(81)

社会的行為は外からの力に影響されるだけでなく、〔人間以外のものも含む〕さまざまな種類のアクターに移転ないし委任されたりもしており、そうしたアクターは、異なる様態の行為／作用、異なる種類の力を通して、その行為をさらに移送することができる。(82) 一見する限り、通常の行為の進行のなかにモノを呼び戻すことは、何の変哲もないことのように見えよう。何がどうあろうと、ヤカンは水を

(79) マントヒヒに関する「社交のツール」という鍵概念について、ハンス・クマーの *In Quest of the Sacred Baboon* (Kummer 1995) を参照のこと。

(80) モノという語は、次章で「議論を呼ぶ事実」として定義するまで、代用記号として用いる。本書では、ＡＮＴを定義するために、五つの不確定性の発生源を一つずつ明らかにしているので、ゆっくりと進めていく他ない。

(81) モノのエージェンシーを、グループと行為／作用に関する二つの不確定性と切り離して理解することはできない。この二つの不確定性がなければ、ＡＮＴは、技術が生み出すモノのもつ作因的なエージェンシーをめぐるかなり馬鹿げた議論にすぐに陥ってしまう。つまりは、技術決定論への確たる回帰である。

(82) 委任（delegation）の語を理解するためには、ＡＮＴの行為の理論、つまり、誰かが誰かにあれこれさせるありように留意する必要がある。そうした行為の散開が見逃されるならば、委任はまた別の因果関係となり、ホモ・ファベル〔工作する人〕が復活することになる。ホモ・ファベルは、彼——たいていは「彼」——が道具を用いてすることを完全にコントロールしている。

「沸騰させ」、ナイフは肉を「切り」、かごは食料品を「積み入れ」、ハンマーは釘の頭を「打ちつけ」、柵は子どもの転落を「防ぎ」、招かれざる客に対して錠前が部屋を「閉ざし」、石鹸は汚れを「落とし」、時間割は授業を「一覧にして示し」、値札は人びとの計算を「助ける」といったことに疑問を挟む余地はない。以上の動詞は、行為《アクション》を指し示しているのではないか。こうしたどこにでも見られる、ささやかで、ありふれた活動を紹介したところで、どうして、社会科学者に新たな情報がもたらされるのだろうか。

　けれども、もたらされるのだ。モノが何の役割も演じる機会がなかった主な理由は、社会学者が用いる社会的なものの定義にあるだけでなく、社会学者がほとんどの場合に選択しているアクターとエージェンシーの定義そのものにもある。「志向的《インテンショナル》／意図的」で「意味に満ちた」人間が行うことに行為《アクション》がアプリオリに限定されるならば、ハンマー、かご、ドアの鍵、猫、敷物、マグカップ、リスト、タグなどがいかに行為《アクト》しうるのかを見定めるのは難しい。(訳註44) モノは、「物質的」で「因果的」な関係の領域に存在するとされて、「反省的《リフレクシヴ》／再帰的」で「象徴的」な社会関係の領域には存在しないということになりかねない。対照的に、アクターとエージェンシーをめぐる論争から始めるという決意を貫くのであれば、差異を作り出すことで事態を変える物事はすべてアクターである——あるいは、まだ形象化されていなければ、アクタンである。したがって、どのエージェントについても、発するべき問いは、シンプルである。つまり、そのエージェントは、他のエージェントの行為の進行に差異〔変化〕をもたらしているのか、いないのか。そして、誰かがその差異を見出すことを可能にする何らかの試行があるのか。

ごく常識的に答えれば、どちらも「イエス」であるはずだ。もしも、真顔になって、ハンマーを使って／使わずに釘を打つことは、どちらもまったく同じ活動であると主張し、ヤカンを使って／使わずに湯を沸かすことも、かごを使って／使わずに食料品をとってくることも、服を着て／着ずに街路を歩くことも、リモコンを使って／使わずにテレビをザッピングすることも、減速バンプによって／よらずに自動車を減速することも、リストを使って／使わずに人物評価を行うことも、簿記を使って／使わずに会社を経営することも、やはり、どちらもまったく同じ活動であり、そんなありふれた道具を見せられても、自分の課題を理解する上で「重要なことは何も」変わらないと主張できるのであれば、すぐにでも、社会的なものからなる遙か彼方の地に移住して、この月並みの土地から出ていけばよい。他のすべての社会の構成子にとっては、実際に試してみれば差があり、したがって、以上の道具は、私たちの定義ではアクターであり、もっと正確に言えば、いつ形象化されてもおかしくない行為の進行への参与子 *(participant)* である。

だからといって、もちろん、こうした参与子が行為を「規定」しており、バスケットが食料品を取る「原因である」とか、ハンマーが釘を打つことを「強いている」ことにはならない。そのように影響の向きを反転させるのであれば、それはモノを原因に変えているだけであり、その影響は、もはや単なる一連の中間項に限定された人間の行為を通して移送されることになってしまう。むしろ、モノがアクターであるということが意味しているのは、完全な原因として存在していることとまったく存在していないこととのあいだに、数々の形而上学的な陰影が存在するであろうということである。「人間の行為の背景」として働いたり「規定」したりする他にも、事物は、権限を与えたり、許可したり、可能性を与え《アフォード》たり[訳註45]、促したり、容認したり、提案したり、影響を与えたり、妨げたり、できるようにしたり、禁じたりしている。[83] ANTは、モノが人間のアクターに「代わって」あれこれしていると主張する机上の空論ではない。ANTはこう言っているだけである――何よりもまず、どんな人やモノが行為に与しているのかという問題を徹底的に検討しなければ、社会的なものの科学は始まりすらしないのであって、たとえ、(もっとよい語がないので)非人間(*non-humans*)[訳註46]とでも呼べる要素を招き入れることになろうとも、そうである。非人間という表現それ自体は、ANTが選ぶ他のすべてのインフラ言語と同じく、無内容である。非人間という表現が指し示しているのは、実在の一領域でもなければ、極小のレベルで動く赤帽子のゴブリンでもなく、分析者が何らかの相互作用の持続と広がりについて説明するために目を向ける準備をすべきものであるにとどまる。[84] ANTのプロジェクトは、参与子のリストを広げ、参与子として集められるものの姿形や形象を改変し、持続的なひとまとまりのものとして参与子に行為/作用させる方法をデザインすることであり、それ以上のものではない。

連関の社会学者にとって新しいのは、行為がその進行のなかで動員するモノの多数性ではない――モノが無数にあることを否定する者はいない。新しいのは、モノが、突如として、一人前のアクターとして光が当てられるだけでなく、私たちの出発点である対照的な景色、社会を覆う権力、限りない非対称性、圧倒的な権力の行使を説明するものとして光が当てられることだ。連関の社会学者は、この驚きから始めようとしているのであって、大半の社会学者のように、次のようには考えない。つまり、この問題の結論は明らかであり、モノは何もしないか、少なくとも、人間の社会的行為と肩を並べることはしておらず、人間の社会的行為と結びつけられることすらしておらず、仮に、時としてモノが権力関係を「表現する」ことができ、社会的ヒエラルキーを「象徴する」ことができ、社会的不平等を「強める」ことができ、社会的権力を「移送する」ことができ、不平等を「具体化する」《オブジェクティファイ》ことができ、ジェンダー関係を「物象化する」ことができるとしても、モノは社会的活動の起源ではありえない、とする考えだ。

（83）それゆえに、ジェームズ・G・ギブソンの『生態学的視覚論』（一九八六）で導入されたアフォーダンスの概念が非常に有用であることが明らかになっている。テクノロジー——ハードなものもソフトなものも——を扱う際に見られる行為／作用の様態の多数性を見事に追跡しているものに、サッチマンの『プランと状況的行為』（一九九九）、C・グッドウィンとM・グッドウィンの 'Formulating planes'（Goodwin and Goodwin 1996）、バーナード・コネン、ニコラス・ドディエ、ローラン・テヴノーの *Les objets dans l'action*（Conein, Dodier, Thévenot 1993）がある。

（84）非人間という表現を用いることには、少しばかり人間中心的な偏りがある。別稿にて、人間と非人間という組み合わせを、主体と客体という克服不可能な二分法の代わりに用いるべきであることを詳しく説明している（拙著 *Politics of Nature*（Latour 2004b）を参照のこと）。この概念に特別な意味を求めるべきではない。つまり、人間と非人間という概念は、いかなる存在論的な領域をも規定しておらず、もうひとつの概念上の区別に代わるだけである。人間と非人間の関係を一望するには、フィリップ・デスコラの『自然と文化を超えて』（近刊）を参照のこと。

アクターの非対称的な定義

デュルケムによる以下の記述に、アクターの非対称的な定義の好例が見られる。

およそなんらかの重要性をもつあらゆる社会過程の最初の起源は、社会集団の内部構成のうちに探究されなければならない〔強調は原著者による〕。これを、さらにいっそう正確に規定することも不可能ではない。社会集団の環境を構成している要素は、事物と人間の二種類である。事物のうちには、社会に一体化されている物質的なモノばかりでなく、法や慣習、文学・芸術作品などのような、過去の社会的活動の産物も含まれなければならない。けれども、物質的なものからも非物質的なものからも、社会の変容をうながすような動因が生じないことは明らかである。というのも両者ともに駆動的な力（*puissance motrice*）を有してはいないからである。たしかに、人びとが説明を試みる際には、そうした事物を考慮に入れるべき場合もある。事物は社会進化にある種の圧力を及ぼすのであり、その進化の速さやさらには方向さえも事物の性質のいかんによって変わってくる。しかし、それらは社会を動かすのに必要なものを何ももっていない。事物は、社会の有する社会的な力が作用する際のよりどころではあるが、事物そのものが社会的活力（*aucune force vive*）を発することはない。とすれば、能動的要因として残されるのは、人間的環境そのものである。（一九七八・二二一—二頁）

私にとっては、この見方が大きな驚きであった――どうして、先に見たような事象がどこででもはっきりと見られるにもかかわらず、社会学には「モノがない」ままなのか。この学問分野が産業革命のまる一世紀後に現れ、新石器時代以後、最大の規模と集中による技術発展と平行して進展してきたことを思えば、この驚きはいっそう大きくなる。もっと奇妙なのは、実に多くの社会科学者が「単なる」物質的関係の代わりに「社会的意味」を考え、「むき出しの因果関係」の代わりに「象徴的な次元」を考える点を自らの誇りにしてきたことだ。ビクトリア朝時代の性的要素さながらに、モノは、どこでも感じ取られているのに、決して話に出されることがない。モノは当たり前のように存在するのに、決して、思想や社会思想の対象となることはない。モノは、慎ましい使用人のように、社会的なものの端っこに身を置き大半の仕事をしているが、そのようなものとして表象されることは決して許されない。モノが他の社会的な紐帯と同じように同じ毛糸でひとつに編まれるような方法、ルート、入り口は何もないかのようだ。社会科学者がラディカルな思想を唱えるようになって、周縁にいる人間に注意を向けさせたいと思うようになればなるほど、モノについて話さなくなってしまう。モノは、まるで呪いの言葉でもかけられたかのように、魔法の城の使用人さながらに眠ったままである。それでも、呪いから解き放たれるやいなや、モノは体をよじり、伸びをして、つぶやき始める。モノは四方八方に群がり始め、他の人的アクターを揺さぶり、その独断の眠りから目覚めさせる。ＡＮＴが、眠れる美女の唇に優しく触れるプリンス・チャーミングのキスの役割を演じると言っては、あまりに子どもじみているだろうか。いずれにせよ、ANTは、オブジェクト指向の人間のためのオブジェクト指向の社会学であったために、そもそも注目されたのだ――そして、その入門書を書く価値があるのである。

モノはところどころでしか痕跡を残さない

確かに、一見したところでは、モノの役割を登録することが難しいのは、モノの行為《アクション》／作用の様態が、伝統的に見られる社会的な紐帯の観念と明らかに共約不可能であるからだ。しかし、社会的なものの社会学者は、そうした共約不可能性の本性を見誤ってきた。つまり、モノは共約不可能であるので、本来の社会的な紐帯と切り分けておくべきだと結論しており、その真逆のことを結論すべきだと思い至らなかったのである。真逆のこととは、モノは共約不可能であるからこそ、何よりもまず取り込まれてきたということだ。モノによって補強される必要のある社交スキルと同じくらいにモノがもろければ、あるいは、モノが同じ材質でできているならば、モノから何が得られるだろうか。私たちがヒビであったならば、ずっとヒビのままであろう！[85]

確かに、あるレンガが別のレンガに及ぼす力、軸を中心とした車輪の回転、塊に対する梃子の効果、滑車による力の反転、リンへの着火といった作用《アクション》のありようはいずれも、自転車に乗っている人に「停止」標識が及ぼす力や、個々人の心に対する群集の力とは明らかに異なるカテゴリーに属するように見える。だから、物質的な存在と社会的な存在を二つの別々の棚に置くのはまったく理に適っているように見える。しかし、ものの数分のうちに、次のように、どんな人間の行為も物質とひとつに紡ぎ合わさる可能性があることを認めるやいなや、理に適ってはいるが、馬鹿げたものになる。たとえば、レンガを積めという大声の命令、セメントと水の化学的な結合、手を動かすことでロープを伝う滑車の力、同僚がくれたタバコに火をつけるためにマッチを擦るなどである。ここで、物質的なものと社会的なものという一見理に適った区分が、まさに、ある集合的な行為を可能にするものの探究をすっかり混乱させてしまうのだ。もちろん、ここでの集合的という語は、均質な社会的な力によって持ち込まれる行為を意味するものではなく、逆に、相異なるためにひとつに紡ぎ合わせられる種々の力を集める行為を意味するものである。(86) したがって、ここからは、「集合体《コレクティブ》」という語を「社会」の代わりに用いたい。社会という語は、すでに取り込まれた存在が組み合わさったもの（社会的

---

(85) これは、アンドレ・ルロア゠グーランの『身ぶりと言葉』（二〇一二）で示された、今や古くさくなっているが、それでもなお美しい演繹的推論の力である。近年の研究をレビューしたものとして、ピエール・ルモニエの *Technological Choices* (Lemonnier 1993)、ルモニエとの共著 *De la préhistoire aux missiles balistiques* (Latour and Lemonnier 1994) を参照のこと。

(86) これは、「バース論争」として知られる、非人間の果たす正確な役割をめぐる論争の核心をなしている。ハリー・コリンズとスティーヴン・イアリーの 'Epistemological Chicken' (Collins and Yearley 1992)、ミシェル・カロンとの共著 'Don't throw the Baby out with the Bath School! A reply to Collins and Yearley' (Callon and Latour 1992) ——私たちの小さな学問分野の小さな転換点をなしている——を参照のこと。

なものの社会学者が社会的な素材で作られていると考えてきたもの）を示すためだけに残しておきたい。他方で、集合体は、まだ取り込まれていない新たな存在を集めて組み立てるプロジェクトを指し示すものとなり、したがって、どう見ても社会的な素材ではできていないように見える。

　どんな行為も、互いにまったく異なる諸々の様態の存在を縫い合わせるように進み、そこでの諸々の様態の存在は、その雑多性ゆえにひとつにまとめられたものであろう。社会的な慣性と自然界の重力は結びつかないように見えるかもしれないが、しかし、労働者たちの一団がレンガの壁を築いている時には、両者は明らかに混ざり合っている――壁が完成した後ではじめて両者は再び別々になる。しかし、壁が築かれているあいだ、両者は間違いなく結びついている。どのようにして？　その答えは、調査によって定まることになる。ＡＮＴはこう主張する。種々雑多なアクターのあいだの結びつきの問題は決着していると単純に考えるべきではなく、「社会的」という語で通常示されるものには、まず間違いなく、新たな種類のアクターを組み込み直すことが関係している。ＡＮＴはこうはっきりと述べる。「理に適った《リーズナブル》」社会学者よりも少しでも社会的な紐帯について実在論的《リアリスティック》でありたいならば、受け入れるべきことがある。それは、どんな行為の進行であれ、その継続性が人と人の結びつきによって成り立つことはまれであり（成り立つのであれば、基礎的な社交スキルで事足りるものであろう）、モノとモノの結びつきによって成り立つこともまれであり、おそらくは両者がジグザグになって成り立っているということだ。

　ＡＮＴのコツをつかむためには、以上のことが、世に知られる客体と主体の二分法に対する「調停」と一切無関係であることを理解することが大切である。「物質的」な紐帯と「社会的」な紐帯をアプリオリに区別してから再度ひとつに連結することは、戦闘の力学を説明するために、丸裸の一団の兵士や将校と、山のような装備——戦車、ライフル、報告書類、制服——を心に描いて、「もちろん両者のあいだにはなんらかの（弁証法的な）関係が存在する」と主張しているようなものだ。(87) こんな主張がなされれば、断固として「ノー！」と言い返さなければなるまい。「物質的世界」と「社会的世界」の関係などというものはどこにも存在しない。この分割そのものが完全な作り物であるからだ。(88) そうした分割を受け入れないということは、物品の山「と」裸の兵士の群れを「関係づけ」ないことである。つまりは、全体の組み合わせ《アセンブリッジ》を、徹頭徹尾、最初から最後まで散開し直すことであ

（87）ダイアン・ヴォーンの *The Challenger Launch Decision*（Vaughan 1996）を参照のこと。「しかし、私は、この問題に関するさまざまな資料を十分に読み込み、技術面の専門家に意見を求めることで、社会学的問題を突き止めるのに必要な技術面の詳細を十分に習得できると考えた。結局のところ、私が説明したかったのは人間の行動であり、私はそうするための訓練を受けた」（p. 40）。この姿勢は理にかなっているが、次のような行為の進行を追うのに最適な方法であろうか。「午前七時頃に、アイスチームは、二度目の発射台検査を行った。その報告に基づき、発射時間がずらされた。三度目の氷の付着検査を許可するためであった」（p. 328）。ここで、工学と社会学の違いはどこにあるのか。

（88）心理学者が示してきたように、生後二か月の赤ちゃんでさえ意図《インテンショナル》的な動きとそうでない動きを明確に区別できる。人間とモノは、明らかにまったく違うものである。オリヴィエ・ウーデの *Rationalité, développement et inhibition*（Houdé 1997）、ダン・スペルベル、ダビッド・プリマック、アン・ジェームズ・プリマックの *Causal Cognition*（Sperber, Premack, Premack 1996）を参照のこと。しかし、違っているからといって、分断されるわけではない。幼児は、人文学者よりもはるかに理にかなっている。つまり、幼児は、ビリヤードボールと人に多くの違いがあることをわかっているが、だからといって、ビリヤードボールの作用と人間の行為が同じ話の筋に織り込まれるのを見ることができなくなるわけではない。

る。経験的に見れば、二つの同類合着した均質なまとまり（たとえば技術「と」社会）があるということが意味をなすことはありえない。ANTは、常識に反した何かしらの「人間と非人間の対称性」を打ち立てるものではない。繰り返すが、そうではない。私たちにとって、対称的であるというのは、人間の志向的《インテンショナル》／意図的な行為と、因果関係からなる物質世界とのあいだにまがい物の非対称性をアプリオリに押しつけないということであって、それ以上の意味はない。迂回しようとしたり、乗り越えようとしたり、弁証法的に克服しようとしたりすべきでない隔壁がある。この隔壁は、今や廃墟となったかつての堅城のようなものであり、むしろ相手にすることなく、放っておけばよい[89]。

ここでのモノへの関心は、「主観的」な言語、象徴、価値、感情に対置される「客観的《オブジェクティブ》」な物質に与えられる特権とは無関係である。次の不確定性の発生源を取り込む際に見るように、ほとんどの自称唯物論者にとっての「物質《マター》」は、非人間のアクタンが世界のなかで有している力、因果、効力、頑強さの類とはほとんど無関係である。直に明らかになるように、「物質」は、因果関係を非常に政治的に解釈したものである。第三の不確定性の発生源を取り込むために、ありとあらゆるモノのエージェンシーについて厭わず調査するべきである。しかし、ほとんどの社会科学において、モノにはそうした貧しく限定的な役割しかないので、社会的相互作用におけるモノの役割を、記録文書、文書、図表、ファイル、クリップ、地図、図案といった他の物質的なメディア、つまりは、知的技術〔人びとの知能を支える技術〕にまで広げることは極めて困難である[90]。逆に、非人間に一種の移動の自由が戻されるやいなや、行為の進行に与しうるエージェントの範囲は桁外れに広がり、分析哲学者の言う「普通の大きさの固まった物」に限定されることはもはやない。ANTがわかりづらいのは、「モノ化」や

「物象化」といった否定的な語で批判社会学者が空洞化してしまった空間を、ANTがきちんと埋めているからである。

けれども、社会的なものの社会学者は愚か者でない。社会的なものの社会学者が、流動的な社会的なものがどこに導くにせよ、その後を追うのをためらうのは当然だ。最初のうちはなかなか理解してもらえないのだが、ANTによる研究は、諸々の行為／作用の様態の連続性と非連続性の両方に取り組まなければならない。種々雑多な諸々の存在の滑らかな連続性に注意を向けるとともに、結局はいつまでも共約不可能なままである諸々の参与子の完全な非連続性に注意を向けられるようになる必要がある。分析者にとって、流動的な社会的なものは、連続的で実体的な存在ではなく、むしろ、その痕跡にわずかに姿を見せるものであり、言わば、検出器に残される軌道の束によって物理的な粒子が把握できるのと同じである。私たちは、見覚えのある組み合わせから始め、まったく見知らぬ組み

(89) こうして、私は「対称性の原則」に関する幾何学的メタファーのほとんどを捨てることになった。「客体」と「主体」、「非人間」と「人間」を「対称的に」研究するために、自然と社会を「ともに維持」する必要があると読者が結論するに至ったことに気づいたのである。私がイメージしていたのは、アンドではなくニーザー（どちらでもない）である。つまりは、両方の収集装置を同時に融解させることである。「対称性」を通して自然と社会を延命させることだけはしたくなかった。

(90) 分散認知、状況に埋め込まれた知識、知的技術史、科学論、経営学、ソーシャル・アカウンティングは、相互作用の時間的、空間的な拡張に関わるモノの範囲をそれぞれ独自のやり方で広げてきた。無形の技術を有形化しようとする動きは長く続いており、ジャック・グディの『未開と文明』（一九八六）に遡る。ジェフリー・C・バウカーとスーザン・リー・スターの *Sorting Things Out* (Bowker and Star 1999)、パオロ・クアトローネの 'Accounting for God' (Quattrone 2004)、さらに、今や古典となったミシェル・フーコーの『臨床医学の誕生』（二〇一一）も参照のこと。

合わせで終わる。非人間を正規《ボウナ・ファイド》の社会的な紐帯のリストに加え始めるやいなや、間違いなく、この連続性と非連続性を行き来する動きによって、社会的な結びつきをたどることはとりわけ精巧さを要するものになる。

　いくつか例を挙げよう。羊飼いとその犬は、社会的関係のなんたるかを呼び起こしてくれるだろう。しかし、鉄線のフェンス越しに羊の群れを見るならば、羊飼いと犬がどこに行ってしまったのかと疑問に思うことになる――実際には、羊は、犬の吠え声よりも頑強な有刺鉄線による直接的な影響によって、牧草地のなかにとどまっているのだ。つまり、有刺鉄線が犬に取って代わっており、それは社会的な関係であるが、犬と有刺鉄線はこの結びつきの前でも後でも共約不可能である。もしも、テレビの前でごろごろと寝そべるようになってしまったならば、それが、チャンネルを次々に変えていけるリモコンのせいであることに疑いの余地はない[91]――けれども、ごろごろと寝そべることは、間違いなくリモコンが可能にしたことではあるが、体を動かさなくさせたものと、赤外線信号によって実行された部分的な動作とのあいだで似ているところはない。

　自動車ドライバーが学校の近くで五十キロ制限の黄色の標識を見て速度を落とすことと、「スピード・トラップ」のバンプの衝撃から自動車のサスペンションを保護したいために速度を落とすことの差は大きいのか、小さいのか。差が大きいといえるのは、前者の速度遵守は道徳心、記号、標識、黄色の塗装を通してなされたのに対して、後者は、同じリストに加えて、綿密に設計されたコンクリートの床板を経由したからである。しかし、両者はともに何かに従ったのだから、差は小さい。前者のドライバーが従ったのは、めったに現れない利他主義である――速度を下げなければ、道徳律がその心を粉々にしたであろう。後者のドライバーが従ったのは、広く分散している利己心である——速度を下げなければ、そのサスペンションはコンクリートの床板によって壊れていただろう。前者の結びつきだけが社会的、道徳的、象徴的であり、後者の結びつきは客観的、物質的であると言うべきなのか。違う。しかし、両者とも社会的であるというならば、道徳的な品行とサスペンションのばねとの違いをどう認めていくのか。両者は似ていないものの、他ならぬ道路設計者の仕事によって、間違いなく、ひとつに集められ、あるいは、つなげられている。自分は社会科学者であると名乗って、一部の結合——道徳や法や象徴による結合——だけを追い求め、非物理的な関係のあいだに何らかの物理的な関係が入り込むやいなや、調査を止めることはできない。そんなことでは、どんな調査も不可能になってしまう。(92)

社会的な結びつきは、中継するモノがなければどれくらい長くたどれるのか。一分？　一時間？　百万分の一秒？　そして、この中継は、どれくらいのあいだ目に見えるのか。一分？　一時間？　百万分の一秒？　確かなことはひとつだ。中継ごとにフィールドワークを中断して、すでに取り込ま

(91) リモコンを手放して、ソファーとテレビセットを往復するのにどれくらい時間を費やすことになるのかを、自分で試してほしい。

(92) 道徳的であることに対してANTは無関心であるとの非難をよく受けるが、是非とも思い返してほしいのは、研究対象のアクターに劣らないだけの移動の自由を手にすることに、きちんとした義務論的な理由があることだ。この信条は、翻訳の概念と同じくらい古いものである。ミシェル・カロンの 'Struggles and Negotiations to Decide What is Problematic and What is Not' (Callon 1981) を参照のこと。

れた結びつきのリストだけに焦点を合わせるならば、社会的世界はすぐさま不透明になり、その景色の断片だけをちらちら見せる奇怪な秋の霧につつまれてしまうだろう。だが、他方で、社会学者が、エンジニア、職人、工芸家、デザイナー、建築家、経営者、プロモーターなどにもならざるを得ないのであれば、そうした社会学者が、以上のような数々の途切れ途切れの存在を通して、アクターの後を追うことはない。したがって、社会的な紐帯と共約可能とされる限りにおいて非人間を報告に入れなければならないし、そのすぐ後には、非人間の根本的な共約不可能性を受け入れなければならない。[93] ANTによる「社会的」の語の定義を使ってあちこち旅することは、かなりの胆力を必要とする。したがって、社会的なものの社会学者がこの難事にしりごみしたのも無理はない！ しかし、そうした共約可能性と共約不可能性を行き来する動きに注意を向けようとしない相応の理由があったからといって、社会的なものの社会学者が正しかったことにはならない。社会学にはもっと幅広いツールが必要であることを示しているにすぎないのだ。

モノの活動が簡単に可視化される状況のリスト

社会的なものを作り上げる新たな連関を探究する際、ANTの研究者は、ふたつの相反する要求を受け入れなければならない。つまり、私たちは、一方で、社会学者に対して社会的な紐帯に自らを限定することを求めず、他方で、調査を行う際に専門的な技術者になることも求めないのである。

この要求に対する一つの解法は、社会的という語を、新たな連関が作られている時にしか見えない流動的なものとして新たに定義することにあくまでこだわることである。それがANTの然るべき「専門分野《ドメイン》」なのであり、たとえ、それが種差的な範域でも縄張りでもなく、突然の相転移のように、どこでも起こりうる束の間の一時であるにすぎないとしても、である。

分析者にとっては幸いなことに、そうした状況は、人びとがおそらくは思っているほど珍しいものではない。行為に与しているモノの存在を明らかにするためには、モノを報告に入れる必要がある。他のエージェントに対して目に見える影響を及ぼさないのであれば、そのモノは観察者にいかなるデータも与えない。モノは黙ったままであり、もはやアクターではない。つまり、文字どおり、報告不可能《アンアカウンタブル》である。この状況は、グループ〔第一の不確定性〕とエージェンシー〔第二の不確定性〕の場合と同じであるけれども——試行がなければ、報告はなく、情報もない——、サミュエル・バトラーが示したように、モノは、無言になりつつその影響を伝えることにとても長けているので、モノを調査するほうが明らかに難しい。[94] レンガの壁は、いったん築かれれば一言も発しない——労働者のグループ

(93) このことは、ヴェーバーに見られる明確に非対称的なプログラムとは明らかに反する。「意味を含まぬというのは、生きていないとか人間でないとかいうことではない。機械を初めとする一切の製作物は、その製造や使用に人間の行為が——実にさまざまな目的のために——与えた意味、または、与えようとした意味を考えることで初めて理解が可能になる。その意味は、実にさまざまな目的との関係から生まれるものであろう。この意味へ遡らなかったら、そうしたモノは、まったく理解することができないであろう」——マックス・ヴェーバー（一九七二）『社会学の根本問題』一三頁。続いて、媒介子の概念とまったく相容れないかたちで手段と目的が定義される。

は話し続け、たとえ落書きが壁面に増えていくにしても。紙の調査票は、いったん回答されれば、凄腕の歴史学者に発掘されない限り、永遠にアーカイブに留め置かれ、人間の意図と結びつけられることはない。モノは、まさに人間と結びつくという性質ゆえに、媒介子の地位から中間項の地位へとたちまち変転し、どんなに中身が複合的であろうとも、一かゼロのどちらかでしかなくなる。したがって、〈モノが話をする〉ようにするために、つまり、モノに、自分自身の記述を生み出させ、他のもの――人間や非人間――にさせていることのスクリプトを生み出させるために、具体的な策を練らなければならない(95)。

ここでもやはり、この状況は、先に検討したグループやエージェンシーの場合と違いはない。先の場合には、人間に話をさせる必要があるからだ。そして、人間による行為と遂行的形成を明らかにするために、非常に精巧で多くの場合は作為的な状況を考え出さなければならないからだ(この点については第五の不確定性で詳しくみる)。しかし、それでも違いはある。人間の場合は、再び媒介子になると、その動きを止めるのが途端に難しくなる。人間の場合は、データが止めどなく流れ出てくる一方で、モノの場合は、どんなに重要であろうと、効率的であろうと、中心的であろうと、必要であろうと、得てして、すぐに背景に退き、データの流れを止めてしまう――そして、その重要性が高まるほど、早く姿を消してしまう。このことが意味するのは、モノが作用《アクト》するのを止めるということではなく、その作用の様態がもはや目にみえるかたちで普通の社会的な紐帯と結びつけられないということである。というのも、社会的な紐帯が頼りにしているのは、通常の社会的な力と違っているからこそ選ばれる力であるからだ。発話行為は、常に、他の発話行為と同等であり、互換的であり、連接し、連続しているように見える。書字行為も同様であるし、相互行為も同様である。他方で、モノは、束の間にのみ、相互につながることができ《アソーシャブル》、社会的な紐帯とつながることができるように見える。(96) 社会的な紐帯は、モノの有する種々雑多なエージェンシーを通して、まるで異なる姿形と形象をまとってきたのだから、束の間しかつなげられないのは至極当然である――当然ではあるが、手際を要する。

幸いにも、この束の間の可視性を十分に高め、優れた報告を生み出す機会に不足はない。ANTの研究者によるフィールドワークの多くは、そうした機会を引き起こすことに向けられてきたので、ここでは駆け足で済ませることができる。

第一の解法は、職人の作業場、技術者の設計室、科学者の実験室、マーケティング担当者の事前調査、ユーザーの自宅、そして、数々の社会技術に関する論争に見られるイノベーションを研究することである。こうした場では、モノは、会合、計画、見取り図、規則、試行を通して明らかに複合的で複雑な生を得ている。そこでは、モノは、もっと伝統的な他の社会的なエージェンシーとすっかり混ざり合っているように見える。モノは、あるべき場所に収まるときだけ、視界から姿を消す。それゆ

(94) サミュエル・バトラ『エレホン』(一九三五)。

(95) マドレーヌ・アクリッシュの 'The De-Scription of Technical Objects' (Akrich 1992)、'A Gazogene in Costa Rica' (Akrich 1993)、アクリッシュとの共著 'A Summary of a Convenient Vocabulary for the Semiotics of Human and Non-Human assemblies' (Akrich and Latour 1992)。

(96) いずれの印象の正しさも表面的なものにすぎない。人間の行為の進行は決して均質でないし、自動的に働くほど十分に組織化されたテクノロジーは決してない。ただし、両者の実際面での違いは、調査者の目には依然として残っている。

えに、イノベーションや論争の場では、モノが、すぐに不可視の非社会的な中間項になってしまうことなく、報告の対象となる分散的、可視的な媒介子として、他の場よりも長く維持されうるという点で、どこよりも恵まれた場の一つとなる。

第二に、どれほど日用的で、伝統的で、何も言われないものであろうとも、道具や器具は、隔たりがあるために扱い方がわからないユーザーがアプローチするときには、当たり前のものでなくなる――たとえば、考古学の場合に見られるような時間的な隔たり、民族学の場合に見られるような空間的な隔たり、技術習得の場合に見られるような技能の隔たりがある場合を考えてほしい。そうしたつながりはイノベーションそのものを明らかにしないまでも、少なくとも分析する者にとっては、イノベーションと同じ新奇な状況を生み出してくれる。つまり、見知らぬ道具、外来の道具、古めかしい道具、謎めいた道具が、いつものやり方に不意に入り込んでくるのだ。そうした新奇なものと出くわすなかで、モノは媒介子になり、少なくとも、ノウハウや習慣化、旧式化によって再び消え去るまでのしばらくのあいだ、媒介子になる。取扱説明書《ユーザーズ・マニュアル》を読み解こうとしたことがある人であれば、誰もが、皮肉にも「組立図《アセンブリ》」と呼ばれているものを読むのに、どれだけ時間がかかるのか――そして、骨が折れるのか――を知っているだろう[97]。

第三の種類の機会は、事故や故障やストライキによって生まれるものである。そこでは、まったく表に出てこなかった中間項が、突如として、一人前の媒介子になる。そして、ちょっと前には完全に自動的、自律的に見え、人間のエージェントがまったくいなかったモノですら、今や、重装備で死にもの狂いに動く大勢の人間に取り囲まれる。これまでに組み立てられたなかで最も複合的な人間の道具であったスペースシャトルのコロンビア号が、瞬く間に、テキサスに降り注ぐ破片の雨へと変わったのを目撃した者であれば、モノがいかに速く自らの存在様態を変転させるのかがわかるだろう。ANTにとっては幸いなことに、「リスクのある」モノが近年になって増えていることで、そうしたモノが他のアクターを駄目にしてしまうときにしていることを、聞いて、見て、感じる機会が増えてきた。(98) アスベストにせよ、遺伝子組み換え食品にせよ、伝染病にせよ、地震にせよ、ディーゼルエンジンの排ガスにせよ、公的な調査が至る所で行われており、社会学者の仕事をいっそう容易なものにしている。つまり、工学技術の配置によってあらゆる面に拡張した社会的な紐帯のありようを示す驚異的な地図製作法が確立されているのである。ここでもやはり、材料の不足によって研究が止まってしまうことはない。(99)

(97) ドナルド・A・ノーマンの『誰のためのデザイン?』(二〇一五)、『人を賢くする道具』(一九九六)、マドレーヌ・アクリッシュとドミニク・ボイエの *Le mode d'emploi* (Akrich and Bouiller 1991)、ガーフィンケルの *Ethnomethodology's Program* (Garfinkel 2002) の第六章を参照のこと。

(98) そうした「リスクのある」モノの増殖は、ウルリヒ・ベック『危険社会』(一九九八)の核をなしている。ベックはまったく異なる社会理論を用いているものの、ベックが新たなかたちのモノ性(ベックが「再帰的近代化」と呼ぶもの)に注目していることは、ベックの革新的な社会学を、とりわけその政治的関心、もっと言えば、「コスモポリティカルな」関心を通して、ANTと非常に近しく交わるものにしている。

(99) そうしたデータ源は、諸々の事故が増え、民主的な扱いを求める声が広がっているために、増えている。ミシェル・カロン、ピエール・ラスクーム、ヤニク・バルトの *Agir dans un monde incertain* (Callon, Lascoumes, Barthe 2001)、リチャード・ロジャースの *Information Politic on the Web* (Rogers 2005)、ボーンの *The Challenger Launch Decision* (Vaughan 1996) を参照のこと。

第四に、モノがすっかり後景に退いてしまったときには、アーカイブ、文書記録、回顧録、博物館の収蔵品などを用いて、モノに光を当て直すことができ、そして、歴史家の説明を通して、機械や装置や道具が生まれた重大局面をいつでも人工的に作り出すことができる――ただし、他の機会よりは難しい。(100) 個々の電球の後ろにいるエジソンを可視化できるし、あらゆるマイクロチップの後ろにいる巨大で特徴がよくわからないインテルを可視化できる。今日に至るまで、技術史は、社会史や文化史の物語られ方をいつだって覆してきたはずだ。(101) タンザニアのオルドヴァイ渓谷から発掘された最も粗雑で最も古い石器でさえ、古生物学者によって、「解剖学的現生人類」への進化を引き起こした他ならぬ媒介子に転じられている。(訳註47)

最後に、最終手段として、フィクションを頼みにすることで――仮想の歴史、思考実験、「サイエンティフィクション」〔SF〕を用いることによって――今日の堅固なモノを、流動的な状態にすることができ、人間との結びつきが少なくとも想像可能になる。ここでも、社会学者が芸術家から学ぶことは数多くある。(102)

どの解法が選ばれているにせよ、ANTの研究者によるフィールドワークが示してきたのは、モノが調査されていないのであれば、それは、データがないからではなく、むしろ意志が欠けているからであるということだ。共約可能性と共約不可能性のあいだの急転換という考え方の難しさを除けば、残る問題はすべて経験的な問題になる。つまり、もはや原理原則の問題ではないのだ。私たちは、ある種のヘラクレスの柱による越えることのできない境界線を捨て去った。それは、狭く限定された社会的な紐帯〔社会的なものの社会学者のいう社会的なものによる結びつき〕を超えて社会科学が手を伸ばすのを止めさせるものであった。したがって、今や、社会科学者は、古生物学者が「解剖学的現生人類」と呼ぶものと肩を並べることができる。解剖学的現生人類は、社会科学が指定する結びつきの限界を超えてすでに何万年にわたって暮らしてきたのである。

権力関係を忘却してきたのは誰なのか

ここでようやく、ＡＮＴが社会的なものの社会学にここまで困惑している理由を指摘することができる。社会的なものの社会学は、社会科学の中核をなす直観に忠実であることを自任しているが、非対称的な関係の起源を説明することに成功したためしがないのだ。「社会的」という語が意味して

---

(100) トーマス・P・ヒューズ『電力の歴史』(一九九六)との出会いは、ヒューズが技術による社会的編成という観点から説明するのを避けている点で重要であった。ヒューズはさらに、「切れ目のないウェブ」という表現を生み出している。ヒューズの 'The Seamless Web' (Hughes 1986) を参照のこと。

(101) この点で、ＡＮＴは、その社会理論が明示されるまで、技術史とのあいだに違いはない――ただし、本書で行っている社会学的な提示は、目の前の事例とはあまり関係ないので、多くの場合、社会理論による違いが、実質的な違いをもたらすことはない。

(102) フランシス・ポンジュの『物の味方』(一九七一)に始まり、ＳＦによって可能となる思考実験や、リチャード・パワーズによる科学論の小説家としての決定的な仕事、たとえば、『ガラテイア２・２』(パワーズ 二〇〇一)に至るまで多岐にわたる。

いたのは、ローカルな対面での相互作用であるか、同語反復的な力への呪術的な訴えであり、前者の場合には、非対称的な関係を説明するにはあまりに一時的であるし、後者の訴えの場合には、そうした力が積み込まなければならない数々のモノを記録する用意ができていない。

社会的説明が、明らかにすべきものを逆に覆い隠してしまうおそれがあるのは、あいも変わらず「モノがない」からだ。[103] 社会学者は、私たち皆と同じく、その日々の生活のなかで、過去数百万年に及ぶ霊長類とモノとの変わらぬ付き合い、切っても切れぬ関係、分かちがたい関係、熱い関係、深い愛着に対して驚きを常に感じているにしても、自分の研究となると、ほとんどの場合、モノのない社会的世界を考えてしまう。ANTによる報告の質を判断する際には、権力や支配が、中心的な役割が与えられた多数のモノによって説明され、経験的に目に見えるはずの移送装置で移送されているのかどうかを、あくまでチェックする必要がある――そして、権力や支配そのものを、謎めいた入れ物にして、その入れ物に、数多くの参与子を動かすものを入れて満足していてはならない。

社会的な結合が、非社会的なモノを織り込みながら進むときでも、その結合に目を向けることは、理論とは無関係の理由のために難しいかもしれない。社会科学者は、深いわけがあって、「自然の」領域から「象徴的な」領域を切り分ける境界を絶えず巡視する必要があった。つまりは、正当な――すなわち、不当な――論拠があったのだ。自分たちの小さな居場所を切り開くために、十九世紀初頭の社会科学者は、モノのことを科学者と技術者に任せた。わずかばかりの自治を求める唯一の道は、自分たちが断念した広大な領野を手放し、自分たちに割り当てられた縮み続ける小さな区画にあくまでもこだわることであった。つまりは、「意味」、「象徴」、「意図」、「言語」といった区画である。いわく、自転車が大きな石にぶつかるとき、社会的なものは何もない。しかし、自転車に乗る者が「停止」標識を守らないときには、社会的である。新しい電話機の配電盤が設置されるとき、社会的なものは何もない。しかし、電話機の色が議論されるときには、デザイナーが言うように、その種の選択には「人間的な側面《ヒューマン・ディメンジョン》」があるので、社会的になる。ハンマーが釘をたたくとき、社会的なものは何もない。しかし、ハンマーの像が鎌の像と交わると、「象徴秩序」に入るので、(訳註48)社会的領域に移行する。このように、あらゆるモノが二手に分かれ、科学者と技術者は、その最も大きな部分――効果、因果、物質面でのつながり――を受け持ち、その残りくずが「社会的」次元ないし「人間的」側面の専門家に残される。したがって、ANTの研究者が社会的関係に及ぶ「モノの力」に言及することは、社会的なものの社会学者にしてみれば、自らの独立――言うまでもなく、助成金もそうだ――に対する、そして、自らがもはや自由に横断することが許されていない領域に対する「もっと科学的な」他の学問分野の威力を、苦々しく思い起こさせることであった。

しかし、学問分野間の論戦から優れた概念が生まれることはなく、何であれ利用可能な瓦礫によってバリケードが作られるだけである。どんな事態も、物質的な構成要素とそれに付け足される社会的

(103) たとえモノがジンメル、エリアス、マルクスの作品で数多く出てくるとしても、そうしたモノの存在は社会的なものを積み込むのに十分ではない。その登場の仕方こそが、分かれ目をなしているのである。それゆえに、エージェンシーに関する不確定性に第四の不確定性を加える必要があるし（次章を参照のこと）、政治を定義し直す必要がある（結章を参照のこと）。唯物論に対する技術論の影響を示す非常に有用な事例集として、ドナルド・マッケンジーとジュディ・ワイスマンの *The Social Shaping of Technology* (MacKenzie and Wajcman 1999) を参照のこと。

な構成要素に分割されるならば、確かなことがひとつある。つまり、この分割は、学問分野間の争論によって課された作為的な分割であって、決して経験的に求められたものではないことだ。要するに、ほとんどのデータが消え去ってしまい、集合的な行為の進行が最後まで追われなかったということである。「物質的でもあり社会的でもある」というのは、モノの存在のありようではない。それは、モノが作為的に切り分けられ、モノ特有のエージェンシーをまったく謎めいたままにしておくやり方にすぎない。

公平に言えば、社会科学者だけが、手に入る数々の形而上学のうちのひとつに固執して、論戦を起こしていたのではない。他のハードサイエンスの分野における「敬愛する同僚」もまた、あらゆる物質的なモノには「ひとつの作用の仕方」しかなく、そして、それは、他の物質的なモノの動きを「因果的に規定する」ことであると主張しようとしていた。次章で見るように、社会的なものには、物質の因果力を忠実に「移送する」中間項以上の役割を与えようとしていなかった。社会的領域にそうした不名誉な役割が与えられるならば、私たちの側では、過剰に反応して、物質を単なる中間項――つまりは、社会のエージェンシーを忠実に「移送」ないし「反映」している中間項――に変えてしまおうとする誘惑が大きくなる。そうした学問分野間の論戦に決まって見られるように、愚かさが愚かさを呼ぶ。「技術決定論」に陥るおそれを避けるために、「社会決定論」を断固として擁護する気にさせられる。今度は、この社会決定論が極端になると（たとえば、蒸気機関は「英国の資本主義」の「単なる反映」であるといったように）、いかに寛容な技術者であっても、強烈な技術決定論者になり、テーブルをドンと叩いて、「物質的制約の影響力」について大きな声を上げることになる。そうした振る舞いによって、穏健な社会学者でさえも、さらにいっそう熱を帯びて、何かしらの「言説の次元」の重要性を主張することになる。(104)

以上の論戦が不毛なのは、いずれかの立場を選ぶということが現実にはありえないからだ。私たちの行為の進行に与する何百万もの参与子が、以下の三つ——三つしかない——の存在の様態を通して社会的な紐帯に加わるしかないというのであれば、到底信じられない。つまり、マルクス流の唯物論に見られるように社会諸関係を「規定」する「物質的下部構造」として加わるか、ピエール・ブルデューの批判社会学に見られるように社会的な区別立て《ディスタンクシオン》を「反映」しているだけの「鏡」として加わるか、アーヴィング・ゴフマンの相互作用論的な説明に見られるように人間の社会的アクターが主要な役を演じる舞台の背景として加わるか、の三つである。当然、こうしたかたちで集合体にモノを参入させることはどれも間違っていないが、しかし、こうしたやり方は、集合体を作り上げる紐帯の束を粗くパッケージ化しているにすぎない。いずれのやり方も、人間と非人間の数々の絡み合いを記述するには不十分なのだ。

「物質文化」について語っても、役に立つことはあまりない。というのも、この場合には、ひとつ

(104) この主導権争いの実例と、その争いを静める方法について、フィリップ・デスコラとギスリ・パルソンの *Nature and Society* (Descola and Palsson 1996) を参照のこと。また、ティム・インゴルドの『ラインズ』(二〇一四) とともに、ヴィーベ・バイケルとジョン・ローの *Shaping Technology / Building Society* (Bijker and Law 1992)、ヴィーベ・E・バイケル、トーマス・T・ヒューズ、トレヴァー・ピンチの *The Social Construction of Technological Systems* (Bijker, Hughes, Pinch 1987)、バイケルの *Of Bicyles, Bakelites, and Bulbs* (Bijker 1995) などバイケルの一連の著作を中心とした初期段階の議論も参照のこと。

の均質な層を形成するようにモノ同士が結びつけられることになるだけであり、そうした布置構成は、社会的な紐帯だけで人間同士が結合した布置構成よりもはるかにありえないものであるからだ。いずれにせよ、モノが、ひとつに組み合わされて、何らかの他の領域を形成することは決してなく、仮にそうなったところで、そうしたモノに強いも弱いもないだろう――社会的価値を「反映」するにとどまるか、うわべだけのものにとどまるだろう。モノの作用は間違いなくもっと多様であり、その影響はもっと遍在しており、その効果はもっとあいまいであり、その影響力は先に見た限定的なレパートリーよりもはるかに広がりがある。このモノの多様性を最もよく証明してくれるものは、先に触れた社会学者たちが著したテクスト〔文章〕のなかでモノが実際になしていることをつぶさに観察することで得られる。テクストのなかでは、その社会学者自身の物質哲学によってモノに与えられているかたち以外のかたちでモノによる作用がさまざまに展開している。テクスト上の存在であるにもかかわらず、モノはその作者の設定した枠を乗り越え、中間項が媒介子になる。[105] しかし、このことを教訓にするには、まずもって、研究のフィールドを広げて、人間の行為と非人間の作用を切り分けることをやめるべきであり、もし、この区分けが、物質と区別されるデカルトの精神（広がりのあるもの《レス・エクステンサ》と区別される思惟するもの《レス・コギタンス》）さながらに、科学的、道徳的、神学的な美点の証左としてあくまで維持されるならば、研究のフィールドが切り開かれることはありえない――ただし、あのデカルトでさえ、社会的なものの社会学者が切り離している松果腺〔松果体〕という小さな導管の役割を開いたものにしていた。

しかし、社会的なものの社会学においては、さらに大きな理由があるために、モノに役割を与えることがあくまで否定される。つまり、モノに役割を与えると、権力関係や社会的不平等に訴えることの実際的な意義が何もなくなってしまうからである。社会的説明をためらいなく用いる社会学者は、そうした実際の手段を脇に置き、さまざまな手段の一切を社会的慣性という力なき力と合成することで、社会的不平等の本当の原因を覆い隠している。しかし、実際の手段は媒介子であり、そうした手段を通して慣性、持続性、非対称性、拡張、支配が生み出されるのである。原因と結果を混同することが大きな問題になる場合があるならば、その時こそ、目をくらませる支配の効力が説明されるべき時である。もちろん、「社会的支配」に訴えることは短縮表現としては有用であろうが、しかし、そうした訴えは、権力を説明する代わりに、権力を使うことへの誘惑を強く引き起こす。このことは、まさに「社会的説明」を行うほとんどの者に見られる問題である。つまり、強力な説明（*powerful explanation*）を追い求めるなかで、社会的説明を行う者の権力欲こそが引き起こされるのではないか。ことわざにもあるように、絶対的な権力は確実に腐敗するのであれば、実に多くの批判理論家による権力概念の濫用が当の理論家たちを確実に腐敗させてきた――あるいは、少なくとも、そうした理論家の学問分野を無用なものにして、その政治的な力を無化してきた。モリエールが嘲笑の的にした「アヘンの催眠作用」のように、[訳註49]「権力」は、分析者を眠らせるだけでなく（このことは大して重要ではない）、

（105）決定的な例が『資本論』に見られる物神崇拝である。このテクスト上の物神は、マルクスのテクストのなかで、マルクス自身が物神に割り当てている限定的な力よりもはるかに大きな力を有している。ウィリアム・ピーツの 'The Problem of the Fetish, I' (Pietz 1985)、'Fetishism and Materialism' (Pietz 1993) を参照のこと。

アクターをも麻痺させようとする——それは政治的な犯罪だ。この合理主義的、近代主義的、実証主義的な科学は、そのふところで最古の幻術による幽霊を育てている。つまりは、自己生成し自己説明する社会である。権力を生み出すために用いられる可視的で変更可能な手段の代わりに、社会学（とりわけ批判社会学）は、往々にして、不可視で不動で自存する均一の権力世界を用いてきた。(106) 社会学においても、強力《パワフル》な説明は、反対側からチェックされ、バランスが保たれるべきである。

したがって、「権力関係」と「社会的不平等」を無視しているという非難は、社会的なものの社会学者にこそ向けられるべきだ。連関の社会学者が、由緒正しい社会科学の直観——権力は不均等に分布している——を受け継ぎたいと願うならば、支配がいかにしてそこまで強く及ぶようになり、どんな思いもよらぬ手段を通して、その力を移送してきたのかを説明しなければならない。連関の社会学者にとっては、当然のことながら、この説明が、権力や支配と戦うことを可能にする唯一の方法である。しかし、そうするためには、第四の不確定性を受け入れ、第四の収拾のつかない事態を引き起こさなければならない——今度は、パンドラの箱を開くことになる。

(106) この教訓が容易に忘れられるものであることは、大西洋対岸におけるミシェル・フーコーの運命に劇的に示されている。権力を構成するとても小さな要素を分析することに対してフーコー以上にこだわる者はおらず、フーコー以上に社会的説明に批判的な者もいなかった。しかし、フーコーが翻訳されるやいなや、フーコーは、無害な活動を含むありとあらゆる活動——狂気、博物学、性、管理など——の背後にある権力関係を「明らかにした」者になってしまった。このことからも、社会的説明の概念に対してどれだけのエネルギーをかけて戦うべきであるのかがわかる。フーコーという天才でさえ、そうした全面的転倒を防ぐことができなかったのだ。

第四の不確定性の発生源――〈厳然たる事実〉対〈議論を呼ぶ事実〉

グループではなく、絶え間ないグループ形成に目を向けるべきである。アクターではなく、エージェンシーに目を向けるべきであるが、その起源と強さはほとんど把握できない。対面的な相互作用ではなく、あらゆる種類のモノによる媒介の連鎖に目を向けるべきであるが、そうしたモノは、可視的な存在から不可視の存在へと急転してしまう。以上の三つの不確定性の発生源を手がかりにして、流動的な社会的なものを、その絶えず移り変わる一時的な姿形を通して追跡しなければならない。これまでのところ、私たちの核をなす仮説は、社会的という語を伝統的な意味で定義する人びとにも受け入れられるだろう。確かに、この仮説を立てることによって、しなければならないことはさらに増える。具体的には、アクターとエージェンシーのリストを長くしなければならず、諸々の実践的な形而上学をめぐる対立を深くまで探らなければならず、社会的「次元」と技術的「次元」という人為的な区分を捨て去らなければならず、今までほとんど足を踏み入れてこなかった分野を探索しなければならず、絶対的な出発点よりも不確定性の発生源のほうが有益であり最終的には安定性も高くなると考えなければならない。そして、メタ言語や社会理論、反省性を、アクター自身と惜しみなく分け合わねばならないという前代未聞の考えに慣れなければならない。アクターは、もはや単なる「インフォーマント」としての役割から解き放たれている。しかし、これまでのところ、そうした新たな出発点から始められる旅は、決して平坦な道のりではないとはいえ、科学観そのものの根本的な転換を迫るものではなかった。とすれば、結局のところ、たとえ、予想以上に高い代償を払い、思いもよらなかった場を訪れ、さらなる相対性を受け入れ、当初必要に見えたよりも多くの相矛盾した哲学を展開させることになろうとも、社会学が科学であることに変わりはないだろう。全体としてみれば、論争を糧にするために社会というエーテルを捨て去ることは、大した犠牲を払うことのように見えない。最初はどれだけ驚かされようとも、新たな思考の習慣がすぐにできあがるだろう。

しかし、残念なことに、私たちが取り組まなければならない難題は、以上の三つにとどまらない。第四の不確定性の発生源を受け入れる必要があり、そうすることで、私たちは、連関の社会学の最難所かつその発祥の地にたどりつくことになる。つまりは、科学社会学ないし「科学論」である。科学論（サイエンス・スタディーズ）は、ギリシア語の「科学認識論《エピステモロジー》」の平凡ではあるが手頃な英訳語である。[107] ここまで社会学という語の「社会」について疑問に付してきたので、今度は「学」についても疑う必要がある。このふたつの見直しを終えたところで、ようやく、社会学という語を、再び肯定的に、それほどためらわずに用いられるようになるだろう。しかし、そこでは、おびただしい数の問題が生まれるために、すべての旅が止まってしまいかねない。したがって、私たちは十分に慎重になって、このもつれから抜け出すための準備をＡＮＴの訪客たちにしてもらわなければならない。私たちは、移動の自由を手にするために、今一度、さらに歩く速さを下げる方法を学ぶ必要がある。

構築主義 対 社会構築主義

ANTは、不用意に始まった実験の物語であり、その不用意さのために、自らの誤りを正し、その正確な意味を取り戻すまでに、四半世紀の歳月を費やすことになった。ANTの始まりは実にまずく、不幸にも「科学的事実の社会的構築」という表現を用いていた。この「社会的」という語が大きな誤解を招いてきたわけだが、その理由は、今やはっきりしている。誤解した者たちは、「社会的」という語の二つのまったく異なる意味を混ぜ込んでいたのだ。つまり、ひとつは一種の材料であり、ひとつは非社会的な複数の事物をひとつに組み合わせる動きである。しかし、「構築」という語の導入が、さらに大きな混乱を引き起こしてきた。なぜか。この問題を説明するにあたって、まずは、科学論という小さな下位分野を私がことさら重視しているわけを明らかにしておきたい。すなわち、科学論は、「科学的事実の社会的構築」という不用意な表現を作り上げているすべての語の意味を一新したのである――つまり、事実とは何なのか、科学とは何なのか、構築とは何なのか、そして、社会的とは何なのか。かくも無鉄砲に行われた実験にしては上出来だ！

(107) 社会理論に対する科学論の影響を際立ったかたちで示しているのが、科学論がハラウェイに及ぼした影響である。ダナ・J・ハラウェイの『猿と女とサイボーグ』（二〇〇〇）を参照のこと。エジンバラ学派による早い段階での説明に対するアンディ・ピカリングの批判 *The Mangle of Practice* (Pickering 1995)、科学におけるエージェンシーの役割に対するカリン・ノール＝セティナの規定 *Epistemic Cultures* (Knorr-Cetina 1999) も参照のこと。以上の論者は、皆、同じ転回をしなければならなかった。

通常の英語では、何かが構築《コンストラクト》されるということが意味するのは、それがどこからともなく現れた謎めいたものであるということではなく、構築されるものよりも非常に小さいが、はっきりと目に見えて、いっそう興味を引く由来があるということである。たいていの場合、構築の現場を訪れることの大きな利点は、その現場が、人間と非人間の結びつきを直接目にするうえで理想的な地点であることにある。現場を訪れた者がぬかるみのなかに足を深くつっこみさえすれば、最も根本的な形態変容を見せる際にありとあらゆる参与子が懸命に働いている光景が難なく目に入ってくる。(108) このことは、科学だけでなく、他のあらゆる構築の現場に当てはまる。一番よくわかるのは、構築のメタファーの出所である建設現場であり、つまりは、建築家やコンクリート業者、都市計画担当者、不動産仲介人、施主によって作られる家屋や建物である。(109) 同じことは、芸術の営みについてもいえる。(110) どんなもの——映画、摩天楼、事実、政治集会、通過儀礼、高級婦人服、料理——の「作成《メイキング》」も、表向きとは十分に違った光景を見せてくれる。舞台裏に導いてくれて、現場の専門家《プラクティショナー》のスキルやこつを見せてくれるだけでなく、どんな既存の存在であっても、時間の次元を加えることで、それまで存在しなかった物事が生まれるとはどういうことなのかを垣間見せてくれる類い稀な場ともなる。さらに重要なのは、次のような構築の現場に導かれるときである。つまり、物事が違った展開を見せるかもしれない、あるいは、少なくとも、まだ失敗する可能性があるという、心を騒がせるような経験や心が躍るような経験がなされる現場である——最終的にできあがったものに接するときには、それがどんなに美しかったり印象的であったりしても、そこまで深い感情を抱くことはない。

したがって、何かがある／建っている（*stand*）とはどういうことなのかということについてもっと現実的《リアリスティック》な見方を記述するために、当初、「構築」の語はうってつけであるように見えた。しかも、それどころか、どんな分野であれ、「何かが構築されている」と言うことには、常に、その頑強さ、質の良さ、スタイル、持続性、価値などに対する評価が伴っていた。したがって、摩天楼、原発、彫像、自動車などが「構築されている」とわざわざ言う者はいないだろう。わかりきったことなので、指摘されるまでもないのだ。むしろ、本当の問題は、次の問題だ。どれくらいうまくデザインされているのか？ どれくらい堅固に構築されているのか？ どれくらいの持続性や信頼性があるのか？ そして、どれくらいのコストが材料にかかっているのか？ 技術、工学、建築、芸術などあらゆるところで、構築されたものは、実在するものの同義語である。そして、構築をめぐる問題は、すぐさま本当に興味を引く問題——つまり、上手く構築されたのか、下手に構築されたのかという問題——に変わるのである。

当初、私たち科学社会学者にとって明らかなことに見えたのは、通常の構築主義の考えを難なく適用できる構築の現場が存在するとすれば、それは、実験室や研究所、そして、そこに並ぶ高額の科学

(108) このことは、マルクスの決定的な慧眼であるのはもちろんのこと、今日においてもなお、歴史化の決定的に重要な長所である〔歴史化とは、対象の絶対性を批判し、その歴史性を明らかにして、変化可能なものとして表現することを意味する〕。

(109) トレーシー・キダーの*House*（Kidder 1985）と、レム・コールハウスとブルース・マウの『S, M, L, XL+』（二〇一五）に見られる二つの例は、まったく異なるものだが、等しく注目に値する。「構築する者《コンストラクター》」による作品を先に読むことなく「構築《コンストラクト》」という語を用いるべきでない。

(110) アルベナ・ヤネヴァの 'L'affluence des objets'（Yaneva 2001）、'When a Bus Meet a Museum'（Yaneva 2003）を参照のこと。

計器に違いないことであった。芸術や建築や工学よりもはるかに適しているのが科学であり、科学は、徹底した人工性／人為性／作為性（*artificiality*）と徹底した客観性が並進する先端的な例であった。実験室や粒子加速器、望遠鏡、国民統計、衛星群、巨大コンピュータ、検体標本といったものが、建物やコンピューター・チップ、機関車などの場合と同じようにその来歴を記録できる人工的な場であることに疑いの余地などなかった。けれども、そうしたコストのかかる人工的な場から生まれるものが、これまでの人間の集合的な創意によって得られたもののなかで最も信頼できる折り紙付きの客観的な成果であることに対する疑いもみじんもなかった。だからこそ、私たちは、かなりの熱意を込めて「事実の構築」という表現を使って、人工性と実在性が足並みそろえて進むという特筆すべき現象を記述しようとしたのである。さらに、科学もまた構築されると考えることは、他のすべての「制作過程」の場合と同じように気分を高揚させるものであった。私たちは舞台裏に行き、現場の専門家のスキルについて学び、イノベーションが生まれるのを目にして、それがどれほど失敗と隣り合わせなのかを実感し、人間の活動と人間以外の存在が絡み合っているのを目の当たりにした。私たちの仲間である科学史の研究者が撮影した素晴らしい写真や映像を見ることで、夢のようなスペクタクルの各場面に居合わせることができた。つまり、真実というものは、結果がどうなるかわからず息をのむようなエピソードのなかで徐々に生み出されているのだ。はらはらさせる緊張感という点でいえば、科学史は、ハリウッドが考え出すどんな脚本にも勝っていた。私たちにとっての科学は、単に客観的なものにとどまることなく、興味を引くものになったのであり、その点では、失敗と隣り合わせの科学の生産に携わる現場の専門家との違いがなくなったのである。(11)

残念ながら、この当初の興奮は瞬く間に冷めてしまった。私たちを除く社会科学の研究者と自然科学の研究者にとって、構築という語は、それまで常識で考えられていたこととはまったく異なることを意味していることがわかったのだ。つまり、何かが「構築された」ということは、それが真実でないことを意味していたのである。そして、そうした研究者たちは、次のような常識外れの選択をせよという奇妙な考え方をしているようであった。つまり、実在しており構築されていないか、さもなければ、構築された人工的なものであり、仕組まれ発明されたものであり、作り上げられた偽物であるか、のどちらかを選択しなければならないという考え方だ。この考え方は、「うまく建築された」家、「うまく設計された」ソフトウェア、「うまく彫られた」彫像について人びとが話すときにその頭の中にある確固たる意味と一致していないのはもちろん、私たちが実験室で目撃していたあらゆることにも反していた。仕組まれたものであることと客観的であることは、切り離せないのではないか。事実制作の継ぎ目なき物語を二本の枝に分け始めれば、どんな科学の誕生も絶対に理解できなくなってしまう。事実は事実である——つまりは、正確な事実である——のは、その事実が作り上げられたからである——つまり、事実は人工的な状況から立ち現れたということだ。私たちが研究した科学者たちは、一人残らず、構築の質とデータの質との結びつきを誇りにしていた。実のところ、その結びつき

(111) 科学史における「反ホイッグ的」反応を経ることなく、現場の専門家の知識欲を共有することは不可能であった。できあがった成果を前にした非専門家には、「真実なのだから知っておくべきだ」という教育的指図以外に科学に興味を持たせてくれる道はなかったのである。

の強さが、科学者であることの主たる証であった。科学認識論者《エピステモロジスト》はこのことを忘れていたのかもしれないが、その語源的説明[訳註50]が皆に思い出させてくれた。[112] 私たちは、もっと興味を引く問いに答えるつもりでいた。つまり、所与の科学の事実は、上手く構築されているのか、下手に構築されているのか、という問いである。「どちらかに決めよ！ 事実は実在するのか、作り上げられるのか、どちらだ！」という、この上なく馬鹿げた二者択一のあいだで揺れ動くことでは決してなかった。

けれども、やっとのことで明らかになったのは、構築という語を使い続けようとするならば、二つの戦線で戦わなければならないことであった。つまり、一方で、科学認識論者と戦い、他方で、私たちの「敬愛する同僚」と戦わなければならなかった。前者は、事実は「もちろん」構築されないと主張し続けていたし――構築されるというのは、赤子はその母親の子宮から生まれないと言うのに等しい――、後者は、事実が構築されるならば、事実は、物神《フェティッシュ》――あるいは、少なくとも、物神崇拝者が「信じている」と後者の同僚が信じているもの――と同じぐらい脆弱であると言おうとしているように見えた。[訳註51] その点で、「構築」という語を捨て去ったほうが無難であったかもしれない――とりわけ「社会的」という語もまた、雄牛の前に立つ闘牛士のマントと同じように読者を確実に怒らせるという欠点を抱えていたからだ。他方で、「構築」という語は、先に述べたすべての理由によってやはり優れた語であった。とくに有用なのは、この語を用いることで、人間と非人間がひとつに融合する場面にはっきりと焦点が当たることであった。私たちが創り上げていた新たな社会理論の眼目は、社会的アクターの定義と事実の定義をともに書き換えることにあったので、この二つの形態変容が重なって起きている途方もない構築の現場を見逃さないことが、やはり決定的に重要であった。したがって、私たちが相対主義に対して行ったことを構築主義に対して行うほうが適切であると考えた。つまり、侮蔑するかのように私たちに投げつけられた両方の語は、名誉に値する伝統を有していたので、輝ける旗として再生しないわけにはいかなかったのである。いずれにせよ、私たちを相対主義者であると批判した者たちは、その反対が絶対主義になることにまったく気づいていなかった(113)。そして、私たちを構築主義者であると批判した者たちは、その言葉に少しでも意味があるならば、その反対の立場が基礎づけ主義であるのを見たかったわけではあるまい(114)。

その一方で、このさんざん悪く言われた構築という語に、揺るぎない意味を取り戻すのはたやすいように見えた。つまり、社会的という語について、これまでの各章で確認してきた新たな定義を用いるだけでよかったように見えたのである。社会主義共和国やイスラム共和国が共和国の対極をなしているのと同じように、「社会的《ソーシャル》」という形容詞が「構築主義」に加わることで、後者の意味はすっかり歪んでしまう。言い換えれば、「構築主義」を「社会《ソーシャル》構築主義」(訳註52)と混同してはならない。私たちが「ある事実が構築される」と言うときには、さまざまな事物を動員することで、堅固で客観的な

(112) フランスの科学認識論者であるガストン・バシュラールは、「事実」の語に二通りの意味を読み取る語源的説明をたびたび強調した。英語で紹介したものとして、メアリー・タイルズとロバート・B・ピピンの *Bachelard* (Tiles and Pippin 1984) を参照のこと。

(113) デイヴィッド・ブルア『数学の社会学』(一九八五)。

(114) 拙稿 'The Promises of Constructivism' (Latour 2003a)。ここでは、イアン・ハッキングの明解な著作『何が社会的に構成されるのか』(二〇〇六)に従っている。

実在性《リアリティ》が報告されることを示しているにすぎない。そして、そうした事物の組み合わせはいつもうまくいくわけではない。他方で、「社会構築主義」は、この実在性を構成しているものを何らかの他の素材、つまり、社会的なものに置き換えることを意味している。実在性は、「実のところ《リアリー》」社会的な素材で築かれるというわけだ。ある構築物の異種混淆した起源に関する報告が、構築物を作り上げる均質な社会的素材を論じるものに置き換えられてしまう。しかし、社会的という語が再びつながりを意味するようになれば、社会的な素材でできている構築物という考え方は消えてしまう。構築主義を立て直すためには、このことがわかれば十分である。どんな構築が行われるにしても、非人間の存在が大きな役割を果たす必要があり、このことこそ、私たちが当初から、社会的構築という他愛のない語で言いたかったことなのである。

しかし、この救助活動だけでは明らかに不十分であった。他の社会科学のあいだでは構築という同じ語についてまったく異なる観念が共有されているようであったからだ。どうしてそんなことになってしまったのだろうか。私たちにとって、構築という語が一種類の材料だけへの還元を意味することなど決してなかったので、私たちが事実を「単なる構築」に還元しているという非難に対する抗体を形成するのに、かなりの時間がかかってしまった。これが私たちの過ちであった。「社会的構築」の語を用いることで、何らかの物事の状態の制作に加わる種々雑多な数々の実在に改めて着目することが求められるということは、私たちにとって自明であったので、私たちとつながっているように見えていた荒唐無稽な理論に適切に対応するまでに何年もかかってしまった。(115) 私たちにとって、構築主義は実在論の増進と同義であるにもかかわらず、社会的批判を専門とする私たちの同僚からは、ついに

「科学さえもでたらめである」ことを示したとして讃えられていたのだ！　私たちの「一番の味方《ベスト・フレンド》」の手にかかると、社会的構築という表現は、科学的事実の堅牢性とそれが真実であるという主張に対するある種の意趣返しを意味するように見えてしまう危険がある――このことを認識するまでに長い時がかかった。この一番の味方は、宗教、芸術、法、文化など自分たち以外の人たちが信じているあらゆるものに対して自分たちが誇らしげに行ってきたことと同じことを、私たちが科学に対して行っていると言わんばかりであった。つまりは、宗教にせよ、科学にせよ、そうしたものが作り上げられたものであることを示して、灰燼にしてしまうということだ。批判社会学の訓練を受けたことのない者にとって、自分の報告している事象が実在しないことを証明するものとして、自らの学問分野の因果的説明を用いることがあるとは想像し難かったし、構築の人為性を実在性の欠落と結びつけることについてはなおさらであった。知らず知らずのうちに、構築主義はその反対にあるもの、つまり、脱構築の同義語になってしまっていた。媒介子を尊重することは、最も陳腐な聖像破壊になってしまっていた。

「科学的事実の社会的構築」を明らかにすることに対する私たちの興奮に対して、アクター自身から憤怒と激怒で応じられてきたのも無理はない！　物理学者にとって、ブラックホールをめぐる複

(115) フランスの伝統において、構築主義者と合理主義者は同義なので、フランス人にとってはとりわけ難しかった。「構築」の語が科学の実在性に対する何かしらの疑念と結びついているということが、私たちの「デュエム的」(ピエール・デュエム『物理理論の目的と構造』(一九九一) を参照のこと)、バシュラール的、カンギレム的な心に浮かぶまでには、非常に長い時を要した。ジョルジュ・カンギレムの『生命科学の歴史』(二〇〇六) を参照のこと。

雑な論争に決着を付けることと、その代わりに「物理学者のあいだの権力闘争」が示されることとは、まったく別のことである。宗教の指導者にとって、祈りの言葉を神に捧げることと、「教団の私物化」のためだけに祈っていると言われることは、かけ離れたことである。法律家にとって、憲法に従うことと、法を盾に取る強力な圧力団体に屈することは、同じでない。高級婦人服の裁縫師にとって、つやのある厚いビロードを裁断することと、「社会的な区別立て《ディスタンクシオン》」を可視化することは、同じでない。カルトの支持者にとって、神性をもつ存在と結ばれることと、木でできた物神をあがめていると言われることは、同じでない。他の素材を社会的なもので置き換えることは、あらゆるアクターにとって断固として拒否すべき壊滅的惨事であるように見える——そして、実際にそのとおりである！しかし、社会的という語を、ある素材を別の素材で置き換えるために用いるのではなく、その代わりに、何らかの物事の状態を堅固かつ持続的にしてきた連関を示すために用いるならば、最後には、もうひとつの社会理論の足音が聞こえてくるだろう。

　問題は、「構築」という同じ名の下で、社会科学の基本的なプログラムにどうしてこんな分断ができてしまうのかにあった。次第に、何かひどい欠陥が、標準的な科学哲学にあるだけでなく、科学以外の領域を説明するのに用いられる標準的な社会理論にもあることを受け入れざるを得なくなってきた。したがって、ＡＮＴの研究者は、一見、批判的にすぎる——厳然たる事実「さえも」攻撃しており、「自然」の存在や「外部の実在性」を信じていないとして非難された——ように見えたのであり、あるいは、ナイーブにすぎる——批判精神に欠けており、「外在」している「実在物」のエージェンシーを信じている——ように見えたのである[116]。実際のところ、ＡＮＴが行おうとしていたのは、

〈自然〉を用いることと〈社会〉を用いることを同時に放棄することで——いずれも社会的な事象の「背後で」「本当に起きている」ことを明らかにするために考え出されたものである——、すべての批判のレパートリーを改めることであり、それ以上でもそれ以下でもなかった。しかし、そうするためには、私たちが、自然科学の成果を社会学的に説明しようとするときに、当初は知らず知らずに行った実験を一から解釈し直すことが必要であった。結局のところ、これから見るように、この闘牛のまっただ中で、赤い旗を振ることは、それほど愚かなことではなかった。最後には野獣を手なずけられるかもしれないからだ。

科学社会学の幸いなる難破

まずは、私たちのそもそもの下位分野〔科学論〕に馴染みのない人びとがよく冒す間違いについて片を付けさせてほしい——そして、残念ながら、その間違いは、この業界の大半に当てはまる。科学論という分野は、しばしば、社会的なものの社会学という通常社会学を新たな対象、つまり科学の活動

(116) 第一の批判は「サイエンス・ウォーズ」のあいだになされ、第二の批判はコリンズとイアリーの 'Epistemological Chicken' (Collins and Yearley 1992)、サイモン・シャッファーの 'The Eighteenth Brumaire of Bruno Latour' (Shaffer 1991a)、スティーヴ・ウールガーの 'The Turn to Technology in Social Studies of Science' (Woolger 1991) に見ることができる。

にそのまま拡張したものとして紹介される。つまり、宗教、階級闘争、政治、法、大衆文化、薬物中毒、アーバニズム、企業文化などを調査した社会科学者が、現代社会の特質をなす科学技術を前に立ち止まる理由はないというわけである。この見方によると、実験室や研究所は、他の分野で用いられて「とてもうまくいった」通常の社会的方法論の諸要素を用いて取り組まれる次なる細目にすぎなかった。これが大半に行き渡っている見解であった——何年も前から私たちとともに研究を始めている「科学的知識の社会学者」（SSK）、あるいは、もっと漠然と「科学技術論者」（S&TS）と呼ばれる研究仲間のあいだでも同様であった。[117]

科学論の入門を書かなければならないのであれば、私は、喜んでそうした旗を前に掲げたい。[118] しかし、ANTを定義づけようとしている本書では、ANTが、いかにして、科学に対してだけでなく社会理論に対しても正反対の結論を出すことで、科学社会学から抜け出たのかを示す必要がある。ANTは、自らの方法論を科学の営みに広げ、次には残りの社会に広げることに成功した社会科学の一部門ではない。科学の厳然たる事実に対して社会的説明を行おうとして、すっかりくじけてしまった者たちからなる一部門（というよりは一小派）である。ANTの研究者を定義するならば、そのほとんどは、三十年あまりの科学社会学の歴史を経て、その最愛の仲間たちとはまったく異なる結論を出してきた者である。社会理論は科学に対してもうまくいくというのが科学社会学者たちの判断であったのに対して、私たちが下した結論は、鳥の目であれ虫の目であれ、社会理論は科学に関して根本的に失敗してきたのであって、他の分野に関しても同じように常に失敗していたとみなしても問題ないというものだ。社会的説明を科学に「広げる」ことはできず、したがって、他のどこにも広げることはできない。社会学が何らかの科学の地位を得ることを目指すならば――私たちもこの目標には同意する――、臆することなく、この行く手を阻むものに向き合わなければならない。

この主張が空虚な奇論でないことを示すために、私たちがなぜ友人たちの立場を捨てなければならなかったのか――もちろん、緊密な協力関係や交友関係を捨てることなく！――を説明しなければならない。実際のところ、科学社会学の展開からは、以下の四つの結論が引き出されてきた――私はあえて第五の立場を無視しているが、その立場は本当に存在するのか疑わしい。つまり、第五の立場は、科学が「他のすべての社会的な虚構と同様の社会的な虚構」であると結論するものであろうが、そうした立場は、社会科学を緻密に練り上げることへの関心をすっかり失ったものであり、いずれにせよ、虚構についてのいろはを理解していないものである。(119)

(117) 私はこれらのラベルを用いたことがない。その理由は、解体しなければならないさまざまな領域が、まさに、こうしたラベルによって存在し続けることになるからである。ただし、ANTが科学技術社会論(STS)に属すると言うことには何のためらいも感じない。

(118) 科学論の入門書はいくつかある。マリオ・ビアジョリの *The Science Studies Reader* (Biagioli 1999)、マッシミアーノ・ブッキの *Science in Society* (Bucchi 2004)、ドミニク・ヴィンクの *La sociologie des sciences* (Vinck 1995) を参照のこと。

(119) この立場に対する非難をたびたび目にするが、実際にこう主張した者の本を私が見たことはない。それにもかかわらず、この存在しない立場に対する論駁は、家内工業のように誰にでも簡単に手が出せるものになった(ノレッタ・カージによるぴったりのタイトルを冠した著書 *A House Built on Sand* (Koertge 1998) を参照のこと)。例によって、何でもありという相対主義と相対性とを混同することの代償は大きい。ドゥルーズが言ったように、「相対主義が説くのは、真理が相対的であることではなく、関係が真理であることだ」(ドゥルーズ『襞』(二〇一五))。

最初の立場は、容易に予想がつくものだ。つまり、客観的な科学に対して社会的説明を示すことはできないので、科学論はことごとく失敗せざるを得なかったというものだ。事実や理論は、あまりに堅固《ハード》で、あまりに専門的で、あまりに実在的で、あまりに外在的で、あまりに個々人の関心や社会的な関心からかけ離れている。科学的なものは、社会による狭苦しい拘束から抜け出たものに他ならないので、科学を社会学的に説明しようとするのはそもそも矛盾している——ここでの社会の拘束とは、おそらく、イデオロギー、政治的熱狂、主観的気分などといった要因を意味する。科学の客観性は、永遠に社会学のあらゆる野心を難破させる暗礁であるに違いなく、つまりは、いつまでも社会学の自尊心を打ち砕く岩礁であるに違いない。哲学者と科学認識論者《エピステモロジスト》と、奇しくもほとんどの社会科学者の大多数の反応は、そうしたものだ。つまり、知識の社会学、似非科学の社会学、信念の社会学、科学の表面的なことを扱う社会学ならばありうるが——「科学者も人間である」という常套句がある——、しかし、議論の余地のない科学の諸々の結果の認識面や客観性、無時間性を扱う社会学はありえない。[120] 社会学者は退場せよ。

第二の結論は、第一の結論ほど極端ではないが、次のように述べることができるだろう。社会学が評価され成功を収めるためには、第一の立場で表面的であると考えられている点にこそこだわるべきである。実際には、科学社会学は、キャリア・パターン、制度、倫理、一般人の理解、報酬体系、法的紛争に自らを限定すべきであり、十分な分別をもって、いくぶんかの「認識面」の要因といくぶんかの「社会的」な次元とのあいだにある「いくぶんかの関係」を証明することだけを企てるべきであり、社会的次元との関係をあまり強く主張すべきではない。これは、(科学の社会学とは対照をなす)

科学者の社会学という立場であり、たとえば、ロバート・K・マートンや晩年のピエール・ブルデューが提唱したものである。[121]

第三の結論は、科学論を専門にする同僚の大半が引き出すものである。この同僚たちの見るところでは、第二の信条を抱く社会学者は臆病にすぎる。科学に対する科学的な説明はことごとく失敗すると歓喜して予測した人びとについて言えば、純然たる蒙昧主義の類を奉じてきたのであり、科学そのものが科学的に研究できない理由を示すことは一度たりともできていない。[122] SSK、もっと広くはSTS〔科学技術社会論〕の研究者にとって、科学の認識面や技術面に対する社会学的研究は、全体としてみれば、十分に可能である。工夫と適応と慎重さが必要になるが、いつもの商売道具で十分だ——たとえ再帰性と実在論の微妙な問題にめまいがして吐き気をもよおす人がいるにしても。[123] この立場が、

---

(120) この基本的立場については、フィリップ・キッチャーの *Science, Truth, and Democracy* (Kitcher 2003) に、その最も機知に富んだかたちを見ることができ、ポール・R・グロース、ノーマン・レヴィット、マーティン・W・ルイスの *The Flight from Science and Reason* (Gross, Levitt and Lewis 1997) に、その皮相的なかたちを見ることができる。

(121) R・K・マートン『科学の社会学』(一九八三)。ブルデューが、自らの「科学者の社会学」と科学論との違いを「説明」するために著した晩年の著書が、この区別の証人である。ピエール・ブルデューの『科学の科学』(二〇一〇)を参照のこと。

(122) ブルアの『数学の社会学』(一九八五)、ハリー・M・コリンズとトレヴァー・ピンチの *Frames of Meaning* (Collins and Pinch 1982)。

(123) スティーヴ・ウールガーの *Science The Very Idea* (Woolgar 1988) を参照のこと。ウールガーは、同僚たちにさらにめまいを起こさせようとして注目に値する仕事をしてきたが、賢明にも、科学技術の対象をめぐる人間中心的な言説群による厳格な

それ相応の理由があって、科学社会学者の常識になっている。

しかし、まさにその同じ実験《エクスペリメント》／試みから、私たちはまったく異なる第四の結論を引き出している――というより、本書で用いる「私たち」というのは、以下の帰結を引き出した者たちと定義される[124]。

(a) 徹底した科学社会学は、文句なしに可能である――この点は、科学哲学者とは逆であり、すべての科学論者と一致している。

(b) 徹底した科学社会学の対象は、科学の表面的、社会的なコンテクストに限定されない――この点は、科学社会学の目指すところを科学者に関する研究に限定して、技術や認識に関わる内容を自発的に避ける者たちとは逆である。

(c) 科学の営為は、通常の社会理論によってこじ開けるにはあまりに堅固《ハード》であるため、新たな理論を考え出す必要がある。そして、その理論は、「そこまで堅固でない」話題に新たな光を当てるために用いることもできる――この点は、科学論を専門とする私たちの同僚とは逆であり、この同僚たちは、自分たち自身の仕事が自分たちの元来の学問分野〔社会学〕を脅かしていることを見ようとしていない[125]。

ここで主張しているのは、胸躍る科学論の冒険に対して出した以上の結論が、不可欠かつ不可避な唯一の結論であるということではない。ここでは、「ANTの研究者」と呼ばれるために必要なことを言おうとしているだけである。つまりは、堅固な科学的事実に対して説得力のある社会的説明を行えなかったことを、科学社会学が失敗するよう運命づけられていることを示す証拠にするのではなく、代わりに社会理論が作り直される必要があることを示す証拠にすることである。[126] 物理学にも社会学にもエクスペリメントゥム・クルシス（決定的な実験）は存在しないので、これが唯一の進むべき道であることを示すことはできないが、こう主張することはできる。つまり、科学社会学の失敗――科学の社会的説明は不可能である――を踏み台として利用することで、新たな社会理論の道が開かれるということだ。社会的なものはこれまで何も説明してこなかったのであり、代わりに、社会的なものが

制限を超えることなく、安全地帯にとどまった。ウールガーは、言葉と世界の溝をさらにいっそう広げたものの、科学論がアイロニーについて教えてくれるだけでなく実在論についても教えてくれる可能性に気づいていない。

(124) この途方もなく小さな「私たち」の実際の大きさを明確にするつもりはない。〔パリ国立高等鉱業学校の位置する〕パリのサンミッシェル大通り六二番地を越えて広がるかはわからないし、この建物の一階に限られているかもしれない！　私は、存在しないグループの「代表サンプル」であるふりをしているだけである。

(125) その起点は、SSKの友人たちとの二つの論争に位置づけることができる。コリンズとイアリーの 'Epistemological Chicken' (Collins and Yearly 1992) と、カロンとの共著 'Don't throw the Baby out with the Bath School! A reply to Collins and Yearley' (Callon and Latour 1992) で行った私たちの応答を参照のこと。さらに、デイヴィッド・ブルアの 'Anti-Latour' (Bloor 1999) と、拙稿 'For Bloor and Beyond' (Latour 1999b) で行った私の応答も参照のこと。

(126) このスローガンによって、ANTとして通用している論文の多くを読まずに済ませてしまえるだろう。そうした論文では、ANTが逆さにされて、あらゆる目的と分野に適した「方法論」として用いられ、自らは何も変わることなく、どんなフィールドにも「適用」できるものになっているからだ（二六七頁からの幕間劇を参照のこと）。逆に、科学技術史でなされてきた数々の仕事をANTの仕事とみなすこともできるだろう。

説明されなければならない。社会的説明という考えそのものを、議論の俎上に載せなければならない。私たちの同僚はこう言いたがる。「科学の社会的説明は矛盾しているのでうまくいかなかった」（第一と第二の立場）。あるいは、「科学の社会的説明は十二分に成功してきたので、これまでどおり続けよう」と言うかもしれない（第三の立場）。けれども、ANTはこう提案する。「今が大きなチャンスだ。科学に対する社会的説明がこうもことごとく失敗したことで、ようやく社会理論を正気に戻せるかもしれない」。アダムの罪故にキリストによる贖いがなされたために、教父たちがその罪をフェリックス・クルパ（幸いなる堕落）として祝福したのと同じように、科学に関する社会的説明の失敗が、社会理論にとっての大きなチャンスになっているとも言えるだろう。

　私たちの行ってきた実験から以上の結論が引き出されることは、証明はできないにしても、ただ「ブルジョワをぎょっとさせるために」〔十九世紀後期のフランスのデカダン派詩人のスローガン〕、ただおもしろいからそうしたと言わんばかりの軽薄さとは無縁だ。少なくとも後から振り返ってみれば、科学という特別なケースが社会理論をここまで完全に難破させることになったのには、確固たる理由がある。つまり、初めて、社会科学者が本当に上を向いて〔注意深く〕研究（study *up*）しようとしたために、完全に難破したのだ。

　私たちが実験室、機械装置、市場を丹念に調べ始めるまで、〈客観性〉、〈有効性〉、〈収益性〉――近代主義の三女神――は疑われることなく当然視されていた。社会科学者は、そうした基本的な面とは異なる活動だけを研究するという危うい癖がついてしまっていた。つまり、説明すべきは不合理性であり、合理性を何らかのかたちでことさらに正当化することは必要でなく、まっすぐに進む理性には何の社会的説明も必要でなく、その曲がった逸脱にだけ社会的説明が求められた(127)。したがって、合理性そのものは決して問題にされなかったので、どんなものに対してであれ、その社会的説明が実際に説得力をもつのかどうかを実際に確かめるテストが提示されることはなかった。社会学者のインフォーマントは、研究者よりも、合理的でない、客観的でない、反省的でない、科学的でない、学問的でないといった烙印が常に押されていた。たとえ、成功した実業家、天才的な芸術家、映画スター、ボクシングのチャンピオン、政治家であったとしてもだ。したがって、社会学者はしばしば反対のことを主張していたにもかかわらず、常に下を向いて研究していた。つまりは、科学の力は社会学者の側にとどまり、それ自体が精査されることはなかったのだ。宗教、大衆文化、宇宙神話、市場、会社が――さらには芸術作品でさえ――社会的なものの科学ほど強力であることは決してなく、社会的なものの科学は、そこまで堅固でないすべてのものを、何らかの隠れた社会的まとまりや、権力、構造、慣性といったもっと堅固なものに置き換えていた。説明する側の歯車は、説明される側の歯車よりも常に固い鋼鉄で鋳造されていた。実に容易く次々にすりつぶすように証拠を作り出し、データを難なく量産していったのも驚くには値しない。

たとえば、信仰心の篤い人びとは、自分たちのことが「社会的に説明された」ときに決して怒って

(127) この点については、今なお、デイヴィッド・ブルアの対称性原理が貢献している。というのも、「正しい信念も間違った信念も同じ種類の原因によって説明されるという」対称性原理は、非合理性に限定されていた知識社会学の束縛から逃れる唯一の術であったからだ。

叫ぶことはなかった。叫んだところで、その怒りに耳を傾ける者はいただろうか。むしろ、信仰心篤い人びとが感情的になれば、次のことを示す証拠にされてしまったであろう。そうした人びとが感情的になるのは、確固たる社会的事実の冷徹なまなざしによって、その空想的で旧態依然とした幻想が説明されることを直視できないからであるというわけだ。そして、政治家、貧困者、労働者、農夫、芸術家が「社会的コンテクストに入れられる」ことに不満をもらせば、同じことになっていたであろう。信心深い熱帯地方の人びとが、物神崇拝であるという非難に対して三世紀にわたって異議を唱えたところで、誰が耳を傾けたであろうか。不満そうに肩をすくめることはあっても、決して、社会学者の証明に怒り返すことはなかった。とすれば、誰が社会的説明の有効性をチェックしたのだろうか。間違いなく批判社会学者ではなかった。というのも、批判社会学者が「説明」しようとしていたのは、決まって批判社会学者があまり大事にしていないことであったからである。したがって、社会的説明は決してその反例にぶつからなかっただけでなく、その辛らつな言葉で、問題になっている事柄をたやすく解消してしまったのである。どうして批判社会科学者がそうした事柄を大事にできなかったかといえば、預言者さながらに解放を目指すなかで、人びとをそこから助け出そうとしたからだ！　どんな出来事ならば、社会学者を独断の眠りから目覚めさせることができたのだろうか。実験室の空調の静かな運転音ならどうだろうか！

これが、社会理論が探し求めていたアルキメデスの点である……。科学の活動はそれまでの活動とはまったく異なる難題であり、だからこそ、私たちは最初に科学に取り組んだのである——論理展開上の理由から、本書ではそれを第四の不確定性に据えているが。社会科学者が心の底から科学を大切にしているのはもちろんのこと、社会科学者にとって、科学は、近代主義による容赦のない脱魔術化によってそれまでのあらゆる理想や目標が消え去ったあとに残った唯一の宝物でもあった。客観性、普遍性、科学性以外にこだわる価値のあるものは何もなかった。社会科学者の唯一の望みは、一人前の科学者になることであった。ところが、社会科学者は、初めて、自分よりも高度で、堅固で、強固なものを研究しなければならなかった。説明される側が初めて抵抗し、説明する側の歯車の歯をへし折ってしまった。それだけでなく、研究対象の人びとの叫び声もはっきりと耳に入ってきた――そして、その叫び声が発せられたのは、バリ島、ゲットー、テレビ・スタジオ、会社の会議室、米国の上院などではなく、隣の学部からであり、人事や研究助成を扱う委員会で顔を合わせる同僚たちからであった。

こうして、ついに、それまでの社会科学では決して行われることのなかった実験を行う時がやって来た。つまり、私たちは、上を向いて研究する場合に、社会的説明の妥当性についてどんな証拠を手にしているのか？　研究対象の反応が無視しえない場合にはどうなのか？　研究対象の「文化資本」が研究者よりも果てしなく高い場合にはどうなのか？「社会的な力」に置き替えられようとしているモノが、そのモノを説明するとされる当の社会的な力よりも明らかにはるかに強固で、多様で、持続性がある場合にはどうなのか？　そして、説明される事実が、研究する人びとによっても、研究される人びとによっても、守るに値する唯一の宝物として等しく評価される場合にはどうなのか？　二世紀にわたって、農夫や貧困者、物神崇拝者、狂信者、聖職者、弁護士、ビジネスマンの行動と信条が簡単に説明されて片付けられ、その怒りはほとんど記録されず、説明されるものと決して一対一で対照できない説明を生み出したあげく、ついに、社会的なものが他の何かを説明できるのかどうかを見ることになったのだ。化学者やロケット工学者、物理学者にとって自分たちの実験室が爆発するのは見慣れたことだが、社会学者の研究室が危険な実験（失敗する可能性のある実験！）を行えるまでには、かなりの時間がかかった。そして、今度は社会学者の研究室が爆発した。私は、三十年前にロジャー・ギルマンの実験室で一週間を過ごした後に、次の結論を引き出さざるを得なくなった。つまり、社会的なものは、どんなに小さな構造を有するポリペプチド、どんなに小さな石、どんなに無害な電子、どんなにおとなしいヒヒの代替にもなりえない。科学の対象となるモノこそが社会的なものを説明できるのであって、その反対ではない。この時ほど目を見開かされた経験はなかった。つまり、社会的説明は跡形もなく消え去ったのである。

当然のことながら、社会科学の多くの分野が同じ取り組みを行ってきた。とりわけ、フェミニズム研究、クイア・スタディーズ、一部のカルチュラル・スタディーズ、大半の人類学がそうである。しかし、こう言っては、果たして不公平だろうか――そうした取り組みは、科学的な客観性と対比されるうちは、周縁的、周辺的な別世界のことにとどまるという危険を冒しており、科学的な客観性は、そうした取り組みから免れるとされていた。科学論や社会科学における同様の分野が行ったのは、社会科学を、客観的科学と比べて周辺的なものにしたり、ただ「特別な」ものにしたりする規準を取り除くことであった。科学論にならって、あらゆる社会科学は「上を向いて」〔注意深く〕研究することができる。(128)

問題なのは、この経験の意味を理解することであった——そして、そうするには非常に長い時間がかかった。時に科学者たちが私たちに怒りをぶつけてきたこと自体は、大したことではなかった。上を向いて研究することは、私たちの研究対象の指図に従うことではない。つまり、私たちの研究に不満な一部の科学者が結論したことは、あくまでその科学者たちの問題なのであって、私たちの問題なのではない。いわゆる「サイエンス・ウォーズ」の騒動から私に言えることがあるとすれば、おそらくは、そうした一部の科学者たちはこう結論したということだ——科学の潔白なる純粋性は、間違っても、ただの社会学者の黒く脂ぎった指で汚されるべきではない[129]。こうした科学者たちが私たちとの出会いから何も学ばなかったならば、あまりに残念なことであり、私たちにできることはあまりない。しかし、たとえ科学者たちが誤った結論を出したとしても、「自分たちの仕事に対する社会学者の説明には明らかな欠落がある」という科学者の憤激は、私にとって決定的に重要なサインであった。科学者の反応がいかに見当違いのものであったにせよ、そうした反応が起きるのは、社会的説明がなされるときはいつでも実に狡猾なことが続くからであった。つまり、二つのものを結びつける代わりに、

(128) これが、この最愛なる小さなサブフィールドを私が身びいきしている理由である。したがって、〔科学は「何ら特別なところがない」のではなく〕科学も「特別」なのであって、科学は、他のあらゆる活動を「特別」にするものではない。

(129) ボードワン・ジュルダンの *Impostures intellectuelles* (Jurdant 1998)、イヴ・ジャンヌレの *L'affaire Sokal ou la querelle des impostures* (Jeanneret 1998) を参照のこと。

しばしば、一方のものを他方のもので置き換えることが起こるのだ。その時点で、無くてはならない因果律の探究は、まったく異なった企てになり、危険なまでに奇術に近づいていてしまっている。

どうして、こんな巧みなごまかしが起きてしまうのか。このごまかしが起きるのは、複雑で、独特で、特異的で、多様で、複合的で、他に類を見ない表現が、単純で、陳腐で、同質的で、汎用的な言葉で置き換えられ、後者が前者を説明できるとされるときである。たとえば、ルイ・パスツールがもたらした医学の革命を、フランス第二帝政を要約するわずかな数の語句と関連づけようとするときであり、あるいは、ファン・ゴッホの『アルルの寝室』を、芸術社会学から借りてきたわずかな数の汎用表現で説明しようとするときである。歴とした説明の探究として始まったことが、説明される側のものを説明する側のもので置き換えることで終わってしまう。社会学以外の科学は事象に原因を加え続けるのに対して、社会学の扱う「原因」は、自分が説明するとされる事象をすっかり消し去ってしまうという奇妙な結果をもたらしかねないものなのだ。社会学はそうした「原因」を有する唯一の科学であろう。

以上が、「サイエンス・ウォーズ」から私が手にした教訓である。つまり、科学者たちは次のことに気づかせてくれたのだ。私たちが原因として用いている社会的な力の結果として、私たちが説明しようとしていた客観的な事実が生まれる可能性はわずかばかりもない[130]。私たちは、科学者に対する敬意が欠けていただけでなく——私たちは、科学者の主張を蔑ろにしていたのかもしれないし、ことによると、科学者の主張の誤りを暴くことに誇りを感じていたのかもしれない[131]——、自らが前面に出そうとしていた社会的原因とそれがもたらすとされたモノとの連続性を何も見出せなかった。科学者は、私たちが扱っている事実よりも堅固な事実を扱っており、私たちにごく近いところで研究職のポストを得ていたので、その条件反射的な反応を無視できなかったせいで、私たちは、社会科学の他のあらゆる下位領域において、上ではなく下を向いた研究の場合にも、そうした巧妙な置き換えが人知れず起こってきたであろうことに——望みさえすれば——徐々に気づくようになった。そこでは、もはや科学だけでなく、社会理論のすべてが、その説明に用いられる社会的な力よりも堅固な対象《オブジェクト》を常に示していたのだ——物神、信仰、宗教、文化、芸術、法、市場。アクターは誰も怒鳴り返さず、警報はどれも鳴り響かないというのに、詐欺的なやり方によって、社会学者の「科学的方法」には誰もが満足し、トントン拍子に進んでいるかのようであった。

ＡＮＴは次のように主張しない——科学技術の分野以外では社会科学はすべてうまくいっているが、科学技術だけは、他の分野よりもはるかに堅固で重要で尊重すべきであるから、特別な戦略が必要になる。ＡＮＴはこう主張する——科学に対してみじめなまでに失敗した社会的説明はあらゆる

---

(130) 科学者たちが自分たちに向けられた研究に対して見せた全反応を指し示すために、私は「サイエンス・ウォーズ」の語を用いることにする。ただし、「科学を守る闘士たち《サイエンス・ウォリアーズ》」による論文が引き起こした苦々しいエピソードから、真の堅固な科学論が始まるまでには二十年がかかっている。

(131) これが、批判を非常に危険なものにしてきたものである。神秘性を取り除こうとする衝動は、分析者が誤解している人びとの叫びを聞くことすら、分析者にさせなくする一番の方法である一方で、一般の人びとが素朴に信じ込んでいる神秘的なことが自分には「見抜ける」という勇猛な偶像破壊者《イコノクラスト》の役割を分析者にまとわせている。この偶像破壊の人類学に関して、ピーター・ヴェイベルとの共著 *Iconoclash* (Latour and Weibel 2002)〔ラトゥール「聖像衝突」(二〇一七ｃ)〕を参照のこと。

分野でも失敗していたにちがいなく、科学の担い手が、社会学者が自分たちの縄張りに立ち入り「社会的説明」によって自分たちの扱っているものを破壊することを許さず、自らの異議をはっきりと表明したという一点においてのみ科学は特別である。科学以外の分野でも「インフォーマント」は常に抵抗していたが、その地位の低さのために大して注目されなかった。注目されたとしても、そうしたインフォーマントの逆上は、「ナイーブなアクター」が後生大事にしている幻想にしがみついていることをさらに証明するものとして批判理論家のデータに加えられるだけであり、どんなに強い反論にあってもそうであった。科学者は、御しがたさ（*reluctance*）の特例ではない。科学論のおかげで、私たちはこの御しがたさが、社会科学であろうと自然科学であろうと、あらゆるところで当てはまるに違いないことを改めて発見したのだ。[132] 後に見るように、社会科学者として私たちがすべきことは、社会的説明に抵抗する激しい抗議者を生み出し、思いどおりにいかない堅固な事実を生み出すことである。実際、優れた社会学者は常に上を向いて研究を行ってきた。[133] こうして、カントの言葉を使えば、社会学に「一個の学としての確実な道」を進ませようとする数多くの試みがなされていけば、私たちは、社会的なものの科学にたどりつけるのだろうか。それはまだ見えてこない。現時点で明らかなのは、ひとつの営為としての科学は、解法の一部であるとともに問題の一部であるということだ。さらに、私の見るところ、社会科学は、これまで育て上げてきた社会的説明という獅子身中の虫を取り除くために、強靭な精神を宿した科学社会学をその核としなくては、もはや成り立たない。これまでのところ、「社会科学の認識論」としてまかり通っているものは、認識論と社会学の伝統的な考え方に備わる欠陥を集めてきただけのものである。

この議論を、科学社会学が居心地悪く座らされている枝《ブランチ》を再帰性の行きすぎによって切り落としていることを示す例とするだけでなく、実りあるものにするためには、もう少し作業が必要になる。私たち自身の旅を続けたいならば、ある事象を説明をすることと、その事象を社会的な事象で置き換える／代用する《サブスティチュート》ことを混同すべきでないという発見——この大仰な語を避ける理由はない——を全面的に取り入れる必要がある。

問題は、この「置き換え／代用《サブスティテューション》」という語にある。たとえば宗教的熱情に対する社会的説明を行うときに、彫像、香、涙、祈り、巡礼を、煙幕に「覆われて」隠れているであろう「何らかのもの」（たとえば「社会的凝集」）で置き換えること（*replacing*）を「文字どおりしている」のかと問われれば、誰よりも実証主義的な社会的なものの社会学者でさえ、そんなことは自分が「本当に言おうとしている」ことではないと当然、異議を唱えるであろう。私も十分に承知している。自分たちはそこまで馬

（132）イザベル・ステンゲルスの *Power and Invention*（Stengers 1997）、*The Invention of Modern Science*（Stengers 2000）がなければ、ここまでたどりつけなかったであろう。ステンゲルスの議論を解釈した小論 'How to Talk about the Body?'（Latour 2004a）を参照のこと。

（133）これは、ハロルド・ガーフィンケルが当初から見せていた決定的に重要な洞察である。そして、上を向いた研究は、他のほとんどすべての社会科学者にとって正しい姿勢である。実際には優れた観察者が自らの社会的理論に固執することはごくまれであるからだ。ピエール・ブルデューの *Outline of a Theory of Practice*（Bourdieu 1972）は、そこから引き出される結論は別にして、そうした洞察に満ちた書である。この点を可能な限り尊重した姿勢は、シカゴ学派社会学の核をなしており、ハウイー・ベッカーのすべての仕事に通底している。ベッカーの『アート・ワールド』（二〇一六）を参照のこと。

鹿ではないというわけだ。そうした社会学者が「本当に言おうとしている」のは、さまざまな宗教的体験の「背後には」もっと深くて強い別の力が存在しており、その力は「社会に起因」しており、そして、祈りの際に持ち出される存在（神や神性）が「実在」していないという「事実にもかかわらず」宗教的熱情が持続する理由を説明しているはずであるということである。同じように、芸術作品に本質的な特性はなく、そうした作品が引き起こす情念は、何らかの他の源泉に由来しているに違いなく、その源泉を持ち出すことで、人びとが名作に絶えず関心を注いでいることが説明できるという。

とすれば、社会学者が「本当に言おうとしているのは」、神や神性に「代わって」、あるいは、芸術作品に「加えて」、社会的な力を可視化できるということではなく、そうした神性や名作の確固たる本体や本質であるとアクターがみなすものが存在しないなかで、社会的な力とは、そうした神性や名作に持続的な生を吹き込むものであるということだ。したがって、注意を向けるべきなのは、自然科学でいつも起きていることとは反対に、説明対象の存在そのものについて強い疑いが持ち込まれて初めて説明の務めが始まることである。批判理論家であれば、そうした社会的なものを暴露することは、社会による「虚偽意識のベール」の維持に欠かせない幻想を瓦解させることになるために、人びとにとっては耐えがたいことであると付け加えるであろう。したがって、批判理論家の説明のなかで、社会的な力は錯綜した役割を演じている。つまり、一方で、あれもこれも説明するために措定されなければならず、他方で、さまざまな理由から、不可視のままでなければならないのである。こうした相矛盾した要求から思い起こされるのは十九世紀のエーテルだ。エーテルには、限りない剛性とともに限りない弾性がなければならなかった。驚くことはない。物理学者にとってのエーテルと同じように、社会学者にとっての社会的なものは、記述における相対性の欠如がもたらした作り物なのである。

ここが厄介なところだ。(134) 社会的説明によって本当に言おうとしていることは何なのかという素朴な問いを投げかければ、「社会的な力の存在を『文字どおり』に受け止めないように」と返ってくる。道理をわきまえた社会学者であれば、説明すべきものを社会で置き換えることができるなどとは決して主張できないからだ。むしろ、社会学者はこう言うであろう——自分たちは、なじみのない事象になじみのある原因を与えようとしているのであり、あるいは、自分たちの敬愛する自然科学のように、なじみのある事象になじみのない原因を与えようとしているのである。結構なことだ。しかし、本書で先に見た社会的という語の二重の意味が問題を生み出す。つまり、社会的説明を探り出す必要があるという悪気のない認識論的主張の裏には、社会的原因は、社会的な素材からなる力を動員するに違いないという存在論的な主張がある。本書の第二部でさらに明らかになる理由により、説明することとは、謎めいた認識作用の芸当でなく、事物と事物を結びつけること、つまり、ネットワークをたどることからなる極めて日常実践的な世界構築の取り組みである。したがって、社会科学で用いられる因果論をANTは共有できない。私たちの場合には、AがBに関連していると言われるときには、常に社会的なもの自体が生み出されているのである。社会的説明に対する私の疑問が不当で、盲目的で、あまりに文字どおりに取りすぎているように見えるならば、それは、次のような混同をしたくな

(134) この危険な海峡を渡る上で、ヘラルド・デ・フリースの助力を得た。私がおぼれるならば、それは彼の誤りによるものではない。

いからである。つまり、集合体を組み立てることを、すでに組み合わさった諸々の存在をただ見直すことと混同したり、ひとつの束になった均質的な社会的な紐帯と混同したりすることだ。したがって、集合体が組み上げられるなかでなされる巧妙なすり替えはどんなものであれ、できるだけ早く見つけることが肝要である。昨今の「社会的な説明を行う者」が社会的なものに触れるのは、中身のない繰り返しをする危険を冒していると言っては言いすぎか。社会の裏側の世界をほのめかすことは、来世の約束よりもさらに無用なことになってしまったと言っては言いすぎか。

社会的な説明を行う者が、何らかの事象を何らかの社会的な力に文字どおり置き換えていないのであれば、何らかの力が「錯覚の裏に」あって、神、芸術、法、市場、心理、信念を「実際に」作っている「本当のもの《リアル・スタッフ》」に等しいと言うときには、いったい何を言おうとしているのだろうか。何もしないのに主役を演じる存在とは何なのか。どんな類の不在／現前があるのか。私から見れば、この説明は三位一体の教義よりもさらにいっそう神秘めいている。そして、この神秘こそが、宗教、法、芸術、政治、経済、帝国、そこらにあるあらゆるもの——三位一体も含まれる！——を説明するとされるならば、仰天せざるを得ない。さらに、これまでに見た難点を考えれば、次のように主張して逃げ道を作るのもどうしたものか。つまり、社会学はいずれにせよ哲学ではないとか、理論は純理的なものであるとか、優れた社会科学者は枝葉にこだわっている場合でないとか、社会科学者が経験的な問いに答えるにはあまりに忙しすぎるとか、解放に向けた務めが差し迫っておりそれどころではないといった主張である。話が細かくなるやいなや、社会学は例外なく反知性主義的な立場へと後退するならば、なぜ、社会学は科学を名乗るのか。

ここでこそ、私たちは、文字どおりに受け止め、素朴で近視眼的になることを選ばなければならない。中途半端に理解しないことは、時として美徳である。結局、物理学者がエーテルを取り去るには、そのなかの一人が愚鈍になって、どのようにして二つの時計の針を「合わせる」ことができるのかを問うまで待たなければならなかった。他の者とは違って、その一人は愚鈍になることを選んだのだ。(135) 恐れ多くも、私は、この社会的なものという大きな謎について同じことをするつもりである。宗教と社会、法と社会、芸術と社会、市場と社会を「関連づける」ことがどんなことなのか。別の何かの「裏側に」あり、その何かを「補強」しつつも、「目には見えず」、「否定」されるものがあるというのはどんなことなのか。誰もがわかっているように見えるけれども、私にはわからない！

わざと心を狭くして、こう言いたい。社会的要素AがB、C、Dの存在の「原因」であると言われるならば、AはB、C、Dを再び生み出せるはずであるだけでなく、B、C、Dの違いも説明するはずである。その例外はB、C、Dが同じものであることが示される場合であり、その場合には、B、C、Dの違いは重要でないと言明されるであろう。社会史の文献を読んで、近代国家の登場、プチブルの台頭、社会的支配の再生産、産業界による政治への圧力、市場の見えざる手、個々人の相互作用などといった「社会の力」が原因であるとされる物事の数に目を向けるならば、その関係は、ま

(135) アルバート・アインシュタインの『特殊および一般相対性理論について』(一九九一)を参照のこと。この再物質化を鮮やかに行ったものとして、ピーター・ギャリソンの『アインシュタインの時計　ポアンカレの地図』(二〇一五)を参照のこと。

さに単一の原因が百万の結果をもたらす関係であろう。[136] しかし、一つの原因はどこまでいっても一つの原因である。原因となる要素は、無数の結果の違いを説明できるのか――Aを原因として取り上げれば、B、C、Dをその結果として生み出せるのか。あるいは、こうした無数の出来事のあいだの違いは、本当は取るに足らないのか――原因Aにひたすらこだわることは、ごくわずかな揺らぎを除いて、重要なことをすべて説明していることになるのか。いずれの場合も、原因Aは、便宜上、無数のB、C、D、……の代わりに使える。しかし、「プチブルの台頭」という言葉で、十五世紀から二十世紀までのイングランドやフランス、ドイツで起こったことを本当に把握しているのか。「見えざる手の自動的なフィードバック」という言葉によって、世界中で行われている無数の取引を本当に把握しているのか。落下物の法則を考えることで、惑星間の相互作用に関係するすべてのことを、本当に、自分の母親の古い時計の振り子の動きと同じぐらい把握しているのか。「社会」なり「市場」は、原因であるとされるものを可能態として（*in potentia*）有しているのか。「もちろんそうではない」というのが社会理論家の一致した答えであろう。「そんな馬鹿げた因果論など主張した覚えはない」というわけだ。だが、それならば、社会理論家たちは本当のところ「社会的な力」にどんな厳密な役割を与えているのだろうか。

　私が考え出そうとしている実験は、当然のことながら、これまで決して行われなかったものである。というのも、社会を観察する研究者は決してそこまで厳密に自らの因果律を試験するつもりがなかったからだ。そうした研究者は、社会の重力がニュートンの重力とは異なることをあっさりと認めるだろう。後退せざるを得なくなり、自分はもっと穏当であいまいで不確実なかたちの因果を思い描こうとしてきたのだと言うだろう。つまり、さまざまな「要因」間の「いくぶんかの関係」と「相関関係」である。しかし、ここにおいてこそ、あいまいになってはならない。ある社会的要因と別の事象のあいだで思い描かれている関係は、正確にはどのようなものなのか。ここで、先に導入した中間項と媒介子という決定的に重要な区別を再び持ち込む必要がある。つまり、ある要因を引き金として立ち現れた要素Bは、媒介子として扱われているのか、あるいは、中間項として解釈されているのか。後者の場合、その「要因」のエージェンシーを通して、何らかの力がそのまま移送されているだけになる。私たちはここでもしっかりと現場に根ざして、できる限り近視眼的にならなければならない。つまり、私たちがここで論じているのは、仰々しい認識論上の問いではなく、乗り物、移動、置換、移送システムについてである[137]。私たちは、できる限り石頭にならなければならない。もしも、なんらかの「社会的要因」が中間項を通して移送されるならば、重要なことは、すべて社会的要因にあ

(136) 社会的説明を行う者にとって、この点こそが、その因果関係に非常に説得力があると思わせてくれることであり、自分たちの科学的な業績を非常に誇りに思わせてくれることである。そこまで説明できるほどに強力／権力《パワフル》的なのだ！　しかし、自然科学者による事象とその原因との結びつきの打ち立て方を、もっと注意深く見るべきである。それが通常意味するのは、未知のものごとが既知のものごとを生み出すことがあるだけでなく、未来に起こる未知のものごとを深く探ることができることである。ベルナデッタ・バンソード＝ヴァンサンの 'Mendeleev's periodic system of chemical elements' (Bensaude-Vincent 1986) の多くを物語る事例を参照のこと。

(137) この執拗さは、本書の最後の最後で報いられることになり、そこでは、行為を可能にする諸々の存在と出会えるようになる。この出会いがずっと先延ばしにされてきたのは、集合体が、時機を得ず、社会というかたちで組み立てられてきたからである——四四二頁以下を参照のこと。

るのであって、中間項にあるのではない。実際問題としては、社会的要因を中間項の代わりに用いることができ、何らかの微妙な違いが失われることもない。社会が宗教を説明するならば、社会で十分である。社会が法を説明するならば、社会で十分である。社会が科学を説明するならば、……

ここで、すべてが崩れてしまう。なぜなのか。科学の場合には、そして科学の場合にのみ、調査する者にもインフォーマントにも、次のことが最初からわかっていたからである。つまり、「要因」は、どんな出来事であれ、中間項の地位に切り下げられた出来事の一部始終には、どんな作用も移送できないことである。確かにアインシュタインには乱れた青年期があって、自分の理論を「革命的」で「相対主義的」であると言ったけれども、そのことが、アインシュタインがマクスウェルの方程式を用いたことの一部始終をすっかり教えてくれることはなく、それに近いところを教えてくれるだけである。[138] 確かにパスツールはいささか反動的で皇后陛下ユージーニアをあがめていたけれども、そのことが、たとえば自然発生説を否定したことに「無関係ではないであろう」としても、パスツールの細菌学の一部始終を十分に伝えてくれることはない。[139] 科学の聖域に社会的説明を移送しなければならないときに、諸々の要因は、得てして、ガス欠になってしまうのだ！　当然、このことは、法、宗教、技術、市場、主体性といったさまざまな聖域に他のあらゆるものを移送する場合にも常に言えることであった。しかし、科学論以前に、そうした移送がすぐに行き止まってしまうことに注意が向けられることは決してなかった。ある対象に対する社会的説明が本当に意味していることを確かめる実験は、社会理論では決して行われなかったが、私たちの小さな分野では、自然科学に対する歴史学的、社会学的な論文が書かれるなかで、日々、行われてきた。こうして、科学論は、私の見るところ、社会学全体の実験室になったのである。堅固な科学的事実を社会的に説明しようとする試みのおかげで、社会学者たちが「社会的」という語によってどんなことを言おうとしていたのかが、ついにわかることになる。今こそ、大躍進のときだ。ここがロドスだ、ここで跳べ。

翻訳対移送

ようやく、「アクター－ネットワーク－理論」と呼ばれるもの、もっと正確には「翻訳の社会学」の生誕の地にたどりついた――残念ながら、翻訳の社会学というラベルは英語でもフランス語でも採用されていない。先に述べたように、ANTが誕生したのは、堅固な科学的事実を扱う歴史学と社会学にいつもと違うことが起きたことを認めたときである。つまり、ラクダが針の穴を通れないのと同じように、社会理論が科学的事実に深く分け入ることはできなかったのだ。

私たちがルビコン川を渡ったのは、少なくとも私の場合には、それまで非社会的とされていた三つのモノ(微生物、ホタテガイ、岩礁)が次々に見せる結びつきを受け入れたときである。この三つの

(138) そうした古典的な説明の例は、ルイス・S・フォイヤーの *Einstein and the Generations of Science* (Feuer 1974) に見られる。
(139) ジョン・ファーリーとジェラルド・L・ギーソンの 'Science, Politics and Spontaneous generation in 19th-century France' (Farley and Geison 1974) に示される典型例と、ジェラルド・L・ギーソンの『パストゥール』(二〇〇〇)を参照のこと。

モノは、私たちが記述しようとしていた社会的とされていた存在と連関しているという奇妙な地位を占めることを訴えてきたのだ。(140) こうしたモノは、十分に社会的に見えないために社会理論から追い出してしまうか、さもなければ、喜んで社会理論に迎え入れるほかなかった。だが、後者の場合は、他ならぬ社会的なものの概念を、根本から手直ししなければならなかった。この第二の解法に目を向けることにした時が、後にANTと呼ばれるものが決した瞬間であった。

たとえば、漁師、海洋学者、衛星、ホタテガイは互いに何らかの関係、つまりは、他のものに思いもよらないことをさせるような関係にあったと考えられる——何度も見てきたように、これは媒介子の定義である。この連環において、「社会的」と指し示せる一つの要素があるだろうか。答えはノーだ。衛星の機能もホタテガイの習性も、その記述に何か社会的なものを加えることで、多少なりとも明確になることはないだろう。したがって、社会学者のいう社会的なものは、常にそうであったように、つまりは、余計なものであり、作りものの難問以外には現実世界に何も加えない全く不要な裏世界であるように見える——物理学者による新たな力学の記述に相対性理論が役立つ前のエーテルのように。これが第一段階である。つまりは、社会的なものは消え去った。

他方で、こうして展開される連鎖のなかには、連関から切り離された世界（たとえば「物質的、客観的」な世界、「主観的、象徴的」な世界、「純粋思惟」の領域）に属するという意味で、社会的でないと言えるものがあるだろうか。答えはノーだ。〈漁師があれこれする〉ようにホタテガイがさせるのは、海に張られた網がホタテガイにくっつくよう誘い込むのとまったく同じであり、海洋学者が、漁師とホタテガイをひとつのデータにまとめるのとまったく同じである。私たちが最初の三つの不確定性から学んだように、こうした関係について経験的視点から研究することは、難しいかもしれないが、もはや次のような「言うまでもない異論」によってアプリオリに禁じられはしない。つまり、「物は言葉を話さない」、「漁の網に感情はない」、「人間だけに意図がある」という異論だ。したがって、社会的なものは、他の物事とは異なるものとして特にどこかにあるわけではなく、非社会的な物事を結びつける動きとしてところかまわず循環しているだろう。これが第二段階である。つまりは、社会的なものは、連関として戻ってきた。

こうしたアクターのすべてがどのように結びついているのかはまだわかっていない。しかし、自分たちが展開しようとしているすべてのアクターが、〈他のアクターがあれこれする〉ようにするようなかたちで結びついているであろうということを、研究を始める際の新たな基本設定にすることはできる。他のアクターにあれこれさせることは、ある種の忠実な中間項として、ずっと変わらない力を移送することによってなされるのではなく、変換（*transformation*）を起こすことでなされる。そして、その変換は、後に続く他の一連の媒介子のなかで引き起こされる数々の予期せぬ出来事（訳註53）によって顕在化する。このことが、私が「非還元の原則」と名づけたものであり、ANTの哲学的な意味である。媒介子が連環している場合には、原因を移送する中間項が続く場合とは異なるかたちで結びついてお

（140）拙著 *Les microbes, guerre et paix, suivi de Irréductions*（Latour 1984）、ジョン・ローの 'On the Methods of Long-Distance Control Vessels Navigation and the Portuguese Route to India'（Law 1986b）、そして、もちろん、ミシェル・カロンが記したホタテガイに関する今や著名な論文 'Some elements of a sociology of translation'（Callon 1986）を参照のこと。カロンの論文の要点は、本節で述べる。

り、異なる種類の説明が必要である。

科学論の研究者が、アインシュタインの相対性、パスツールの細菌学、ケルヴィンの熱力学などについて報告しようとするときには、これまでの数々の社会的説明なるものとはまったく異なる事物の結びつきを描かなければならない。科学論の研究者が述べているのは、要因とは、アクターの連環における一アクターなのであって、中間項が列をなして続く原因ではないということだ。この立場をとるやいなや、まったく驚くべきことに、扱っている事例の実際の細部こそが、その事例を説明するとされたコンテクストをある程度説明しているように見えてくる。突如として、パスツールのバクテリアこそが、伝染病の新たな追跡調査者を介して、フランス第二帝政において「社会的に結びついている」ことがどういうことであったのかの大半を説明しているように見えてくる——非感染者と感染者の連帯は、言ってみれば、金持ちと貧しい者の連帯と同じようにはいかなかった。どんなに心を強くしたところで、貧乏人の感染者は、自分や自分の子どもを死に追いやる可能性があったからだ。説明されるべきものと説明をもたらすものとの因果の方向がただ逆向きになるのではなく、完全にひっくり返される。つまり、感染が社会的地図を引き直しているのだ。大英帝国がケルヴィン卿の電信実験の「背後に」あるだけでなく、大英帝国は、細々としたケーブルが海底に敷設されなければ決して手にすることのなかったであろう範域の広がり、対応の迅速さ、確かな命脈を手にしてもいるのである。ケルヴィンの科学が大英帝国を創り出してもいるのであって、大英帝国は、もはや背後で知らず知らずのうちにケルヴィンを操っているのではなく、一人前の媒介子になった電信線によって存在するようになっているのだ。[141] この因果関係の反転こそ、ANTが、科学技術をはじめとするあらゆる分野に対して示そうとしたことである。(142) ここで、社会的なものは、説明をもたらすものではなく、説明されるべきものであるという奇異な考えが得られた。そして、私たちは揃ってこう考え始めたのである――数々の媒介子を記述できるならば、「背後に」ある社会はもはや必要なくなるであろう、と。(143)

序章で述べたように、以上のプロセスを示すために「社会的」という語を用いることの正統性は、ソキウスという語の最古の語源にある。つまり、「他の誰かに従う者」、「ついていく者」、「つながりのある者」である。「社会的」なのは、特定のアクターでもなければ、すべてのアクターの背後にあって一部のアクターを通して移送される力でもなく、いわば、諸々の変換を移送する結びつきであり、この結びつきを指し示すために翻訳という語を用いる――慎重を要する語である「ネットワーク」は、次章で、研究者の報告における翻訳によってたどられるものと定義される。(144) したがって、今や「翻訳」という語は、やや特殊な意味をもつことになる。つまり、翻訳とは、ある原因を〔象徴的なものなど

(141) クロスビー・スミスとノートン・ワイズの *Energy and Empire* (Smith and Wise 1989)、ブライアン・キャントウェル・スミスの 'The Devil in the Digital Details' (Smith 2003) を参照のこと。

(142) ここでもまた、歴史、人類学、美術史、経営史の論者が皆、ずっと同じことを行っていた。カルロ・ギンズブルグ『チーズとうじ虫』(二〇一二) で示された、粉挽屋の形而上学を尊重するという目を見開かされる事例を参照のこと。規模を前提とせずに企業の成長を説明したアルフレッド・D・チャンドラー『経営者の時代』(一九七九) を参照のこと。

(143) もっと早くからガブリエル・タルドのことを知っていれば、数々の手間をかけずに済んだか、少なくとも、真新しい社会理論を考え出したというかなり愚かな態度をとる必要はなかったであろう。

(144) カロンは、ミッシェル・セールの『ヘルメス〈3〉翻訳』(一九七四) を参照していることを明らかにしている。

に〕移送する関係ではなく、二つの媒介子の共存を引き起こす関係である。なんらかの原因が予測どおりにいつも同じように移送されるように見えるならば、それは、そうした移動が円滑かつ予測どおりに行われるために、他の諸々の媒介子がうまく置かれていることの証左である（第II部を参照のこと）。今や、この連関の社会学の狙いをもっと正確に述べることができる。つまり、社会も社会的領域も社会的紐帯もないが、たどることが可能な連関を生み出すであろう媒介子のあいだでの翻訳がある。本書を通して、伝統的な解釈による社会的なものを用いた報告と、それとは異なり、媒介子の連環を示すことを狙いとする報告との溝を広げることになるだろう。ANTを会得することとは、この二種類の報告の文学的、科学的、道徳的、政治的、経験的な次元の差異に鋭敏になるということにほかならない。

経験には目に映る以上のものがある

以上のようにつながりを定義することで、本当に人びとが衝撃を受けるのは、「社会的」という語に対して新奇な意味が与えられることもさることながら、いわゆる「自然な」モノに並々ならぬ地位が与えられることに対してであるようだ。けれども、この鎖の両端、つまり、社会的なものと自然なものは、同時に解体されなければならない。この対称性は、ANTを「非人間にまで拡張された」社会学として――非人間そのものは、社会的アクターが受けたほど大きな変化を受けていないかのように——定義している者たちには、ほとんど理解されていない。けれども、社会的なものと自然なものを同時に脇に追いやらなければ、私たちのフィールドワークは不首尾に終わってしまうだろう。つまり、たとえどんな新たな結びつきをたどろうとも、一部のエージェンシーが「社会的」というラベルを引き受け、別のエージェンシーは「自然な」というラベルを引き受け、そして、両者の共約不可能性によって、私たちが社会的な結びつきと呼ぶものの輪郭がたどれなくなってしまう。両者がどのようにつながるのかは、永遠にわからなくなるだろう。つまり、ホタテガイは、自然界に属する物質的かつ客観的かつ非志向的な〈厳然たる事実〉からなる深海に沈み込む一方で、漁師は、かつての悪しきアパルトヘイトの時代さながらに、入り口に「志向的な人間専用」と書かれた掘建て小屋に集められることになるだろう。そうこうしているうちに、社会学者は何の収穫もなくフィールドから帰って来ることになり、その手許にあるデータは、すべて、当の社会学者が説明しようとした営為と矛盾する二分法によって台無しにされる。つまり、魚と漁師は、「自然な」ものと「社会的な」もの、「客体」と「主体」、「物質的な」ものと「象徴的な」もののようには、対立していないのだ——海洋学者であれば、なおさらそうだ。社会理論をカント哲学と一緒にする必要はない。

社会的なものと自然なものを同時に解体するためには、社会を用いた「説明」からモノや物事を解放すべきであるのとまったく同じように、「自然」なるものを用いた還元から〈厳然たる事実〉を自由にする必要がある。この二重の動きがなければ、私たちの主張は、「技術決定論」を備えた「技術者の社会学」さながらの古典的な唯物論への回帰にすぎないものになってしまう。しかし、社会的なものが、不適当な因果概念を当てはめることで生まれた作り物であることを示すことですら難しかったのであれば、非社会的な〈厳然たる事実〉のすべてを集めたものとされている「自然」も同じように不要にすべきであることを示すのは、いっそう厄介になる。さらに、ANTに対する長年にわたるまったくの当惑ぶりを見れば、このことがかなり厄介であり、うまくいく見込みは本当にわずかであることがわかるだろう。

プラグマティズムに対峙するデュルケム

当時の新興哲学であったプラグマティズム批判に着手したときのデュルケム以上に、社会の定義と科学の理論との緊密な結びつきを明確に示す証拠をもたらしてくれる者はいない。デュルケムは、次のように一九一四年の初回講義を始めている。

われわれは今日、理性への攻撃に当面している。何者をも恐れない、揺るぎない攻撃である。それゆえに、プラグマティズムがもたらす問題の重大さは、次の三つからなる。

（一）第一は全体レベルでの重大さである。他のあらゆる学説にもまして、プラグマティズムは、伝統的合理主義を革新する必要があることを教えてくれる。プラグマティズムは、伝統的合理主義の不十分なところを見せてくれているからである。

（二）次は国民レベルでの重大さである。総じてわがフランス文化は、基本的かつ本質的に合理主義的なものである。フランスの十八世紀はデカルト主義の延長にある。それゆえ合理主義を全面的に否定すればなんらかの危険を招くことになろう。つまり、われわれの全国民文化を転覆させかねないのである。プラグマティズムに代表されるような非合理主義のありかたが認容されるべきとすれば、フランス精神の全貌が一変するほかないであろう。

（三）最後に純然たる哲学レベルでの重大さである。合理主義の傾向に沿っているのは、われわれのフランス文化だけでなく、哲学の伝統の全般からしてそうであり、しかもそれは哲学者たちによる思弁が始まった最初の時代以来のことなのである。それゆえプラグマティズムの議論が妥当であるということになれば、かかる伝統全体もやはり転覆に向かわざるを得ないことになるであろう。（デュルケム 一九五六・一一―一二頁）

ここで、第四の不確定性の発生源が助けになる。非人間をめぐる論争からも学ぶことを受け入れるならば、〈厳然たる事実〉というのは、自然界を占めるエージェンシーの類を表したものでないことがすぐにわかる。このことは、「社会的」、「象徴的」、「言説的」という語が、人的アクターと、人的アクターに影響を及ぼす外来子がどんなものであるのかを表していないのと同じことである。驚くには値しない。というのも、「社会」と「自然」は、二つの実在領域を表しているのではなく、十七世紀に当時の論争を大きな背景として同時に発明された二つの収集装置であるからだ。(145) 経験論は、感覚的印象と知的判断を両端に置き、それぞれを明確に切り分けるものとして考え出されているので、「私たちが経験のなかで注意を向けるべき」対象をすべて記述するものであると一点の曇りなく主張することはできない。(146)

私たちのプロジェクトを進めるうえで、こうした哲学上の難題に取り組む必要はない。ここで必要なのは、私たちが注意を向けている新たな連関のなかで、自然とされてきたモノが見せるであろう姿を受け入れることだけだ。まったく驚くべきことに、社会的なものと自然なものを分ける作為的な境界線が取り除かれるや、非人間の存在は思わぬ装いで姿を現す可能性がある。たとえば、岩石は、観念論者を叩いて正気に戻すのに役立つだろうが、地質学における岩石ははるかに変化に富み、はるかに不確実で、はるかに開かれているように見える。岩石は、経験論的説明のなかで与えられる狭く限定された役割よりも多くの種類のエージェンシーを展開しているように見える。(147) スチール机は、怒れる実在論者が社会学者を現実に引き戻そうと「物質面での制約」の名においてテーブルをたたく格好の機会をもたらすが、冶金学におけるラミネート鋼板は、材料《マテリアル》抵抗の起こり方に関して実に多くの難問を示しており、実証主義哲学者が「物質」と呼ぶものと材料科学者が「物質」と呼ぶものにはほとんど関係がないほどになっている。(148) 遺伝子構成の確たる影響は、よりよい人間性を涵養するという社会主義的な夢を社会生物学者があざ笑うのにもってこいであろうが、遺伝子工学における遺伝子は、実に多くの相矛盾した役割を果たし、実に多くの正反対の信号に従い、実に多くの影響を受けて「構成」されているので、遺伝子構成を持ち出して相手を黙らせることはできない。(149) コンピュータは今の時代に無くてはならないものの最たるものの例を示しているのだろうが、コンピュータ・サイエンスにおけるチップは「決まったとおりに動く機械」という自らの評判どおりのパフォーマンスを発揮するために巨大な研究所を必要としている[150]。至るところで、「自然」とされてきたエージェンシーの複数性が経験的に見られ、〈厳然たる事実〉という狭い区画からあふれ出ている。実在することと、議

(145) この長い歴史に関して、ここでは、スティーブン・シェイピンとサイモン・シャッファーの『リヴァイアサンと空気ポンプ』(二〇一六)を紹介するにとどめよう。社会学と近代化のつながりは非常に強く、両者を切り離すことは不可能なほどである。ウルリヒ・ベック、アンソニー・ギデンス、スコット・ラッシュの『再帰的近代化』(一九九七)、ジグムント・バウマンの *Postmodernity and its Discontents* (Bauman 1997)、ブリュノ・カルサンティの *L'Homme total* (Karsenti 1997) を参照のこと。

(146) これは、ホワイトヘッドの表現である。ウィリアム・ジェームズの『心理學の根本問題』(ジェームス 一九四〇)〔邦訳は抄訳。原著短縮版の邦訳として、ジェームズ『心理学』(一九九二、一九九三)〕、ジョン・デューイの『哲学の改造』(二〇〇九)、ステンゲルスの *Penser avec Whitehead* (Stengers 2002) を参照のこと。経験論が単に〈厳然たる事実〉に関わるものではなかったことは、ロレイン・ダストンの 'The Factual Sensibility' (Daston 1988)、ジェシカ・リスキンの *Science in the Age of Sensibility* (Riskin 2002) で見事に示されている。

(147) ハッキングの『何が社会的に構成されるのか』(二〇〇六)の岩石に関する章〔ただし、邦訳書では割愛されている〕を参照のこと。

(148) パブロ・イェンセンの *Entrer en matière* (Jensen 2001) を参照のこと。

(149) エヴリン・フォックス゠ケラーの『遺伝子の新世紀』(二〇〇一)、ソフィー・ウダールの 'Et le scientifique tint le monde' (Houdart 2000)、リチャード・レウォンティンの *The Triple Helix* (Lewontin 2000) を参照のこと。

(150) ブライアン・カントウェル・スミスの *On the Origin of Objects* (Smith 1997)。

論の余地がないこととのあいだに直接的な関係は存在しない。

経験論は、もはや、他のすべてのものの根底をなす堅固な土台ではなく、経験に対する非常に浅薄な解釈であるように見える。しかし、この解釈の貧しさを乗り越えるには、物質的な経験から離れて、たとえば、「豊かな人間の主体性」に向かうのではなく、物質が見せる色とりどりの存在のありように近づく以外にない[151]。還元主義と戦うために、何かしら人間的、象徴的、主観的、社会的な「側面」を記述に加えるべきではない。還元主義は、そもそも、客観的な事実を公正に扱っていないからだ。言わば第一の経験論は、政治的な理由のために、客観性の紆余曲折ぶりを何とか見えなくして、非人間を抜け殻にしてしまった。実証主義者は、「客観性を有している」どころか、むしろ、所有地を持て余しているように見える不在地主に近い。科学論に携わる私たちは、ここでどうすべきかわかるだろう。

ここにANTの大きな公算がある。つまり、諸々のエージェンシーが自らを表出させせられているところ、つまりは、科学実験室——あるいは、実験室が日常生活にもっと密接にからんでいるところ(今日では珍しくない)——に少し近づけば、客観性の数々の襞《ひだ》ないし層がすぐさま目に見えるようになるのだ。実証主義者が、確実性の大聖堂を築き上げる基礎的な構成単位として「事実」を選んだときには、インスピレーションが十分でなかった。実証主義者は、まるで事実が最も原初的であり、堅固で、論争の余地なく、疑い得ないものであり、残るものはすべて事実に還元できるかのように振る舞ったのだ。しかし、実証主義者が自らの土台に選んだ堅固なものには、複数の問題があった[152]。事実の語源的意味そのものに目を向ければ、実証主義者は震えおののいたはずだ。つまり、事実もまた作られるならば、どうして、事実はそんなに堅固になるのか。どんなに単純な実験室のどんなに短い研究を見ても、そして、ルドヴィク・フレックがずいぶん前に明らかにしたように、事実とは、およそ原初的なものではなく、何よりも複雑で、何よりも精巧で、何よりも集合的なこしらえ物《メイクアップ》なのだ！(153)

梅毒を発見するヴァッセルマン反応に関するフレック

科学社会学の創始者であるフレックは、その先駆的な著作のなかで、カント流ないしクーン流のレンズによって読み解く人びとによって通常認められている科学的事実の「起源」についてかなり細か

(151) フランソワ・メラーは、奇想天外な甜菜《てんさい》の事例を題材にして、物が持ち込まれるときに社会に起こることについて最高の応用例のひとつを示している。メラーの 'L'autorité des instruments dans la production du lien social' (Mélard 2001) を参照のこと。

(152) デュルケムも、「社会的事実をもののように」扱うことを提唱したときに、上手くいく見込みはあまりなかった。というのも、社会的であること、事実であること、ものであることが、おそらく最も議論を呼ぶ不確定であやふやな三つの哲学概念であるからだ！

(153) ルドヴィク・フレックの *Genesis and Development of a Scientific Fact* (Fleck 1981)、ルドヴィク・フレック、ロバート・S・コーエン、トーマス・シュネレの *Cognition and Fact* (Fleck, Cohen and Schnelle 1986) を参照のこと。

な記述を練り上げている。(154)

ある科学的な学問分野について正確な歴史的説明を行うことは不可能である。言ってみれば、次のように活発に交わされている会話の自然な流れを書いて記録することを望むようなものであるからだ。つまり、複数の人間が同時に言葉を発しており、自分の話を聞かせようと声を上げているものの、ひとつにまとまることを許さない会話である。(Fleck 1981: 15)

しかし、フレックによる社会的なものの定義は、明らかに肯定的であり、何ら否定的でない。つまり、社会的なものが多くなれば多くなるほど、実在性が高まるというのだ。

どの認識論も取るに足らない。このあらゆる認識の社会学的依存性を、基本的な点でも考慮していないし、細かい点でも考慮していないからだ。しかし、社会的依存性を、必要悪として考え、不幸な人間の克服されるべき欠陥と考える者たちは、社会的な条件づけがあってはじめて認識が可能になることに気づいていない。それどころか、他ならぬ「認識」という語は、思考の集合体とのつながりにおいてのみ意味を有するのである。(Fleck 1981: 43)

この点で、フレックは、デュルケムのような社会学者とは意見を異にしている。つまり、しかし、こうした社会学や古典学の訓練を受けた思想家は皆、その思索がどれほど生産的であろうとも、典型的な誤りを犯している。この種の思想家は、科学的事実を過度に尊重しており、信心めいた畏怖を寄せようとまでしているのだ。(Fleck 1981: 47)

ただし、「思考の集合体」というあいまいな概念は、伝統的な方法で考えられてきた社会的影響とは似て非なるものである。つまり、

「思考の集合体」を、意見を相互に交換したり、文化的な相互作用を続けたりしている人びとの共同体として定義するならば、思考の集合体は、いかなる思考の分野であれ、その知識の蓄積と文化の水準とともにその歴史的発展を「運ぶ」特別なものをもたらすことがわかるだろう。これを私たちは思考様式と呼んできた。したがって、思考の集合体が、欠けた要素を埋め合わせてくれるのだ。(Fleck 1981: 39)

思考の集合体は、事実の生産を条件づけたり制限したりするものではなく、新たな事実が生まれ出るのを可能にするものである。つまり、

(154) レンズという前提のメタファーは、実際に、フレックの著書に対するクーンの序文で用いられているものである。

こうして事実が生まれる。最初は、混沌とした当初の思考のなかに抵抗の合図があり、次には、思考を限定して制約するものになり、最後に、直接知覚されるかたちとなる。事実とは、例外なく、思考の歴史の文脈のなかで生まれるものであり、例外なく、限定された思考様式の結果である。(Fleck 1981: 95)

こうして社会的なものに対して実在論的な姿勢をとることで、フレックは、事実の生産が集合的営為であるという考えから出来事であるという考えに至ることになる。

ワッセルマン反応と梅毒の関係が認められたことに対する私たちの考えはこうまとめることができる。ワッセルマン反応の発見——または発明——は唯一無二の歴史プロセスのなかで起こったのであり、実験によって再現することも論理的に確証することもできない。ワッセルマン反応は、多くのエラーがあったにもかかわらず、社会心理的な動機と一種の集合的な経験を通して、練り上げられた。この視点をとることで、ワッセルマン反応と梅毒の関係——疑う余地のない事実——は、思考の歴史における一出来事になる。(Fleck 1981: 97)

出来事の概念によって、社会学者と科学認識論者に見られる対称的な限界を乗り越える道が開かれる。つまり、

> 真実は、その一般的な意味において「相対的」ではないし、間違いなく「主観的」ではない。真実は、常に、あるいは、ほとんど常に、思考様式の範囲内で完全に決まる。同じ思考がAにとっては真実であり、Bにとっては虚偽であるとは決して言えない。AとBが同じ思考の集合体に属しているならば、その思考は両者にとって真実であるか虚偽であるかになる。しかし、両者が異なる思考の集合体に属しているならば、その思考はまったくもって同じ思考ではない！ それは、両者のうちの一人にとって不明瞭であるか、違うかたちで理解されているに違いない。真実は約束事ではなく、むしろ（一）歴史的観点からは、思考の歴史のなかの出来事であり、（二）同時代的文脈においては、様式化した思考の制約である。（Fleck 1981: 100）

ANTの関心は、社会的なものの檻から人間アクターを解放することにあるだけではなく、第一の経験論が〈厳然たる事実〉に与える狭い監房から逃れる機会を自然のモノに与えることにもある[155]。このことは、私がいつも科学論に見出していた目新しいことであった。つまり、科学論が発展を見るまで、「自然」と「社会」の正しい分水嶺をめぐる哲学者、社会学者、政治学者による対話では、い

（155）拙著 *Politics of Nature*（Latour 2004b）第二章。

つも、太古の昔から変わることなくある〈厳然たる事実〉が例に出されていた。たとえば、ネアンデルタール人がすでに用いていたであろう石、敷物、コップ、ハンマーなどだ。そうしたモノは歴としたものではあるが、前章で見たように、もはや痕跡を残すことはなく、したがって、媒介子として再び姿を現す見込みはない(156)。

〈厳然たる事実〉(matter of fact)ではなく、〈議論を呼ぶ事実〉(*matter of concern*)とここで呼ぶものを導入することで、議論の方向は一変し始める。(訳註54)後者に見られる非常に不確定性が高く、激しい議論を呼びつつも、実在しており、客観的で、非定型的で、何よりも関心を引くエージェンシーは、厳密には客体として捉えられず、むしろ集めるもの(*gathering*)として捉えられる(157)。モンテカルロ計算をジョッキ型のコップと同じように扱うことはできないし、遺伝子組み替え食品を玄関マットと同じように扱うことはできないし、四元数をコクチョウと同じように扱うことはできない(158)。この対照性こそが、第四の不確定性の源流である。つまり、〈議論を呼ぶ事実〉をめぐる科学的な論争をマッピングすることで、他ならぬ経験論の全景——したがって、「自然な」ものと「社会的な」ものとの分離——を一新できるようになるはずである。〈議論を呼ぶ事実〉からなる自然界は、〈厳然たる事実〉からなる世界とは似ておらず、したがって、そう易々と、「象徴的－人間的－志向的な」社会秩序の引き立て役として用いることはできない。したがって、第二の経験論と呼べるであろうものは、第一の経験論とはまったく似ていない。つまり、その科学、その政治、その美学、その道徳は、過去の経験論とまったく異なる。第二の経験論は、やはり実在的で客観的であるものの、第一の経験論よりも生き生きとしており、多くのことを物語り、活気があり、多元的で、とりわけ非直覚的である。

しかし、第一の経験論から第二の経験論に至る道のりに、急進的ないし革命的なところは何もない。一方の世界から他方の世界に移行するために、優れた創造性や勇気や独創性がＡＮＴの研究者に求められることはなかった。実験室にいる科学者や技術者は日々、事実の生産を、いっそう目に見えるようにして、いっそうリスクを伴うものにして、いっそうコストのかかるものにして、いっそう論争を呼ぶものにして、いっそう関心を引くものにして、いっそう一般市民に関わりあるものにしていた。このことは、専門誌を一読しさえすれば簡単にわかることであった。〈厳然たる事実〉は静かなまま、「事実はそこにある！」という叫び声を黙って支える役割を果たすにとどまるであろうが、〈議論を呼ぶ事実〉については、その痕跡が今や至るところで見つかり、そのデータが尽きることはない。連関の社会学者をくじかせることがあるとすれば、それは、声なき「自然」の深い静寂が、社会学者の調査を不可能にして、「象徴的な」人間の領域に専念させようとするからではなく、現代世界に存在する〈議論を呼ぶ事実〉のさまざまな存在様態に関する情報があふれ出ているからである。私たちは、どうすれば、社会学者としての務めを果たし、増え続ける大量のデータを偏りなく扱えるのだろうか。

（156）もちろん、考古学者と民族誌学者による専門家の手にかかれば別である。ピエール・ルモニエの *Technological Choices* (Lemonnier 1993) を参照のこと。

（157）マルティン・ハイデッガーの *The Question Concerning Technology and Other Essays* (Heidegger 1977)〔ハイデッガー『技術への問い』（二〇〇九）ほかのアンソロジー〕。ハイデッガーの議論の読み直しに関して、グレアム・ハーマンの *Tool-Being* (Harman 2002) を参照のこと。

（158）ピーター・ギャリソン『アインシュタインの時計　ポアンカレの地図』（二〇一五）を参照のこと。

第四の不確定性に対する解法は、いま一度、不確定性を糧にする方法を学ぶことであって、世界に備わるものがどのように見えるのかを前もって決めてしまうことではない。自然の対をなす社会の概念の場合と同じように、自然の概念から毒を取り除く方法を学びさえすれば、調査を続けることができる。「社会」について、私たちは、社会的な素材でできている実体——私たちが捨てたもの——と、連関——私たちが保持したもの——を区別することを学んだ。同様に、「自然」についても、実在性を示す働きを保持しつつも、〈厳然たる事実〉への早すぎる統合を退けるつもりである。連関という発想から、社会的なものが社会的な素材でできているという結論に跳ぶことが間違いであるとすれば、非人間に対する関心から、自然なものが〈厳然たる事実〉であると結論することもまた同じ類の誤りである——科学論を少し学べばわかるように、〈厳然たる事実〉とは、〈議論を呼ぶ事実〉が平板化したものでしかない。

いくつか例を挙げよう。精子はかつて、無力な卵子に向かって力強く泳ぐ、小さくともたくましい存在であったが、今では、卵子に引き寄せられ、取り込まれ、引き込まれる存在であり、卵子のエージェンシーは非常に精妙なものになっており、健康な精子を不健康な精子から選別できるほどである——あるいは、少なくとも、今では、このことが発生生理学で議論になっている。[159] 遺伝子はタンパク質をコーディングする情報を伝えるとされていたが、生存をかけて互いに競争していると考えられるようにもなっており、したがって、情報転写のメタファーを古びたものにしている——あるいは、少なくとも、今では、このことが一部の遺伝学者のあいだで議論になっている。[160] チンパンジーは、野生の楽園のイメージをもたらしてくれる、社交性をもった良きパートナーであるとされていたが、今では、非常に競争的であると見られており、悪どいマキャヴェリ流の謀略をめぐらし、さらには、謀殺を行うことすらある――あるいは、少なくとも、このことが霊長類学で議論になっている。[161] 表土は、さまざまな色の層に分類される不活性物質が詰まったものであり、土壌学者がマッピングする方法を知っていると考えられていたが、今では、非常に多くの微生物で満ちており、微生物学者だけがこのミニチュア・ジャングルを説明できるほどになっている――あるいは、少なくとも、このことが一部の土壌学者のあいだで議論になっている。[162] コンピュータは平板なデジタル機械であると考えられていたが、今では、その規則的計算とは無縁の物理的なアナログ信号の途方もない組み合わせによってデジタル性を達成しているように見られている――あるいは、少なくとも、このことが一部のコンピューティング理論家のあいだで議論になっている。[163]

以上のような複数性が意味しているのは、科学者は自分が何をしているかについてわかっておらず、すべてが虚構にすぎないということではなく、むしろ、「自然で客観的な〈厳然たる事実〉」という出

---

(159) シャーリー・ストラムとリンダ・フェディガンの *Primate Encounters*（Strum and Fedigan 2000）所収のZ・タン＝マルティネスによる 'Paradigms and Primates'（pp. 260-274）を参照のこと。

(160) ジャン・ジャック・クピークとピエール・ソニゴの *Ni Dieu ni gène*（Kupiec and Sonigo 2000）を参照のこと。

(161) フランス・ドゥ＝ヴァールの『チンパンジーの政治学』（二〇〇六）を参照のこと。

(162) アラン・ルエランとミレイユ・ドッソの *Regards sur le sol*（Ruellan and Dosso 1993）を参照のこと。

来合いの概念によって拙速に一緒くたにされたもの——つまり、実在性と単一性と議論の余地のなさ——を、科学論が切り分けられるようになったということである。[164] 実在性を探し求めれば、単一性と議論の余地のなさが自動的に得られるわけではない。そして、ここで見ている複数性は、「同じ」物事に向けられる「複数の視点」によってもたらされる「解釈の柔軟性」とは無関係である。物事そのものを複数的なものとして展開できるのであり、したがって、さまざまな視点で把握できるのであり、集合体の力によって後に単一化される可能性もあるのだ。[165] 要するに、ウィリアム・ジェームズの表現を用いれば、この多元宇宙には、哲学者や科学者がありうると考えていたよりも数多くのエージェンシーが存在しているのである。

ここに、倫理的、科学的、政治的に見て重要な点がある。つまり、〈厳然たる事実〉からなる単数形の世界から、〈議論を呼ぶ事実〉からなる複数形の世界に移行する、つまりは、科学から活動中の科学《サイエンス・イン・アクション》に移行する場合には、「同一の」自然に対する複数の「象徴的」表象に付きものの実在性への無頓着にも、「自然」の概念による早すぎる単一化にも甘んじるわけにはいかなくなるのだ。この世界で時を同じくして作用しているエージェンシーのごたまぜに、数々の科学の成果を持ち込むことで、私たちは形而上学から存在論へと、もう一つのルビコン川を渡ったのである。[166] 伝統的な社会理論が形而上学の探究に逆らっていたとすれば、存在論に入り込むことにはなおさら躊躇してしまうだろう。そんなことをすれば、社会理論自体が哲学的には幼年期にあることを思い知らされるからだ。それでも、旅をしたいならば、そうした荒海を泳いで渡る方法も会得しなければならない。

形而上学から存在論に向かうことで、実在する世界は実のところどういうものなのかという問いが再び生まれる。形而上学にとどまる限り、アクターの有する諸世界を展開させることを簡単すぎるままにしてしまうというおそれがつきまとう。というのも、アクターの有する諸世界が、単数形の世界のありように関するそれぞれの表象として捉えられかねないからだ。その場合、私たちは一インチたりとも進むことなく、社会的説明の出発点に戻ることになるだろう——つまり、カント流の観念論への回帰である。

この危険性はいくら強調してもしすぎることはない。たとえば、「自分たちとは異なる」コスモロジーについて人類学者が示す開かれた心は、しばしば、そうした表象が〈厳然たる事実〉からなる確固たる世界とはまともな関係にないという確信があるから可能になっている。未開部族の信念に対する研究者の寛容さには、優越感ゆえの視線の低さがにじみ出ていよう。性的関係からいかに子どもが生まれるのかを想像するには幾千のかたちがあるだろうが、子宮のなかで胎児が実際にどのように成

(163) アダム・ロウとサイモン・シャッファーの *N01se* (Lowe and Schaffer 1999) を参照のこと。

(164) これは、マーク・ベルクとアネマリー・モルの *Differences in Medicine* (Berg and Mol 1998) と、モルの『多としての身体』(二〇一六) から得た決定的な教えである。

(165) これは、ポストモダニズムとANTを分けるものでもある。前者は、自らの務めが、「大きな物語」によって過度に単一化した世界に複数性を付け加えることであると考えているのに対して、後者は、複数性が、物事を解釈する人間の特性ではなく、物事の特性であると考える。

(166) この二つの語の長きにわたって移ろいできた歴史を考えて、あえて標準的な定義に従おうとはしなかった。以下、「存在論」は、真実と単一化の問題が加えられることを除けば、「形而上学」と同じものである。

長するのかを説明する発生生理学はひとつだけであるとされる。橋に意匠をこらすには幾千の方法があるだろうが、重力のかかり方はひとつだけである。第一の複数性は社会科学者の領野であり、第二の単一性は自然科学者の範囲である。文化相対主義は、自然科学の堅固な絶対主義によってのみ可能になる。これが、自然地理学と人文地理学、自然人類学と文化人類学、生物学的精神医学と精神分析学、物質考古学と社会考古学などのあいだで続いている無数の議論の基本設定である。単一性と客観性が一方にあり、複数性と象徴的現実が他方にある。

この常識的な解法こそが、ANTが支持できないものにしたい解法である。以上のようにひとつの実在性と数々の解釈に分けてしまうことで、私たちが連関と呼ぶものの連続性と共約可能性がすぐさま消え去ってしまう。というのも、複数的なものは波風立った歴史の流れに左右されることになるのに対して、単一の実在性は無傷で、手つかずで、いかなる人間の歴史からも切り離されたままになるからだ。しかし、社会的対象から自然的対象へと移行しても、めまいのするような複数性から静かで落ち着いた単一性に移行することにはならない。私たちが移行すべきなのはそのとおりだが、その移行は、貧弱な中間項のレパートリーから、非常に複雑で大きな議論を呼ぶ媒介子の集まりへの移行でなければならない。諸々の存在論をめぐる論争は、形而上学とまったく同じように人びとの関心を引き議論を呼ぶことになるが、ただし、形而上学の場合とは異なり、（この世界は実のところどういうものなのかという）真実をめぐる問いを、よくある相対主義に基づく冷笑的態度をとって無視したり、「事実はそこにある」ことを示すために机を叩き石を蹴ることでアプリオリに単純化したりすることはできない。(167) 実在性が十分に現れたとしても、その単一性の問題はなお未解決である。ひとつの共通世界[訳註55]をまとめあげて整える必要があるのだ。本書の最後に見るように、この点で、社会科学はこの政治的な意義を再び手にするであろう。社会科学の政治的意義は、社会的なものというエーテルを捨て去り、このエーテルが可能にする数々の批判の自動的使用を放棄することで失ってしまうように見えるが、別のかたちで取り戻されるのだ。この世界を裁定するために持ち出せる背後の世界はないが、この平凡な世界には、ひとつになることを切望しているであろうもっと多くの世界が潜んでいる――ひとつになれるかどうかは、私たちが成し遂げられるようになる政治的、科学的な組み立ての作業にかかっている。

幸いにも、社会学者としての務めを果たすためには、こうした難題のすべてに一度に答える必要はない。〈議論を呼ぶ事実〉によって顕在化するエージェンシーのすべてを展開させる必要すらない。私たちがすべきことは、経験的に得られる実在の与件《データ》であると言い張る一種類の〈厳然たる事実〉というヘゲモニックな見方によって、エージェンシーの多様性が尚早に閉ざされないことを確実にすることだけである――そして、このことは、もちろん、「物質」や「自然」に対してだけでなく、「権力」や「社会」にもあてはまる。ここでもやはり、ANTを実践するための鍵をなすトレーニングは、消極的な格好で始まる。

私たちに必要な経験的把握を取り戻すためには、トゥードゥー・リストが役に立つだろう。この理

(167) 私が複数形の存在論(ontologies)にこだわるのは、読者に対して、この単一性が、世界のはじまりの姿の結果でなく、世界がひとつに集められ組み立てられる場合にその世界が見せるであろう姿の結果であることを思い出させるためである。

路にはかなりの難所があり、私たちを迷子にさせかねないからだ。

第一に、科学的事実に目を向けることの大きな利点は、その語源が示しているように、科学的事実は、作り上げられるものであり、実にさまざまな姿形で、実にさまざまな完成段階で現れることにある。科学的事実が単数形の「世界」の「基礎をなす構成単位」として用いられる際には、そうした姿形や完成段階の違いがすべて臆面もなく隠されていたのに対して、その「製造所《ファクトリー》」である実験室や研究所に戻されるやいなや、科学的事実は大量の情報を発することになる。今や科学論が示す数々の工夫《デバイス》によって、制作中の事実に注意を向けることができるし、そうした事実がいつもの冷え切った〈厳然たる事実〉にまだ変わっていない場を増やすことができる。

第二に、そうした場は、もはや実験室に限られない。これは、現代の科学技術の大きな利点である。現代の科学技術は、大いに広がり、数々の場面に現れ、日常生活や日々の関心事とこれまでになく密接につながっているので、先進社会であればどこであれ、科学技術の成果にひとつも出くわすことなく活動の経過をたどるのは困難だ。科学技術が広がれば広がるほど、社会的な紐帯を物理的にたどれるようになる。ワールド・ワイド・ウェブを見ればわかるように、物質的なインフラによって、社会科学者による諸々のつながりの追跡が容易になっている。ワールド・ワイド・ウェブをワールド・ワイド・ラボと呼ぶこともできよう。

第三に、科学が生み出す実験と論争は、現場の科学者にとっての形而上学と存在論の実際的な意味を絶えず確かめさせてくれる独特の機会になる。科学の組織化そのものが——補助金申請、国際競争研究、学会、出版物、論争、コンセンサス会議を通してなされる——、存在論の問題の生じ方に関する途切れない情報源を分析者にもたらしてくれる。科学的な諸制度においてこそ、私たちは、実在性の追求をやめることなくエージェンシーの範囲を広げること（新たな行為の理論を探ること）がどんなことであるのかを最も容易に理解できるだろう。別の言い方をすれば、科学の営みは、社会理論にとってのショウジョウバエである。（訳註56）というのも、科学の営みは、もっとアクセス困難な分野で後に研究対象になるかもしれないものを拡大して際立ったかたちで見せてくれるからだ。絶えず移り変わる存在論を尊重する仕方を学べば、科学的なものよりも難しいものに取り組めるようになる。つまりは、社会的説明の重みによって自らの実在をめぐる問いが簡単に押しつぶされてしまったものに取り組めるようになるのだ。[168] 他の分野と比べて科学が容易であるというのは、客観性の紆余曲折ぶりをめぐる議論をたどれる可能性がずっと高いからである。

　第四に、科学社会学者の助けを得ずとも、〈厳然たる事実〉と〈議論を呼ぶ事実〉の違いが、諸々の「自然のもの」をめぐる論争の激しさの高まりによって人びとの目に見えるようになった。実在性と単一性の違いが明白になるのは、専門家の知識を採用するかいなかを法廷が決めなければならないときであり、自然現象に関する決定を一国の首脳がしなければならないときであり、何らかの地政学的論争を着地させるためにコンセンサス会議が招集されるときであり、適切な実験手順《プロトコル》に従わなかったとして科学者が紙上で仲間を非難しているときであり、メキシコ湾流の今後の流路に関する公の議

（168）この優れた例証を、カトリックの神をアクター－ネットワークの一例とみなす宗教研究に見ることができる。アルバート・ピエットの *La religion de près*（Piette 1999）を参照のこと。

論[訳註57]が続いているときである。かつては、実在と虚構の間を、まるでそれが進むべき唯一の道であるかのように行ったり来たりしなければならなかったのが、今や、諸々の実在性——今や複数形——をもたらす手続きと、安定性と単一性をもたらす手続きとを区別することができる。[169] 語源のもつ素晴らしい力を最大限に活かせば、今やモノ（object）は再び物事（*thing*）になり、[訳註58] つまりは、潜在的な集会の核をなす議題になっているのだ。[170]

今や明らかであろうが、これまで自然科学に対する調査が制限されてきたのは、痕跡がなかったからでも、そもそも技術的に難しかったからでもなく、その前提をなしている考え方が障害になって調査をアプリオリに不可能にしていたからである。この障害は、社会科学の二つの主な欠陥——「社会的」の概念と「科学」の概念——に関係しているため、手に負えないように見えるとしても、第四の不確定性の発生源を他の三つの発生源に加えれば、張子の虎にすぎなくなるだろう。確かなことは、自然科学という開かれた経験的分野は、社会科学者の参入が禁じられていたのが信じられないほどに、広大で、実りが多く、多様であることだ。第三の不確定性の発生源によって、社会学者は、自らの存在を数十万年にわたって人工の物と分かち合ってきた「解剖学的現生人」と肩を並べられるようになったとすれば、今や、第四の発生源を用いて、先の科学革命と産業革命が〈議論を呼ぶ事実〉で満たしてきた世界に立ち帰る時であろう。

いずれにせよ、ANTを用いてなされる報告の品質管理を定めるとすれば、以下の点を忘れてはならない。①新たなエージェンシーが持ち込まれるときには、単なる〈厳然たる事実〉としては決して示されず、常に〈議論を呼ぶ事実〉として示されていること、②事実生成の複数性を、「解釈の柔軟性」や経験的把握の弱体化に結びつけることなく、とりわけ脱構築のムードを打ち消すことに目が向けられていること、③事実を安定化させるメカニズムがはっきりと可視化されていること、④最後に、実在性の複数性——本書で形而上学と名づけたもの——とその漸進的な単一化——存在論——を区別することを可能にする手続きに目が向けられていること、である。

残念ながら、社会的なものの社会学による障害を取り除くにはものの数時間（これまでの章を読むのに必要な時間）で済むとしても、私たちの前にはもっと大変な課題がある。これまでに見た概念上の障害が取り除かれてはじめて、本当のハードルが見えるようになる。それは、連関の社会学の展望に適うであろう報告を書く方法である。これが、旅に出る前に取り組まなければならない新たな難題——願わくは最後の難題——である。

(169) カロンらの *Agir dans un monde incertain* (Callon, Lascoumes and Barthe 2001) を参照のこと。
(170) ウェイベルとの *Making Things Public* (Latour and Weibel 2005)、ミッシェル・セールの『彫像』(一九九七) を参照のこと。

第五の不確定性の発生源――失敗と隣り合わせの報告を書きとめる

このANTの入門書は、新種のゼノンのパラドクスのように見えてきた。まるで数多の媒介子がありとあらゆる部分を切り離して、それぞれを報告に入れるよう訴えているかのようだ。「うまくいくわけがない！　そんなに多くの論争をどうやって取り込めばよいのだ。一つか、おそらく二つは取り込めるだろうが、四つを一度に取り込むことなどできない！」　そこで、こんな誘惑が頭をもたげる――もう諦めてしまって、もっと無理のない社会理論に頼ろうではないか。しかし、そうした社会理論は、本書で見てきた不確定性の発生源の大半を無視してしまい、その常識的判断の愚かさを露呈するであろう。残念ながら、ペースを上げる方法は見つかっていない。つまり、あの種の社会的なものに向かうこの種の科学は、①つながりの連鎖に目を向けて数多の異論やモノを記録するだけの時間をかけるべきだし、②一歩進むごとに増殖していく媒介子を結びつけるのに必要なだけの手間をかけるべきだし、③そうした新たな紐帯を協同して綿密に作り上げているアクターと同じくらい、反省し、周りとつながり、自らを際立たせるべきなのである。この新たな学は、差異を記録し、複数性を取り入れる力がなければならず、新たな事例にアプローチする度に自己変容する力がなければならない。それゆえに、四つの不確定性の発生源のすべてを一度に相手にして、果敢に取り組まなければならない。一つひとつの不確定性が別の不確定性に対して固有の難点を加えていく。ひとつでも欠ければ、プロジェクト全体が崩壊する。

しかし、正直なところ、簡単ではない。社会的説明という便利な短縮表記《ショートカット》を捨てて、あるグループがどのようなものであり、どのようなものでないのかをめぐる枝葉末節にどこまでもこだわり、中間項を担ぎ出して媒介子として振る舞わせ、まったく取るに足らないアクターによる何よりも面妖な言動を記録し、行為に与するモノを一つひとつ列挙し、確固たる〈厳然たる事実〉からなる背景を捨てて、流動的な〈議論を呼ぶ事実〉に向かうというのは、結局のところ、逆効果ではないのか？　腕白な子どもがつついた蜂の巣から飛び立つ蜂の群れのように、従うべきアクターが四方八方に広がっているのに、調査する者は「アクターに自身に従う」べきであると主張するのは馬鹿げているのではないか？　どのアクターが選ばれるべきなのか？　どのアクターに従うべきで、どれくらいのあいだ従うべきなのか？　そして、各々のアクター自体が、四方八方に広がる別の蜂の群れでできており、それがどこまでも続くならば、いったいいつ調査を止めればよいのか？　あまりにも細かいことにこだわり、あまりにも度が過ぎており、あまりにも広範に及び、あまりにもオブジェクト指向である結果、まったく実践的でなくなる方法ほど、馬鹿げたものはない。それは、もはや社会学《ソシオロジー》ではなく、遅会学《スローシオロジー》だ！　禅僧であれば、その厳格な修行のなかで数々の難題に頭をひねることができるが、社会学の論文を書く者はそうではない。ＡＮＴは十分に実行可能なプロジェクトを提案しているのか、あるいは、デマを流した罪でＡＮＴを訴えなければならないのか。

テクストを書くのであって、窓ガラスを通して見るのではない

幸いなことに、こうした多くの難点から抜け出す解法がある。その解法は、本書でこれまでに見たすべての解法と同様に、非常に実践的なものである。あくまで不確定性を糧にするという決意を貫くことによってのみ、最後には立ち直ることができるのだ。これまでに見てきた論争のすべてを片付ける機会を得たいならば、最後となる第五の不確定性の発生源、つまり、研究そのものについての不確定性を加えなければならない。要するに、レポートを作成すること自体を最前面に出すのである。そろそろ読者も理解しているはずだが、相対主義の問題を解決する方法は、例外なく、相対性に深入りすることであり、つまりは、さらに関係を築くことである。特別な条件がなければ、アインシュタインが行ったことを、私たちは自分たちの研究に対して行うべきである。アインシュタインは、エーテルという壮大な問題に取り組む代わりに、定規と時計を持った者が、別のところで定規と時計を持った者のことがどう見えているのかという一見、間の抜けたくだらない問題に取り組むことにした。私たちが求めているのは、自分の頭のなかで思い浮かべたことを土台として、これまでに見た四つの不確定性の発生源に向かってサルト・モルターレ〔決死の跳躍、宙返り〕をするといった不可能なことでなく、次の単純な問いを発することだ。社会的な結びつきをたどるとき、私たちはどのようなことをしているのか。私たちは、事実上、報告を書き留めているのではないか。

報告《アカウント》とは何か。(171) それは、ほとんどの場合、テクスト(訳註59)であり、レーザーで印字された厚さ数ミリの枚数の紙である。一万語の報告があるとして、それを読むのは、時としてごくわずかの人であり、多く

の場合は十人程度であり、本当に運が良ければ、数百人が読んでくれる。五万語の論文を読むのは五人程度であろうし（運が良ければ、あなたの指導教員も一部を読んでくれたことであろう！）、ここで「読む」と言うとき、それが意味するのは「理解する」、「活用する」、「認める」ことではなく、むしろ、「ざっと読む」、「一瞥する」、「触れる」、「引用する」、「積ん読する」ことである。そして、私たちが報告を加えるのは、せいぜい、自分の研究してきた分野で同時期に世に出されたものに限られる。当然のことながら、私たちの研究は、決して完璧なものではない。私たちは、物事の真っ只中で始めているのであり、同僚に急かされ、助成金の申請に追われ、資金難にあえぎ、締め切りに追われている。その結果、私たちは、研究してきたことの大半を見落としたり取り違えたりしている。研究しようとした行為や作用はすでに始まっていたことであり、私たちがいなくなっても続いていく。私たちがフィールドで行っていること――インタビューを行うこと、調査票を渡すこと、ノートを取ること、写真や映像を撮ること、資料に目を通すこと、当てもなくぶらぶらすること――は、私たちがほんの一時をともに過ごしてきた人たちの知ったことではない。私たちをこの地に送り込んだ調査依頼者（研究所、政府組織、企業取締役会、ＮＧＯ）が私たちに望んでいることは謎に包まれたままであり、この調査者、このトピック、この方法、この調査地を選ぶに至った道筋も紆余曲折を経ている。物事の核心に身を置いて、目と耳を研ぎ澄ませたとしても、的を外してしまう。バッテリーが故障したせいで録音ができず疲れ果てて去ったすぐ後に、すぐ隣で決定的に重要な出来事が起きていた――こんな話を、調査を終えた翌日に耳にする。たとえ丹念に調査をしたところで、事態はよくならない。数か月後には、データ、レポート、コピー、表、統計、論文の山に埋もれることになるからだ。

調査で得られたものが机の上に積み重なり、無数のディスクがデータで一杯になるなかで、どうすれば、この散乱するデータを意味あるものにできるのか。悲しいことに、散乱するデータは、多くの場合、いずれ書かれるものになり、たいていは後回しにされる。そして、だんだんと抜け落ちていく。あらゆる物事に光を当てようとデータの山をくまなく探し回っていると、指導教員や資金提供者や調査依頼者から催促されるし、恋人や配偶者や子どもの機嫌も悪くなるからだ。そして、実際に本腰を入れて論文を書き始め、満足のいく出来栄えに仕上がったときには、字数制限に収まらなかった膨大なデータを葬り去っているはずだ。研究というのは、何もかもが思いどおりにいかない。

しかし、これが人の世の常というものなのか。どんなに観点が素晴らしかろうと、どんなにアプローチが科学的であろうと、どんなに条件が厳しかろうと、どんなに指導教員が細やかであろうと、調査の結果は——まず間違いなく——大きな制約のなかで、複数の同業者の求めに応じたトピックについて準備されたレポートとなり、そうなった理由の大半は説明されないまま終わるだろう。[172]けれども、

(171) ここで、ANTは、エスノメソドロジーの資源——「報告可能性」という鍵概念を含む——を記号論と交配させる。奇しくも、ガーフィンケルは、実践に注目しているにもかかわらず、書くという実践については一度も目を向けていない——そのことが、ガーフィンケルのスタイルを説明にするのにいくらか助けになるかもしれない！　私は、イングランドとアメリカで長年教えるなかで、記号論が海を越えて生き延びられないことを認めざるを得なくなった。テクストとしてのテクストに注目することに、依然として囚われているのだ。

(172) ここでは、レポートという語を総称として用いている。この語が指すのは、論文、ファイル、ウェブサイト、ポスター、パワーポイントのプレゼンテーション、パフォーマンス、口頭試験、ドキュメンタリー映画、芸術作品の展示（インスタレ

他によい方法がないのだから、それで構わない。方法論を長々と論じた論文や書籍は、どこか別の世界を夢見ているのだろう。ANTに関する書籍は、他のアリのためにアリが書いたものであり、この俗塵の世界に小さな穴道を掘るのを助けようとしているだけである。

レポートを書くということを最前面に出せば、社会的なものがどんなものでできているのかを知っていると主張する者たちを怒らせてしまうだろう。そうした者たちは「堅固な」科学者のようになることを強く望み、所与の現象のありようを理解しようとして、書いて報告することについて深く考えようとはせず、その代わりに、明確で曖昧さのない専門用語による透明な媒介によって目の前の物事と直に接したいのだろう。しかし、科学論の訓練を受けてきた私たちは、テクストのもつ性質の重要性から目を背けようとする必要はない。どんなテクストにも、厚さの違いがあり、落とし穴、危険性、不透明さ、ひっかかり、変わりやすさ、ねじれがあり、そして、言いたくないことを言わせ、言いたいことを言わせなくする性質がある。「堅固な」科学の場合でさえ、絶えずこぼれ落ちていく〈議論を呼ぶ事実〉について書き留めようと著者が四苦八苦していることを、私たちは十二分に知っている。私たちのテクストのほうが、実験室から生まれるレポートよりも透明であり直接的であると言えるわけがない(173)。私たちは皆、作り上げることや人工性が真実や客観性に対置されるものでないことを知っているので、ためらうことなく、テクスト自体を媒介子として前面に出すことができる。他方で、やはり同じ理由によって、テクストの仕組みに十分な注意を払うからといって、客観性を獲得するという伝統的な目標を捨てる必要もない。私たちのテクストは、同僚の科学者のテクストと同様に、人工的かつ正確でなければならない。手を加えるから、いっそう正確になるのだ。とはいえ、私たちのテクストは、同僚の科学者のテクストと同じく、単に人工的《アーティフィシャル》／作為的であるというリスク、つまりは、完全な作り物であるというリスクを抱えている。確かなことをわかっている者とテクストを書く者の違いがあるのではなく、「科学的」精神と「文学的」精神の違いがあるのでもなく、「幾何学の精神」《エスプリ・ド・ジェオメトリ》と「繊細の精神」《エスプリ・ド・フィネス》の違いがあるのでもない。(訳註60) 下手なテクストを書く者と上手いテクストを書く者の違いがあるのだ。(174) 問われるべきは次の問いだ。上手くできた実験室とはどんなものであり、上手いテクストによる報告とはどんなものなのか。後者の問いは、表面的で無用なものでは決してなく、私たちの行う社会的なものの科学の定義の核心をなしている。最も挑発的な言い方をすれば、優れた社会学は上手く書かれている必要があるのであって、さもなければ、社会的なものが社会学を通して姿を現すことはない。

　したがって、客観的なテクストを主観的なテクストと対置させるべきかどうかが問題なのではない。一方にあるのは、自然科学の秘訣（であると信じているもの）を手本にすることで客観的《オブジェクティブ》であろ

ーション）などである。

(173) フランソワーズ・バスティードのエッセイ集‘*Una notte con Saturno*’(Bastide 2001) を参照のこと。英語で書かれたものでは、バスティードの‘The Iconography of Scientific Texts’(Bastide 1990)、バスティード、M・カロン、J・P・コーティアルの‘The Use of Review Articles in the Analysis of a Research Area’(Bastide, Callon and Courtial 1989)、バスティードとグレッグ・マイヤーズの‘A Night with Saturn’(Bastide and Myers 1992) を参照のこと。

(174) カルロ・ギンズブルグの『歴史、レトリック、立証』(二〇〇一) は、他の点では魅力的な著書ではあるが、依然として、レトリックと立証という二つの対立項を調停しようとしており、ここで見ている決定的に重要な違いを認めていない。

うとするテクストである。そして、他方にあるのは、モノを丹念に捜し出し、そうしたモノに対して、自らについて言われたことに反論(object)する機会を与えることで客観的《オブジェクティブ》であろうとするテクストである。ANTは、科学なるものの意味と社会的なるものの意味を一新することを主張するからこそ、客観的(objective)な報告の意味についても一新しなければならない。客観的という語は、伝統的な意味での〈厳然たる事実〉を指すものではなく――その場合は、冷静沈着とした公平無私の「客観化」が求められる――、興味関心によって〈議論を呼ぶ事実〉が構築される熱を帯びた現場を指すものである。つまり、テクストに客観性があることを主張するには少なくとも二通りのやり方がある。一方では、客観主義的なスタイルを通して客観性があると主張される――たとえ参照されるモノがそこにない場合であっても。他方では、数多くの反論子(objector)を集めることで客観性があると主張される――たとえ客観主義的なスタイルをわざわざ真似するつもりはない場合であっても。

したがって、社会科学の論文がなぜ、しばしば、そこまで下手に書かれるのかを問うほうが自然だ。その理由は二つある。第一に、社会科学者は、自然科学者による杜撰な文章を模倣しようとしているからであり、第二に、社会科学者は、自然科学者とは反対に、自らの下手な文章の邪魔になる御しがたいアクターを、自らのレポートに呼び集めないからである。

どんなに単調であろうとしても、自然科学者は、思いどおりにいかないモノに見られる数々の奇異な点の少なくとも一部を報告に入れざるをえないだろう。他方では、社会的なものの社会学者――とりわけ批判社会学者――だけが、インフォーマントのはっきりとした語彙を、自分自身の万能なメタ言語ですっかり包み込んでしまえるように見える。自然科学者が論文をできるだけ単調なものにするためにかなりの手間暇をかけたとしても、〈議論を呼ぶ事実〉が科学的な文章に押し寄せ、物理学や生物学や博物学の論文をこの上なく魅力的なオペラの台本にしてしまう――科学に対する文学研究者はこの点をとても印象的に示してきた。(175) しかし、社会科学者はと言えば、往々にして、大きな手間をかけて、決定的に単調なものにすることに成功しているのだ！　この点が、「ハード」な科学と「ソフト」な科学とのあいだに唯一存在する真の違いであろう。非人間の声を抹殺することは決してできないが、人間の声を抹殺することはできる。人間はモノよりもずっとデリケートに扱う必要がある。人間による数々の異論を記録することは、モノによる異論を記録するよりもはるかに難しいからだ。人びとは、自分について言われたことが〈厳然たる事実〉であるかのようにたやすく行動してしまうのに対して、モノがそうすることは決してない。(176) それゆえに、上手くできた報告がどんなものであるのかという問いは、自然科学よりも社会科学にとって、はるかに重要である。「テクストによる報告《テクスチュアル・アカウント》」という語を方法に関する言説に持ち込むことは、ダイナマイトのようなものかもしれない。というのも、そうすることで客観性に対する科学者の主張が吹き飛ばされるからでなく、むしろ、科学者の「ように」書かなければならないという名目の下で社会学者が杜撰な文章を書く権利が完全に消し飛んでしまうからである。科学社会学者は、科学的な文章のなかで客観性がゆっくりと立ち現れること

(175)「科学と文学」(Science and Literature) 学会は、目下、この課題にも取り組んでいる。機関誌 *Configurations* を参照のこと。

(176)〈厳然たる事実〉が政治的に発明されたものであることを考えれば、このことはまったく驚くに値しない。つまり、十七世紀に、自然という集会を召集するために、一種の理念的なシティズンシップが発明されたのだ。人間はこの政治的役割に応じるだろうが、非人間が応じる理由はあるだろうか。

を探る機会が数多くあったので、客観主義的な散文調で飾り立てようとする労苦から逃れていた。[177] 科学社会学者は、借り物の客観性の庇護を受けていなかったので、テクストによる報告にモノを抗わせるという別の道を探ることができたのだ。

　しかし、テクストによる報告のなかの「テクストによる」という語を前面に出すことはなお危険である。というのも、科学論や記号論に通じていない人びとにとって、テクストは、多くの場合、「作り話《ストーリー》」の意味に取られており、もっとひどい場合には、「ただの作り話」の意味に取られているからだ。そうした冷笑的な態度に反して、正確性と真実性をめぐる問いを脇に追いやっていないテクストを指すために、私は「テクストによる報告《テクスチュアル・アカウント》」という表現を用いることにする。[178] けれども、ただの作り話と報告の二つを一緒くたにしたいという誘惑のほうがはるかに強力だ。というのも、社会科学は物語「だけ」を生み出す——時として、この「物語」には「フィクションも同然の」という形容がなされる——と主張する学者——この名誉ある語を当てはめられるならば——がいるからだ。[179] オウンゴールを決めるサッカー選手さながらに、洒脱な人文学者たちは、真実を記すものはないことを言うために「物語」や「言説」という語を用い始めた。まるで、絶対的なテクストがないことが、すべてのテクストが相対的であることを意味するかのようであった。もちろん、社会科学を否定することを望んでいた者は、一人残らず、この主張に諸手を挙げて飛びついた。まさに自分たちがずっと言ってきたことであったからだ。つまり、「社会学者は、ただの物語作家にすぎない。ついにそのことを認める者が現れる時がやってきた」というわけだ。しかし、社会科学は書いて報告すると言ったところで——この世のあらゆる科学は同じことをしており、だから、すべての科学に -logy や -graphy という接尾辞がつく――、私たち社会科学者がフィクションの作り話しか書けないという結論にはならない。まず、そうした評価は、フィクション作家の勤勉さについて甚だしく無知であることをあらわにしている。人類学、社会学、カルチュラル・スタディーズの分野で、「フィクションの物語を書く」ことを誇りにしている者たちであれば、少なくとも、優れた作家と同じように、腕を磨き、実在性《リアリティ》を大切にして、テクストの質にとことんこだわろうとするはずだ。こうした者たちがわかっていないのは、社会科学が「何にせよフィクション」であるならば、社会科学は、批判者たちが実験科学にあると考えているよりもずっと厳しい審理《トライアル》を受けなければならなくなることだ。「優れた作家とはどんな人な

(177) おそらく、この記述もまた、科学論に対する私の身びいきを示す例とみなされることになるだろうが、科学論の特徴は、社会科学の内輪の用語《ジャーゴン》をほとんど使わずに済ませていることにある。

(178) 私は、「テクストによる報告」という語が、ガーフィンケルの報告可能性だけでなく「会計帳簿《アカウンティング・ブック》」とも共振していることに、この上なく満足している。というのも、報告することと経済学との微弱ではあるが根本的なつながりが、科学論のなかで最も生産的で、最も想定外の分野のひとつになっているからだ。アラン・デロジエールの *The Politics of Large Numbers* (Desrosièrres 2002)、マイケル・パワーの *Accounting and Science* (Power 1995) を参照のこと。さらに驚くべき例について、クアトローネの 'Accounting for God' (Quattrone 2004) を参照のこと。

(179) リンゼイ・ウォーターズの *Enemies of Promise* (Waters 2004) で検討されている論者は、多くの場合、フランスのポストモダニズムからヒントを得ているが、そうした論者が理解していなかったのは、バシュラールやカンギレムに染まったフランス人が自分の議論を科学にまで広げることなどつゆにも考えていないことである。フランスでは、素朴な合理主義者であるとともに脱構築の信奉者であることができる。大西洋を渡って移送されるや、この二つの無実の熱情は、危険なバイナリー兵器〔二種類の化学物質で作られた化学兵器〕になってしまった。

のか？」と問うことで反論するならば、私は「優れた科学者とはどんな人なのか？」と問おう。この二つの問いに対する一般論的な答えはない。

しかし、もっと重要なことがある。「ただの作り話」であることを認める報告は、その主たる不確定性の発生源を失った報告であることだ。そうした報告は、もはや、正確であるかどうか、忠実であるかどうか、関心を引くかどうか、客観的であるかどうかといったことを気にかけない。本書でこれまでに見てきた四つの不確定性の発生源を翻訳するというプロジェクトを放棄してしまっているのだ。けれども、どんな社会科学者も、自分のことを科学者と称して、目の前の話題について真実かつ完全なレポートを書こうとするリスクは避けられない。文章をうまく書くことに気を配るようになるから、真実の探求を放棄せざるをえないのではない。逆にいえば、テクストが淡々としていて単調であるからテクストが正確なのではない。往々にして、社会科学者は、「客観的なスタイル」が——通常は、この言葉によって、受動態、君主の「ウィー」(訳註61)、たくさんの脚註といった、いくつかの文法上の技巧を意味する——、モノや反論子の不在を奇跡的に隠してくれることになると考えている。けれども、「客観的なスタイル」という濃厚なソースを使っても、長い時間、肉がないことを隠し通すことはできない。けれども、肉を食べるならば、調味料をかけるのかどうかを選ぶことができる。

テクストによる報告は、社会科学者の実験室である。そして、この対応関係に依拠するならば、実験室が人為的なところだからこそ、途切れることなく執拗に注意を払って、人工的に作り出されるものを探り出すことで、客観性を打ち立てることができるのである。したがって、社会科学のレポートをテクストによる報告として扱うことは、その実在性の主張を弱めることにはならず、調査者に求められるスキルを増やし、取るべき対策の数を増やすことになる。もう明らかになっているはずだが、客観性を生み出すことをもっと難しくすることが一番の狙いである。連関の社会学者が、社会的なものの社会学を捨て、第五の不確定性——自分自身の研究を文章にすることで生まれる不確定性——の発生源を議論に加えるときに、書くという制約を捨てるわけにはいかない。実際には正反対である。社会的なものが、何らかのかたちで循環するものであって、一部の超明晰な科学者による公平無私のまなざしによってアクセスできる裏側世界でないならば、社会的なものは、選び抜かれた数々の装置——テクスト、レポート、報告、トレース装置を含む——によって伝わってくるだろう。正確に言えば、伝わってくる場合もあれば、こない場合もある。多くの実験がそうであるように、テクストによる報告も失敗する場合がある。(180)

それとは対照的に、社会的なものの社会学者は、往々にして、うまく書けないリスクがまったくないかのように、ただ「紙の上に一世界をとどめよう」としているように見える。しかし、その場合には、成功に至る道はない。というのも、文章という媒介の制約を無視したり否定したりする以上、捉まえようとしている世界はいつまでも見えるようにならないからだ。調査の最中にはどれだけ正確であろうと腐心してきたとしても、テクストによる報告を見落としてきたのである。連関の社会学者はまったく異なる実験をしようとする。つまり、紙のレポートや、作り話《ストーリー》、というよりは創作物《フィクション》——事

(180) ポパーの反証可能性原則に魅せられた科学認識論者であれば、ポパーの洞察をテクストそのものにまで引き延ばして、自分の文章もまた同じように失敗しうる場合の条件を明らかにするのが賢明であろう。

実の制作にごく近い語を差し控える必要はない——の具体性が、社会的な結びつきの探索を少しでも先に広げることができるのかどうかを問うのである。別の言い方をすれば、書くことによる報告の命運は、すべての媒介子の命運と連続しており、他方の学派のように断絶していない。一つの輪が切れるだけで鎖は切れてしまう。社会的なものが、一続きの痕跡であるならば、さかのぼってたどる（re-trace）ことができる。社会的なものが、組み合わさったものであるならば、組み直す（reassemble）ことができる。社会的なものの社会学者にとっての社会は、どんなテクストによる報告とも具体的／物質的《マテリアル》に連続していない——それゆえに、方法、真実、政治的意義が歪んでいる——一方で、私たちの言う意味での〔連関としての〕社会的なものがなしていることは、テクスト——少なくとも上手いテクスト——がなしていることと連続させることができるだろう。

ついにネットワークが何であるのかを定義する

しかし、上手く書かれたテクストとはどんなものなのか。ここで関係してくるのは、美しいスタイルではない。私たちは、どんなに上手く書けるようになっても、残念ながら、一介の社会科学者のままであろうし、作家、詩人、脚本家、小説家の技量をはるかに遠くから真似ることしかできないからである。したがって、私たちには、そこまで繊細でない判断材料が必要である。驚くべきことに、まさにそうした判断材料を探すことで、私たちは、ついに、新たな社会理論のなかで最もわかりにくい用語を定義できるようになる。私に言わせれば、上手い報告とは、ネットワークをたどることなのである。

ネットワークの語で私が指しているのは、各々の参与子が一人前の媒介子として扱われる行為《アクション》／作用の連鎖である。ごく簡単に言えば、ANTによる上手い報告とは、すべてのアクターが何かをしており、ただ座しているわけではない物語、記述、命題である。(訳註62) そうしたテクストに登場する各々のアクターは、効果や影響を変換せずにただ移送するのではなく、分岐点になったり、出来事になったり、新たな翻訳の起源になったりもする。アクターが中間項ではなく媒介子として扱われるとすぐに、社会的なものの動きが読者の目に入ってくる。したがって、数々のテクスト上の創作によって、社会的なものは、再び、循環する存在になり、もはや、かつて社会の一部であるとされていた事物の古びた組み合わせで構成されることはなくなるだろう。(181) 私たちの社会科学の定義において、テクストとは試験である。つまりは、書き手がどれだけの数のアクターを媒介子として扱えているのか、そして、書き手が社会的なものを読者にどこまで見せることができているのかを問う試験である。したがって、ネットワークという語は、電話網、高速道路網、下水網などに見られる「ネットワーク」のように、相互連結した点の集まりから成り立っているような外在するものを指してはいない。

(181) この循環する存在は、諸々の「価値対象」として表される。アルジルダス・ジュリアン・グレマスの『構造意味論』(一九八八)、グレマスによるモーパッサンの研究 *Maupassant* (Greimas 1988) における用例を参照のこと〔ラトゥールの『法が作られているとき』(二〇一七) の第四章では、具体的に、十の価値対象が論じられている〕。

ネットワークは、あるテーマについて調査後に書かれたテクストの質を示す指標でしかない(182)。ネットワークは、テクストの客観性の程度を表すものであり、つまりは、他のアクターに思いもよらぬことをさせる各々のアクターの力能を表すものである。上手く書かれるテクストによって、書き手が、一連の翻訳として定義される一連の関係を描ける場合に、アクターのネットワークが明るみになるのだ。

ネットワークについての用語上の正確さ

ネットワークという語は、実にあいまいであるため、ずっと前にこの語を捨ててしまえばよかった。とはいえ、私たちがこの語を用いる時には、確固たる伝統的な用語法に根ざしているのだが、それでも、他の二つの用語法と混同されてしまうおそれがある。ひとつは、もちろん工学技術によるネットワークである——電気、鉄道、下水、インターネットなど。もうひとつは、組織社会学において、組織、市場、国家の違いを持ち込むために用いられているものである(Boyer 2004)。この場合、ネットワークは、人的エージェントをひとつに結びつけるインフォーマルな様式を表している(Granovetter 1985)。

カステルがネットワークの語を用いるときには、以上の二つの意味が融合している。他ならぬ情報テクノロジーの拡張によって、ネットワークが組織化の特権的な様式になっているからだ(Castells

2000）。ボルタンスキーとシャペロ（二〇一三）が資本主義的生産様式の新たなトレンドを定義するのにネットワークを用いたのも、この意味においてである。

しかし、私たちが常に参照してきたのは、以上のものとは異なる伝統的な用語法である。つまりは、ディドロの用語法であり、とりわけ『ダランベールの夢』における用語法である。（訳註63）『ダランベールの夢』では、レゾー〔ネットワークを意味するフランス語〕の語の二七の例が挙げられている。そこに見出せるのは、独特の動的で分散的な唯物論であり、その直近の代表例は、ベルクソンを経由したドゥルーズである。(183) 以下がその一例だ。

今日のところは次の話で勘弁してください。ある婦人がお産ののち、大変な気鬱症にかかりました。何かに取り憑かれたかのように、涙が出たり、笑ったり、息が詰まったり、痙攣を起こしたり、喉がふさがったり、陰気に黙りこくったかと思うと、金切り声を出したりと、悪いことずくめで、それが数年続きました。当時、このご婦人は熱愛中でして、やがて、自分の情夫が病気にうんざりして離れ始めたのではないかと思い始めました。そして、こう決心したのです。治るか、さもなければ死ぬしかないと。心のなかで一種の内乱が始まりました。ときには主人側の有利に

(182) この意味で、指標としてのネットワークは、エスノメソドロジストの「固有の妥当性」概念に相当する。ただし、報告の概念が、テクストによる報告という概念によって肉付けされていることが条件である。

(183) ディドロのネットワーク自然哲学について、ウィルダ・アンダーソンの *Diderot's Dream*（Anderson 1990）を参照のこと。

> 傾き、ときには家来のほうが優位に立つといった具合でした。両者が互角になって、例のレゾーの筋の作用がその中心の反作用と拮抗したときには〔*S'il arrivait que l'action des filets du réseau fût égale à la réaction de leur origine*〕、その婦人は死んだように倒れ込んでしまうのです。寝床へ運ぶと、まる数時間身動きもせず、ほとんど息絶えたかのようになりました。あるときには、倦怠や極度の疲労感や失神で済むこともありましたが、それでも、もう回復しないのではと思わせるものでした。この苦闘が六か月も続きました。反逆が筋から起こるたびに、ご婦人は、それがやって来るのを感じ、最初の徴候が見えるとすぐに、起き上がり、走り回り、この上なく激しい運動に身を任せ、階段を上ったり降りたり、のこぎりで木を挽いたり、鋤で土を耕したりするのでした。「勝つか死ぬかだわ」と自分に言って聞かせ、意志の器官にあたるレゾーの中心を極限まで硬化させるのでした。（ディドロ 一九五八・八三―四頁）

この引用から明らかなように、レゾーは、社会的なものに対する通常の解釈とは無関係であり、言い方を変えれば、レゾーは人間の結びつきに限られていない。レゾーは、まずもって、タルドによる「社会」と「模倣射線」（訳注64）の定義に近いものである（Karsenti 2002）。

では、逆に、下手なテクストによる報告はどう定義できるのか。下手なテクストでは、ひと握りの

アクターだけが他のすべてのアクターの原因にされており、他のアクターは、因果の流れの後景にあるか因果の流れを中継する役割を果たすだけで、それ以外の役割を果たすことはない。そうしたアクターは、一介の登場人物として忙しくしている素振りを見せるかもしれないが、話の筋に加わることはなく、つまりは、行為することはない。作用がそうしたアクターを通して伝わっていくだけなので、一方から他方へと翻訳されるものは何もない。アクターがいてもいなくても違いがないならば、それはアクターでないことを思い出してほしい。下手なレポートは、そのためだけに《アドホック》書かれておらず、事例に固有に妥当するもの(訳註65)ではなく、特定の読者に対して特定のアクターの記述を行うものではない(184)。下手なレポートは、標準的であり匿名的であり包括的である。そこでは、何も起こらない。それ以前に社会的なものとして組み立てられたものに関する決まり文句《クリシェ》が繰り返されているだけだ。下手なレポートは、翻訳を、変換のない単なる転置へと骨抜きにしてしまう。原因となる作用を単なる中間項を通して移送しているだけである。

書くことをめぐって、ＡＮＴと社会的なものの社会学との違いが最も大きくなるのが、この点である——批判社会学と比べればなおさらである。多くの場合、説得力があるとされる報告は、数々の結果を生み出すわずかな数の包括的《グローバル》な原因で成り立っているために、ＡＮＴからすれば、説得力に欠ける報告である。というのも、そうした報告は、すでに組み立てられた社会的な力を繰り返し

(184) あるものがアクター－ネットワークであると言うことは、すなわち、それが種差的であり、その拡大の原理が可視化されており、それを展開させるための手間が十分にかけられていると言うことである。

て、移送しようとしているだけであり、社会的な力を作っているものを調べ直しておらず、社会的な力をさらに広げるのに必要な移送装置を見つけていないからだ。テクストのなかで数多くの社会的な作因《エージェント》が呼び出されていたとしても、その作因を組み立てる原理が未知のままであり、その作因を広げる手間もかけられていないので、何も起こらなかったと言っているように見える。その形象化がいかなるものであろうとも、社会的な作因は作用しない。そうしたテクストは、新たなまとまりの組み直しをたどれる《トレーサブル》ものにしてこなかったので、まるで社会的世界を存在させてこなかったかのようだ。社会的なものに対するありふれた定義はくまなく行き渡っているように見えるけれども、社会的なものに対する私たちの定義が見えてくることはなかった。逆に、社会的なものに対する私たちの定義がなぞられる場合には、社会的なものに対するありふれた定義は真っ先に消えるに違いない。社会なのかネットワークなのか。このこと以上に際立った対照は考えにくい。

したがって、ネットワークという表現を用いることで、私たち自身のレポートにエネルギー、動き、種差性を捉える力がどれくらいあるのかが確認できるようになる。ネットワークは概念であって、外在するものではない。ネットワークは、何かを記述するのに役に立つツールであって、記述される対象ではない。目の前のトピックとネットワークの関係は、伝統的な一点透視図法による絵画と透視方眼の関係と同じである。はじめに方眼線を引くことで、立体物をリネン紙の平面に投射できるようになる。ただし、その線は、描かれる対象ではなく、画家が奥行きを感得するためのものにすぎず、最後には消されることになる。同じように、ネットワークは、テクストのなかで表象されるものではなく、媒介子としてのアクターを引き継ぐ支度をテクストにさせるものである。その結果、まったくネットワークのかたちをしていないトピック——交響曲、法律、月の石、彫刻——について、アクター‐ネットワークによる報告ができるようになる。逆に、工学技術によるネットワーク——テレビ、電子メール、衛星、顧客管理ソフト——について、アクター‐ネットワークによる報告を何ら行うことなく、書くこともできよう。

しかし、こうした文章の質のベンチマークを記述するために、ネットワークという微妙な語を用いるというのは、少しやりすぎではないのか。確かに、ネットワークは、これまでに用いてきたグループ、アクター、アクタン、流動的なもの、非人間といった他の言葉とは似ていない。こうした語は、何の意味ももたないため、意図的に選び出したものだ。逆に、ネットワークは多くの意味をもちすぎている！　ここで混乱が起きたのだが——すべて私たちのせいで——、それは、ANTが初期の段階で記述した対象に工学技術によるネットワーク——測量システム、地下鉄、電話——が含まれていたからであり、さらには、この語が持ち込まれたのは二十五年も前のことで、当時はインターネットがなかったからである——さらに言えば、アルカイダもなかった。したがって、当時、ネットワークの語は斬新なものであり、「社会」、「制度」、「文化」、「界」など、面として覆うもの、無数の因果、実在する〈厳然たる事実〉としばしば見なされていたものとの対照を明らかにするのに役立てることのできる語であった。しかし、今日では、ネットワークが当たり前になり、面として覆うものが例

(185) ボルタンスキーとシャペロの『資本主義の新たな精神』(二〇一三) に見られるように、近年の資本主義的生産様式の変化の一番悪いところを特徴づけるために用いられることすらある。

外になった。ネットワークの概念は、切れ味がなくなってしまったのだ[185]。内輪でしか通用しない用語に頼って、ワークネットないしアクション・ネットといった語が適用できる機会があったならば、この語を代わりに用いて、工学技術によるネットワークとワークネットを対比させ、やはり後者によって社会科学者は前者を解明できることを示したであろう[186]。ネット－ワークを敷く際になされる苦労を、ワーク－ネットによって見ることができるだろう。つまり、後者は、能動的な媒介子としてのネットワークであるのに対して、前者は、中間項の安定した集合としてのネットワークなのである。

どんな語を用いるにせよ、私たちには、翻訳の流れを示すものが必要である。ネットワークという語はすでに定着しており、先に定義し直したアクターという語と小さなハイフンで堅く結びついているのだから、ネットワークの語を用いてもよいのではないか。いずれにせようまい語はなく、分別のある使い方をするしかない。そのうえ、そもそもの有形のメタファーとしてのネットワーク〔網状のもの〕は、この表現を用いて主張したい三つの重要な特徴を保持している。

（a）点と点が結びついており、その結びつきは物理的にたどることができ、したがって経験的に記録できる。

（b）網を海に放り込む漁師であれば知っているように、そうした結びつきは、結びついていないところの大半を空いたままにしている[187]。

（c）この結びつきはタダでできているのではなく、甲板で網を修復する漁師であれば知っているように、手間がかかる。

ネットワークの語を私たちの目的に合わせるためには、第四の特徴を加えなければならない。しかし、それは、確かに、そもそものメタファーをいささか壊してしまうものである。つまり、ネットワークとは、ナイロン糸や言葉など、何かしら持続性のあるものでできているのではなく、何らかの動的なエージェントが残す痕跡からなるものなのである。漁の網は干して乾かせるが、アクター＝ネットワークを物干しに掛けることはできない。アクター＝ネットワークの場合は、別の乗り物、別の循環する存在を通して、たどり直さなければならない。

ネットワーク概念の弱みは、かなり単純な視覚表象が広がっているせいでもある。当初、ネットワークは、放射状に分枝したものであり、各点から伸びる枝が、点と点を結びつけており、そこには新たな結びつき以外には何もないと理解され、その図式的な表示は、そうしたつながりに大まかだが忠実に対応するものを示していた。[188] ネットワークの図式的表示には、その実体的な内容によってではな

(186) アクション・ネットは、バーバラ・チャニオウスカが 'On Time, Space, and Action Nets' (Czarniawska 2004) で示したものである。

(187) 第II部の最後で「プラズマ」の概念を扱うとき、この点はさらに重要になる。空白があることは、社会的なものが循環する稀有な導管に目を向ける際の鍵をなしている。

(188) これは、ミシェル・カロン、ジョン・ロー、アーリー・リップの *Mapping the Dynamics of Science and Technology* (Callon, Law and Rip 1986) で用いられた初期のレキシマップ・ツールの場合である。しかし、今では、もっと多くのグラフィック装置が開発されている。アルベルト・カンブロシオ、ピーター・キーティングとアンドレイ・モグトの 'Mapping Collaborative Work and Innovation in Biomedicine' (Cambrosio, Keating and Mogoutov 2004) を参照のこと。このネットワークの見方は、表象とみれば素朴だが、理論として見れば抽象化の素晴らしい助けとなる。抽象化のために用いられた初期の例として、ジ

く、つながりのリストによって種差性が定義されるという長所があった。つまり、結びつけば結びつくほど、点はいっそう個別化したのである。しかし、そうした視覚グラフには、動きを捉えることができないという欠点があり、視覚的に貧弱であるという欠点がある。それでも、図式的表示の貧弱さによって、調査者は、自らのインフラ言語と、描写されている豊穣な対象とを混同せずに済むのだから、図式的表示の限界までもが長所である。つまり、地図は現地ではないということだ。(訳註66) 少なくとも、世界そのものが点と線でできていると思ってしまうおそれはない一方で、社会科学者は、往々にして、世界が、社会集団、社会、文化、規則など、自らがデータを理解するために考え出した図式的表示であるにもかかわらず、そうしたものでできていると思っているようだ。

いずれにせよ、アクター＝ネットワークをたどるために私たちがすべきことは、流動的な社会的なものが残す数々の痕跡に対して、新たな媒介子の源であるテクストによる報告を加えることであり、そうした報告を介して何かが起こる場合に、社会的なものは再び姿を現すだろう。アクター＝ネットワークの観点による報告では、中間項に対する媒介子の相対的な割合が高くなる。本書ではそうした記述を〈失敗と隣り合わせの報告《リスキー・アカウント》〉と呼ぶことにするが、そう呼ぶのは、失敗する可能性が高い――ほとんどの場合、失敗する――からである。というのも、その取り組みが完全に人為的であることを脇に追いやることはできないし、正確かつ忠実であろうとする願望も捨て去れないからだ。この報告がアクター自身に対して持ちうる意義と政治的影響力については、いっそう不確かになる――この点は結章で見る。すべての問題は、社会的なものという出来事を、テクストを媒介にして読むという出来事にまで広げることができるかどうかにある。これは客観性を得るために払うべき代償である――

ここで客観性を、「反論の充溢性」（*objectfullness*）と定義し直したい。

基本に帰る——ノートのリスト

現時点で、前に進み、この第五の不確定性の発生源を糧にする最善の方法は、とにもかくにも私たちのすべての動きの記録をつけることであり、それには報告の作成自体に関わるものも含まれる。その理由は、認識面での反省性のためでもなければ、自分自身の仕事への自己陶酔のためでもなく、今やあらゆるものがデータであるためである。インタビュー対象者に対する最初の依頼電話から、指導教員への初めてのアポ、調査依頼者が資金計画に対して行う第一次の修正、検索エンジンの最初の入力、調査票の最初のチェックリストに至るまで、あらゆるものがデータである。さまざまなノートをつけるべきであり、ここで、私たちがテクストによるレポートや報告に関心をもつに至った筋道に沿うかたちで、そうしたノートを列挙することが有用であろう——もはや、ノートが手書きであるかデジタル・データであるかは大きな問題ではない[189]。

ユヌヴィエーヴ・テイルの ‘Candide™, un outil de sociologie assistée par ordinateur pour l'analyse quantitative de gros corpus de textes’（Teil 1991）を参照のこと。

（189）ここではノートの語をかなり比喩的に用いており、デジタル・ファイルはもちろん、フィルム、インタビュー、ウェブサイトも含めた表現である。

一冊目のノートは、調査自体のログとしてつけておくべきものである。これは、旅をすることで起きる変化を文書化する唯一の方法である。アポや、研究に対する周りの反応や、フィールドにある見慣れぬものへの驚きなどは、できるだけつぶさに文書化すべきである。このノートがなければ、フィールドに入る、新たな事態に向き合う、といった人工的な実験は、すぐに見失われてしまうことになる。数年経っても、その研究がどんなかたちで受け止められ、どんな人と出会い、どんな情報源にアクセスしたかのか、といったことが、正確な日付と時間でわかるようにしておくべきである。

二冊目のノートは、次のようなかたちで情報を集めるためにつけておくべきものである。つまり、すべての事項を、時系列順に記録すると同時に、カテゴリーに分けられるようにしておくのである(このカテゴリーは、だんだんと精緻なファイルとサブファイルになっていく)。今日では、この相反する要求を満たしてくれるソフトウェアが数多くあるが、私のように年季の入った人間は、カード上のデータを書きかえるという七面倒くさい作業から大きな成果を上げてきた。どんな手段をとるにせよ、できるだけ多くの整理方法でデータを入れ替えながらも、データのまとまりを保つことができれば、参照フレーム間の移動が非常にたやすくなる。調査者が、扱うテーマと同じくらい柔軟に物事をつなぐためには、この方法を用いるしかない。

三冊目のノートは、アドリブの筆記を試みるために常に手元に置いておくべきものである。複雑なもつれ合いを展開する際に追求すべき固有の妥当性は、スケッチとドラフトを途切れなく続けることではじめて得られるものである。しばらくの期間、データを集めて、その後になってはじめて書き留め始めることなど考えられない。レポートを書くことはあまりにリスクのあることなので、調査をすることとレポートを書くことを切り分けるわけにはいかない。キーボードから自然に出てくるのは、一般論、決まり文句《クリシェ》、あれこれに当てはまる定義、代用できる報告であり、理念型、強力な説明、抽象概念であり、要は、社会的なものの社会学を難なく書くことを可能にするものである。この流れに抗うためには、機械的に書き上げてしまうことを断ち切る数々の取り組みが必要である。テクストによる報告を書くことは、実験室のなかで正しい実験計画を見つけることと同じように難しい。しかし、アイデア、パラグラフ、メタファー、修辞が、研究の最中に不意に思い浮かぶことがある。そうしたものを表現する場がなければ、それは忘れ去られてしまうか、さらに悪い場合には、アクターのメタ言語と分析者のメタ言語が混ざり合うことで、データ収集という激務を台無しにしてしまうことになる。したがって、思い浮かぶかもしれない数々のアイデアのためのスペースを別に取っておくことは、たとえ数年後になって初めて使われることになるにしても、間違いなく優れた行いである。

四種類目のノートは、文章による報告によって自身の世界が展開ないし単一化したアクターに対して、その報告がどのような影響を及ぼしているのかを記録するために、慎重にとるべきものである。この第二の実験は、フィールドワーク自体に加えられるものであり、報告することが社会的なものの組み立てにどのような役割を果たしたのかを確かめるために欠かせない。研究は終わるかもしれないが、この実験は続く。つまり、新たな報告がなされることで、その遂行的な作用が他のすべてのものに付け加わり、そのこともまたデータを生み出すのである。このことが意味するのは、自らについて書かれたことを検閲する権利が研究対象の人びとにあるということではない。あるいは、「インフォーマント」が「見えない力が自分を動かしている」と言うことを無視するという信じがたい権利が分析者にあるということでもない。むしろ、ただ一つの共通世界を形成する――あるいは形成しない――可能性のある要素が何であるのかを決める新たな交渉が始まることを意味している。(190) 失敗と隣り合わせの報告が有意であるかどうかはずっと後になって初めてわかるだろうから、その報告が残す痕跡も文書化しなければならない。

ここで読者はがっかりするかもしれない。これまでに見てきたグループ形成、エージェンシー、形而上学、存在論という大きな問題に取り組むのに使えるのは、フィールドワークや調査という完全に人工的な手続きのあいだにとられる小さなノートしかないからだ。しかし、読者にあらかじめ警告しておいたように、もっと頼りになるものは手に入らないし、もっと短い近道もない。そもそも、アルキメデスが必要としたのは、地球を動かす支点だけであった。アインシュタインが観察者に持たせたのは、物差しとストップウォッチだけであった。どうしてまた、目の見えないアリがたどっていく暗くて狭い導管をはって進むのに、もっと重厚な装備を求めるのだろうか。ノートをとって上手く書き留めようと思わないのであれば、社会学に足を踏み入れようとしてはいけない。少しでも客観的になるには、この道しかない。こうしたテクストによる説明が「十分に科学的でない」と言われるならば、こう言い返そう。「科学的という形容詞の月並みな定義では、科学的に見えないでしょうね。けれども、ここでは、私の興味を引く定義にだけしたがっているのです。つまり、思いどおりにいかない対象を、何らかの人工的な装置によって、最大限の正確さで把握しようということです。たとえ、その結果、何も得られないかもしれないにしてもですよ」。社会科学のなかで私たちの著名な先達たちについて論評するために捧げられたエネルギーのごく一部でもフィールドワークに向け直されればよいのだが！　ガーフィンケルが教えてくれたように、どこまでも実践《プラクティス》が続くのである。

批判ではなく、展開

とりとめのない世界に対して、とりとめのない報告を、とりとめなく加えることは、それほど壮大なことには見えない。しかし、私たちは壮大さを求めているのではない。私たちの目標は、社会的なものの種差性に固有に適合する社会的なものの科学を生み出すことであり、この点は、他のあらゆる科学が、自らが捉えたい種差的な事象を忠実に把握するために、手の込んだ方法を発明しなければならなかったのと同じである。社会的なものは循環しており、媒介子の連環を通して表れるときに限って目に見えるならば、この循環と連環が、私たちのテクストによる報告によって繰り返され、涵養され、誘発され、表現されなければならない。なすべきことは、媒介のネットワークとしてアクターを展開させることである——だからこそ、「アクター＝ネットワーク」という合成語にはハイフンが付く。展開させることは、「ただの記述」と同じことではないし、アクターの「背後」で「働いている社会的な力」を「明るみに出すこと」と同じことでもない。むしろ、展開させることは、PCR法

(190) 科学論が行った実験について、その当初の成果の発表からサイエンス・ウォーズまでにかかった時間を見てほしい。けれども、前章で見たように、綿密に記録されていなければ、科学論の実験は無駄になっていたであろう。

によって少ないDNAサンプルを増幅することに近いように見える。[191]

さらに言えば、そもそも、「ただの記述」のどこがそんなにいけないのか。[192] 上手く書かれたテクストとは、決して、記述対象を無媒介に描出したものではない――さらに言えば描出でもない。[193] どんな場合でも、上手く書かれたテクストとは、試験によってアクターが媒介子になったり、媒介子が忠実な中間項に変わったりするなかで生まれる痕跡を再現し強調するためになされる人工的な実験の一部である。フィールドワークに入り、じっと聞き耳を立てて、調査票を配り、地図を描き、古い資料を掘り起こし、インタビューを記録し、参与観察者の役割を果たし、統計をまとめ、インターネットで「検索する《ググる》」ことほど不自然なことはない。書き留めること、書き込むこと、叙述すること、最終報告を書くことは、ショウジョウバエを解剖したり望遠鏡を宇宙に打ち上げたりすることと同じように、自然でなく、複雑で、手間のかかることである。ファラデーの実験がえらく手の込んだもの《アーティフィシャル》であるならば、ピット゠リバースの民族誌的探検についてはどうだろうか。ケルヴィン卿の実験室がみごとに作り上げられていると考えるならば、マルクスが大英図書館で註釈をつけていることや、フロイトがウィーン製の長椅子で自由に連想するよう求めることや、ハワード・ベッカーがジャズ演奏に着目するためにジャズ演奏の仕方を学ぶことはどうだろうか。紙に何かを記録するという単純な行為は、それだけで途方もない変換を起こしており、その行為には、風景を描いたり、複雑な生化学反応を起こしたりするのと同じくらいの力量が求められ、まったく同じ巧みさが求められる。研究者たる者は、ひたすら記述することを屈辱に感じるべきでない。それどころか、ひたすら記述することは、類い稀なるこの上ない偉業である。

しかし、記述に固執するのであれば、「説明」としばしば呼ばれるようなものを「付け加え」ないことになり、物足りなくなってしまうのではないか。けれども、記述と説明という対立はもうひとつの誤った二分法であり、解消されるべきものである――とりわけ後者が、その養老院から運び出される「社会的説明」であるときには、そうである。ある事態を可能にしているネットワークが余すところなく展開される場合には、説明を加えることは余計であるし、他のアクターないし要因が考慮されるべきであるという「説明を加える」場合には、記述こそが、さらに踏み込んで拡張されるべきである。ある記述に説明が必要とされるならば、それは、その記述がひどい記述であることを意味する。ただし、次の場合は例外である。つまり、アクターが完全に決まった役割――つまり、完全に「説明された」中間項の役割――を確かに果たしている極めて安定した事態に言及する場合であるが、この単純な場合には、相対論以前の伝統的なフレームで十分である。このように記述に説明を「加える」ことを差し控えることは、次の点を考えるといっそう重要である。つまり、社会的なものの社会学が余計な原因を忍び込ませるのが、決まって「フレーム」を持ち出すときであることだ。調査地が「フ

(191) ローの *After Method* (Law 2004: 112) を参照のこと。モルが用いた「実行」(enactment) と、ハリス・クシンズが 'Ontological Choreography' (Cussins 1996) で用いた「振りつけ」(choreography) という妙句も参照のこと。

(192) 「厚い記述」という概念は、細部に対して待ち望まれた注意を向けさせるという点で有用であるが、必ずしもスタイルに対して注意を向けさせるものではない。「厚み」は、「私は十分に組み立てたかどうか」も示すべきである。この概念によって、結章で見るように、「組み合わせること／組み立てること《アセンブリッジ》」という語が政治的な意味を有することになる。

(193) ジョーゼフ・レオ・ケーナーの *The Moment of Self-Portraiture in German Renaissance Art* (Koener 1997) を参照のこと。

レームワークに」入れられるやいなや、すべてが瞬く間に筋の通ったものになり、説明が勝手自在によどみなく出てくるようになる。ここが、ほとんどの場合、批判社会学の腕の見せ所なので、危険はいっそう大きい。批判社会学は、社会的説明を意のままに操り、報告されるべき対象を、有意でない万能な「社会的な力」で置き換えようと、常に目を光らせている。そして、アクターは、あまりに間抜けなので、そうした社会的な力を見ることができないか、明らかにされるのに耐えられないとされる。「セーフセックス」によく似て、記述にこだわることは、説明に感染するリスクから身を守ってくれる。

ここでも、自然科学の誤った考え方を模倣しようとすることで、社会科学は泥沼にはまる。つまり、社会科学の記述は、個別的すぎるし、特異的すぎるし、局所的すぎると常に思われているのだ。しかし、スコラ哲学以来の言い習わしに反して、あるのは特殊科学だけだ(194)。場と場が結びつくならば、それは、さらに多くの記述を通してなされるべきであって、社会、資本主義、帝国、規範、個人主義、界といった全環境型の乗り物にいきなりタダ乗りすることでなされるべきではない。上手く書かれたテクストは、優れた読者のなかに「どうか、もっと詳しく。もっと詳しく知りたい」という反応を引き起こすはずだ。神は細部に宿り、あらゆるものが細部に宿る――悪魔も含めて。他ならぬ社会的なものの性格が、具体的で種差的なものなのである。目指すべきは、還元でなく、非還元である。ガブリエル・タルドが飽くことなく伝えているように、「存在しているとは、異なっているということである」。

要するに、「展開させる」ということが意味するのは、調査を結論づけるレポートを通して、アクターの数が増えることであり、アクターを動かすエージェンシーの範囲が拡大することであり、グループやエージェンシーの安定化に資する能動的なモノの数が増えることであり、〈議論を呼ぶ事実〉をめぐる論争が地図化されることである。これまで中間項の代わりに媒介子について書こうとしてこなかった者だけが、展開させるのは簡単な作業、つまり、「ただの記述」と同類のことであると言うだろう。逆に、私たちが展開させるときには、目の前の新たなケースの一つひとつに対して、実験室の実験と違わない数の発明が必要になる――そして、それがうまくいくことも、実験室の実験とまったく同じようにまれである。展開の成功は、自ずと得られるものでもなければ、署名の下に「博士」と書くだけで得られるものでもない。展開がうまくいくならば、上手い報告は、厳密な意味で社会的なものを遂行することになるだろう。つまりは、その行為／作用に与する複数の参与子が――議論を呼ぶ著者のエージェンシーを介して――ひとつに集められるようなかたちで組み合わさることになるだろう。大したことではないように見えるけれども、取るに足らないことでは決してない。

問題なのは、社会科学者が往々にして自信過剰と自己嫌悪とを行き来することである。つまり、一方で、一人ひとりが社会科学におけるニュートンならびに社会変革におけるレーニンになろうと夢見るかと思えば、他方で、誰も読まないレポートや作り話、統計を積み重ねているだけだと自己嫌悪す

(194) 社会科学におけるモノグラフにもタルドは寄与している。タルド『社会法則』（二〇〇八a・一一四頁）を参照のこと。タルドによる幅広い社会の見方では、人間社会は、数百万、数十億もの要素を扱う生物学や物理学とは異なり、動員するエージェントの数が少ないという点で他とは異なる。したがって、社会的なものに出会うということは、要するに、特殊なことなのである。

る。しかし、完全な統制か完全な無意味《イレリバンス》かという選択は、いかにも皮相的だ。自分の書いたテクストに失望することは、化学研究所の所長が国立衛生研究所にとって意義ある存在でありたいと思うことと同じように無意味である。意義《レリバンス》は、あらゆるものがそうであるように、打ち立てられるものである。レポートが関心を引くものであるのかそうでないのかは、関心を引くためになされる仕事の量次第であり、つまりは、レポートを他のエージェントのニーズ、欲望、希望のなかに位置づけるためになされる仕事の量次第である。[195] 社会学者の存在意義は、まさに、これまでに見てきた五つの不確定性を足し合わせることで明らかになる。つまり、社会的なものは、どのようなものでできているのか？　私たちが行為しているとき、何が作用しているのか？　私たちは、どのようなグルーピングに属しているのか？　私たちは、何を欲しているのか？　私たちは、どのような世界を共有する準備ができているのか？　以上のすべての問いは、研究者からだけでなく、研究対象の人びとからも発せられる。私たち社会科学者がアクターの背後に隠れた答えを知っていると考えるのが尊大であるとすれば、「アクター自身」という言葉でおなじみの研究対象者が答えを知っていると信じるのは馬鹿である。実のところ、答えを知っているのは誰もいない——したがって、以上の問いは、集合的に舞台に上げ、安定させ、修正しなければならない。したがって、このように社会的なものを組み直す上で、社会科学は欠かせないのだ。社会科学がなければ、私たちは自分たちが何を共有しているのかがわからないし、どのような結びつきを通して自分たちがひとつにつながっているのかがわからないし、自分たちがどうすれば同一の共通世界で生きられるのかを探り出す術もないだろう。

上記の問いに答えるためならば、どんな新たな術策も歓迎されるだろう。そこには、社会科学者による瑣末な解釈も含まれる。成功するのが確実でないのと同じく、失敗するのも確実ではない。やってみるだけの価値はある。そう言えるのは、まさに、五つの不確定性の発生源のすべてが互いに入れ子になっており、白衣すら着ないみすぼらしい同僚の書くレポートが変化を生み出す《メイク・ア・ディファレンス》場合もあるからだ。そのレポートは、そこで何とか展開された結びつきの一時的な足場になるかもしれない。そのレポートは、特定の読者に対して、自分たちがどの共通世界に属しているのかという問いを解決できる可能性のある人工の場（失敗と隣り合わせのテクストによる報告）になるのだ。テクストという「実験室」の周りに集められ組み合わさった著者と読者は、後に区別することになる二つのメカニズムを可視化し始めることができるだろう。ひとつは、考慮に入れるべき連関の複数性に関わるメカニズムであり、もうひとつは、自分たちが住みたいと望む世界の安定化ないし単一化に関わるメカニズムである。[196] もちろん、この実験室は、インクジェットやレーザービームで印字された何枚かの紙でできたテクストにすぎない。しかし、他方で、この実験室は、すべての参与子に対して社会的なものを表し、もっと正確に言えば再現前化（re-present）させ、社会的なものを遂行し、社会的なものに形を与える非常に小さな機関である。大した話ではないが、たいていの場合、多くを求めれば、わずかな成果しか得られない。数々の「力強い説明」は、それほど力強くない説明よりも説得力に欠けることが明らか

(195) 科学論は、ハードサイエンスにおいて有意性を作り出す数々の戦略に目を向け、数々の失敗を記録してきた。ミシェル・カロンの *La science et ses réseaux*（Callon 1989）、ジョン・ローの *Aircraft Stories*（Law 2002）を参照のこと。関心の概念に関して、ステンゲルスの *Power and Invention*（Stengers 1997）も参照のこと。

(196) この二つの機能は、政治の定義に不可欠である。結章を参照のこと。

になるであろう。

最後の勧告

ピエール・ブルデューは、科学社会学を扱った著書の最後のページで、社会学者が批判的反省性を極限まで取り入れることで、自分自身からあらゆる視点を一掃し、どこかにいるのではない、かの神の視点に達することの難しさを明らかにしている。

他のどの学者とも同じように、科学の視点であるところの「視点なき視点」の構築に寄与すべく努力しているのであれば、社会学者は次のことを忘れてはなりません。つまり、自分自身も、社会的行為者として、自分が研究対象とする対象に含まれるのであって、その意味で、自分の視点は、他の者たちの視点とも一致しないし、半ば神的な見者の高所から見下ろす視点とも一致しないことです——ただし、後者の視点は、界の諸要請を遂行すれば到達できます。それゆえに社会学者は、(私が『パスカル的省察』において、贈与と労働を事例に試みたように) 社会科学の特殊性から次のことが自らに課されていることを知っているのです。つまり、観察者の目と行為者の実践的な目の真理とを、自分がその程度のものであることを知らず、絶対という幻想を抱く視

点として、統合できる科学的真理の構築に取り組むことです。（ブルデュー 二〇一〇・二六五―六頁）[197]

これはブルデューの早逝の数か月前に書かれたものであり、おそらく、これまでに示された批判社会学の夢のなかでも最も実直なものであろう。

社会学のテクストが持ちうる有効性に悩むということは、謙虚さが欠けているか野心が欠けているかのいずれかである。それどころか、社会的世界に広がるという点で言えば、社会科学の成功は、自然科学や工学装置の広がりよりも、とんでもないことである。今日の私たちの誰もが「ジェンダーを有している」ことについて、フェミニズム研究者の小さなテクストがもたらした変化は、どれほど評価してもしすぎることはないだろう。人類学者の報告なくして、私たちは、「大文字の他者」について何がわかるだろうか。考古学者と歴史家なくして、自分の過去を探れる者がいるだろうか。地理学者なくして、航行できる者はいるだろうか。心理学者なくして、無意識をもつ者はいるだろうか。会計士なくして、利益が得られるかどうかわかる者はいるだろうか。たしかに、テクストは、数々の相矛盾した参照フレームを動くために架けられる非常にもろい橋のように見えるけれども、その有効性

（197）サイモン・シャッファーに英訳していただいた。

は、テクストによる報告をあしらうとされるもっと壮大で力強い社会的説明の有効性とは比較にならない。社会学者は、全知全能たる社会科学の神の地位を占めることができないからといって、薄暗い地下牢に囚われざるをえないのではない。私たち小さなアリは、天国か地獄かを選ぶ必要はない。この大地には、むしゃむしゃとかんでいけるものがたくさんあるからだ。

アリ／ANTであることの難しさについて──対話形式の幕間劇

ロンドン・スクール・オブ・エコノミクス（LSE）の教授室にて。二月のある火曜日、日も暮れかかった午後。もうすぐ、ビールを飲みにビーバー・レストランに出かける時間だ。控えめだがはっきりとしたノックの音が聞こえる。一人の学生が、教授室のなかをうかがう。[198]

導入──消極的な理論と積極的な理論

学生　お邪魔してもよろしいですか。

教授　ええ、どうぞ。オフィスアワーですよ。その椅子にかけてください。

(198) この対話とほぼ同じものを、*The Social Study of Information and Communication Technology*, edited by C. Avgerou, C. Ciborra, and F.F. Land, Oxford University Press, 2004, pp. 62-76 に掲載している〔本章の小見出しはこの論文から採っている〕。

学生　ありがとうございます。

教授　さて……、どうやら、少し悩んでいるようですね。

学生　ええ、そうなんです。今行っている組織論の事例研究にアクター－ネットワーク－理論を適用したいのですが、正直なところ、持て余していまして。

教授　持て余すのも無理はありませんよ。ANTは何にも適用できませんからね。

学生　いや、私たちは講義を受けて……ええと……ANTは、最先端の理論であるように思えるのですが。それなのに、役に立たないと？

教授　いや、役に立つでしょうね。ただ、何かに「適用」しない場合に限られますが。

学生　すみません。禅問答でもなさろうとしているのでしょうか。私は組織研究一本でやっている博士課程の院生にすぎません。ですから、先生の期待には沿えそうにありません……。フランスの現代思想にも詳しくありませんし、ちょうど『千のプラトー』を読んだところですが、あまり理解できなくて……。

教授　いや、申し訳ない。別に気取ったことを言おうとしたわけではないのです。私が言いたかったのは、ANTは何よりも〔否定するだけの〕消極的《ネガティブ》な議論であるということです。どんな事態に対しても積極的《ポジティブ》なことは何も言わないのです。

学生　では、どんな点で、私の役に立つのでしょうか。

教授　一番は、こんなことを言ってくれることですよ。「インフォーマントが一つの文に組織やハードウェアや心理学や政治を混ぜ込んでいるなら、その文をこぎれいな小物入れに分けていくことから始めてはいけません。あなたがすべきことは、インフォーマントが作る要素同士の結合に目を向けようとすることです。標準的な手続きに従うならば、まったく共約不可能に見えるであろう要素同士をインフォーマントは結びつけているのです。」以上。その結合がどんなものであるのかについて、ANTが積極的に教えることはできません。

学生 私たちが研究している物事について何も教えてくれないのであれば、ANTはなぜ「理論」と呼ばれるのでしょうか。

教授 ANTは理論ですし、有力な理論だと思います。ただし、研究する方法についての理論であって、もっと言えば、〔誤った〕研究をしない仕方についての理論なのです――さらに言えば、アクターが自らを表現する余地を残しておく方法についての理論なのです。

学生 ANT以外の社会理論は、アクターが自らを表現することを認めていないとおっしゃるのですか。

教授 ある意味ではそうですね。まさに自分の理論の強さのために、そうなってしまいます。ANT以外の社会理論が得意にしているのは、社会的世界を構成しているものについて、積極的なことを言うことです。ほとんどの場合、それで何の問題もありません。その構成要素はおなじみのものです。その数も少ないままで済むはずです。しかし、物事が速く移り変わっているときには、それではうまくいきません。さらに、組織研究、情報論、マーケティング、科学技術論、経営学など、境界がひどくあいまいなところでも、うまくいきません。新たなトピックには、ANTが必要なのです。

ネットワークと、記述の重要性について

学生　でも、エージェント、つまり、私が研究対象にしている企業の人たちは、数多くのネットワークを作っています。他の多くのものとつながっていて、あらゆるところに姿を見せて……。

教授　そう、それが問題なんですよ！　そんなことを言うのに、アクター－ネットワークは必要ありません。何でも使える社会理論を使えばよいのです。ANTのように突飛な議論を持ち出して、インフォーマントが「ネットワークを作っている」ことを示すだけなら、時間の無駄です。

学生　でも、そうなんですよ。インフォーマントはネットワークを作っているのです。よろしいでしょうか、私はインフォーマントの結びつきをたどってきました。コンピューター・チップ、規格、教育、お金、報酬、国、文化、会社の会議室、あらゆるものです。私は、先生のおっしゃる意味でネットワークを記述してこなかったのでしょうか。

教授　記述してきたとは限らないですね。このことがひどくややこしいのは認めますし、そのほとんどは私たちに責任があります――私たちが考え出したネットワークという語は、まったくひどいものです。とはいえ、記述によって描き出されるネットワークと、記述するために用いられるネットワークとを混同してはなりません。

学生　何ですって？

教授　よもや、鉛筆でスケッチすることとは、鉛筆の姿形を描くことと同じであるとは言わないですよね。このネットワークというあいまいな語についても、同じことです。アクター－ネットワークに

よって、ネットワークに見えないもの――たとえば、個々人の精神状態、機械の部品、架空の人物――が記述できるのです。逆に、地下鉄、下水、電話といったネットワークが、必ずしも、「アクター‐ネットワークによって」記述されるわけではありません。あなたは、方法と対象を混同しているにすぎません。ANTは方法であり、しかも、ほとんどの場合、消極的なものです。ANTによって記述されているものの姿形について、ANTは何も言いません。

学生　これはややこしいですね！　でも、私の研究しているIBMの重役たちは、多くのことを物語ってくれる強力で優れたネットワークを作っているじゃないですか。

教授　たぶん、いや、確かに作っているのでしょう――でも、だからどうだというのですか。

学生　ですから、そのネットワークをアクター‐ネットワーク‐理論で研究できますよね！

教授　それも、できるかもしれないし、できないかもしれません。すべては、あなた自身があなたのアクター（というよりは、あなたのアクタン）に任せていることにかかっているのです。結びついていること、相互連結していること、種々雑多であることだけでは十分でありません。すべては、一方のアクターから他方のアクターへと流れていく作用次第なのです。だから、「ネット」と「ワーク」という語を用いているのです。本当なら、「ネットワーク」の代わりに「ワークネット」と言うべきなのです。ワーク、動き、流れ、変化こそが、強調されるべきです。しかし、今のところは「ネットワーク」の語から抜け出せず、誰もが、ワールド・ワイド・ウェブのようなもののことを言っているのだと考えてしまっています。

学生　つまり、アクターが互いにネットワークを作って関係していることを示したからといって、

ANTによる研究を行っていることにはならないということですか。

教授　そのとおりです。ANTは、描写の対象となる特定の姿形の名称であるというよりは、鉛筆や絵筆の名称に似ています。

学生　でも、さきほど、私はANTをツールであると考えて、適用できるかどうか尋ねたら、先生は否定されましたよね！

教授　ANTはツールではないからですよ。いや、むしろ、いつでも適用できる「単なる」ツールでは決してないからです。つまり、あなたが心に描いていた目標を例外なく修正してくれるのです。このことが、「アクター」という語が意味するものです。アクター－ネットワーク（この名称に能がないのは認めます）は、他の社会理論では得られなかったであろう結果（*effect*）を生み出すことができます。このことだけは、保証できます。ごく当たり前のことですよ。絵を鉛筆で描いてみたりチョークで描いてみたりすれば、違いを感じるでしょう。タルトをガスオーブンで焼くのは、電気オーブンで焼くのと同じではありません。

学生　でも、それは、私の指導教員が求めていることではありません。指導教員が求めているのは、私のデータを入れるフレームです。

教授　もっとたくさんのデータを入れたいのなら、もっと大きなハードディスクを買うことですね。

学生　指導教員がいつも言っているのは、「君にはフレームワークが必要だ」ということです。

教授　あなたの先生は、絵を売る商売をしているようですね！　確かに、絵を飾るのにフレームは打ってつけです。金メッキのもの、白いもの、彫刻されたもの、バロック調のもの、アルミニウム製のものなど、いろいろあります。でも、最初にフレームを選んでから名画を描き始める画家に会ったことはありますか。そんなのは、ちょっとおかしいですよね。

学生 先生は言葉遊びをしておられます。私が「フレーム」という言葉で言おうとしているのは、理論、論拠、論点、概念といった、データに意味を与えてくれるものです。どんなときもフレームが必要なのです。

教授 いや、必要ありませんよ！ では、もしXがYの単なる「事例」である場合、研究する重要性が高いのは、特定の例であるXなのか、原理であるYなのか、どちらでしょうか。

学生 たぶんY……。でも、本当にYが当てはまるのかどうかを見ておくために、Xも……。そうですね、両方だと思います。

教授 私ならYに賭けます。Xは何も新しいことを教えてくれないからです。ある事態が別の事態の「例」であるにすぎないなら、別の事態のほうを調査しに行くべきです。追加でフレームを必要とする事例研究は、最初から研究対象を間違えているのです。

学生 でも、どんな場合も、研究対象をコンテクストに入れる必要がありますよね。

教授 コンテクストとは何なのかが私にはわかりません。フレームがあることで、絵はきれいに見えるようになり、目を引くものになり、価値が高まり、作品の時代がわかるようにもなるでしょうが、絵に何かを付け加えるわけではありませんよね。フレームとは――コンテクストといっても同じですが――、はっきり言えば、データに何の変化ももたらさない要素の集まりであり、そうした要素についての一般的な知識です。私なら、フレームワークには一切、手を出しません。目の前の事態を記述するだけです。

学生 「記述するだけ」ですか。すみませんが、あまりに単純すぎるのではないですか。私たちがそうならないようにと強く釘を刺されてきた経験論の類、つまりは実在論とまったく同じではないですか。先生の議論は、いや、もっと洗練されたものだと思っていました。

教授 そう思うのは、記述するのが簡単だと考えているからではないですかね。記述することを、決まり文句《クリシェ》を並べることと混同しているのでしょう。解説や主張を行う本が百冊あるとすれば、記述を行う本は一冊しかありません。記述するということは、具体的な事態に注意することであり、目の前の状況に固有に妥当する報告を見出すことです。記述することが途方もなく労力を要することを、私自身いつも実感してきました。ハロルド・ガーフィンケルについて聞いたことはありますか？

解釈的なパースペクティブと客観主義的なパースペクティブについて

学生 どうにもわからなくなりました。私たちは、二種類の社会学、つまり、解釈的な社会学と客観主義的《オブジェクティビスト》な社会学があると教わってきました。先生の社会学は、まさか、客観主義的なものだとおっしゃりたいのではないですよね。

教授 もちろん、私はそう言いたいのです！ ええ、もちろんですとも。

学生　先生の社会学がですか？　でも、先生には相対主義的な面があると聞いていますよ！　先生は、自然科学までもが客観的でないと主張していることになっています。先生は、解釈的社会学、複数の視点、視点の複数性などといったことを擁護なさいますよね。

教授　解釈的社会学には共感していません。何一つ。それどころか、私は、科学が客観的《オブジェクティブ》であることを固く信じています――科学は、それ以外の何ものでもないでしょう。科学はモノ《オブジェクト》がすべてではありませんか。私が言ってきたのは、あなたの言うような「客観主義者」が望んでいるよりも、モノは、少しばかり、入り組んでいるし、折りたたまれているし、組み合わさっているし、複雑だし、もつれているであろう、ということです。

学生　でも、それは、まさに「解釈的な」社会学が論じていることですよね。

教授　いやいや、まったく違いますよ。解釈的な社会学が言っているのは、人間の欲望、人間の意味づけ、人間の意図などが、確固たるモノ、「純粋な因果関係」、「厳密に物質的な結びつき」からなる世界に、何らかの「解釈の柔軟性」をもたらすということでしょう。そんなことを私は一切言っていません。私に言わせれば、机の上にあるこのパソコン、この画面、このキーボードは、複数のレイヤーからなるモノであって、ここに座っている君が、君の身体、君の言語、君の心配事などが重なってできているのとまったく同じなのです。複数性を加えるのは、モノそのものであり、もっと言えば、物事《シング》（thing）、「集めるもの」です。（訳註67）　解釈学について話すならば、どのような注意を払ったとしても、もう一方のものがいつやってくるのかという不安を常に抱えることになります。つまり、こう付け加える者が必ずや出てくるのです。「けれども、解釈され『ない』、『自然で』『客観的な』物事ももちろん存在しますよね」。

学生　それこそ、私が言おうとしていたことです！　客観的な実在性だけでなく、主観的な実在性《リアリティ》もあります！　だから、二種類の社会理論が必要なのであって……

教授　ほら、それが避けられない罠なのです。「Aだけでなく、Bも」というわけです。その結果、この主張をあらゆるものに広げることで、客観性を無用のものにしてしまうか――「解釈」が、「客観性」の別称になってしまうのです――、でなければ、解釈を実在性《リアリティ》の一側面、つまり人間の面に制限して――この場合、客観性は常に塀の向こう側にあります――行き詰まることになります。塀の向こう側のほうがこちら側よりも豊かであるとされようと、貧しいとされようと、違いはありません。いずれにせよ、手の届かない所にあるのですから。

学生　でも、先生もある視点を取っていること、ANTもまた状況《シチュエーティド》に立脚していること、先生も別の解釈のレイヤー、つまり、パースペクティブを加えることを否定しはしないですよね。

教授　ええ。ある視点に立っていることを、どうして私が「否定」するのでしょうか。でも、だから何なのでしょうか。視点《スタンドポイント》の素晴らしいところは、その上に立って、それを改めることができるということです！　どうして私が視点に「囚われている」ことになるのでしょうか。地上から見る天文学者の展望《パースペクティブ》は限られていますよね。たとえば、グリニッジを考えてみてください。ここから川を下ったところにある天文台です。行ったことはありますか。美しいところですよ。それなのに、計測器や望遠鏡、衛星を通して、天文学者の展望を実に鮮やかに変えているのです。今では、全宇宙の銀河の分布図を描くこともできます。上手くいっていますよね。視点を一つ示してくれれば、私は、それから動く方法を二十四通りお見せしましょう。よいですか。「視点」対「偏りのない見方」といった対立はすべて忘れてもらって構いません。「解釈的」と「客観主義的」の違いも同じです。解釈学は脇に置いて、モノに戻ることです――もっと言えば、物事《シング》に戻ることです。

学生 でも、私は、どんな場合も、自分の状況に立脚した視点、自分のパースペクティブ、自分自身の主観に制限されていますよね？

教授 まったくそのとおりですよ！ なぜ、「ある視点に立つこと」が、「制限されている」とか、とりわけ「主観的である」ことを意味すると考えるのでしょうか。海外に旅行して、「見晴らし台まで一・五キロ」、「パノラマ」、「ベラ・ビスタ」といった標識に沿って進むとき、そして、ついに息をのむような場所に着くとき、あなたの「主観の制限」を示す証拠は、どうなっていますか。谷、峰、道といった物そのものが、この把握、この機会、この見方をもたらしてくれるのです。二メートル低いところにいけば、木のせいで何も見えず、二メートル高いところにいけば、駐車場のせいで何も見えないということが、その最大の証拠です。けれども、あなたは同じ限られた「主観性」をもっており、そして、まったく同じ「視点」をもって動いているのですよね！ ある影像についてたくさんの視点があるならば、それは、その影像自体が三次元であり、回って見ることを可能にしているからです。もし何かが複数の視点をとることを可能にしているならば、まさに、それが、非常に複雑で、幾重にも折り重なっており、うまくまとまっており、美しい、そう、どこからみても（*objectively*）《オブジェクティブ》美しいからです。

学生 いや、客観的にみて美しいものなどないはずです――美は主観的であるに決まっています……

味や色は相対的で……。またわからなくなりました。では、なぜ、この学校では、客観主義と戦うのにこんなにも多くの時間を費やしているのでしょうか。先生のおっしゃることが正しいはずはありません。

教授　一般に「客観的《オブジェクティブ》」と呼ばれるのは、ほとんどの場合、〈厳然たる事実〉を示す決まり文句《クリシェ》からなるものです。私たちには、悲惨なまでに記述が欠けています。今なお、コンピュータやソフトウエア、形式体系、定理、企業、市場がどんなものなのか、わかっていません。あなたが研究しているもの、つまり組織化がどんなものであるのかについては、ほとんど何もわかっていません。どうして、主観性と客観性を区別することができるのですか。言い方を変えれば、客観性を批判するには二つのやり方があります。ひとつは、モノから離れて、主観的な人間の視点に向かうことです。もうひとつの道は、私が話していること、つまり、モノに戻ることです。客観性は、実証主義者の私有物ではありません。コンピュータについては、『ワイアード』誌による記述よりも、アラン・チューリングによる記述のほうが、かなりいろいろと書いてあって関心を引きますよね。昨日の講義で見たように、リチャード・パワーズの『ゲイン』で記述されている石鹸工場は、あなたがハーバード・ビジネススクールの事例集で読んだものよりも、よほど生き生きとしています。要は、経験論に戻ることです。

学生　それでも、私は自分自身の見方に制約されています。

教授　そのとおりですね。けれども、繰り返しになりますが、だからどうしたというのですか。自分のパースペクティブに「制約されている」ことをめぐる馬鹿げた考えを信じてはいけません。あらゆる科学が、ある視点から次の視点へ、ある参照フレームから次の参照フレームへと動く方法を考え出してきました。このことが相対性と呼ばれているのです。

相対主義、ANT、コンテクストについて

学生 なるほど！ では、ご自身が相対主義者であることをお認めになるのですね！

教授 ええ、もちろんです。他にどのような者になれるのでしょうか。私が科学者になり、客観的なものに達したいならば、ある参照フレームから次の参照フレームへと、ある視点から次の視点へと旅をしていく必要があります。そうして位置を変えていかなければ、いつまでも自分の狭い了見に囚われることになるでしょう。

学生 それで、先生は客観性を相対主義と結びつけるのですね。

教授 むしろ「相対性」ですが、そうです。科学はすべて同じことをしています。私たちの科学も同じようにしているのです。

学生 では、私たちはどのようにして自分の視点を変えるのでしょうか。

教授 すでにお話ししたように、私たちは記述することを業にしています。他の人たちは皆、決まり文句《クリシェ》に頼っています。調査、サーベイ、フィールドワーク、アーカイブ、世論調査——私たちは、出向き、聞き、学び、実際にやってみて、力をつけて、見方を変えます。実に単純なことで

す。それが調査と呼ばれていることなのです。優れた調査は、例外なく、数々の記述を新たに生み出しています。

学生　しかし、私はすでにたくさんの記述をしているのです！　大量の記述に埋もれてしまっています。それこそが私の問題なのです。だから、私はわからなくなってしまい、だからこそ、先生のところに行けば何かが得られると思ったのです。この大量のデータを何とかしようとするときに、ＡＮＴは役に立たないのでしょうか。私にはフレームワークが必要なのです！

教授　「フレームをくれ！　代わりに私の国をくれてやる！」（訳註68）――実に涙ぐましい。あなたが必死になるのもわかります。ですが、ＡＮＴはまるでそんなことの役には立ちません。ＡＮＴの信条は、アクター自身があらゆるものを作るというものです。アクターが、自らのフレーム、自らの理論、自らのコンテクスト、自らの形而上学、さらには、自らの存在論までも作るのです。したがって、従うべき指示は、もっと記述せよ、ということになるのです。

学生　でも、記述があまりに長すぎるのです。記述するばかりではなく、説明しなければなりません。

教授　おわかりですか。そこが、社会科学で行われているほとんどの教育と私の意見とが一致しないところなのです。

学生　社会科学には、自分の蓄えたデータに対して説明を行う必要があることをお認めにならないのですね。それなのに、先生は、自分が社会科学者であり客観主義者であると名乗っておられる！

教授　私が言いたかったのは、記述に対して説明が求められるならば、それは上手い記述でないということ、それだけです。ひどい記述だけが、説明を必要とするのです。まったくもって単純なことです。「社会的説明」という語が意味しているのは、たいていの場合、どんなことでしょうか。すでに記述されたアクターに、行為するのに欠けている力を与えるために、別のアクターを付け加えることです。しかし、アクターを付け加える必要があるならば、ネットワークが完全ではなかったのです。そして、すでに組み立てられたアクターが行為するのに十分な力がないならば、それは「アクター」でなく、単なる中間項であり、ふぬけであり、操り人形なのです。中間項は何もしないので、どんなかたちでも記述されるべきではありません。これまで、説明を必要とする上手い記述を私は見たことがありません。しかし、大量の「説明」を加えても何も加わっていないひどい記述は数限りなく読んできました。そして、ANTは役に立ちませんでした。

学生　どうにもわかりません。うかつでした――他の学生は、ANTなどというものには、長い棒を使ってでも触れてはいけないと注意してくれていたのに。今、先生は、何も説明しようとしてはいけないとおっしゃっています！

教授　そんなことは言っていません。私が言ったのは要するに、次のどちらかであるということです。ひとつは、その説明が適切《レリバント》な場合で、つまりは、実際に、新たなエージェントを記述に加えることになります――要するに、ネットワークが思っていたよりも長い場合です。そうでない場合、付け加わったのは、何も変えないアクターです。記述の役にも説明の役にも立たない無関係《イレリバント》のものを加えているだけになります。もしそうなら、そんなものは投げ捨ててしまればよいのです。

学生　しかし、他の院生は皆、そうした説明を用いています。「IBMの企業文化」、「英国の孤立主義」、「市場の圧力」、「利己主義」について話しています。なぜ、コンテクストによる説明を自ら断つべきなのですか。

教授 簡潔な表現として残しておくことはできますし、全体像のなかで、あなたにとってはどちらでもよいところをさっさと埋めるために使うこともできます。ただし、コンテクストが何かを説明してくれると考えてはなりません。そうした説明は研究対象のアクター全員に等しく当てはまるぐらいが関の山です。つまり、アクターのあいだの差異を表に出すことができないので、まず間違いなく余計なものなのです。最悪の場合には、古いアクターの洪積層に、新たな興味深いアクターをひとつ残らず埋もれさせてしまいます。ありとあらゆる結びつきを使って内容を展開すれば、その結果として、コンテクストを手にすることになるでしょう。レム・コールハースが言ったように、「コンテクストは鼻つまみもの」なのです。コンテクストを持ち出すというのは、記述を続けるのに疲れてしまったか、怠けすぎた場合に、記述を止める手段にすぎないのです。

文字による記述、作り話、論文について

学生 でも、それこそが私の問題なのです。いつ止めればよいのですか。私は博士論文を仕上げなければなりません。あとわずか八か月です。先生はいつも「もっと多くの記述」とおっしゃいますが、まるでフロイトとその治療のようです。つまりは、無期限の分析です。いつ止めるのですか。私のアクターは至るところにいるのですよ！ 私はどこまで追いかけていくべきなのですか。記述を完

成させるにはどうすればよいのですか。

教授　なるほど、それはよい質問です。実際的な問題ですからね。私がいつも言っているように、上手くできた論文とは、仕上がった論文です。けれども、ただ「説明を加える」か「フレームに入れる」以外にも、記述を終える方法があります。

学生　では、それを教えてください。

教授　五万語でしたか、いつもこの大学の規定を忘れてしまいますが、それだけ書けば記述は終わります。

学生　なるほど！　実によいですね。完成したときに、私の論文が仕上がるというわけですか。大いに役立ちます。誠にありがとうございます。今、重荷が下りてほっとしていますよ。

教授　喜んでくれて良かったですよ！　いや、まじめな話、どんな方法も、提出予定のテクストの分量と種類に左右されるのではありませんか。

学生　でも、それはテクスト上の制約であって、方法とは無関係の問題ですよ。

教授　よろしいですか。それもあって、私は博士課程の学生に対する教育の仕方を快く思っていないのです。テクストを書くことは、あらゆる点で方法と関係しています。限られた数のインタビュー、限られた観察の時間、限られた資料に基づいて、限られた月日で、限られた語数のテクストを書く。以上。あなたは、それ以上のことをしていません。

学生　いえ、私はそれ以上のことをしています。私は学習しますし、私は研究しますし、私は説明しますし、私は批判しますし、私は……

教授　でも、そうした大層な目標は、すべてテクストを通して達せられるのではありませんか。

学生　もちろんです。けれども、テクストは、ツールであり、メディア〔媒体〕であり、自分を表現する手段にすぎません。

教授　ツールもメディアもありません。媒介子だけがあるのです。テクストには厚みがあるのです。ANTに教義があるとすれば、このことですよ。

学生　すみません、先生。さきほど申しましたように、私はフランス思想に打ち込んだことがありません。私はC言語でプログラムを書けますし、C++言語でも書けますが、デリダや記号論といったものでは少しも書けません。私は、世界が言葉やそうした類のものでできているとは考えていないですし……

教授　皮肉はやめましょう。あなたのなかの技術者精神にふさわしくありませんよ。それに、私もそんなことは考えていません。どう終えるのかを尋ねられたので、私はただこう言おうとしているだけです。博士課程の学生として、あなたにできる最善のことは、所与の事態にテクストを付け加えることです――そのテクストは、指導教員と、場合によっては、何人かのインフォーマントと、数人の仲間の院生が読んでくれるでしょう。おかしなことは何もありません。何の変哲もない常識です。記述を止めるための解法のひとつは、「フレームワーク」なり「説明」を加えることです。そして、もうひとつが、あなたの途方もない論文の最終章に最後の一語を入れることです。

学生　私が受けてきたのは、科学の訓練です！　私はシステムエンジニアです。私は、そうしたものを捨てるために、組織研究をしに来ているのではありません。フローチャートや制度、人、神話、心理学を、私がすでに知っているものに付け加えることに異存はありません。そうしたさまざまな要因について、先生が教えてくれたように「対称的」になる用意すらあります。しかし、科学が上手い作り話をすることであるなどとおっしゃらないでください。これは、先生の問題点です。先生は、どこからどう見ても客観主義者であり、ことによると素朴な実在論者であるかもしれないかと思えば――「ただ記述する」とおっしゃいます――、どこからどう見ても相対主義者であることもあります――「上手い話をして、満足せよ」。これでは、あまりにもフランス的ではないでしょうか。

教授　そんなことを言うあなたは、どの国のやり方に固執しているのでしょうか。馬鹿なことを言ってはいけません。誰が、「上手い作り話」について話したのですか。私ではありません。私は、あなたが博士論文を書いていると言いました。そのことを否定できますか。それから、私が言ったのは、このとても多くの語数からなる長編の博士論文――大学院にいるうちで唯一引き継がれていく業績です――に厚みがあるということです。

学生　と言いますと？

教授　つまり、論文とは、単なる透明な窓ガラスではないということです。研究対象に関する情報を変形させることなく移送するものではないのです。「同じかたちで伝わるもの（in-formation）はなく、かたちを変えること（trans-formation）だけがある」。このANTのスローガンには同意されますよね。では、このスローガンはあなたの博士論文についても間違いなく当てはまりますよね。

学生　そうかもしれませんが、それが、どんな意味で、自分がもっと科学的であるために役に立つのか、それを私は知りたいです。私は、科学の精神を捨てたくありません。

教授　このテクストは、書き方次第で、あなたが研究しようとしているアクター－ネットワークを捉えることにもなれば、捉えないことにもなるでしょう。テクストは、私たちの分野においては、作り話や上手い話ではありません。むしろ、テクストは、機能的に見れば、実験室と等価です。試験や実験、シミュレーションの場なのです。そこで起こることによって、アクターが存在するかしないか、ネットワークがあるかないかが決まります。そして、このことはテクストがしっかりと書かれるかどうかに完全に左右されるのです——さらに、新たなトピックごとに、種差的な、完全に種差的なテクストによって、新たなかたちで扱われる必要があります。社会科学におけるほとんどのテクストは、死んでいるかのようにまったく動きが見られません。何も起こらないのです。

学生　でも、私たちの大学院のプログラムでは、誰も「テクスト」のことに触れません。私たちが話しているのは、「組織を調査すること」であって、組織について「書くこと」ではありません。

教授　そのとおりなのです。あなたは、間違った教育を受けているのです！　社会科学の博士課程の学生に対して博士論文を書くことを教えないというのは、化学の学生に実験室で実験することを教えないようなものです。だから、このところ、私は、書くことだけを教えているのです。私は、同じマントラを繰り返し続けます。「記述しよう、書こう、記述しよう、書こう」。

学生　私の指導教員はそんなことを求めていません！　私の事例研究が「何らかの役に立つ一般化に至る」ことを求めているのです。「単なる記述」を求めてはいないのです。ですから、私が先生の求めることをすれば、ある事態について上手く記述することになるでしょうが、それでどうなるのですか。やはり、フレームに入れて、類型を見つけて、比較して、説明して、一般化する必要があります。だから、私はパニックを起こし始めているのです。

教授　パニックを起こすべきなのは、アクターが、そうしたことを、絶えず、能動的に、反省的に、執拗にしていない場合だけです。アクターも比較します。類型を作り出します。規格を作ります。機械を普及させるだけでなく、自らの組織やイデオロギー、精神状態を広げるのです。どうして、あなたは知的なことをする人間である一方、アクターは馬鹿の集まりであるかのように振る舞うことになるのですか。アクターが、押し広げ、関連づけ、比較し、組織化するためにしていることを、あなたは同じように記述しなければならないのです。別のレイヤーを、「単なる記述」に付け加える必要はありません。記述から説明へと移ろうとしてはいけません。ただ記述を進めてください。いずれにせよ、ＩＢＭについてのあなた自身の考えは、ＩＢＭ自体がどのようにして拡大しようとしてきたのかという問いと比べれば、何ら関心を引くものではありません。

痕跡を残さないアクターと、研究から学ぶ必要のないアクターについて

学生　でも、研究対象の人たちが動かないならば、つまり、能動的に比較せず、規格化せず、組織化せず、一般化しないならば、私はどうすればよいのですか。身動きが取れません！　何の説明も付け加えられません。

教授　あなたは本当に図抜けていますね！　アクターが何もしないなら、何の痕跡も残さないでしょう。だから、あなたにはまったく情報がありません。ですから、あなたは何も言えません。

学生　痕跡がなければ、黙ったままでいるべきだとおっしゃるのですか。

教授　いやはや！　どこでもよいので、自然科学の教室に行って、同じ質問をしてもらえますか。なんて馬鹿なことを聞いているんだと思われるでしょう。何の情報もないのに説明し続けることができると主張するには、社会科学者が必要です！　あなたは、本当に、ゼロからデータを作り出すつもりなのですか。

学生　いえ、もちろんそうではありませんが、でも、私が求めているのは……

教授　よいでしょう。少なくとも、あなたは私たちの同僚の何人かよりは理屈が通じます。痕跡が残っていなければ、情報はなく、記述することはなく、話すこともない。埋め合わせてはいけません。例えてみれば、十六世紀の地方の地図のようなものです。誰も行ったり、戻ってきたりしていなければ、その部分は、どうか、空白のままにしておいてください！　テラ・インコグニータ〔人跡未踏の地〕です。

学生　でも、隠れて作用していて目に見えない存在はどうですか。

教授　作用しているならば、何らかの痕跡を残しています。そして、何らかの情報が得られ、そのアクターについて話すことができます。そうでないのなら、とにかく黙っていることです。

学生　でも、アクターが抑圧されているとか、否定されているとか、沈黙させられているとかいった場合はどうなりますか。

教授　アクターが存在することの証拠を持ち込むことなく、アクターがそこにいると言えるようにしてくれるものはどこにもありません。間接的であったり、まわりくどかったり、入り組んでいたりするかもしれませんが、証拠が必要なのです。見えないものは見えないのです。以上。目に見えないものが別のものを動かせば、その動きを記録することができ、目に見えるようになります。

学生　証拠？　結局のところ、証拠とは何なのでしょうか。それでは、あまりに実証主義的ではありませんか。

教授　実証主義的であることを願っていますよ、ええ。存在することを証明できないものが作用していると言ったところで、何の役に立つのですか。あなたは社会理論を陰謀論と混同しているのではないでしょうか――しかし、社会科学におけるこの頃の批判理論の大半はそこまで凋落しています。

学生　でも、何も加えないならば、アクターの言っていることを繰り返すだけになってしまいます。

教授　何の痕跡も残さず動き、どの事態にも何の変化も起こさない目に見えない存在を加えたところで、何の役に立つのでしょうか。

学生　でも、アクターには、自分が知らなかったことを学んでもらう必要があります。そうでなければ、なぜ、私は研究するのでしょうか。

教授　この社会科学者さん！　あなたには参ってしまいますよ。あなたが、IBMではなく、アリを研究しているとすれば、その研究からアリが何かを学んでくれると思いますか。もちろんそんなことはありません。アリが教師であり、あなたがアリから学ぶのです。あなたは、自分に向かって自分自身のために、あるいは、他の昆虫学者のために説明するのであって、あなたのことを少しも気にしていないアリのために説明するのではありません。どうして、研究することが、いつも、研究対象の人びとにものを教えることになるはずだと思うのですか。

反省性と説明について

学生　でも、それが社会科学全体に見られる考え方ですよ！　だから、私はＬＳＥにいて、経営のイデオロギーを批判し、数々の情報技術の神話のまやかしを暴き、ありとあらゆる技術操作、市場のイデオロギーに対する批判の力を手に入れようとしているのです。そうでなければ、正直なところ、私はまだシリコン・バレーにいて、もっと多くの金を稼いでいるでしょう——いや、バブルがはじけたから、そうでないかもしれませんが……。でも、いずれにせよ、私には、何らかの反省的な見方を人びとに示す力がなければなりませんし、……

教授　その人びとは、あなたがやって来る前は、もちろん、反省的ではなかったのですね！

学生　ある意味では、そうです。あれこれしてはいましたが、なぜそうしているのかはわかっていませんでした。……何か問題でもありますか。

教授　問題なのは、それがひどくお粗末だということです。社会科学者が「反省性」〔再帰性〕と言っていることのほとんどは、次のような全く無関係なことを聞くことを指しているにすぎないのです。つまり、研究対象の人びとは、分析者がまったく答えを持ち合わせていない別のことを問題にしているのに、それとは全く無関係な問いを投げかけることを指して「反省性」と言っているのですよ！　反省性は、LSEにいるからというだけで、当然のように得られる権利ではありません！　あなたとそのインフォーマントは相異なる関心をもっています――両者の関心が交わるなら、それは奇跡です。そして、念のために言っておきますが、奇跡はまず起こりません。

学生　でも、アクターが言っていることに何も付け加えないのなら、批判的になれはしません。

教授　よろしいですか、あなたは、説明をして科学者の役割を演じたいと思っているかと思えば、次の瞬間には、暴露し、批判して活動家の役割を演じようとしていて……

学生　私が言おうとしているのは、こういうことです。先生は素朴な実在論者である――モノに戻る――かと思えば、次には、先生の格言である「アクター自身」に従うしかなく、何も付け加えないテクストを書くだけだとおっしゃいます。これでは、まったくもって政治的ではありません。そこに批判の力を認めることはできません。

教授　どうか教えてください、暴露屋君。どうやってアクターに対する「批判の力」を得るつもりですか。ぜひともお聞きしたい。

学生　フレームワークがあって初めて批判の力が得られます。フレームワークを探しにここにやって来たのですが、ANTには、間違いなく、フレームワークを与える力がありません。

教授　与える力がないからよいと思うのですが。あなたのフレームワークは、インフォーマントには見えておらず、あなたの研究によって明らかにされるということですね。

学生　ええ、もちろんです。フレームワークが、私の仕事の付加価値であるはずです。記述ではありません。記述される内容は、誰もがすでに知っていることなのですから。記述ではなく、説明であり、コンテクストであり――調査対象者はコンテクストを見ている暇がありません――、類型です。そうですよね。あまりに忙しくて、考えている時間がないのです。私はフレームワークを示すことができるのです。ところで、まだ言っていませんでしたが、IBMは、私がファイルにアクセスできるようにしてくれています。

教授　素晴らしいですね。少なくとも、IBMは、あなたの研究に興味を持っているのですね。幸先がよいですね。でも、六か月のフィールドワークで、あなた一人で、数百枚の論文を書くだけで、あなたが研究してきた三四〇人の技術者やスタッフよりも多くの知識を生み出せると主張しようとしていませんか。

学生　「多くの」知識ではなく、「異なる」知識ですね。ええ、生み出せることを願っていますよ。私は、まさに異なる知識を求めて努力すべきではないのですか。それが、この仕事をしている理由ではないのですか。

教授　あなたがどんな仕事をしているのかよくわかりませんが、あなたがIBMから生み出す知識が、どれだけ異なっているのか、それが大きな問題です。

学生　私が生み出すのは、あらゆる科学と同じ種類の知識ですし、同じようなかたちで物事を説明するものです。つまり、目の前のケースから原因に向かっていくのです。そして、原因がわかれば、その結果を生み出すことができます。何か間違っていますか。平衡状態から遠く離れて動く振り子に何が起きるのかを尋ねるようなものです。ガリレオの法則を知っていれば、もはや、実際の振り子を見る必要すらありません。私は、何が起きるのかが正確にわかります——摂動〔外的要因による軌道の乱れ〕を除けばですが、もちろん。

教授 「もちろん」ですって！ では、あなたが望んでいるのは、説明をしてくれるフレームワークとあなたの事例研究の関係が、ガリレオの法則と振り子の落下の関係に等しくなる——摂動は除きますが——ということなのですね。

学生 ええ、そうだと思いますよ。科学的な厳密さは落ちますが。なぜですか。どこか間違っていますか。

教授 いや、結構なことでしょう。でも、それは実現可能ですか。つまり、具体的な振り子がどう動いたとしても、落体の法則には何の新たな情報も足されないのですよ。落体の法則には、振り子の状態に関するあらゆることが可能的に（*in potentia*）含まれています。具体的な事例は、哲学者のように言えば、すでにあった「可能的なものの実在化」にすぎないのです。

学生 それは理想的な説明ではないですか。

教授 それこそが問題なのです。二重の意味で理想的なのです。つまり、理想的な説明という理想です。あなたの研究対象の企業の従業員がそのようなかたちでふるまうとは思えません。そして、まず間違いなく、すでに可能的にあったものの具体的な実在化として、すべてのことを演繹できる法則を生み出すことはできません。

学生 摂動は除いて……。

教授 ええ、ええ、ええ、言うまでもありません。その謙虚さは賞賛に値します。

学生　先生は、私をからかっておられるのですか。そうした類のフレームワークを求めて努力することは、私には実行可能であるように見えます。

教授　たとえそうだとしても、それは望ましいことでしょうか。よろしいですか。あなたが実際に話していることは、あなたの記述のなかのアクターは何の差異〔変化〕ももたらさないということです。あなたのアクターはただ可能的なものを実在化したのであって——微々たる逸脱は別として——、つまりは、あなたのアクターは何らアクターでないということです。あなたのアクターは、自らを通り抜けていく力を運ぶだけなのです。だから、君はねえ、それ自体は実質的に何もしない受動的な中間項にすぎない人、モノ、場を記述して時間を無駄にしていたのですよ。あなたのフィールドワークは、すっかり無駄になってしまいました。あなたは、直接、原因に向かうべきだったのです。

構造主義とANTの果てしない隔たり

学生　でも、それが、科学の存在理由です！　つまり、何かをしているように見えたけれども、実際には何か他のものの身代わり《プレースホルダー》にすぎないエージェントの行動を説明してくれる隠れた構造を見つけることです。

教授　ということは、あなたは構造主義者なのですね！　ついに、自分の立場を明らかにしましたね。

身代わり、それがあなたの言っているアクターなのですね。そして、同時にアクター‐ネットワーク‐理論を用いたいと思っている！　それでは、折衷主義にも程がありますよ！

学生　どうして両方とも用いることができないのですか。ANTに少しでも科学的なところがあるならば、ANTは構造主義的でなければならないのは明らかです。

教授　あなたは、アクター‐ネットワークに「アクター」という語があることに気づいていますか。身代わりが構造主義的な説明のなかでどのような作用を果たしているのか教えてくれますか。

学生　それは簡単です。ある機能を果たします。私の理解が正しければ、これが構造主義の勘所です。同じ立場にある他のエージェントは、どんなエージェントであれ、同じことをすることになるでしょう。

教授　とすると、身代わりは、その名が示すように、他のもので完全に置き換えることができるのですか。

学生　ええ、そのとおりです。

教授　しかし、それもまた実に信じがたいことですし、構造主義とANTが根本的に両立しない理由です。私の用語では、何の差異ももたらさないアクターは、まったくアクターではないのです。アクターとは、もし言葉に少しでも意味することがあれば、まったくもって、置き換え可能ではないものなのです。それは無二の出来事であり、他のどんな出来事にもまったく帰しえないものであり、例外は、つまり、何らかの規格化のプロセスによって別のものと共約可能であるとみなされる場合です――それでも、第三のアクター、第三の出来事が必要になります。

学生　ということは、先生はANTが科学でないとおっしゃっているのですね！

教授　構造主義的な科学ではない。それは確かです。

学生　同じことですよ。どんな科学でも……

教授　違います！　組織研究、科学技術社会論、経営学、情報論、社会学、地理学、人類学など、どんな分野であっても、そもそも、情報とは変換なのですから、どのような構造主義的説明にも頼ることはできません。

学生　「変換のシステム」、それはまさに構造主義の中心にあるものです！

教授　とんでもないですよ。あのですね、構造主義では実際には何も変換されません。合体されるだけなのです。構造主義とANTのあいだに横たわる深い溝に気づいていないようですね。構造とは、私たちが非常に表面的な情報しか手にしていないネットワークにすぎません。時間に追われているときは役に立ちますが、構造主義のほうが科学的であると言ってはいけません。報告のなかにアクターを登場させたいならば、アクターは、あれこれしていることが条件であり、身代わりであってはいけないのです。アクターが何事かをするならば、差異を生み出すはずです。差異を生み出さないならば、そのアクターは切り落として、新たな記述を始めてください。あなたが求めているのは、モノがない科学です。

学生　いつものお話ですね。波乱に富んだ作り話《イベントフル・ストーリー》、それが先生の求めているものです！　私が話しているのは、説明、知識、批判の力《クリティカル・エッジ》であって、チャンネル4の連続ドラマの脚本を書くことではありません！

教授　私もその話をしようとしていました。あなたは、数百枚もの論文によって変化《メイク・ア・ディファレンス》が起こることを望みますよね。そうであるなら、人びとが行っていることに対する記述が人びとに返されたときには、その記述によって、人びとの行いに本当に変化が生まれることを自ら証明できなければなりません。それが、「批判の力」があるということではないでしょうか。

学生　そうだと思います、はい。

教授　でも、一般的すぎるあまり人びとの行いに変化を起こさない原因に脈絡なく訴えるのでは、うまくいかないですよね。

学生　もちろんです。私が話していたのは、真の因果関係です。

教授　でも、それでも変化は起きないでしょう。というのも、仮に真の因果関係が存在するとしても——非常に疑わしいことですが——、その因果関係からは、あなたのインフォーマントを他のアクター、つまり、機能、構造、文法などと呼ばれるものの身代わりに変換すること以外の作用は出てこないからです。実質的に、あなたのインフォーマントは、アクターではなく、でくの坊、操り人形です——いや、操り人形にも劣ります。とにかく、アクターを何でもないものにしてしまっているのです。せいぜい、わずかな摂動しか付け足せないでしょう。わずかな揺れを付け足すだけの実際の振り子のようにです。

学生　え？

教授　では、教えてください。研究対象の人たちを、あなたには——そして、あなただけには——見抜ける隠れた機能の哀れなる「ふぬけの《アクトレス》」身代わりへと変換することが、どうしてそれほどまでに政治的に重要なのでしょうか。

学生　うーん、先生は物事を逆さまにしてしまうところがあります。さて、どうなのでしょうか。アクターが、自分が負わされているものに気づき、もっと意識的になり、もっと反省的になるならば、いくらか政治的な自覚が高まりませんか？　そうなれば、自分の運命を自分の手中に収められるようになります。以前よりも啓蒙されるのではないでしょうか。そうであれば、今や、私の力もあって、アクターは、もっと能動的になり、もっと完全なアクターであると言えるでしょう。

科学、権威、意義について

教授　ブラボー、ブラビッシモ！　ということは、あなたにとってのアクターとは、隙間なく規定されたエージェントに、ある機能の身代わりを付け加え、わずかな摂動を付け加え、その上、啓蒙された社会科学者がもたらす何らかの意識も付け加えたものなのですね。恐ろしい、実に恐ろしい。しかも、そうした人びとにANTを適用したいと思っているわけです！　人びとをアクターから身代わりへと格下げして、踏んだり蹴ったりの目に遭わせておきながら、その哀れな奴《やっこ》に寛大にも反省性を与えようとしています。その反省性は、そもそも人びとが持っていたものなのに、あなたが構造主義的なやり口で人びとを扱うことで消し去ったものなのですよ！　最高です！　あなたが「説明」を手にしてやってくる前から、人びとはアクターだったのです。わかっていますよ。あなたの研究こそが人びとをアクターにすることができるんですよね。大したものです！　ブルデューはこの上ないことをしでかしたものです。

学生　先生はあまりブルデューがお好きでないかもしれませんが、少なくとも、ブルデューは本物の科学者でしたし、もっとよいのは、政治的に有意義《レリバント》であったことです。私の知る限り、先生のANTはどちらでもありません。

教授　それはどうも。私はおよそ三十年にわたって科学と政治の関係について研究してきたので、どのような科学が「政治的に有意義」であるのかを簡単に語ることはできません。

学生　私は、権威に訴える論法に萎縮しないことを学んできたので、先生の「三十年にわたる研究」は、私に何の変化も起こしませんよ。

教授　これは一本とられました。でも、あなたの質問は、「ANTでどんなことができるのか」というものでしたね。それに対して、私は、構造主義的な説明は一切できないと答えたのです。両者はまったく相容れません。道は二手に分かれます。一方では、可能的なものを実在化していて、その結果、まったくアクターでないアクターがいます。他方では、（これはドゥルーズの用語ですが）潜在的なものを現実化しているアクターを記述しており、他には当てはまらない固有のテクストが必要になります。あなたが研究対象と結びつくには、他には当てはまらない固有の実験手順《プロトコル》が働くことが必要です――これが、あなたなら「批判の力」や「政治的な意義」と呼ぶものでしょう。

学生　それでは、私たちはどこで意見を違えているのでしょうか。先生もまた批判の力をもつことを望んでおられるのですね。

教授　ええ、まあそうなのですが、私には確かなことがひとつあります。研究はおのずとうまくいくものではなく、ほとんどの場合、失敗するということです。二百ページのインタビューや観察などは、まったく何の変化も生み出さないでしょう。有意《レリバント》になるために必要なのは、類い稀な状況を作り出す舞台装置一式です。めったに起こらない出来事です。途方もなく想像力に富んだ実験手順が必要なのです。ガリレオの振り子、パスツールの狂犬病ウイルスと同じくらい奇跡的なものが必要なのです。

学生　では、私はどうすべきなのですか。奇跡が起こるのを祈るべきですか。鶏を生贄として捧げるべきですか。

教授　なぜ、あなたは、自分のちっぽけなテクストを気にしてくれる（あるいは気にしてくれない）かもしれない人びとにとって、そのテクストが、たとえば自然科学の巨大な実験室よりも、おのずから有意なものであることを望むのですか。インテルのチップが携帯電話にとって有意なものになるためにどれ程の時間がかかっているのかを見てください！　それなのに、あなたは、誰もがまったく手間を掛けずに〔インテル・インサイドならぬ〕「LSEインサイド」というラベルを手にすることを望んでいるのですか。有意になるためには、さらなる仕事が必要です。

学生　私が必要としているのは、まさに、さらなる仕事の見通しです！

教授　そこが肝心です。ある主張が自動的で、全面的で、汎用性があるならば、その主張は科学的ではありえないでしょう。まるで無関係《イレリバント》です。研究が本当に科学的であるならば、失敗してしまう可能性があるのです。ポパーを読み直してください。

学生　とても心強いです。わざわざ、私が論文審査に失敗する可能性があることを念押ししてくださり、ありがとうございます！

教授　あなたは、科学と支配を混同しています。「現象を捉え損ねることができることが、科学の営みには欠かせない」のです。[199] あなたは、ブルデューの批判社会学——あなたのお気に入りですね——が適用できない可能性のあるトピックをひとつでも想像できますか？

学生　でも、私は、ANTが適用できるであろうトピックをひとつも想像できません！

教授　お見事、そのとおりです。まさに私が考えていることです。

学生　褒めて言ったわけではありません。

教授　でも、正真正銘の賛辞として受け止めましょう！　自然科学における上手くできた実験と同じくらい、社会科学における上手く書かれたテクストは稀なのです。

学生　恐縮ですが、先生の科学哲学はあまりに捉えがたいのですが、まだ書き方を教えてもらっていません。

教授　あなたはフレーム、コンテクスト、構造を自分の「単なる記述」に加えたがるあまり、私の話がほとんど耳に入らなかったようですね。

学生　でも、上手く書かれたANTのテクストと下手に書かれたANTのテクストの違いはどこにあるのですか。

---

(199) ガーフィンケルの *Ethnomethodology's Program* (Garfinkel 2002: 264) を参照のこと。

教授　なるほど、それはよい質問です！

学生　ついにですか？

教授　ついにです！　お答えしましょう。上手くできた実験室と下手にできた実験室の違いと同じです。それ以上でも、それ以下でもありません。

学生　ええと、そうですね、うん、もう結構です。お相手頂き、ありがとうございました。でも、私は、やっぱり、ANTではなく、ルーマンのシステム理論を基本的なフレームワークとして用いようと思います——「オートポイエーシス」をはじめとして、かなりの見込みがあるように見えます。あるいは、両方を少しずつ取り入れるかもしれません。

教授　ふうむ……。

学生　先生は、ルーマンがお好きではありませんか。

教授　私であれば、「基本的なフレームワーク」は残らず脇に置いておきます。

学生　しかし、先生のおっしゃる「科学」では、私の見るところでは、社会科学のトレーニングの規準のすべてを捨てることになってしまいます。

教授　私は、そういった規準を打破して、自分のアクターにしたがう方を選びます。あなたが言ったように、私は、結局のところ、素朴な実在論者であり、実証主義者です。

学生　先生は、本当に素晴らしいであろうことが何なのかおわかりなのですよね。周りの人たちは、ANTがどんなものであるのか誰も理解していないようなので、先生がANTの入門書を書くべきです。そうすれば、私たちの指導教員がANTが何であるかを理解するようになり、そして、失礼にならないように言わせてもらえば、私たちをANTにあまり強く向かわせようとはしなくなるかもしれません。私の言っていることがおわかりいただければ……

教授 ANTは本当にそんなに悪いのでしょうか。

学生 よろしいでしょうか、私はただの博士課程の学生ですが、先生は教授です。先生には多くの著作があります。先生は、私にできないことができる立場にあります。私は、指導教員の言うことを聞かなければいけないのです。先生のアドバイスをいつまでも守っているわけにはいきません。

教授 それなら、どうして私のところにやって来るのですか。どうしてANTを用いようとするのですか。

学生 実は、この三十分のあいだ、同じことを考えていました……。

第Ⅱ部　連関をたどり直せるようにする

はじめに――社会的なものをたどることは、なぜ難しいのか？

私たちは皆、社会的相互作用で結ばれており、私たちは皆、社会のなかで生活しており、私たちは皆、文化的動物である。言うまでもないことであるはずだ。それなのに、なぜ、私たちを結びつけるものは、こうも捉えがたいのか。これまでに見てきたように、その理由を説明するもののひとつは、「社会的」という形容詞が、二つのまったく異なる事象を指していることにある。つまり、社会的なものは、一方で、実体ないし一種の素材であり、他方で、非社会的な要素をつなぐ動きでもあるのだ。いずれの場合にも、社会的なものは消えてしまう。固体とみなされる場合には、つなぐ力を失ってしまう。流動的なものとみなされる場合にも、社会的なものは、集合体をひとつに結びつけている束の間の瞬間にだけ、ぱっと現れるにすぎないので、やはり消えてしまう。社会秩序の存在を示すものが至るところに満ちあふれているせいで、社会科学の主題を突き止めるのは、一見、簡単に見えていたものの、今や真逆であるように見える。つまり、社会的な紐帯ほど把握困難なものはない。社会的な紐帯をたどれるのは、それが変更されている時だけである。生理学者が示してきたように、何かを認知するには、連続した動きと調節が必要である。動きがなければ、感覚はない。このことは、視覚、聴覚はもちろん、味覚、嗅覚、触覚についても当てはまる。[200] 誰かの手を握り、ぴくりとも動かさずにいれば、すぐに、ぼんやりとしたきまりの悪さ以外に何も感じなくなる――たとえそれが最愛の人の手であるとしても。動きがなくなることで、五感がぼやけてくる。同じことは、「社会的なものの感覚」にも当てはまる。つまり、新たなつながりがなければ、それが把握されることはない。

したがって、社会的な結びつきに対する感覚を蘇らせるために、第Ⅰ部では二種類の相異なる方法を対置しなければならなかった。一方の「社会的なものの社会学」と呼んだ方法は、何らかの均質な材料でできているとされる要素のまとまりを、できるだけ堅固に、できるだけ長く維持しようとする。他方の方法――「連関の社会学」と呼んできたもの――は、ひとつにつながる可能性のある種々雑多な要素の範囲をめぐる論争に目を通そうとする。前者の場合、社会的世界が何でできているのかはおおよそわかっている――社会的世界は、社会的なもの「から」作られるか、社会的なものの「なかで」作られる。後者の場合、社会的世界が何でできているのかがわかっていないことから常に始めなくてはならない。したがって、ギリシア語のファルマコン〔薬でもあり毒でもあるもの〕と同じように、社会的なものを探ることは、用量と用法によって、良薬にも猛毒にもなる。少量を時間どおりに服用することをたたき込むことで、観察者は新たな連関を見つけ出せるようになるのだ。この連関は、常に消えてしまうおそれのある集合体を組み直すために絶えず刷新される必要がある。ひとつの束になった要素を、「品質保持期間」を過ぎるまで放っておけば、腐り始めることになるだろう。あくまでそれを口に入れようとするならば、全身が麻痺してしまうだろう。ひとつに結びつけられたものを、特別な種類の構造《ファブリック》と思い込み始めてしまう。つまりは、社会的なものが、社会的なものを説明すると思い込み始めてしまう。もはや跡をたどれない世界に足を踏み入れてしまう。この世界には、いつの間にやら、批判社会学の妖精、ドラゴン、英雄、魔女が入り込んできかねない。

しかし、どうして同じ形容詞に二つの正反対の意味があるのだろうか。そのわけを私なりに探れば、社会科学が三つの異なる課題に一度に着手したからである。つまり、①社会的なものが、その構成員の独創性によってさまざまに築き上げられるありようを記録すること、②この世界で働いているものの範囲を限定することで、社会的なものをめぐる論争を解決すること、③政治的行為に対して何らかの人工的な補助装具をはめ込むことで「社会問題」を解決しようとすること、の三つである。以上の目標は何ら間違っていない。「共生の科学」である社会学には、以下の三つの務めを実際に果たす力がなければならないからだ。

①どのような連関が可能であるのかをめぐるあらゆる論争を展開させること。
②そうした論争がどのような手段を通して解決され、そうした解決がどのように維持されるのかを示すこと。
③社会学自体を研究対象者の関心を引くものにすることで、集合体を組み上げるための正しい手続きを定めること。

(200) R・C・マイアルとジョン・チャレンコの 'A Painter's Eye Movements' (Miall and Tchalenko 2001) に見られる急速眼球運動に関する美しい実験と肖像画への応用を参照のこと。

しかし、以上の務めが逐次的なものであることに注意を払わず、以上の務めを一度に果たそうとすることはできない。たとえば、第二の務めを第一の務めと混同するならば、社会学者である自分の主な課題が、不確定性の範囲を――前もって、アクターの代わりに――限定することにあると考え始めることになる。つまり、そうした不確定性の幅広さに対してアクターは途方に暮れてしまうのではないかと思っているのだ。こうして、自らの務めとして、可能性のある社会的なまとまりの数を少なくしてしまい、アクターに何事かをさせるエージェンシーの数を限定してしまい、人間以外のモノをできるだけ多く排除してしまい、自然科学と社会科学の厳密な分業にこだわってしまい、社会学が自律した科学の一分野であるという強い信念を維持してしまうのである。社会学の務めをこのようにしてしまった後では、もはや、これまでに検討してきた五つの不確定性の発生源をたどることはできない。事態がさらに悪くなるのは、第三の務め――政治的に有意義であること――を他のふたつの務めと混同する場合である。近代化の必要性と、解放のプロジェクトと、経験的調査の純然たる困難。これらと結びついた確固たる理由から、社会学者は、アクターが集合体を組み上げていることを後ろに追いやって、アクターをまとめるものを社会学者自身が定義することを前に出し始める。そして、社会とは何であり、社会はどの方向に向かっているのかを問い始める。そうした知性頼みの戦略は、コント、スペンサー、デュルケム、パーソンズの時代には生産的であったかもしれないが、今では災難をもたらすものになっている。社会的説明が提示されるとき、その説明が、何らかの純然たる経験的把握の結果なのか、規格を当てはめた結果なのか、社会工学の試みの結果なのか、単なる怠慢の結果なのかを判定する方法はもはやない。社会科学が順次に果たすべき三つの務めを混同することで、社会的説明を難なく増やしていくことはできても、社会的なものはまったくたどれなくなってしまったのだ。

社会的なものの科学──今や、社会的と科学の両方の語が刷新された──というプロジェクトに忠実であるためには、本来の三つの務めのどれも放棄することなく、以上の混同を克服しなければならない。第I部で、どのようにアクター自身の世界制作の能力を展開させられるのかを示した。そして、結章で、政治的な重要性というもっと慎重を要する問題に取り組むにあたって、この第II部では、他の二つの務めと混同することなく、論争の解決に目を向けることが可能であることを示す必要がある。そう、論争と不確定性には決着が付けられるが、このこともまたアクター自身がなすべきことであり、このこともまた経験的な痕跡を生み出すので、余すところなく記録できる。アクターに、いわば、自分自身が取り散らかしたものの後片付けをさせれば、すぐに何らかの秩序を取り戻すことが可能になる。そして、その秩序は、あらかじめ論争を限定しようとする調査者自身の企てとは縁もゆかりもないものである。

あいにく、五つの不確定性の発生源を展開することが非常に困難であるならば、そうした不確定性を安定化させる手段に目を向けるのはさらに技巧を要することになる。この新たな探究においては、「伝統的な社会学」とさらに対立してしまうように見える。第II部で主張するのは、社会的なものをたどれなくしたものが、社会の存在、もっと広く見れば、社会的領域の存在に他ならないことである。今度の問題は、社会的という語の曖昧さから生まれるのではなく、政治体〔訳註69〕を組み立てることと集合体を組み立てることを混同することから生まれており、この混同は、社会学の歴史で早くから見られた。たとえ両者の過程が多くの点で共通しているにしても、二つの過程をとにかくうまくいかせるためには、別々に切り離しておくべきなのである。

大まかに言えば、十九世紀の発明である社会は、十八世紀のリヴァイアサンと二十一世紀の集合体がまぜこぜになった過渡期の中途半端な姿である。[201] 一度に二つのことをするよう社会に求める、つまりは、集合体をたどれる《トレーサブル》ものにすることと、政治の代わりとなる役割を果たすことを求めることで、社会はそのどちらも満足に果たせなくなった。社会という想像上の存在は、うまく組み立てられた集合体の出現を不可能にするとともに、諸々の政治的な活動によって今なお形成できるはずの奇異な結合体を定義しようとするあらゆる取り組みを妨げてきたのである。

このことは本書の終わりまで明らかにならないにしても、この板ばさみの理由は簡単に示すことができる。政治体は、その性質ゆえに、仮想的で総体的でありながら、基本的にはいつもすでにあるものと想定せざるを得ない。この点については何も間違っていない。政治体は、政治的な代表、つまり、多を一にまとめ、その一に多を従わせるという途方もない問題を解決しなければならなかったからだ。政治的な行為だけが、絶えざる循環運動によって、常に消失してしまうおそれのあるこの仮想的で総体的なものを描き出せるのだ。[202] これは、ウォルター・リップマンが幻（「幻の公衆」）という格好の語で示したことである。[203] ジョン・デューイがリップマンに答えるなかで示しているように、社会契約という神話が生まれて以降、政治体は常にやっかいなものであり、常に完全に消えて無くなってしまうおそれのある幽霊であった。政治体は、決して、政治的な行為の下や背後や上に存在する、実体、存在、独自領域になるとされていなかった。ホッブズの描き出したリヴァイアサンを見たすべての読者の心に浮かんできたのは、「この死ぬ定めにある神」はいかにもろく、そして、いかに速く消えてし

まう可能性があるのかということであった。誰もが認めたように、この巨体の足は粘土でできていたのだ。(204)

しかし、政治的な手段によって政治体を組み上げるという矛盾した、途方もない、至難の課題を不要にしようとして、デューイの意味における公衆の存在様態を社会の存在様態に変えてしまえば、政治体の問題含みのもろさはすぐに消えてしまう。(205) 社会へと姿を一変させた政治体は、政治的な活動が

(201) 社会の概念の発明に関して、ブリュノ・カルサンティの 'Autorité, pouvoir et société' (Karsenti 2003)、ミシェル・フーコーの『ミシェル・フーコー講義集成6――社会は防衛しなければならない』(二〇〇七)を参照のこと。

(202) 政治的言表に必要な「螺旋運動」に関して、拙稿 'What if We Were Talking Politics a Little?' (Latour 2003b) を参照のこと。

(203) ウォルター・リップマン(二〇〇七)『幻の公衆』。ここでは、デューイとリップマンの政治哲学に関するヌールチェ・マレスの仕事に従っている。マレスの 'No Issue, No Politics' (Marres 2005) を参照のこと。政治的人格のもろさは、エルンスト・カントロヴィッチの『王の二つの身体』(二〇〇三)から得られる大事な教訓のひとつである。このもろさゆえに、国家とは例外なく絶え間ない試行の産物なのである。ドミニク・リナールの 'La force de l'Etat en démocratie' (Linhardt 2004) を参照のこと。

(204) ブルデューは肯定的にではなく否定的に受け止めているが、このもろさを申し分なくまとめて、政治的な代表を定義している。「要するに、権限委託〔委任〕という、本源的にはコンスティチュシオン――哲学的、政治的という二重の意味でのコンスティチュシオン〔価値構成と政体〕――の行為は、魔術を行使しており、これによって、数人の集まり、一列に並んだ者たちにすぎなかったものが、仮構の人格、コルポラティオ(*corporatio*)になり、つまりは、社会的な身体と化した身体、神秘的な身体となって存在することができるようになる。身体そのものが、自らを構成する生物学的身体を超越するのだ("corpus corporatum in corpore corporato")」――ピエール・ブルデュー「権限委託と政治的物神崇拝」(一九九一・二五三頁)。

何もない場合でさえも、それ自体の力で持続するとされてしまうのだ。[206] 目には見えないままであるけれども、今や、巨大な政治体はその足を確固たる土台にしっかりと乗せているとされる。社会的なものを把握することの難しさは、すべて、こうした到底あり得ない治金術的な芸当から始まる。つまり、ゆらゆらとした幻の公衆は今や青銅で鋳造されたのだ。

政治体は政治によって絶え間なく打ち立てられていたのに対して、社会は、私たちが好むと好まざるとにかかわらず存在している。さらに、社会科学者は、社会の存在を矛盾ないし技術的に不可能なこととみなすのではなく、その幽霊のような現れを、社会が不可解な存在であることの最も優れた証拠とみなすだろう。ここで初めて、幻は食屍鬼《グール》になり、リヴァイアサンは巨獣になる。しかし、少し考えればわかるように、仮想的で常に姿を見せているものは、集合体を組み立てるのに必要なものの対極をなしている。すでにそこにあるならば、それを組み上げるための実際の手段はもはや追跡できないし、それが総体的であるならば、それを総体化するための実際の手段はもはや目に見えないし、それが仮想的であるならば、それを実在化して、可視化して、集める実際の手段は視界から消えている。私たちが集合体の背後に社会の影を見出し、社会の背後にリヴァイアサンの影を見出す限り、社会的なものの科学は前に進めない。[207] もっとはっきり言えば、社会があるか社会学があるかのどちらかである。社会学がそうした誤った転回をしていることを見たガブリエル・タルドがその読者に警告したように、一度に両方を手にすることはできない。

当然のことながら、この社会という概念に内在する弱点については、社会理論家であれば誰もが十二分にわかっている。だからこそ、各々がそれぞれのやり方で、自らの研究を社会の影から切り離そうとしてきたのだ。(208) 一人残らず、社会とは仮想的な存在、心的なもの《コーザ・メンターレ》、実体化されたもの《ハイポスタシス》、虚構であると述べてきた。しかし、批判するためであっても、社会という概念を元の場所に残しておくことで、社会理論家は、本当は存在しないと主張した仮想的で総体的な体の内部で自分の狭い居場所を切り開くことしかできなかった。ゆえに、奇妙な運命のいたずらを通して、社会は、虚構として常に批判されると同時に、それにもかかわらず社会的世界に関するあらゆる議論の絶対的な限界を示す地平として常にそこにあるものになった。(209) どのような解法であれ、社会は、海岸に打ち上げられたクジラ、

(205) 先に述べたように、本書では、政治の代用として社会学が発明されたとするバウマンの決定的な洞察に従っている。バウマンの *Intimations of Postmodernity* (Bauman 1992) を参照のこと。

(206) ジョン・デューイの『公衆とその諸問題』(二〇一〇) と、政治におけるヘーゲル主義に対する同書の批判を参照のこと。

(207) 「民主主義の理念が、公衆の役割を明確にすることは決してなかった。公衆は、あらゆる物事を扱う、未熟で当てにならない一執行者とみなされてきたのである。このはき違えは、社会についての神秘的な観念に深く根ざしている」(リップマン『幻の公衆』二〇〇七年、一〇六頁)。

(208) 今日の動向について研究したものとして、ニコラス・ゲインの *The Future of Social Theory* (Gane 2004) を参照のこと。

(209) 人びとを惑わす弁証法の力のせいで、時としてこの非常に矛盾した性質こそが、社会自体が循環的に定義される〔社会によって社会が定義される〕ことを示すものであるとされてしまう。この点は、カストリアディスの『想念が社会を創る』に明確に見られるほか、ジャン＝ピエール・デュピュイの *Introduction aux sciences sociales* (Dupuy 1992) で展開された自己超越性の概念に見られるし、ウンベルト・マトゥラーナとフランシスコ・J・ヴァレラの『オートポイエーシス』(一九九一) で示されたオートポイエーシスの概念に関してルーマンが行った議論においても見られる。これらの論者は皆、循環するものを描き出しているのであろうが、政治体と社会と生物は同一の事物を運んでいるのではないし、同じ手段で移送されるので

そう、リヴァイアサンのようにどうすることもできないままであり、小人国の住人である社会科学者は、そこを掘って当座の住み家にしようとしたのだ。しかし、この腐敗した怪物のにおいは、このところ、耐え切れないものになっている。社会理論をうまく再生することができないのは、浜辺がきれいに片付けられておらず、災難をもたらす社会の概念が完全に取り除かれていないからだ。社会の概念が、政治体を不法占拠し、集合体を隠蔽し続けている。社会理論を再生するためには、政治体と集合体のいずれも、社会の概念から切り離さなければならない(210)。

科学論を専門とする私たちにとって、社会が社会学と政治の妨げになるということは、それほど意外なことでない。自然もまた同じように妨げになることを以前から見ていたからだ。両者の怪物は、同じ時期に、同じ理由で生まれている。つまり、自然は、非人間を集めて、人間から切り離し、社会は、人間を集めて、非人間から切り離しているのだ。別書で詳しく示したように、両者とも、まさに集合体の正当な組み上げの可能性を抑えるために生まれた双子の奇形である(211)。しかし、自然の政治的な組み上げを示すことは割と容易で、〈議論を呼ぶ事実〉と〈厳然たる事実〉の違いは明らかであるとしても、社会は、奇妙なねじれを通して、依然として自然よりも堅物であり、明白であり、当たり前にあるものとされている。連関としての社会的なものと、実体としての社会的なものとの溝を認めるのはもっと難しいようだ。それがとても難しいからこそ、自然の力を弱めようとする私自身の取り組みまでもが社会の力を強めようとするものとみなされてきたのだ！　自然はその主権の一部を放棄することが強いられてきたのに、社会は君臨できてしまうように見える。だから、本書で先に精査した「社会的構築」という概念が不幸にも成功してしまったのだ。けれども、現実逃避の道はない。自然に続いて、社会も消えなければならない。そうしなければ、集合体を組み直すことは決してかなわないだろう。

いかにして、私たちは前に進み、社会的なものを余すところなく再びたどれるものにすることができるのか。その答えは、第Ｉ部の時と同じ戦略に従うことである。つまりは、社会的なものに注意を向ける上で、どこが一番よい出発点なのかを自分たちだけで決めようとするのではなく、ありとあらゆる論争を展開させるのである。いま一度、私たちは、当初の想定以上に抽象的、相対主義的になるべきである。今回、私たちの出発点になるのは、社会科学者が自らの研究を正しく位置づける際に直面するであろう困難である。この回り道を選ぶことで明らかになるのは、社会科学者が選んできた〔社会と自然という〕二つの収集装置はまったく見当たらないことである。社会科学者は、二つの異なる問題——一と多の政治的関係の解き方と、集合体の組み立て方——を混同してしまったのだ。このことを明らかにすることで、私たちは、急速に消えつつある社会の概念によって今なお受けている大きな負の影響を断ち切り、ついには、流動的な社会的なものをたどれる《トレーサブル》ものにすることができるようになるだろう。

もない。

(210) このようなかたちで社会的なものを要約しても、なお想像力が強く喚起される理由を説明するために、後に「パノラマ」の概念を用いる。三五二頁を参照のこと。

(211) 本書では自然の問題を社会の問題ほど徹底的に扱うことはできないが、自然と社会の対称性がしっかりと保たれなければ、本書の議論が意味をなさないことにくれぐれも留意してほしい。

社会的なものをフラットな状態に保つ方法

社会科学を利用する者は、社会的なものを組み合わせること、呼び起こすこと、呼び集めること、動員すること、説明することがずいぶんと易しいことであると考えているようだ。他方で、社会科学を実践する者は、そうしたことが、どれくらい骨が折れ、手間がかかり、根気が要り、途方に暮れさせるものであるのかを知っている。「簡単な」社会的なものは、すでにひとつの束になったものであるのに対して、「難しい」社会的なものは、まだ現れておらず、いつものレパートリーに属さない要素を縫い合わせるなかで現れる新たなものである。どちらの社会的なもののトレース装置に従うのかによって、私たちの乗り出す旅は大きく異なったものになる。社会的なものの社会学者は、社会的なものに対する自らの定義によって、広大な領野を描き出してきたが、そうして描き出されたものは、社会的なものに対する私たちの定義に必要になる地図とは何の関わりもない。ここで言おうとしているのは、既存の地図が不完全であるということにとどまらない。既存の地図は、実際の土地とはまったく異なる形状や輪郭でできており、重なりすらしていないのである。同じ地球に関するものであるのかどうかすら定かでない。今、私たちがすべきことは、もはや同じ国の別の場所——込み入っていない場所、踏みならされていない道——に行くことではなく、まったく異なる地形を描き出し、そこを旅することができるようにすることだ。言うまでもなく、そうすることで、私たちの旅のスピードが上がることはない。第一部で始まった「遅会学《スローシオロジー》」は、「遅会学」であり続ける。

ここで問題になるのは、まさに社会的なものの地形学である。したがって、私たちが自らの道程をどう描くのかを決めるには、社会的なものの社会学者が自分のために用いた投影法を理解することが欠かせない。そうした怪しい地図を描いた理由を把握するためには、この種の社会学者がどうして道を踏み外したのかを見るしかない。そうすれば、その苦難の道がどれほど険しかったのかがわかる。つまり、この種の社会学者は、二種類の場——ローカルな相互作用とグローバルなコンテクスト——を絶え間なく行き来することを強いられ、どちらの場にも落ち着くことはできず、どちらの場からもできるだけ速く離れなければならなかったのである。アダムとイブは一つの楽園から追放されるだけで済んだが、社会的なものの社会学者は、その祖先よりも恵まれておらず、対極に位置する二つの安住の地にとどまることなく立ち去ることを強いられ、二つの極を行ったり来たりしてきた。この宿命から逃れたいならば、このとんでもない旅の力学を把握しなければならない。

どんな社会科学者もよくわかっているように、少なくとも人間にとって、ローカルな相互作用は確かな出発点でない。何らかの理由で舞台に立つことになればすぐにわかるように、その場面を組み立てている要素のほとんどは自分の手で持ち込んだものではなく、自分にはどうにもならない数々の演出に取り囲まれている。言葉を話すようになる幼児の場合、自分の発する言葉は、母親の堪能な言葉のなかにすでにあったものだ。出廷を命じられた原告の場合には、法の体系がしっかりと整っており、ロンドンと同じくらい古くからある中央刑事裁判所《オールド・ベイリー》の建物がある。搾取工場の作業場で一日中汗水流す労働者の場合、その命運は工場の向かいにある事務所の壁に隠れた管理者にかかっている。歩いているときに足首を痛めて診療所にやってきた場合、自分が足を痛める前の自分の骨格と生理について聞かされる。外からやってきた民族誌学者に問いかけられたローカルな「インフォーマント」の場合、その思考習慣の大半は、自分でどうこうできない場所とエージェンシーに由来するものである、などなど。相互作用とは、参加者がすべての食料を持ち寄るピクニックのようなものではなく、むしろ誰とも知らぬスポンサーが細かなところまですべてをお膳立てしてくれた宴会に似ている——座席すら、目の行き届いた給仕係が前もって記しているかもしれない。

したがって、どんな相互作用も、すでにその場にある他の時間、他の場所、他のエージェンシーに由来する要素で満ちあふれているように見えるというのは、どう見ても間違っていない。この確かな直観は、社会科学と同じくらい古くからある。先に述べたように、行為は常に定置されず、分節化され、委任され、翻訳される。したがって、どんな観察者も、この他からの流入が示す方向に忠実であることを望むならば、どんな相互作用であろうとも、その相互作用から離されることになり、その相互作用を形作った他の場所、他の時間、他のエージェンシーへと導かれることになるだろう。言わば、強い風が、ローカルな地点にとどまろうとする者を許さず、吹き飛ばすかのようであり、言わば、激しい流れが、常に私たちをローカルな場面から引き離しているのである。

問題は、ローカルな相互作用からどこに行くのかだ。ここで、政治体と社会とを混同することが、私たちを誤った道に進ませかねないのだ。実際のところ、どの相互作用においても、何らかの仮想的で、総体的で、常に先在する存在に至る点線はあるけれども、少なくとも今のところは、その道に目を向けるべきでない。その存在が仮想的で影のようなものであるならば、それは仮想的で影のようなもののままであるべきなのだ。社会学者は、政治的な行為が向かわなければならないところへ足を踏み出すのを差し控えるべきである。確かに、相互作用を存立させているのは他のアクターであるが、他のアクターが作っているのは、相互作用を取り巻くコンテクストではない。

すでに何度も見てきたように、社会科学の正しい直観と社会科学が示す奇妙な解法とのあいだにはしばしば大きなギャップが見られる。ここでも同じである。社会科学は、得てして、幻の公衆の投影――政治の概念――を社会の卓越――社会科学の概念――と混同してきたのだ。確かに、両者はともに仮想的な存在にすぎないが、同じようなかたちで存在しているわけではない。前者は容易ならざる政治の芸当を再開するよう絶えず訴えるものであるのに対して、後者は、組み上げの務めを隠すための手段にほかならない。組み上げがすでに終わったことであるかのようにしてしまうのだ。つまり、社会はそこに、私たちの頭上にあるということになる。したがって、ローカルな場には明らかに相互作用の鍵が見つからないので――そのとおりだ――、ローカルな場から目を離し始めた調査者は、相互作用が組み込まれた「フレームワーク」に注意を向けなければならないと考えることになる――、今度は、事態が恐ろしく悪化する。正しい動機で始まり――ローカルな相互作用から離れよう！――、サミュエル・バトラーの名作のタイトルを借りれば、エレホンの国〔どこにもない逆さの国〕に行き着いてしまうのだ。

以上の流れは、百五十年の社会科学の歴史によってしっかりと固められ、その結果、今や、多額の費用をかけて敷設され、何車線もある高速道路を自動車が隊列をなして移動しているかのような様相を呈している――そこでは、「次の出口、コンテクストまで十五㎞」と書かれた大型電光標識の案内がなされている。ローカルな相互作用に満足いかないときにはコンテクストまで足を延ばす習慣が自然なものになっているので、それがすっかり行き詰まっていることを認めるのはとても大変なことだ。しばらくのあいだスムーズに運転すると、この高速道路は、突然、跡形もなく消える。コンテクストには駐車場がない。幼児の言語行為から言語の「構造」にたどりつくのは本当に可能なのか。訴訟から法「体系《システム》」に至る筋道はあるのか。搾取工場の作業場から、「資本主義的生産様式」や「帝国」に至る導管はあるのか。患者の痛めた足首から身体の「本来の姿」に至る経路はあるのか。民族誌学者のノートから、その種差的な民族の「文化」に達することがあるだろうか。以上のような質問が挙がると、その答えは、「いや、そうだね、多分」という決まりの悪いものになる。

確かに、特に誰かが言語の構造を伝えているわけではないのに、言語の構造からあらゆる発話行為が生み出されている――ただし、パロールがラングとどう交わるのかは、ソシュールの時代から全く不可解なままである。[212] 法システムは特にどこかにあるわけでないけれども、個々の裁判で不可解なかたちで呼び出されている――ただし、裁判ごとにその場限りの総体性を再現前化させる必要があると認められている。[213] 資本主義は確かに支配的な生産様式であり、数々の出来事が何らかの冷酷な戦略に

(212) 言語活動《ランガージュ》の構造的要素に踏み込んだ数多くの語用論の一例として、アレッサンドロ・ドゥランティとチャールズ・グッドウィンの *Rethinking Context* (Duranti and Goodwin 1992) を参照のこと。

従っているように見える――ただし、命令を出しているこびとのCEOがいると考える者はいない。[214] 身体に関する知識は、特定の病状の診断を可能にするものである――ただし、個別具体的な症例に接して初めてほとんどの情報が意味のあるものになることも明らかだ。[215] 文化は、人びとの行為を作り出し、民族誌学者のまなざしによって創られる完全な抽象的なものである――ただし、メンバーの相互作用に見られる尽きることのない創造性によってその場で生み出されるものでもある。[216] どんな調査であれ、ローカルな相互作用を理解するためには、コンテクストに触れざるをえないように見えるにしても、構造的特徴がもたらす休憩地点は、〔触ると皮膚がかぶれる〕ツタウルシの茂みと同じように、落ち着かないものである。

したがって、このように広く知れ渡っている「コンテクスト」に関して得られる心許ない答えは、その場面に必要な要素の大半を持ち込み、当の相互作用を可能にしている何かが存在するというものであるが、この「何か」とは、その場面の背後に存在すると同時に、何をするにしてもあまりに抽象的なものである。構造は非常に強い力を有しているけれども、何らかの効力を発揮するにはあまりに弱くて隔絶している。相互作用のなかで起こる「リアル」で「具体的」なすべてのことの真の根源であると言われているものは、まったく実在性を欠いているように見える。それゆえに、社会科学者は、まるでゴムバンドが限界まで伸びたかのように、突如として、「奥深くにある構造的特徴」から、反対側にあるもっと「リアル」で「具体的」な相互作用に引っ張られる。社会科学者を再び元気づける第二の流れは、第一の流れと同じく激しく、今や、すべての訪客に、コンテクストから離れて、ローカルな現場に戻るよう強いている。近年の社会科学の歴史は、ほとんど、二つの対極、つまりは、一方の構造的な極と、他方のプラグマティックな極とのあいだをうんざりするほど揺れ動くものであったのではないか[217]。

残念ながら、往復旅行の終わりにあるローカルな場面にとどまろうとするのは、うまい解法ではない。調査者を旅立たせた力は元のままであるからだ。依然として、「リアル」で「具体的」なものが相互作用に十分に備わっていないことは明白である。二つの反対方向に引き裂かれた調査者は自分がどうしようもない状況にいるのに気づく。相互作用にこだわるならば、そこから立ち去り、「物事をもっと広いコンテクストに置く」よう求められる。しかし、構造化を行うコンテクストにようやくたどりついたときには、抽象的なレベルから「リアルな生」の場、「人間と同じ大きさ」の場、「生きられた」場に向かうよう求められる。しかし、「構造」が抽象的なものであるならば、相互作用もそうだ！　一方の極がもっとリアルで具体的であるならば、もう一方の極もそうである――もう一方の極、

(213) ニクラス・ルーマンの『法の社会学的観察』(二〇〇〇)を参照のこと。
(214) フィリップ・ミロウスキーの *Machine Dreams* (Mirowski 2001)、ミシェル・カロンの「社会学は外部性の経済分析を豊富化できるか?」(二〇一六)を参照のこと。
(215) ステファン・イルシュエアの 'The Manufacture of Bodies in Surgery' (Hirschauer 1991)、モルの『多としての身体』(二〇一六)を参照のこと。
(216) 文化の動的な生産について、マーシャル・サーリンズの *Culture in Practice* (Sahlins 2000)、マリリン・ストラザーンの *Property, Substance and Effect* (Strathern 1999)を参照のこと。
(217) この揺れ動きの典型例は、パーソンズからガーフィンケルが生まれたことであろう。どの構造主義者の家でも、相互作用論者の子どもが生まれる。

常にもう一方の極がそうなるのである。調査する者をすっかり道に迷わせる板ばさみはもうたくさんだ。プラトンは、人びとを惑わす具体的な影から、非具体的な真のイデアに到達しなければならないと主張した。しかし、プラトンに反対する者もまた、あなたに対して、まったく同じ理由で、抽象的な観念からリアルで具体的なローカルな世界へと逆方向に降りるよう導いているならば、どうだろうか。おそらく、あなたは、そうした綱引きによって引き裂かれ、そして、不意にフレームを持ち出すかと思えば、不意に激しく動いて「すべてに及ぶフレームワーク」を捨て去ることになるだろう。フレームのなかに——社会のなかに——、相互作用を位置づける必要があるかと思えば、物事が「本当に起こって」おり「本当に生きられている」ローカルな個別の舞台に戻っていく。ブランコに乗って押したり引いたりするのは楽しいが、それはしばらくのあいだに限られるし、吐き気を感じ始めるほど強く押されれば楽しくはない。

この目まぐるしい入れ替わりは、アクター／システムの板挟み、ミクロ／マクロ問題などと呼ばれてきた。そこでの問いは、アクターがシステムの「なかに」いるのか、あるいは、システムが相互作用しているアクター「で」できているのかを決めることである。この眩暈のする揺れ動きを穏やかに止められればよいのだが。通常採られる戦略は、この問題を律儀に受け止め、見せかけの問題であると宣言して、次に、二つの立場を折衷する何らかの理にかなった策を頭のなかで考えることで、アカデミックな議論とされるもののなかで何かしらの落ち着ける場所を見出すことである。(218) しかし、存在しない二つの立場の妥協点を見出しているのであれば、どうして、この第三の立場のほうがつじつまが合っていると保証できるのか。私たちはアクターとシステムの新たな折衷を考えるべきなのか、あるいは、どこか他のところに行くべきなのか。

一見する限り、「アクター-ネットワーク」は優れた折衷に見える。すぐに出てくる解法は、アクターとともにアクターが埋め込まれているネットワークを一度に考えるというものであろう——そのことがハイフンを説明するというわけだ。しかし、この生半可な解法は、社会科学に求められてきた二つの主要素〔相互作用と構造〕を折衷するために提案されてきた他の数々の解法の列に加わるだけであろう。つまり、相互作用には、それに姿形を与える構造が外から入り込む。そして、そうした構造自体は、ある種のローカルな生きられた相互作用のなかで具象化され、動員され、現実化され、具体化されない限り、あまりにも漠然としたままである。ここで、『オデュッセイア』のセイレーン(訳註71)さながらに、弁証法が、そうした折衷をまとめ上げて縛りつける輪縄《ループ》をふんだんにもたらしてくれるとなれば、なおさら次のように言いたくなってしまう。つまり、アクターは、コンテクストに縛られると同時にコンテクストを維持しており、他方で、コンテクストは、アクターの振る舞いを作ると同時に、今度はアクターのフィードバックによって作られるものである、と。円を描く両手の動きがそれぞれ逆向きにどんどん速く回転していくことで、二つの場を結びつけることに然るべき理由があるように思わせることができる。しかし、この二つの場は、依然として、本当に存在するかわからないままだ！　弁証法的に考える者は、矛盾が「乗り越えられた」と主張することで、人為的に作られたもの

(218) そうした器用な試みの一例として、ブルデューの *Outline* (Bourdieu 1972)、アンソニー・ギデンスの『社会の構成』(二〇一五)、エアハルト・フリードベルグの *Le pouvoir et la règle* (Friedberg 1993) を参照のこと。

をさらに地中深くに埋めてしまう性向がある――「乗り越え」は、「ごまかし」や「神隠し」の代わりに用いられる魔法の言葉《マジック・ワード》である。ここでも、存在しない場をその手で結びつけているにもかかわらず、なぜ弁証法がこれほど説得力があるのかを理解するのは簡単だ。確かに、幻の公衆は、弁証法的循環に似たループ運動を通してのみもたらされる。[219] しかし、市民とその代表者との逆説的な結びつきを得るために欠かせない「輪縄《ラッソ》」が、システムとその「内部」のアクターの関係と混同されると、その効力をすべて失ってしまう。政治体は、人工的に作り上げられており、ループが途切れるとすぐに消えてしまう一方で、社会は、私たちが何をするにしても、姿を現すようだ。アクター／システムという板挟みは、市民がその共和国とのあいだで維持する逆説的な関係を社会理論の平面に投影することで生まれた無用の産物である。

したがって、ＡＮＴが探る解法は、そのいささか不憫なラベルにもかかわらず、ミクロとマクロ、アクターとシステムのあいだでさらなる折衷を示すこととは無縁である――さらには、両極のあいだでの揺れ動きを後押しして、弁証法の円環を循環させることとも無縁であるのは言うまでもない。私たちの議論を理解するために欠かせないのは、逆に、社会科学の二つの常套手段のあいだで、さらに複雑なバランスをとって利口になろうとしないことだ。私たちが主張しているのは、「相互作用はコンテクストに『入れる』必要があるのだから、相互作用は本当は存在しない」ということではない。同様に、「コンテクストは常に個々人の営為を通して『具象化《インスタンシエイト》』されるのだから、コンテクストは本当は存在しない」ということでもない。その代わりに、私たちはこう主張する。ローカルであるとされる場所、ないし、前者のコンテクストとみなされる場所に固執するときに経験する困難さこそ、別の動きがあることを表しているのであり、その動きは、通常、追い求められている動きとはまったく異なるものである。私たちの解法は、二つの場所のうちの一つに長くとどまることができないということを真摯に受け止めることである。ここでもまた、私たちは優れたアリのようにふるまい、できる限り、視野を狭くして、直解主義的、実証主義的、相対主義的にならなければならない。どちらの場所にもとどまる手立てがないならば、どちらの場所にもたどりつけないということだ——どちらの場所もまったく存在しないか、あるいは、存在はするが、社会学が提供する乗り物では到達できない。

　第一部で、不確定性を切って捨てるのではなく糧にすることを決めたのとまったく同じように、社会的なものの真の地形について学ぶために、この両極間の無限の入れ替えから教訓を得ることができよう。ANTとは、端的に言えば、社会科学における「一大問題」を資源として捉えることにした社会理論である。ANTはこう想定する。社会学者によって二度具体的に示された回避反射——ローカルからグローバルへ、そして、マクロからミクロへ——は、社会学者自身の恥ずべき弱さを示す証ではなく、これらの場がまったく異なる事象の影絵にすぎないことを示す非常に重要な印である。馬はその騎手よりも早く崖があることに気づけるのと同じように、私たちは社会学者の直観に従うべきであって、誤った社会的なものの誤った定義を用いて示されてきた解法に従うべきではない。またも、ANTが望むのは、社会学の伝統に忠実になるとともに、その伝統をひどく弱らせてきた毒素

(219) バルバラ・カサンの *L'effet sophistique* (Cassin 1995) を参照のこと。「アウトフォス (autophuos)」〔おのずから〕という鍵概念について、拙著『科学論の実在』(二〇〇七) の第七章と第八章を参照のこと。

を抜き取ることである。

たとえ政治体が、政治的行為のループ運動によって生み出される影、幻、虚構であるとしても、だからといって、社会的世界に同じエーテル性があることにはならない。後に見るように、政治は、集合体を組み上げる一手段にすぎず、連関の社会学の基本型にはなりえない。しかし、分析者は、政治をショートカットするために社会を持ち出してきたので、それぞれに異なるトレース装置によって描き出される地形をまったく見分けられないでいる。全体をつかみ取るという目標にとりつかれた分析者は、集合体を組み上げることをいっそう難しくしてきた。自然の場合と同じように、社会は未成熟の組み立てである。つまり、集合体の組み上げは私たちの目の前に置かれるべきであり、後ろに置かれるべきではない。

プラトンが『国家』のなかで述べたことに反して、「巨大な動物」（訳註72）は一匹ではなく少なくとも三匹いる。政治体、社会、集合体である。ただし、このさまざまな獣を目に見えるようにして、その動きを区別して、そのさまざまな習性を追いかけて、その生態を明らかにできるようになるためには、やはり利口ぶってはならない。「社会的」なる語が通常意味するものを注意深く「取り違える」ために、アリと同じくらい近視のままでなければならない。どこまでも歩いて旅をするのであって、歩くよりも速い乗り物には一切乗らないという決意を貫かなければならない。そう、相互作用には、他の時間、他の空間、他のエージェントに由来する数々のすでに定着した要素であふれかえっているという考えに従うべきである。そう、そうした数々の要素の源を見つけるために他の場に向かうという考えを受け入れるべきである。ただし、何らかの相互作用から離れるときには、すぐさま、「コンテクスト方面」や「構造行き」などといった巨大な標識を無視するべきである。直角に曲がって、高速道路を降りて、逆に、ロバの道[訳註73]程度の広さの小道を歩くことを選ぶべきである。

社会科学者はフラットな相互作用に厚みを加えてきたことを誇っているが、速く進みすぎてしまったようだ。社会科学者は、この第三次元を当然視することで――たとえその存在を批判することであったとしても――、自らの調査から社会科学の主たる事象を引き離してきた。つまり、他ならぬ、場所、サイズ、スケールの生産である。私たちは、そうした三次元の形に反して、社会的領域を完全にフラットにしておこうとしなければならない。これは、まさに地図製作の問題である。政治体の存在が根本にあるために、社会科学者が考えてきたのは、社会がもたらす第三次元のなかにすべての相互作用を位置づけるべきであるということであった。だからこそ、社会科学者は三次元のイメージ――圏、ピラミッド、モニュメント、システム、有機体、組織――を無節操に消費してきたのだ。このように第三次元を付け加える誘惑に抗うために、第Ⅱ部では、二次元での投影を提示したい。地形のメタファーをとことん追求するためには、言わば、社会理論のなかで名著『フラットランド』を模倣しなければならない。『フラットランド』では、線だけで成り立つ二次元世界のなかで私たち三次元の動物を生活させようとしている。最初は奇妙に見えるかもしれないが、私たちは社会理論における地球平面説の信奉者にならなければならない。[220] これが、いかに次元が生み出され維持されるのかに目を

（220）地球平面説は境界科学のひとつであるが、ここではエドウィン・アボットの『フラットランド』（二〇〇九）の引喩として用いている。

向ける唯一の方法である。言わば、先祖代々伝わる地図がくしゃくしゃに丸められて使い物にならなくなっているようなものであって、私たちはその地図をくずかごから救い出さなければならない。そして、テーブルの上にこの地図を広げ手の甲を使って平ら《フラット》にして、再び判読できるようにして使えるようにしなければならない。こうしてしわを伸ばすことは直観に反しているように見えるだろうが、一つひとつの社会的な結びつきが乗り越えなければならない真の距離を計測するための唯一の方法である。どうしようもなくしわくちゃにされたものは、今や完全に展開されなければならない。

第II部の狙いは一種の矯正体操を行うことにあり、その体操は次の三つのステップからなる。①相互作用から「コンテクスト」への自動移動を終わらせるために、グローバルなものを位置づけ直す、②相互作用もまた抽象的なものであることを理解するために、ローカルなものを分散させ直す、③以上の二つの手立てによって明らかになる場を結びつけ、つながりとしての社会的なものの定義を成り立たせるさまざまな移送装置を明らかにする。(221) この新たな地形がスケッチされれば、私たちは、すでに作られた社会を、慎重さを要する危なっかしい公衆のループと混同することなく、ついには、社会学の政治的な意義を議論できるようになる。こうして――もっと言えば、こうして初めて――集合体に、自らを組み直すのに十分な余地が生まれ、私たちは、社会学の三つの逐次的な課題に忠実になっていることであろう。

(221) 第II部の議論を理解するためには、エルマンとの共著 *Paris the Invisible City*（オンラインで入手できる）が、種々の具体例を掲載しているので役に立つだろう。

第一の手立て――グローバルなものをローカル化する

第一の矯正の手立ては、一見、至極簡単である。つまり、ローカルな場は、別の場所、時間、エージェンシーを介して何かをするように作られているのだから、私たちは、あるローカルな相互作用から、別の場所、時間、エージェンシーに至る道を切れ目なく結びつけなければならないということだ。となれば、第I部で説明した委任や翻訳のプロセスが指し示す道に目を向けなければならない。これまでにも学んできたように、ローカルな場をネットワーク状に展開できるとすれば、それは、二つの場の距離を変換や翻訳で埋める場合であり、つまりは、中間項ではなく一人前の媒介子でしっかりと敷き詰める場合である。そうすれば、一足跳びすることなく、場と場を結ぶアクターの長い連鎖が可視化されるだろう。この手立ては経験的には難しいだろうが、もはや大きな理論的障害があると考えるべきではない。

あいにく、以上の筋道が簡単であると言えるのは、出発点――「ローカルな相互作用から離れよう」――は同じだが終着点が異なる別の筋道と見間違うおそれがない場合である。この別の筋道の終着点にあるのは、コンテクスト、構造、フレームワークである。どちらの道を進むのかによって、その結末は大きく異なる。赤ずきんちゃんは、おばあちゃんの家にたどりつけるのだろうか、森で拐かされてしまうのだろうか。どうすれば、コンテクストという狼にすっかり飲み込まれてしまうことなく、媒介子から媒介子へと一歩ずつ間違えることなく進めるのだろうか。ここで必要なのは、二つの社会理論を引き離し、社会的なものの社会学には我が道を行かせつつも、連関の社会学がいっそう正確な道路地図を描き続けられるようにする手立てを見つけ出すことである。

　トポロジーを深く理解するまでもなく分かるように、二つの社会学の違いは、その終着点だけでなく、どのような変形を認めるのかにもある。何らかのローカルな場を、もっと大きなフレームワークの「なかに」入れるならば、飛躍せざるを得なくなる。つまり、囲むものと囲まれるもののあいだに、あるいは、よりローカルなものとよりグローバルなもののあいだに、大きな割れ目、切れ目を持ち込んでしまうのだ。では、割ったり引きちぎったりすることを一切禁じて、曲げる、伸ばす、こねることだけを認めるならば、どうなるだろうか。ローカルな相互作用から、自らの行為を委任している数多くのアクターへと途切れることなく向かえるだろうか。そうなれば、出発点と、その出発点に影響を及ぼすすべての点が、水平に並んだままになるだろう。つまりは、結びつきが、襞《ひだ》（訳註74）となって現れることになるだろう。

　こうしてフラットになった地形のなかで、ある行為／作用をある場から別の場へと移送する必要があるならば、それがどんな行為／作用であろうと、今や、間違いなく、導管と移送装置が必要になる。これが私たちのプロジェクトにとって非常に重要なところである。他方のフラットでない地形の場合、はめ込まれたコンテクストとはめ込まれたアクターは共約不可能であり、両者は説明不可能な切れ目によって離れればなれにされているために、どんな得体の知れない移送装置によって行為／作用が運ばれるのかを明らかにする術は何もなかった。しかし、地形があくまでフラットな状態に保たれるならば、話は別である。今や、あらゆる結びつきにかかるあらゆるコストを、そっくりそのまま支払うべきである。ある場が別の場に影響を及ぼすことを欲するのであれば、その手段を集めなければならない。距離を超えることの大変さが再び強調されてきた。アクターが報告可能になってきた。しかし、ある場が他の場の「なかに」あることを認めてしまうならば、社会という第三次元が加えられ、魔術師マーリンの城が湖から現れる。この魔法を止めるためには、余計な次元が加えられないことを確実にしなければならない。そのために必要なことは、地形をフラットな状態にしっかりと保つ一連の留め金〔固定用金具《クランプ》〕を発明し、いわば、より「グローバルな」役割を果たしそうなものを、それによって説明できると主張される「ローカルな」場と横並びにすることである。「グローバルな」役割を果たしそうなものが、ローカルな場に飛び乗ったり、別の次元で暗躍したりするのを見る必要はないのだ。以下では、そうした留め金の暫定的な一覧を示していきたい。

　社会学の教科書の軸をなしているのは、さまざまなトピックであり――家族、制度、国民国家、市場、健康、逸脱など――、こうしたトピックは、社会的世界の正しい構成要素がどのようなものであるのかについて社会科学者が行ってきた数々の決定の成果である（このリストは時折しか改訂されない）。それに対して、本章で提示しようとしている独特の用語群は、すべて、グローバルなものに飛びつきたいという誘惑に耐えるのに役立つ手段であるにすぎない。この知的訓練の矯正的性質のために、これから提示する概念の利点はまずもって消極的《ネガティブ》なものである。ここで見る概念は、私たちのインフラ言語に属するものであり、「グループ」、「アクター」、「エージェンシー」、「翻訳」、「流動的なもの」などと同じように微弱なものである。そして、ネットワークの概念と同じく、地図に描かれる何かを指し示すのではなく、新たな領域の定義に基づき何かを地図に描く方法を示すものである。ここで見る概念は、地理学者の机に置かれ、地理学者が諸々の姿形を紙に投影できるようにする道具のひとつなのである。したがって、これから検討する用語が、社会的領域について何か実質的なことを言ってくれることはない。ANTの研究者が、今一度、アリの研究者と同じやり方で、流動的な社会的なものを集め直せるようになるにすぎない。アリの研究者は、アリが通る小さな橋をつくる方法を学ぶことで、アリの移動を阻むことなく、一匹ずつ数えることができるのである。[222]

パノプティコンからオリゴプティコンへ

近視眼的なANT研究者には、鋭いまなざしですべてを見通す観察者に勝る大きな長所がある。ANTの研究者は、取るに足らない浅はかな問いを発することができるのはもちろんのこと、そうした問いを口を揃えてどこまでも発することができるのだ。最初の留め金は、かなり素朴な問いを発することで得られるものである。つまりは、「構造の影響は、実際には、どこで生み出されているのか」〔構造はどこにあるのか〕という問いである。この地理的な問いかけがひどく不躾なものであることは承知しているが、私は科学の徒であり、ゆえに、いかなる科学的知識に対しても、その生産に欠かせない条件を揃えることを習いにしている。[223] たとえば、言語学者の場合ですら、幾千ものローカルな相互作用、無数の言語行為から抽出される要素をすべて集め、言語の構造を綿密に組み上げるために、部屋や研究室、施設、学部、文書整理箱、休憩所、コーヒー・ポット、ゼロックスのコピー機を必要としている。[224] 同じことは法律家にも言える。法システムは、フォルダー、書庫、会合などを活用してまとめ上げられている。[225] 大英図書館にいるカール・マルクスでさえ、資本主義の恐るべき力を組み立てるためには、机が必要だ。言語や法と同じように、生理学も測りがたいかたちで息づいている。つまり、生理学は常にどこかで生み出されているのであり、たとえば、コンセンサス会議で足首の捻挫の標準治療が改訂されたあとでも、王立外科医師会のこれこれしかじかの研究所、新たに改訂された教科書、診察室のなかで生み出されている。文化は、アクターの背後で密かに作用しているのではない。この至高の産物は、具体的な場所や施設で作られている。たとえば、シカゴ大学のキャンパスにあるマーシャル・サーリンズの自宅の最上階にある散らかった仕事場もそうだし、オックスフォード

(222) ジャック・パステゥィールとシャン＝ルイ・ドノブールの *From Individual to Collective Behavior in Social Insects* (Pasteels and Deneubourg 1987)、デボラ・ゴードンの『アリはなぜ、ちゃんと働くのか』(二〇〇一)を参照のこと。
(223) 科学を空間化する最新の試みとして、デイヴィッド・N・リヴィングストンの『科学の地理学』(二〇一四)を参照のこと。
(224) シルヴァン・オルーの *La raison, le langage et les normes* (Auroux 1999) を参照のこと。
(225) マーサ・マンディとアラン・ポタージュの *Law, Anthropology and the Constitution of the Social* (Mandy and Pottage 2004) と拙著『法が作られているとき』(二〇一七a)を参照のこと。

のピット＝リバース・ミュージアムに保管されている分厚いエリア・ファイルズもそうである。[226]

他の社会学者の認識論に従えば、こうした生産の場は、人間の行為の「基礎構造」を明らかにする役割を果たすにすぎない。したがって、そうした生産の場は透明な中間項と見なされ軽視されるだろう。しかし、科学史家や科学社会学者は細心の注意を払う。私たちは、〈議論を呼ぶ事実〉がさまざまな学問分野によって生み出されるさまに目を向けることにした以上、他の人やモノによる行為／作用についての知識が実際に日々生み出されていくさまを報告に入れなければならない。これは相対主義なのか。私はそう願っている。光よりも速く伝わる信号がなければ、科学者、実験室、脆弱な参照の連鎖なくして伝わる知識はない。そうした細々とした手段に対して関心を寄せるのは、社会学者のいう構造が本当に有効なものなのかという疑念や何らかの反動からではない。そうではなく、そうした手段は、ミクロなレベルとマクロなレベルのあいだにある関係のありようを発見するための理想的なトレース装置だからである。物理学において、実際にはいかなる二つの信号も同時に発せられないことが発見されたことで、物理的空間と物理的時間をすっかり作り直さなければならなくなったとすれば、社会学において、あらゆる構造的特徴がそのローカルな生産条件のなかに引き戻されることになれば、どれだけの数の社会的空間と社会的時間を仕切り直さなければならなくなるだろうか。

当然のことながら、いわゆるグローバルな構造を作り出しているローカルな場が強調されると、すぐさま社会的世界の全地形が修正されていくことになる。もはや、マクロという語は、ロシアのマトリョーシカ人形のようにミクロなものが埋め込まれている場を表すものではなく、つまりは、もっと広い、ないし、もっと大きな場を表すものではない。マクロという形容詞が表しているのは、等しくローカルで、等しく「ミクロな」別の場である。つまり、「マクロな」場とは、種差的な痕跡をともなう何らかのメディアを介して他の多くの場と結びつけられている場のことなのである。他の場所よりも大きいと言える場所はないが、他の場所よりもずっと多くの場所と確実に結びついていることで利得を得ていると言える場所はある。このように見方を変えることは、地形をフラットに保つ上でプラスに働く。というのも、かつて、相対論以前の社会学において「上部」ないし「下部」に位置づけられていた場が、水平に並んだままになり、かつては、その下にあるとされたり、そこに含まれるとされていた他の場と同じ平面上にしっかりととどまることになるからだ。今や、以前にもましてはっきりと強調されるのは、さまざまな場所を連結させるあらゆる結びつき、あらゆる導管、あらゆる移送手段、あらゆる乗り物である。これが新たな見方の強みであり、後に見るように、弱みでもある。(227) 何らかの下部構造を、そのローカルな作用から切り取れば、何も起こらない。その構造は、謎の神座にとどまったままである。構造を形成する場と構造化される場との結びつきを切り離せば、構造を形成する場は、何かを構造化することをやめるほかない。

ここまできた以上、利口になろうとしてはならないし、飛躍してはならないし、乗り物を変えてはならない。そんなことをすれば、分岐を見逃して、新たな地形をたどれなくなる。脇目を振らずに足

(226) 人類学の形成に対する物質論的説明について、ジョージ・W・ストッキングの *Observers Observed* (Stocking 1983)、ブルデューの *Outline* (Bourdieu 1972)、グディの『未開と文明』(一九八六) といった古典的著作を参照のこと。

(227)「途方もなく」大きな物語でさえ、こうした「ローカルな」場所で生み出されるものであろう。マイケル・リンチとディビッド・ボーゲンの *The Spectacle of History* (Lynch and Bogen 1996) を参照のこと。

跡を追えばよいのだ。アリになることを受けいれたのであれば、ANTのままであり続けよ！　途切れた足跡の代わりに連続した足跡を生みだすことにあくまでこだわるならば、別の山脈が姿を現し始める。その地形は、「ローカルな相互作用」と「グローバルなコンテクスト」というかつての場所を、まったく異なるかたちで見せてくれるのだ。

　この山脈にも、高低差《ヒエラルキー》、起伏、裂け目、深い峡谷、見晴らしのよい高所はある。ただし、ある場から別の場に移りたいならば、関係、結びつき、転置、情報にかかるすべてのコストを払わなければならない。リフトに乗ったり、アクセルを踏んだり、近道を使ったりすることはできない。たとえば、言語学の分野の場合、辞書、文法、言語構造を作り上げる何百万もの発話行為はローカルな発話行為から写し取られてきたものであり、そのローカルな発話行為は、数々のメディアをさまざまに用いて、記録され、書写され、照らし合わされ、分類されてきた(228)。構造は各々の発話行為の「下部で」密かに作用しているのではないからといって、自分の仕事場にこもった「ローカルな」言語学者が何も無いところから構造を作り出していることにはならない。そのことが意味するのは、書き記された構造は、あらゆる発話行為と関係づけられ、結びつけられ、つなげられており、そのありようを、調査によって発見すべきであるということだ。もちろん、言語学者の研究室と「外側で《アウト・ゼア》」話されることのあいだには何らかの関係があるだろうが、しかし、何の結びつきもなく、何のコストもかけられず、そして、研究室に出入りする導管に沿ったやりとり《トレード》が継続的になされることなく、両者の関係が作られることが果たして想像できるだろうか。この双方向の関係はさらに強まっている。長年の学校教育を通して、文法がすべての話者の基礎知識の一つになったからだ。学歴のある母親は、文法を習ったからこそ、自分の娘の不作法な話し方をとがめられるのではないか。こう考えると、どんな研究のための仕事場――人類学者の小部屋、生理学者の実験室、法律家の図書館、社会理論家の研究室、建築家のスタジオ、コンサルタントのオフィス――も、観察者の報告のなかでは、星のような形状になる。そこでは、あらゆる種類の細い導管が中心に向かって収束し、あるいは、中心から放射状に広がっていく。コンテクストの狼は、相互作用を飲み込むことはできても、このように幾重にも畳み込まれたフラットな長い網を飲み込むことはできないだろう。この幾重にも畳み込まれた網のなかで、コンテクストの狼は、絡まり合って身動きが取れなくなるだろう。

しりごみすることなく、そうした導線に目を向けるならば、かつてのミクロなものとマクロなものとのあいだに、新たな地形学的関係が見えてくる。マクロなものは、相互作用の「上」にあるのでも「下」にあるのでもない。マクロなものは、別の結びつきとして相互作用に加わり、その相互作用の肥やしとなり、その相互作用を肥やしにする。私の知る限り、これ以外に、相対的なスケールの変更を成し遂げる方法はない。それぞれの「マクロな空間」について、同じ種類の問いを発することができる。その答えをフィールドワークによって出すことで、ローカルな場に注意が戻ることになり、マクロな空間が、星のように方々に広がる結びつきからなるネットワークとして記述し直されることになる。そこでは、さまざまな移送装置が導管を通って動いており、記録文書、書き込み、(訳註75)資料の類を運んでいるのだ。

(228) ウィンチェスターの『オックスフォード英語大辞典物語』(二〇〇四)を参照のこと。

社会学者が文章で報告することについて第I部の終わりで言えたことは、他のすべての構造を作り出す者についても言える。つまり、構造を作り出す者は、誰であろうと、まったく異なる複数の参照フレームによって創り出される切れ目を乗り越えるために、小さな橋をかけようとしているのだ。いかなる事物が動いているのかは、ここでは重要でない。どんな移送装置なのか、どんな記録なのかは、事例ごとに調査をすることで決着がつく。ここで重要なのは、調査する者が、そうした「ネットワーク状の」姿形を可能な限り記録できる可能性であって、二つの層――ローカルな層、グローバルな層――にデータを切り分けて、何らかの折衷によって両者の折り合いを付けなければならないことではない。アクター＝ネットワークについて話すということは、そうした数々の結びつきが捉えられるようになったということだ。もはや、相互作用や社会的まとまりの「真のサイズ」がどのようなものであるのかをアプリオリに決定して、最初からしくじることはない。今や明らかであろうが、ANTはまずもって、どんな姿形をも展開させるための抽象的な投影原理なのであって、どの姿形が地図にあるべきかを具体的かつ恣意的に決めてしまうものではない。

こうした星型の姿形が非常に顕著なかたちで見られるのが、計算の中心（*centers of calculation*）と私が呼んできたものである。[229]たとえば、資本主義は、独自の「精神」を有する捉えどころの無いものであるかもしれないが、ウォール街のトレーディング・ルームは、一秒当たり何百万ビットの情報を瞬く間に運ぶ小さな導管を伝って「全世界」とつながっており、その情報は、トレーダーに取り込まれると、すべての取引を記録するロイターなりブルームバーグなりのスクリーンに移され、次には、（少なくとも結びつきのある）「残りの世界」に送り返され、誰かの純資産が決まる。[230]こうした導管のことを考えに入れれば、二つのルートの選択が生まれる。一方のルートを選べば、引き続き、資本主義が密かに全世界の取引の「下部構造」として働いていると考えることができるが、そうであるならば、私たちは、特定の企業の価値に対するローカルな評価からその「コンテクスト」に飛び移るために、徒歩で歩く代わりに、乗り物を変え、ギアを上げ、飛行機に乗って、天高くにある考察対象へと飛んでいかなければならない。もう一方のルートを選べば、ひたすら歩き続けて、移動手段を変えることなく、ウォール街のトレーディング・ルームのような場所を研究することができるし、少なくとも、そう決めることで私たちがどこに導かれるのかがわかる。それぞれの場合に描かれる地形は、このように相異なるトレース装置を用いているので、まったく異なるものになってしまうのだ。

　さらには、私たちの行為の余地も、まったく異なっている。第一の理論の資本主義は「至るところ」に広がっているので、現実味のある敵がどこにもいないのに対して、ウォール街のトレーディング・ルームの場合には、上海やフランクフルトやロンドンに数多くの競争相手がいる。さらには、コンピュータの故障、競争相手の不正、予想外の数字、株価計算式に含まれていなかった変数、綱渡り

(229)「計算の中心」の定義について、拙著『科学が作られているとき』（一九九九）を参照のこと。

(230) カリン・ノール＝セティナとウルス・ブリュッガーの ‘Global Microstructures’（Knorr-Cetina and Brügger 2002）、ミュニエーザの *Des marchés comme algorithmes*（Muniesa 2004）、ドナルド・マッケンジーの *An engine, not a camera*（MacKenzie 2008）、ルピネの ‘Les formules du marché’（Lépinay 2003）、ミロウスキーの *Machine Dreams*（Mirowski 2001）、アンドリュー・レイションとナイジェル・スリフトの *Money/Space*（Leyshon and Thrift 1996）、一世紀古いがタルドの *Psychologie économique*（Tarde 1902）を参照のこと。

の会計処理といったものが、桁外れの利益から劇的な損失へと収支を一変させてしまうこともあるだろう。そう、ウォール街は数多くの場所と結びついており、この意味において、いや、この意味においてのみ、ウォール街は他の場所よりも「大きく」、力があり、広く影響を及ぼしているのだ。それでも、ウォール街は、フランスのムーランにあるショッピングセンターや、象牙海岸のブアケにある喧騒と臭いに包まれた市場よりも、広くも大きくもなく、同じようにローカルであり、同じように相互作用的であり、同じように間主観的である。資本主義に焦点を合わせてはならず、トレーディング・ルームのスクリーンに釘付けになってもならない。結びつきに目を向けて、「アクター自身に従う」ことが必要だ。そこでは、冷淡な客観化は起こっておらず、他に勝る理由が明らかにされるわけでもない。至るところで、目の見えないシロアリが、次から次へとデータをせわしなく作っている。どんなに遠くに連れて行かれることになろうとも、とにかく、このアリの穴道を嗅ぎ回り続けなければならない。

何らかの得体の知れない構造を、はっきりと目に見え経験的に書き写せる場で置き換えるならば、例外なく、同じ地形変化が起こる。組織は、間違いなく、組織される人びとよりも「大きく」ない。ビル・ゲイツが、マイクロソフトの全社員と比べて物理的に大きいわけではないのと同じように、法人としてのマイクロソフト自体が、個々のエージェントが収まる大きな建物であることはありえない。そうではなく、すべてのエージェントを経由するようなタイプの動きがあり、その一部だけが、ミスター・ゲイツのオフィスで始まり、ミスター・ゲイツのオフィスで終わる。[231] 組織は、政治体よりもはるかに小さな集まりであるために、動きだけでできており、文書、ストーリー、報告、商品、情熱の絶えざる循環によって結びつけられているのである。もっと長くて、もっと速くて、もっと密な結びつきがオフィスを行き交うようになることは、オフィスがもっと広くなることと同じではない。(232)連続した足跡を追っていくことは、構造に向かって飛躍することと同じではない。目に見え、手でつかめるものにこだわることは、目に見えないエージェンシーを腹一杯に詰め込むことと同じではない。ずっと一種類の乗り物に乗り続けることは、もっと速くてもっと豪華な乗り物に乗り込むことと同じではない。「ローカルでない」と呼べる場所は存在しない。何かが「脱ローカル化」されるというのは、それが、ある場所からどこか別の場所へ送られることを意味しているのであって、ある場所からどこにもない場所に送られることを意味するのではない。「それが常識ではないのか?」——アリと同じく向こう見ずに足跡を追っていくANTはこうつぶやくのである。

研究のどの段階でも、アクターを、ミクロとマクロのどちらかに位置づけるのではなく、どんなサイズのアクターについても、ローカルでありかつ他と結びついた場で置き換えると決めれば、アクタ

(231) 奇しくも、このことは、構造のメタファーにもかかわらず、建物そのものについても言える。いかなる建物であっても、建築しているときや利用しているときに、その全体が丸ごと見えることは決してないからである。エドワード・ロビンスの *Why Architects Draw and for an ethnography of scaling* (Robbins 1994)、アルベナ・ヤネヴァの 'Scaling Up and Down' (Yaneva 2005) を参照のこと。

(232) このアプローチの豊かさを示す格好の例が、グッドウィンとサッチマンの主導する空港の研究である。フランソワーズ・ブリュン＝コタンほかの *The workplace project* (Brun-Cottan et al. 1991)、グッドウィンとグッドウィンの *Formulating Planes* (Goodwin and Goodwin 1996) を参照のこと。

ー‐ネットワークをたどることができる。アクターもネットワークも欠かせないものであり、それゆえにハイフンが付く。世界を構成する歴然たる要素のすべてが生まれ出ているのが、第一のパーツ（アクター）が表している狭い空間である。そして、どの移送手段、どの痕跡、どの足跡、どの情報によって、世界が前者の空間の内部に持ち込まれ、そして、そこで変換された後に、外部に送り返されているのかが、第二のパーツ（ネットワーク）によって説明できる。したがって、ハイフンでつながれた「ネットワーク」は、コンテクストという隠れた存在を表しているのではなく、アクターをひとつに結びつけるものを指しているのだ。ハイフン付きのネットワークの概念は、コンテクストのように、あまりに狭く平板《フラット》な記述に厚みをもたせる別次元のものではなく、あらゆる関係をフラットなままにしておき、言わば、「取引費用《トランザクション・コスト》」の全額を支払えるようにしてくれるものである。ミクロ社会学にマクロ社会学を付け加える必要はない。むしろ、マクロ‐ミクロ関係を描き出す二つの相異なる方法があるのだ。つまり、第一の方法は、ロシアのマトリョーシカ人形を作るものである——小なるものは囲まれるものであり、大なるものは囲むものである。第二の方法は数々の結びつきを展開させるものである——小なるものは他と比べて結びついていないものであり、大なるものは他と比べて多く結びついているものである。

ＡＮＴが科学の研究から始まったのは、偶然ではない。社会理論がミクロ／マクロの区別を捨て去るとどうなるのかをはっきりと伝えてくれる例を探すならば、いつでも科学が優れたひな形《テンプレート》を示してくれるからだ。科学は、先に見たように、他の例よりもずっと容易く研究できるだけでなく、いかにして、小さなイノベーションが、ついには「全」世界の「マクロな」特徴になりうるのかを最も極端なかたちで示してくれたのである。[233] 科学にはサイズがない――もっと厳密に言えば、科学のもつ力を十分に説明してくれないことがあるとすれば、それは、科学のサイズがひどく小さいことである。ガブリエル・タルドが、自らの「模倣放射」論の格好の例を示そうとした際には、決まって科学社会学（当時は存在しなかったが）に目を向けていたのだが、それは偶然ではない。タルドによれば、十六世紀フローレンスのガリレオの私室と、男子生徒が「太陽は日暮れに沈んでいくように見えるが信じてはならない」と教わることとのあいだには、間接的ではあるが完全に跡をたどれる何らかの結びつきがある。[234] どんな実験室のスケールも、可能性としては、非常に小さくも非常に大きくもある。観察者の側で、その真のサイズがどの程度なのかを前もってはっきりと決めるというのは、馬鹿げていよう。会計学、経営学、企業組織論といった歴史の浅い「官房学」を含め、科学的な学問分野からは、実に優れた例が得られる。というのも、他のあらゆるところで起きていることを、遺伝学者にと

(233) 鉱業学校のオフィスは、シュルンベルジェによる初期の油田探査が始まった地である。この注目すべき物語について、ジェフリー・バウカーの *Science on the Run* (Bowker 1994) を参照のこと。ネットワークの拡大の有する力について、古典的な説明は、やはりヒューズの『電力の歴史』（一九九六）である。インドの植民地支配について、ダニエル・R・ヘッドリクの『進歩の触手』（二〇〇五）による見事な事例も参照のこと。

(234) 「ある若い農夫が日没を眺めて、彼が学校の先生から習った『日没は地球の運動によって起こるのであって、太陽の運動によって起こるのではない』という言葉と、それとは反対のことを告げる彼自身の感覚と、そのどちらを信じたらよいのかで悩むとき、そこにあるのは、学校の教師を介して彼とガリレオを結びつける一本の模倣射線だけである。いずれにしても、この若い農夫の悩みが、すなわち彼の個人的な内容対立が社会的な原因に由来していることは、この例で十分に示されたと思う」（タルド 二〇〇八a・六〇頁）。

ってのショウジョウバエのように、際立ったかたちで見せてくれるからだ。他の分野で起きていることは、科学の場合のようには明確にたどれない。第I部で見たように、科学技術が発達すればするほど、社会的な結びつきを物理的にたどるのが容易になっていく。衛星、光ファイバー網、計算機、データストリーム、実験室は、社会的な紐帯を明示してくれる新たな物的装置であり、まるで巨大な赤ペンが点をつなぐかのように、それまでほとんど目に見えなかった線を誰もが見えるようにしている。[235]そして、実験室や研究室に言えることは、結びつけたり構造化したりしている他のすべての場にも言える。

こうした第一の陸標のカテゴリーを指し示す総称語として、オリゴプティコン〔駅の改札口のように、狭いところに集中させて眺める場や仕組み〕という語を用いることにしたい。そして、「計算の中心」という表現については、単なるメタファーではなく文字どおりの意味での計算が可能になる場を指し示すものにしたい。つまりは、持ち帰られ持ち出されていく記録を数理的（少なくとも算術的）に整理する場である。[236]ミシェル・フーコーを読んでいる者ならば皆、知っているように、「パノプティコン」、つまり、ジェレミー・ベンサムが十九世紀初頭に構想した囚人の全面監視を可能にする架空の刑務所は、空想的な計画にとどまっている。つまり、パノプティコンは、全面的な偏執症《パラノイア》と全面的な誇大妄想《メガロマニア》という二重の病気を増長させる空想《ユートピア》の場所である。[237]しかし、私たちが探し求めているのは、空想の場所ではなく、しっかりと特定できる地上の場所である。オリゴプティコンは、パノプティコンとは正反対であるために、まさに、そうした場所だ。つまり、オリゴプティコンの場合は、調査者の誇大妄想ないし被調査者の偏執狂を増長させるには小さすぎるように見えるが、見えるものについては、よく見える——それゆえに、（健康に必須の「微量元素《オリゴ・エレメント》」の場合のように）欠かせないものであると同時に微量しか手に入らない構成要素を示すために、このオリゴというギリシア語を用いている。オリゴプティコンによって可能になるのは、（結びついた）全体についての揺るぎないがひどく狭い見方である——結合が保たれている限り。パノプティコンの絶対主義的なまなざしを脅かすものは何もないように見え、それゆえに、ベンサムの刑務所の中心を占めることを夢見る社会学者に、パノプティコンはかくも愛されているのだ。しかし、他方で、オリゴプティコンの視界を遮るには、この上なく小さなバグで十分なのである。

時として、オリゴプティコンの所在が容易に同定できる場合がある。実験室の場合と同じように物

---

(235) 定量化のツールが用いられるようになった今日では、なおさらである。ピーター・キーティングとアルベルト・カンブロシオの *Biomedical Platforms*（Keating and Cambrosio 2003）を参照のこと。

(236) 形式主義の詳細な研究によって、この二つの状況を区別することが可能になっている。クロード・ロゼンタルの *La Trame de l'évidence*（Rosental 2003）、デイヴィッド・カイザーの *Drawing Theories Apart*（Kaiser 2005）を参照のこと。他方で、クリスチャン・ジャコブの *L'empire des cartes*（Jacob 1992）のファイルと官僚制組織の研究も参照のこと。サッチマンは、仕事場の実際的な側面を強調するために「調整センター」という表現を用いている。サッチマンによれば、仕事場は、形式、計算、組織技術、相互作用のハイブリッド空間なのである。ブリュン＝コタンらの *The Workplace Project*（Brun-Cottan et al. 1991）を参照のこと。

(237) ベンサム自身がこの二つの病にひどく冒されていたのは明らかである。ジェレミー・ベンサムとミシェル・フーコーの *Le Panoptique*（Bentham and Foucault 1977）を参照のこと。この点は、フーコーの『監獄の誕生』（一九七七）に見られる「パノプティコンのユートピア」という皮肉めいた用語法の場合には、そこまではっきりとはしていない。

理的な結びつきが痕跡を残してくれる場合だ。たとえば、軍の司令部は、兵士が自分の命を賭して戦っている数千マイル離れた局地的《ローカル》な戦線よりも明らかに「大きく」も「広く」もないが、それにもかかわらず、司令部が、その名が示すように、何でも指揮、統制できるのは明らかだ。ただし、それは、情報の絶え間ない移送を通して司令部が戦場と結びついている場合に限られる。だから、この場合に正しい地形測量を行うには、幅広く及ぶ力の「なかに」前線を入れてしまうのではなく、両者をローカル化して、さまざまな種類の太いケーブル（まさに、ロジスティクス〔兵站〕ないしフランス語でコネクティークと呼ばれるもの）を通して両者を結びつけることが必要である。(238) これが、「地形をフラットにする」ということの意味するところである。これが簡単な課題でないことを、兵士、指揮官、戦史家は嫌というほどわかっている。(239)

逆に、星型のオリゴプティコンのほうが、なかなか見つけ出せない場合もあるだろう。たとえば、新聞の編集主幹の小部屋は、外に出ていくものと中に入ってくるものが、軍の司令室や管制室のように定型化されておらず強制力があるわけではないので、司令室とは少ししか似ていない。(240) さらには、結びつきがほとんど目に見えない場合もある。たとえば、「エディプス・コンプレックス」、「ガバナンス」、「リエンジニアリング」、「社会関係資本」がどの机で生み出されているのかを問う場合がそうである。けれども、そこでも、足跡を追っていくことはできるだろうし、地図を描くこともできるだろう。たとえば、パリ中を旅する相反するさまざまな社会理論についてはどうだろうか。つかみどころが無いように見えるとしても、そうした社会理論は、フィールドワーク、調査票、統計局、学術論争、雑誌論文、バーでの会話、補助金申請によって物理的に移送され、その後、社説、教科書、党本部、ストライキ委員会、危機対策本部を通って戻ってきている。そのなかで、当の社会理論は一部の当事者に利用され、自分が誰であり、どんな種類のグループに属しているのかといったことを決めるための手段にされる。第一の不確定性の発生源から学んだように、今日では、社会科学者や統計家や論説委員の助けなくして、グループに属することは難しい。「文化資本」、「方法論的個人主義」、「組織の慣性」、「ダウンサイジング」、「ジェンダー」、「予防原則」について、最初に何らかの研究の中心《センター》を経ることがなければ、誰も何も理解できないだろう。[241] そうした心許ないトレース装置を扱う場合、その跡はもっと不鮮明なので地図を描くことはもっと難しくなるだろうし、結びつきはしばしば分断されるだろう。しかし、少なくとも、何ら手間をかけることなく私たちを「カテゴリーに」入れてし

(238) このケーブルのもろさを示す数々の例をバリーの *Political Machines*（Barry 2001）に見ることができる。官僚制の機能を科学論の視座から分析したものとして、アルベルト・カンブロシオ、カミラ・リモージュ、デニース・プロノヴォストの 'Representing biotechnology' (Cambrosio, Limoges and Pronovost 1990）を参照のこと。

(239) この点をこの上なく示したものとして、ジョン・キーガンの *The Mask of Command*（Keegan 1987）を参照のこと。大量破壊兵器をめぐる近年の論争は、「まなざし」や「視界」といったすべてのメタファーの限界を示す途方もない事例である。ハンス・ブリクスの『イラク大量破壊兵器査察の真実』（二〇〇四）を参照のこと。ただし、文学における名作は、やはり、トルストイの『戦争と平和』である。

(240) 古典的な例として、新聞についてウォルター・リップマンの『世論』（一九八七）、企業についてチャンドラーの『経営者の時代』（一九七九）、会計についてピーター・ミラーの 'The Factory as Laboratory' (Miller 1994) を参照のこと。

(241) この好例がボルタンスキーとシャペロの『資本主義の新たな精神』（二〇一三）である。同書では、経営学の文献を手がかりに、企業による新たな社会理論――ＡＮＴを含む……――の活用の仕方を理解しようとしている。

まえるという印象をもたせないようにすることには価値がある。[242]

以上見てきた最初のタイプの留め金についてまとめよう。はじめは実に奇妙――悪趣味とは言うまい！――に見えるにしても、誰かが「システム」、「グローバルな特徴」、「構造」、「社会」、「帝国」、「世界経済」、「組織」について話すときには、ANTは、まず、こう尋ねて応じるべきである。「どの建物で？　どの机で？　どの経路でアクセスできるのか？　どの同僚が読み聞かされてきたのか？　どう編集されてきたのか？[243]」　ここで見てきたことを受け入れれば、調査者は、以上のような問いを発することで数々の場と導管がすぐに現れることに驚くだろう。社会的地形は、瞬く間に変わり始める。そして、実際に旅をしてみればすぐに気づくように、次の二つの場合に、同じ印象を抱くことはない。つまり、空高くそびえ立ち全体に力を及ぼすピラミッドのなかに入り込む場合と、いつ切れるかわからない結びつきを打ち立てて安定させようとする数多くの試みが広がっているフラットな地形を見渡す場合である。この測量術の違いこそが、（結章で見るように）二つの社会理論が相異なる政治的な意義を望む理由を説明するものとなる。

パノラマ

けれども、巨大な社会的ピラミッドの影が私たちの頭上を覆っていることは否定し得ない。私たちが社会について話すときはいつでも、まるでパブロフ反射、膝反射のように、どっしりとした建築物や球体を思い描き、巨大なモニュメントのようなものを思い描いている。そして、頂点から底辺に至る序列があると言われる。したがって、この種の測量術に対してどれだけの警告を発しようとも、地形をフラットな状態に保つためにオリゴプティコンを用いようとすれば、ことごとく、すぐにどこかで、もっと大きな社会的コンテクストの「なかに」取り込まれてしまうであろう――巣箱に入るハトと同じくらいぴったりと。この先入観は、二世紀以上にわたって私たちのオペレーティング・システム（OS）の基本設定であったので、まともに戦っても勝ち目はない。どう取っても社会はスケールの大きなものであるに違いないと言われてしまうからだ。けれども、この基本設定こそが、相対主義的な社会学を展開することを不可能にしているのである。

問題なのは、社会科学者が、研究を開始する前に設定する必要のある数々の変数のひとつとして、スケールを用いていることである。スケールとは、アクター同士が、種差的な痕跡を種差的な乗り物で移送することで、スケールを設定（*scaling*）し合い、間隔を設定（*spacing*）し合い、コンテクストを設定（*contextualize*）し合うなかで打ち立てるものである。[244] 最終的に、アクターにその最も重要な特権のひとつを与えないならば、つまりは、アクターが相対的なスケールを設定する者であることを認めないならば、アクター自身がしていることを尊重しようとしても、無駄に終わってしまう。分析者の

（242）リュック・ボルタンスキーの *The Making of a Class*（Boltanski 1987）、さらには、社会経済上のカテゴリーの制作に関するテヴノーの著作、とりわけ 'Rules and Implements'（Thévenot 1984）を参照のこと。
（243）アンケ・テ・ヘーゼンの 'Things that talk'（Heesen 2004）を参照のこと。
（244）これらの痕跡については、第三の手立てのなかで詳しく述べる。そこでは、今一度、忍耐が求められる。

すべきことは、絶対的なスケールを押しつけることではない。相対性理論について読んだことがある者であれば皆が知っているように、絶対的な基準系〔座標系〕は、恐るべきゆがみを生み出すだけであり、何らかの判読可能な型式で記録を重ね合わせるという望みをすべて雲散させてしまうのに対して、なめらかでぬるぬるした「基準軟体動物」(アインシュタインの用語である)によって、物理学者は、すいすいとはいかないにしても、少なくとも連続的に基準系〔座標系〕を移動できるようになる。(245) 社会学者の頭が固く世界がめちゃくちゃになるのか、あるいは、社会学者の頭が十分に柔軟であり世界は自らを秩序づけるのか。ここでも、経験的相対主義の務めは、〔ANTに対する批判に反して〕道義的な務めに似ている。

絶対的なフレームワークのなかで生きているという先入観を払底するのは容易でないように見えるので、二種類目の人工的な留め金を考え出さなければならない。「上部」、「下部」、「総体」、「グローバル」といったものが説得力を持って仕立て上げられる場所を探り出さない限り、「コンテクスト」に飛躍したいという誘惑が弱まることはないし、アクターによるスケール制作の活動が十二分に展開される余地が生まれることも決してない。社会的地形がフラットになり、さまざまな乗り物を結びつけるコストが余すところなく目に見えることもない。人びとは、こう思い続けることになるだろう。この巨大動物が生きるためには何の食物も必要ない。社会は、生産されたり、組み立てられたり、集められたり、維持されたりすることなく存立し続けられるものである。社会は、いわば、成し遂げられるべき課題として私たちの前にあるのではなく、私たちの後ろにある。

本書の第一部で見たように、どんなグループが世界を作り上げているか、どんなエージェンシーがアクターを動かしているのかを、アクターに代わって決めることは、社会学者の仕事ではない。社会学者のすべきことは、この多様性が〔アクターによって〕限界まで展開されるかもしれない人工的な実験――レポート、ストーリー、物語、報告――を作り上げることである。たとえ最初はとても奇妙に見えるにしても、同じことはスケールにも言える。つまり、所与の相互作用が「ミクロ」であり、他のものが「中範囲」であったり「マクロ」であったりするのかどうかを決めるのは、社会学者ではないのだ。参与子があまりにたくさんの投資や工夫を行い、あまりに多くのエネルギーを費やして、他のあらゆる参与子の相対的なスケールを変えようとしているので、社会学者が固定した基準を決めることはできない。アクターの代わりになしえないことがひとつあるならば、それはアクターが大小に広がるスケールのどこに位置するのかを決めることである。というのも、ボルタンスキーとテヴノーが示しているように、アクターは、自分のふるまいを正当化しようとするたびに、全人類、フランス、資本主義、理性を唐突に動員するかと思えば、その一分後には、その場でしか通用しない妥協に甘んじたりもするからだ[246]。そうした唐突のスケール転換に出くわした場合に、分析者が唯一取り得る解法は、転換そのものを自分のデータと見なすことである。そして、「絶対的な尺度」が、どんな実際的《プラクティカル》な手段〔後に見る規格化〕によって流布されているのかを見ることである。

(245) あまり評判はよくないが、私は、アインシュタインのことを社会理論家として、つまりは、連関の理論家として常に考えてきた。拙稿 'A Relativist Account of Einstein's Relativity' (Latour 1988c) を参照のこと。

(246) ボルタンスキーとテヴノーの『正当化の理論』(二〇〇七)。

スケールはアクター自身が打ち立てるものである。これは、ANTによる最も古くて、私の考えでは、最も決定的な命題であるけれども、(247) これまでのところ、こうして明らかにされる地形を少しでも見ようとする者はいなかった——あえてなぞらえれば、ガリレオが、「親愛なる尊敬すべき同僚」に対して、自分の間に合わせの望遠鏡をのぞく気にさせられなかったのと同じことだ。その理由は、私たちがスケール——マクロ、メゾ、ミクロ——をうまく調整されたズーム〔表示の拡大と縮小〕とみなしてしまいがちなところにある。うまく調整されたズームというのは、『パワーズ・オブ・テン』〔十のべき乗〕と題された傑作ではあるけれども逆にミスリーディングな著書に似たところがある。この著書では、ページが進むごとに、はるか天の川からDNA繊維に向かって前の写真よりも一桁小さな写真が掲載されており、なかには、スペリオル湖畔の芝生に寝転がる二人のピクニック中の若者を写した中範囲の写真もある。(248) 一瞬で、このモンタージュがミスリーディングであることはわかる——どこにカメラを置けば、銀河全体を収められるのだろうか。どこに顕微鏡を置けば、他ならぬこの細胞のDNAを覗けるのだろうか。どんな物差しがあれば、そんなに規則的に写真を並べられるのだろうか。うまく組み立てているけれども、逆に間違っている。同じことは社会的領域における〔拡大ないし縮小により人目を引く〕ズーミング効果についても言えるが、ただし、この場合は、凝った芸当と見なされるのではなく、常識中の常識から発する極めて自然な命令と見なされる。IBMがその販売スタッフよりも「大きい」ことは明らかではないか。フランスは鉱山学校よりも「広く」、鉱山学校は私よりもはるかに「大きい」ではないか。さらに、IBMやフランスを、先に言及した司令室と同じく星のような姿形をしていると考えるならば、IBMの会社組織図、フランスの地図、地球全体の図版をどう考えればよいのか。そうした図画は、明らかに、「もっと小さなもの」が「位置づけられる」はずの、はるかに広大な「フレームワーク」をもたらしているのではないか。ヨーロッパはフランスよりも大きく、フランスはパリよりも大きく、パリはルー・ダントンよりも大きく、ルー・ダントンは私のアパートよりも大きい——どこにもおかしい点はないのではないか。同じように、二十世紀という時代がもたらすフレームの「なかで」第二次世界大戦が「起こった」と言えるのではないか。スタンダールの『パルムの僧院』におけるワーテルローの戦いは、ファブリス・デル・ドンコの経験よりもはるかに重大な出来事であると言えるのではないか。読者諸氏は、ANTによる新たな測量術への訴えを根気よく聞くつもりであるにしても、ANTの主張が常識的な考えにあまりに反するものであるならば、これ以上耳を傾けたくはないだろう。「物事をフレームのなかに入れること」以上に理にかなったことがあるのだろうか。

　常識に従うことが大切なのは認めよう。アクター自身が、常に、物事を何らかのコンテクストの枠にはめているのも認めよう。ここで主張しようとしているのは、他ならぬ、この枠づけ、コンテクスト化の活動を全面に出すべきだということにすぎない。ズーミング効果が当然のものとされる限り、この活動を前面に出すことはできない。前もってスケールを決めれば、一つの尺度と一つの絶対的な参照フレームに固執することになるだろう。しかし、私たちは、〔アクターが〕尺度を決めることを見た

(247) ミシェル・カロンとの共著 'Unscrewing the Big Leviathans' (Callon and Latour 1981) を参照のこと。
(248) フィリップ・モリソンとフィリス・モリソンの『パワーズ オブ テン』(一九八三)。

いのだ。私たちが成し遂げたいのは、あるフレームから別のフレームに移動することである。ここでも、社会的なものの社会学者は、十分に抽象的でない。この種の社会学者は常識にこだわらなければならないと思っているのだが、逆に、理性がそっくり欠落している面がある。それは、いわば、映画撮影の際、カメラ、レール、車輪付きの台車、複雑なチームワークを組み合わせることなく、移動撮影ができるかのように、「社会的なズーム」を想定していることである。ロシアのマトリョーシカ人形のように物事を滑らかに序列づけようとするズームは、どんなものであれ、例外なく、どこかの舞台監督が慎重に練った台本の結果である。このことを疑うのであれば、ユニバーサル・スタジオに見学にいけばよい。「上部」と「下部」、「ローカル」と「グローバル」は、作られる必要があり、決して所与のものではない。このことは、皆、十二分に知っている。というのも、私たちは、相対的なサイズが瞬く間に反転した数々のケース――ストライキ、革命、クーデター、危機、イノベーション、発見――を目にしてきたからだ。諸々の出来事には、整頓された服屋の棚とは異なり、S、M、L、XLのラベルがごちゃごちゃに割り当てられている。出来事はかなりの速さで満ち欠けする。出来事は光の速さで伸び縮みする。しかし、私たちは日々の観察から結論を出そうとするのではなく、「物事をもっと広いコンテクストのなかに入れる」という態度に取り憑かれているように見える。

けれども、この態度《ジェスチャー》自体も綿密に記録してみようではないか！　これまで、社会学の学会、政治的な会合、バーの会話で、あなたが言ったことを誰かが「全体像」〔大局的な見方〕に置き換えようとするときに行う手のジェスチャーに注意したことがあるだろうか。そこで、あなたの言ったことは、「後期資本主義」、「文明の進展」、「西洋」、「モダニティ」、「人類の歴史」、「ポストコロニアリズム」、

「グローバル化」などといったわかりやすいものに「合致《フィット》」するものになるのだが、そうした手のジェスチャーの大きさは、せいぜい、カボチャをなでる程度のものだ！　ついに壮大なる「社会的なもの」の実際のサイズをお見せすることになった。なるほど、社会的なものはそんなに大きくない。社会的なもののサイズは、仰々しいジェスチャーによって、そして、「全体像」に触れる際の学者ぶった口調によって作られているだけである。常識ではないことがあるならば、それは、そこそこの大きさのカボチャを「社会全体」にしてしまうことであろう。そうした類の社会理論に十二時の鐘が鳴り響くと、その美しい馬車は、そのままであるべき本来の姿、つまりは、ウリ科の仲間に戻ってしまう。

私の性格の悪さは承知の上だが、時には、痛みのあるイボを素早く切除するときの外科医さながらの優しさも持ち合わせている。サイズやズームを結びつきの度合いと混同するべきではない。行く手には二本の道がある。一方では、このカボチャ並みの大きさの場は、数々の結びつきを通して他の多くの場とつながっており、そのありようは、ウォール街のトレーディング・ルームが、世界経済を作り上げている数々の要素とつながっているのと同じである――そうであれば、私は、そうした結びつきが存在することを確かめたいし、〔復活したイエスの脇腹の傷跡を自分の手で確かめた〕聖トマスのように、その導管に触れて、その堅固さを確かめ、それが幻でないことを確かめたい。他方の道では、この場は、他の場と何らつながっておらず、この場合、怪しげな手のジェスチャーにできないことがあるとすれば、それは、自分のわずかばかりの「ローカルな」記述が何か「もっと大きな」ものの「枠にはまっている」ことを私に信じさせることである。そう、私は枠にはめられたくない！　しかし、私が考えているのは、フレーミング（枠づけ）そのものを非常に注意深く研究することである。そうすることで、フレーミングを、自動的に得られる資源ではなく魅力的な新たなトピックにすることができる。ズーミング効果を仕立て上げることで、社会理論家のいう社会的なものが姿を現すことになり、社会的なものがローカルな相互作用を「はめ込む」ようになり、ついには、社会的なものが、あらゆるアクターの心をかくも強く支配するようになるのだ。その支配は非常に強力であるために、新たな社会理論がそれを取り除こうとすれば、まるで神が再び死んでしまうかのようになってしまう——実際のところ、死んだと言われ続けてきた昔の神と、神さながらの社会学者が時に占めることを夢見ている地位とのあいだには、いくつもの特徴が共通して見られる。

実際のところ、全体像《ビッグ・ピクチャー》は、絵や映画にすぎない。すると、次のことが問えるようになる。その全体像は、どの映画館で上映され、どの展示場で展示されているのか？　どのレンズを通して投影されているのか？　どの観衆に向けられているのか？　そうした問いを執拗に投げかけることで、ここで目論んでいるのは、ここでの新たな留め金をパノラマと呼ぶことである。(訳註76) オリゴプティコンとは反対に、パノラマにおいては、その語源が示すように、あらゆるものが見える。しかし、パノラマは、外部からは完全に閉ざされた部屋の小さな壁に描かれた絵（または投影された映像）を見せるだけなので、何も見えない。このメタファーは、十九世紀前半に発明された室内空間に由来しており、今日では科学館やショッピングモールの近くに造られたオムニマックス・シアター(訳註77)に見ることができる。(249)

パンというギリシア語の単語は、「あらゆるもの」を意味するが、そのことが示しているのは、絵や映像が「全体」を一望するものではなく、逆に、そうした絵や映像が窓のない部屋の壁を覆っており、完全に首尾貫徹した光景が三六〇度に広がるスクリーンに投影されていることである。完全な首尾貫徹《コヒーレンス》が、その強みなのである——そして、アキレス腱でもある。

ヴァルター・ベンヤミンを介して有名になった本物のパノラマがほとんど無くなってしまった今、どこでパノラマを見つけることができるだろうか。パノラマは至るところにある。新聞の論説委員が「全体の状況」を格調高く論評するたびに、パノラマは描かれる。書籍のなかで、ビッグバンからブッシュ大統領まで、この世のことの原点が書き直されるときもそうだ。社会理論の教科書が近代のありようを俯瞰するときもそうだ。大企業のCEOがその株主を集めるときもそうだ。著名な科学者が市民を相手に「科学の現状」をざっくりと話すときもそうだ。活動家がその同志に向かって「長い搾取の歴史」を説くときもそうだ。何らかの圧倒的な建築物——広場、摩天楼、巨大階段——が人びとに畏れを抱かせるときもそうだ。(250) 時として、パノラマは見事に作り上げられたものであり、たとえば、パドヴァのパラッツォ・デッラ・ラジョーネ(そう、理性の宮殿だ!)では、大きな市庁舎が、業務や行事のカレンダーとともに、ありとあらゆる古典神話とキリスト教神話の光景が描かれたフレスコ画で覆い尽くされている。時として、パノラマは、複雑に入り組んだ陰謀論のように、決まり文句《クリシェ》を混ぜ込んだものにすぎない。時として、「歴史の終焉」なり「文明の衝突」なり「リス

(249) 十九世紀のメディアの歴史について、ステファン・エッターマンの *The Panorama* (Oettermann 1997)、ベルナール・コマンの *The Panorama* (Comment 2003)、そして、もちろんのこと、ヴァルター・ベンヤミンの『パサージュ論』(二〇〇三)を参照のこと。

(250) 建築と権力の結びつきについて、ジャン゠フィリップ・ウルタンの *L'espace public parlementaire* (Heurtin 1999) を参照のこと。

ク社会」について新たな景色が示されるときのように、パノラマはまったく新たな曲目を示す。時として、『精神現象学』や『共産党宣言』の場合のように、時代精神を一から読み直すことを提案するときには、パノラマは歴史を作り直す。

　こうした仕掛けがとても強力なのは、総体性を設定する、上部と下部を序列化する、「ミクロ」、「メゾ」、「マクロ」を入れ子の関係にするといった問題をうまく解決してしまうからである。しかし、他の場との双方向の結びつきを増やして解決しているのではない——司令室、計算センター、もっと一般的にはオリゴプティコンが行うようにはしていないのだ[251]。パノラマは、切れ目のない映像をデザインすることで、見る者に対して、リアルな世界に入り込んでいるという印象を強く与える。しかし、そこには、人為的な媒介もなければ、コストをかけて外部と行き来する情報のフローもない。オリゴプティコンは、自らの結びつきのもろさとともに、ネットワークの隙間に取り残されているものをコントロールできないことを露わにし続けるのに対して、パノラマから受ける印象は、見渡されているものが完全にコントロールされているというものだ——ただし、パノラマは全面が塞がれており、面白く感じたりびっくりしてしまう見物客以外は、何もその壁に囲まれた部屋に出入りしない。パノラマをオリゴプティコンと混同することは、フロリダのタンパにある米陸軍作戦室からモニターされる戦争の一コマを、退役した将軍が「最前線の戦い」についてFOXニュースでコメントしているときに報じられる戦争の一コマと混同するようなものである。前者の報告は、現実に根ざした《リアリスト》報告であり、通信が遮断されるやいなや、現実に基づかないものになりかねない。第二の報告は、同じように現実的《リアル》であるにしても、それが作り話なのかそうでないのかがわかる機会はない。たいていの場合、首尾貫徹しすぎていることが、それが幻想であることを露呈している。

パノラマによる首尾貫徹した完璧な報告は、何よりも盲目的で、何よりも局限的《ローカル》で、何よりも断片的な視点になるだろうから、あまりまじめに受け止めるべきではないとはいえ、パノラマもまた非常に注意深く研究しなければならない。パノラマからは、「何もかも《ホール・ストーリー》」をひとつの全体として見る唯一の機会が得られるからだ。パノラマによる総体的な見方を、本格的な誇大妄想の作用として蔑ろにするべきではなく、他のすべての見方と同様に、私たちが展開させたい場の複数性に加えるべきである。[252] パノラマは、そのディレクターが夢見ているように、あらゆることが起こる場所ではまるでなく、ひとつのローカルな場である。私たちが地図化しようとしているフラットな地形に点在する数々の場所のひとつとして、パノラマを付け加えるべきである。しかし、こうしてパノラマのサイズを小さくしても、パノラマの役割は決定的なものになるだろう。パノラマを見る者、聴く者、読む者には、全体性と中心性に対する欲望が植え付けられることになるからだ。パノラマによる強力なストーリーから、

(251) ペーター・スローターダイクは、*Sphären. Bd.2 Globen*（Sloterdijk 1999）のなかで、「球体」の名の下に数々のパノラマの記述を行っている。

(252) ジョン・トレッシュは、所与の歴史的状況のなかで、そうした収集装置がどれほど多く存在しているのかを示すとともに、そうした装置がいかにして、トレッシュがコスモグラム〔人びとが作り出そうとしている世界の全体性の表象〕と呼ぶものを作り出せるのかを示している。トレッシュの 'Mechanical Romanticism'（Tresch 2001）を参照のこと。この複数性は、首尾貫徹した時代精神のなかに置かれるとすぐに消えてしまうので、それぞれの相反する循環の仕方に目を向ける必要がある——この点については、収集型の言表を扱う節（四二四頁以下）で詳しく論じる。

「私たちをひとつに結びつける」もののメタファーが得られ、私たちが分かち合うべき感情が得られ、社会の仕組みのあらましが得られ、私たちの生に意味を与える大きな物語が得られる。パノラマの狭い境界内においてこそ、私たちは、相互作用が「もっと広い」コンテクストのなかで起こるといった常識的な考えを手にしているのだ。他にも、「上部」と「下部」があるという考え、「グローバルな」もののなかに入れ子になった「ローカル」なものがあるという考え、まだ見ぬ時代精神があるだろうという考えもそうである。

こうしたパノラマの地位は、なんとも両義的である。つまり、パノラマは、総体化の誘惑に対する予防接種を受けるべきものである――パノラマは明らかにローカルであり、窓のない室内空間に限定されているからだ――とともに、今までよりも一つにまとまった《ユニファイド》〔単一化した〕世界を前もって味わわせてくれるものである。一方で、パノラマは収集するし、枠づけるし、順序づけるし、秩序づけるし、組織化する。他方で、パノラマは、秩序だったズームの源でもある。したがって、どんなに私たちを欺くものであろうとも、パノラマがあるからこそ、私たちは政治的な課題に目を向けることができる。パノラマは、数々の巧妙な特殊効果を通して、集合体を予見させてくれるが、パノラマを集合体と混同してはならない。ここで明らかになり始めているように、パノラマを築き上げることは常に危険性をはらんでいる。つまり、共通世界を漸進的に組み上げるというもっと困難な政治的課題と同一視されてしまうというおそれだ。政治を実行することと、そうしたオムニマックスの室内で社会理論の映画を見ることとは、まったくの別物である。デュルケムの「一種独特の社会」、ルーマンの「オートポイエーティックなシステム」、ブルデューの「象徴経済」、ベックの「再帰的近代」といったものは、上映が終わった後で、私たちの目を政治的な組み上げの課題に向けさせるならば、優れた物語である。そうではなく、共通世界がどのようなものであるのかを示す記述として受け止められるならば、そうした社会理論はミスリーディングである。うまくいけば、パノラマは集合体がどんなものなのかを予見させてくれるが、最悪の場合には、集合体に取って代わる非常にお粗末なものにとどまる。ANTの狙いのひとつは、常に社会科学と結びついてきた予言的性向を維持しつつ、大きな物語を映写室のなかへと何事もなく連れ戻すことにある[253]。

したがって、ここでも、自ら進んで盲目になるANTの研究者は、スケールの間に秩序立った序列が示されたときはいつでも、先と同じく意地の悪い馬鹿みたいな問いを発し続けるべきである。「どの部屋で？　どのパノラマで？　どのメディアを通して？　どの舞台監督と？　いくらかかったの？」　この二次的な問いが執拗に発せられるやいなや、活発で複雑な場が至る所に現れることになる。それは時として美しくすらある。まだ確信がもてないのであれば、試しに、「グローバル化」という絵が一面に描かれている場所、劇場、舞台の所在地を突き止めようとしてみればよい。実に多くの「グローバル主義の言説《グローバローニ》」があるにもかかわらず、グローバル化とは、ごくわずかなレールに沿って循環しているだけで、つまるところ、ごく一部の利益を優先する考えを美化したものにすぎないこ

(253) パノラマが地形に付け加わると、すぐに、大きな物語に対する批判と、複数性、細分化、小さな物語への訴えは意味を失うことになる。複数性は不足していない。複数性に自分自身を押しとどめることは、組み立てという政治的課題を放棄することにもなりかねない。結章を参照のこと。

とがすぐにわかるだろう。[254]

「ゆっくり進め」に続く指示は、「飛躍するな」と「あらゆるものをフラットに保て」である。この三つの忠告は互いに強め合うものである。というのも、さまざまな地点がどれだけ遠く離れているのかが計測されてはじめて、点と点を結ぶのに必要なやりとり《トランサクション》の総コストがわかるからだ。等高線が一本ずつ引かれていなければ、山頂に着くまでにかかる時間を登山者があらかじめ見積もることはできないだろう。共約不可能な視点同士の距離／隔たり（*distance*）をまず理解しなければ、私たちの前にある政治的課題の幅広さはわからないだろう。

（254）グローバルなもののローカル化については、とりわけ、ステファン・ハリソン、スティーヴ・パイル、ナイジェル・スリフトの*Patterned Ground*（Harrison, Pile and Thrift 2004）を参照のこと。

第二の手立て――ローカルなものを分散させ直す

前章で見たように、調査者は、その道具箱に相異なる機器（オリゴプティコンとパノラマ）を備えつけることで、グローバルなものをローカル化できるようになる。今や、グローバルなものは諸々の回路のなかを行き交っており、グローバルなものをそうした回路のなかに何事もなく連れ戻せるようになる。ローカルな相互作用から離れたくなったときには、どんな時であれ、社会的コンテクストという目に見えない裏世界に向かってサルト・モルターレ〔決死の跳躍、宙返り〕をしようとする代わりに、前章で示したように、グローバルなもの、構造的なもの、総体的なものが組み立てられている数多くのローカルな場に向かって一歩ずつ歩いて行くことが重要だ。そうしたローカルな場では、特有のケーブルや導管が引かれているおかげで、グローバルなものや構造的なものなどが場の外へと広がっていく。この歩みを十分に長く続けていけば、ヒエラルキーや非対称性の効果はやはりはっきりと目にできるが、今度は、相並び立つローカルな場のなかから現れ出てくるであろう。そうした効果は、数々のオリゴプティコンとパノラマのなかに位置づけられるので、「コンテクスト」という語を用いてももはや問題にはならない。コンテクストないし構造の効果を移送する乗り物には、引っ越し用のトラックさながらに、ナンバープレートと会社の名前が付いている。諸々のコンテクストは、その都度、特定の部屋の内部で、集められ、まとめ上げられ、仕立て上げられて、諸々の首尾貫徹したパノラマになり、このパノラマが、その数々の矛盾した構造化の効果を諸々の場に付け加え、その場を「コンテクスト化」し「構造化」するのである。

言うまでもなく、こうした場のすべてをまとめ上げる場はない――少なくともまだない。したがって、すべての場が「どの」スーパーメガマクロ構造の「なかに」位置しているのかを問うのは、まったくもって馬鹿げていよう。言わば、相対性理論を経た今、地球はエーテル風の「なかを」動いているとしてエーテル風を検出しようとするのがまったく的外れになったのと同じことである。戦略空軍の司令室、ウォール街の取引所、水質汚染マップ、国勢調査局、キリスト教徒連合《クリスチャン・コアリション》、国連などが集められ、まとめ上げられるような、すべてを包括するグローバルな場は存在しない。そして、誰かがそうしようとすれば――私がこの段落でしているように――、そこから生まれるのは、他の諸々の場所と緩く結びついた別の場所、別の回路なのであり、他の場所を「取り囲んでいる」とか「知っている」などと主張することはできない。ある場所が他のあらゆる場所を決定的に支配することを目論むのは結構なことだが、そうするのであれば、まとめ上げようとしている場所の一つひとつに手を伸ばし、コストのかかる何らかの双方向の関係を切れ目無く打ち立てるために必要な装置一式の費用を支払わなければならない――最後の一セントまで支払わなければ、パノラマになってしまう。ライプニッツは明確に述べなかったとはいえ、あるモナドが他のすべてのモナドの微弱な存在を反映するためには、余分の手間をかけることが必要なのである。

ただし、コンテクストをコンテクスト化し直すことは、フラットな地形を自分の足で歩くことを学び直すための知的体操の一部にすぎない。ここでは、さらに、相互作用が満足のいく出発点ではない理由を理解しなければならない。先に指摘したように、相互作用にはすでに他の要素が入り込んでいるのだ。相互作用から身を引いて、別の作用の場を求めて、反射的に裏や上や下に目を向けることになった社会科学者たちは、誤った方向に向かっていたのかもしれないが、それでもやはり、その直観は間違っていなかった。前章で見た第一の手立てを、「ローカルな相互作用」に何らかの特権を与える主張として理解してしまったとすれば、そこから得られるものはそれほど多くない。

「グローバルなものをローカル化する」というスローガンに執拗にこだわっても、「ローカル」が何であるのかは明らかにならないし、とりわけ、何度も見てきたように、行為が明らかに「定置されない《ディスロケーテッド》」場合はそうだ。逆に言えば、前者の「グローバルなコンテクスト」を見直して、社会科学にとって好ましいもう一方の場所、つまり、個性的で、意図的で、目的のある人間による対面的な出会いに舞い戻らなければならないのであれば、すべてが失われることになろう。先に見たように、相互作用からコンテクストに向かう片道旅行からは何も得られない《リード・ノーウェア》のであれば、ローカルな場に戻る旅をしたところで、何かが得られるわけがない。ついに「社会的な基体」の確固たる基盤にたどりつくどころか、ある作為的な場から別の作為的な場へと移行するだけのことであろう。[255] グローバル

(255) かなり意外なことに、ガーフィンケルでさえ、こうした形式的なものと非形式的なものとの区別立てを維持している。「世界的な社会科学の動向とその引用文献リストのコーパスの状況によれば、物事の具体性には何の秩序性もない。社会科

なものが具体的な存在でないとすれば——ただし、グローバルなものが小さな導管に連れ戻される場合と、数々の舞台に上げられる場合は除く——、ローカルなものも具体的な存在ではない。したがって、私たちは前章とまったく同じ問いを——ただし逆向きに——立てる必要がある。つまり、ローカルなもの自体はどのように生み出されているのか、を問う必要があるのだ。今度は、グローバルなものをローカル化するのではなく、ローカルなものを振り分けし直し（*re-dispatch*）、分散させ直す（*re-distribute*）必要がある。

この対称的な操作を行うことが非常に重要なのは、両方の矯正が続けて行われることで、まったく異なる現象が前景に現れるからである。つまり、私たちの注意は「連結装置《コネクタ》」に集中し始めることになる。このコネクタは、そして、この連結装置のみが、「コンテクスト」ないし「相互作用」と呼ばれる場所にとどまることなく自由に循環することができる。この二つの手立てが同時に実行されることで、社会的世界は自らの姿を決定的に変え始めることになる。社会的世界は、もっと納得のいく新たな姿形を取ることになるだろう——その姿形によって、私たちは、突然身動きが取れなくなることなく旅することができるようになるし、その姿形は、ついに、組み合わせて、まとめて、組み上げるという後に見る作業に適したものになるだろう。

分節化、ローカル化の装置

各々のローカルな相互作用が、既に然るべきところにある数々の要素によって「形づくられている」と言ったところで、そうした要素の起源については何もわからない。けれども、そうした要素がどこから来ていないのかはわかっている。つまり、そうした要素は、グローバルなコンテクスト、全体にまたがる枠組み、深層の構造から流れ出ているわけではない。そこまでだ。政治体の影以外には何も見えない——政治体については、後で扱うことにする。この帰結からは、まったく消極的なかたちではあるが、むしろうまい具合に道が開かれる。今や、相互作用に入り込む諸要素の発生地とおぼしき場所に到達するために、もっと連続的かつ経験的にたどれる別の経路を自由に探せるのである。実際のところ、ラベル、バーコード、原産地証明書、商標といった「アクター自身」に従うために役立つものがなくても、ローカルな相互作用の生産地のあいだには業界用語で優れたトレーサビリティと呼ばれるものが存在する。ただし、第一部の教訓を忘れずに、すべての不確定性の発生源をうまく活用することが必要である。

学の研究を企てても、どうしようもなく状況依存的で圧倒的な日々の活動の事細かさ——充溢、充実、充満——に打ちのめされる。救済策を得ようと、社会科学は形式的分析の方針と方法を編み出してきた。そこでは、日常の活動の具体的な事細かさが、諸々の分析装置の事細かさとして再特定化され《リスペシファイ》〔指定し直され〕、この分析装置の使用を保証する諸々の方法の事細かさとして再特定化されている〔指定し直されている〕」。その上で、ガーフィンケルは、エスノメソドロジーが「逆に直接的確実性《エビデンス》からなる」ものであるとしている(Garfinkel, *Ethnomethodology's Program*, p. 95)。

所与の相互作用を作り上げる要素の大半は、その相互作用にたどりつくまでにジグザグの道を進んでおり、先に見たように、そのなかでは、人的でない《ノンヒューマン》アクターが増やされ、取り込まれ、巻き込まれ、畳み込まれている。分析する者が、相互作用を作り上げている多種多様なエージェンシーに対するある種の追跡権を行使できなければ、ローカルなものとグローバルなものをめぐるすべての問いが再び手に負えなくなってしまう。しかし、非人的なエージェントが持ち込まれるやいなや、前章で展開されたものとは異なる結びつきがまとまって現れる。その違いは、血液循環と神経系の違いに等しい(256)。相互作用の場面を形成する要素の大半が「すでに」然るべきところにあるという力強い洞察、そして、私たちは何らかの定型化《フォーマット》済みの秩序の「内部で」あらかじめ決められた位置を「占めている」にすぎないという力強い洞察が生まれるのは、例外なく、ある場が別の時、別の場に移送されているからである。つまりは、他の誰かが、時として微細な、時として根本的な変化を通して、（まだ）社会的でない数々のエージェンシーを動員しているからである。換言すれば、他者による行為が距離の離れたところで、新たな種類の媒介子を経由して、実行され続けるからである。逆説的にも、社会的なものは、非社会的なエージェンシーを通して広がれるようになって、はじめて目に見えるようになるのだ。

この委任、転置、翻訳のプロセスは、物質的なモノの場合よりも決して明確ではない――先に見た広い意味で「物質《マター》」を理解するならば（二〇四頁以下参照）。私たちが、「全体にまたがる枠組み」、「柱」、「下部構造」、「フレーム」について論じるときには、建築学や冶金学、映画から借用した専門用語を緩く用いている。ある相互作用が別の相互作用を枠づけ、構造化し、あるいは、ローカル化することの意味を文字どおりに受け止めてみればどうだろう。こうしたメタファーを目立たないかたちで用いる限り、こうしたテンプレート〔型版〕を介して場所と場所を結びつけることのできるものの正体はわからない。その場合、ローカルな場面を離れる唯一の手段はコンテクストに飛躍することだと考え続けることになるか、あるいは、逆に、ローカルな相互作用のあらゆる要素を社交スキルを介してその場で即興で作らなければならないと考え続けることになるだろう[257]。しかし、先の専門用語のメタファーを本格的に作動させれば、すぐさま場と場の結びつきが目に見えるようになる。ただし、この結びつきは、さまざまな材料で構成されている。とはいえ、この異種混淆性は、私たちにしてみれば、もはや難しいことではない。さまざまな共約不可能な材料を共約可能にする方法を学んだからだ。知ってのとおり、モノは、ある決定的な瞬間に社交スキルと互換的になるかと思えば、次の瞬間にはいかなる人間の行為とも完全に異質になるという奇妙な能力を有している――このことを、第三の不確定性から学んだ。この突然の転換は、調査をいっそう困難にするものであるが、私たちがアリアドネの糸として用いる新たに紡がれる社会的なものを断ち切ってしまうほどではない。実際のところ、「ローカルな相互作用」という用語で指し示されてきたのは、他の時間と空間に分散している他のあらゆるローカルな相互作用が組み合わさったものであり、そうした他の相互作用は、さまざまな非人的なアクターのリレーを経て、その場面に持ち込まれているのだ。こうした他の場所に移送される場

(256) 事物の相対的なサイズを所与のものとみなさないことが決定的に重要であることを示す好例が、ル・ブリスの扱ったフランスの治水政策の事例である。ジャン・ピエール・ル・ブリスの 'La publicisation des eaux' (Le Bourhis 2004) を参照のこと。

(257) これは、象徴的相互作用論者が考え出した解決策のひとつである。そこでは、社会理論の総合的なフレームワークを改めることなく、何らかの操作を行う余地が個々の志向的なエージェントに与えられている。

所の影響力を、私は分節化の装置（articulator）ないしローカル化の装置（localizer）と呼んでいる。[258]

一例を挙げよう。あなたは階段教室の中央の椅子に座っており、その周囲を学生が段々になって取り囲みあなたの講義を聴いているとする。大学の文書庫で半日も作業すれば、この階段教室の設計者の名前がわかり、説明用の縮尺図が見つかる。この設計者は、十五年前に二〇〇キロメートル離れたところで、この階段教室の仕様（specifications）を一センチメートル単位に落として描いていた。その際、あなたが今日、声を張り上げて講義している姿などまったく思い浮かべていなかったが、そうした場面のスクリプトの一部を大まかに見越してはいた。つまり、あなたの話し声が学生に聞こえなければならないし、あなたは演壇の椅子に座るだろうし、数多くの学生と向き合うだろうといったことであり、学生の最大数、空間容量などを考慮する必要があった。十五年経って、あなたがこの舞台に上がると、当然のことながら、自分でこの場面のすべてを作り上げたのではなく、自分のすべきことの大半がすでに定まっていると感じることになる。もちろん、この講義室の空間は実際にあなた向けにしつらえられている――ここでの「あなた」は総称的なものであり、つまりは、あなた方の大半ということだ。

確かに、この構造のなかで――今や、構造について隠されていたり不連続なものはない以上、この語をためらいなく使える――、あなたが言うことを「規定」する面はないし、あなたが座る場所まで も「規定」する面はない。あなたは、立ち上がったり、階段を上り下りしたりできるし、一九六八年五月の反体制側の教師の役割を果たすべく、椅子を並べ直して、もっと「権威主義的」でない車座をつくろうとしたりすることもできる――あなたが話し始めるとすぐに学生が眠り出すのを止めさせてくれるものはない。しかし、その場所の物質的な要素が行為を「規定」していないという理由だけで、そうした要素は何もしないと結論づけることはできない。私たちは今や、存在と無という浅はかな両極端よりも数多くの存在論的段階があることを熟知している。次の講義を廊下で待っている学生たちの喧騒や路上の騒音に邪魔されずに、学生とやり取りできるようにしてくれる一切のものについて、少し考えてみてほしい。細々としたあらゆる媒介子の移送力によって講義室がローカルな場所になっていることを疑うのであれば、ドアと窓を開けて、何かを教えられるかどうかを見てほしい。まだ納得できないのであれば、文化祭のさなかに、子どもたちが叫び声を上げ、スピーカーからテクノ音楽がけたたましく流れているなかで講義をしてみてほしい。結果は火を見るよりも明らかだ。教室という場面に静かに持ち込まれる他のエージェンシーによって、あなたがきっちりと「枠づけ」られていなければ、あなたも学生も、「ローカルに」成し遂げられていることに少しも集中できない。言い換えれば、間主観性が、間モノ性(*inter-objectivity*)のすべての痕跡を次から次へと取り除くことで紛れもなく得られるとするならば、どんなことになってしまうのだろうか。

他の時、他の場所にいる他の誰かが夢に描いたものや具体的に描いたものと、あなたと学生が今、何であれ、ローカルに対面的に行っていることとの結びつきは、多くの場合、実に簡単に、精査可能な連続的なものとして打ち立て直すことができる。この講義室というローカルな場は、他の場所によ

(258) コンピュータの分野で用いられるローカライザーの語は、誤解を招くおそれがある。ローカライザーの語が指しているのは、もっと一般的な規格化の効果であり、その結果、ローカルなものが、もっと抽象的なパタンの単なる一変種として受け入れられるものである。この規格化の問題については次章で取り組む。

って、さまざまなものを介してひとつの場所にされてきた。具体的に見ると、まずは、図面、仕様書、木材、コンクリート、スチール、ニス、塗料などによる、今は無音の媒介によってなされてきた。また、今は舞台から姿を消した数々の労働者や職人の仕事を通じてなされてきた（この労働者や職人は、自分たちがいなくなってからも自分たちの行為をモノに運ばせている）。さらには、気前よく寄附する同窓生を通じてなされており、その行為はブロンズの盾で褒賞されることもある。ローカルなものはローカル化されている。場所《プレミス》は場所化されている。[259] そして、その状態を保つために、ドアの向こう側にいる無数の人びとがこの建物を維持しなければならず、その結果、あなたは学生とともに「建物のなかで」何事もなくいられるのだ。私たちは、抽象的なコンテクストよりも「はるかに具体的」であるとされる場所の根源的な固有性を提示するのではなく、逆に、対面的な相互作用を、そこに向かって集まる数々のエージェンシーの終着点として捉えるべきである。

「根底をなす隠れた構造」がないからといって、特定可能な回路を循環する構造化のテンプレート（*structuring template*）が存在しないことにはならない。そして、この回路は、諸々の技術によって難なく物質的に実現されている——紙を用いた技術と、もっと広くは知的技術〔人びとの知能を支える技術〕が、ギア、レバー、化学接着剤と同じく重要な役割を果たしている。あなたと学生との間主観的な関係に対して、行為／作用を転位させる間モノ性を加えるべきである。この間モノ性によって行為／作用が大きく転位されることで、他の誰かが、他の時間と場所から間接的ではあるが十二分にたどれる結びつきを通して行為し続けるのである。[260] とはいえ、この遠く離れた場が、得体の知れないコンテクストの一部であるというわけではない。このことから明らかになるのは、二つの場所——設計者のスタジオと今日のこの教室——のあいだに、数々のものが循環する別の回路網があるということにすぎない。第一の矯正の手立ての後よりも、さらにいっそう、場所そのものではなく、複数の場所のあいだの移送装置、移動、移し替え、翻訳が前面に出てくる。各々の場所は他の場所によってそれぞれに枠づけられローカル化されているのだから、場所はよい出発点にはならない。先に挙げた教室の事例の暫定的な起点として選択した設計者のスタジオも例外ではない。ホラティウスの有名な表現に従えば、ようやく、物事のまっただなか《イン・メディアス・レス》で始めなければならない理由が明らかになった。循環が第一であり、ありとあらゆるテンプレートとエージェントが循環する地形が第二である。これはおそらく社会科学最古の直観であり、これによって、私たち社会科学者は、社会的なものが客観的で超越的で遍在的で独自的な事象であると声高に主張したのである。例によって、直観は正しかったのだが、社会的なものの循環が社会の創発と混同されていた以上——社会自体が、政治体と混同されていた——、社会的なものを記録するのは至難であった。

スケールは、絶対的なサイズに左右されるのではなく、振り分けや分節化の装置の数や質に左右される。このことを、私は、ずいぶんと前に、シャーリー・ストラムとそのヒヒに目を向ける機会を得たときに学んだ。ニューヨーク市近郊の豪勢な城で開催された初の「ヒヒの会議」でストラムに出会

(259) コールハウスとマウの『S, M, L, XL+』(二〇一五)。

(260) きちんとした記録が存在することが条件である。考古学者が結びつきを構築し直すには、もっと多くの手間暇をかけなければならない。

ったとき、ストラムは若い研究者で、うまいこと野生の猿に順応し、常に近くにいられるようになっていた。それまでの観察者は、遠くにあるジープという安全な逃げ場からヒヒを見ており、興味深い数々の特徴を発見していたものの、そこにはない構造の「内部に」〔追い出し合いなどの〕敵対的なやりとりを位置づけていた――つまり、人間社会学の商売道具をヒヒに適用していたのである。たとえば、動物社会には厳格な支配パタンがあり、「そのなかで」オスは自らの居場所を見つけなければならないといった具合だ。この会議でストラムが示そうとしていたのは、支配構造は、オスのヒヒが自らを位置づけようとしているものではなく、すべての動物が、程々の敵対的なやりとりによって互いに試し合うことで解決しようとする問いであることだ。[261] 言い換えれば、群れを求めて移動する若いオスもまた、ストラムと同じように、社会的な構造化の効果の起原について同じ基本的な問いを発していたのだ。[262] そして、両者が一連の試行を通して徐々に発見していったのは、オスではなくメスが日々のやりとりを通してかなり堅固な一種の支配秩序を織りなしていることであった。それまでの観察者（ほとんどは男性）は、そうした細かい試行を見出すにはあまりにも遠く離れていたために、この支配秩序を目で見ることができずにいたのだ。そこで、私は、実際にこの美しいケニアの景色に身を置いて、ストラムに付き従って、社会理論の手ほどきを受けることになった。言わばガーフィンケル流の霊長類学者であったストラムは、ヒヒのことを、「文化的な判断力喪失者」といういつもの役割から少しずつ引き離して理解しようとしており、その結果、ヒヒは、反省的行為の能力を有する構成員へと昇格することができた。言わば、ヒヒは有能であったし、社会的に有能であったのだ。[263]

犯すべきでない社会理論の誤りがひとつあるとすれば、それは、先在する構造の内部でヒヒが役割を見つけているかのように考えてしまうことである。ただし、ヒヒがただ相互行為をしているにすぎないと仮定するのも間違っていよう。この毛むくじゃらな小さな獣は、観察者と同じように社会的な労働を行っていたし、同じように複雑な世界に住んでいた。けれども、身につけているもの（*equipment*）に明らかな違いがあった。社会生活のあらゆる要素を試行し、打ち立て、生み出すという同じ基本的な仕事が、ヒヒの場合には〔毛づくろいなどの〕「社交《ソーシャル》のツール」（訳註78）のみで行われ、観察者である人間の場合には、それに加えて、諸々の道具と知的技術を身につけていた。ヒヒは、相互行為の意味を、他のツールを用いることなく、相互行為そのものだけで読み解かなければならなかった。つまり、誰が友で誰が敵なのか、誰が誰に取って代わっているのか、誰が誰を引っ張っているのか、誰が手を結ぶつもりがあるのかを、基本的な資源（擬態や鳴き声、毛づくろいなど）を用いて判断しなければならなかった。もしヒヒたちが記録を残すのであれば、自分の体で自分の体に「刻みつける《インスクライブ》」ほかなかった。霊長類学者はと言えば、ヒヒの名前の書かれたノート、統計図表、文書記録、血液サンプル、

(261) シャーリー・ストラムの 'Agonistic Dominance among Baboons'（Strum 1982）、本書一三〇頁のコラムを参照のこと。

(262) この印象的なエピソードは、シャーリー・ストラムの『人とヒヒはどこまで同じか』（一九八九）で述べられたものである。

(263) このことは、ストラムによる初期の研究以降、他の動物の生息地を研究する際の基準になっている。リチャード・バーンとアンドリュー・ホワイトゥンの『マキャベリ的知性と心の理論の進化論』（二〇〇四）、ストラムとフェディガンの *Primate Encounters*（Strum and Fedigan 2000）、ヴァシアン・デプレの *Naissance d'une théorie éthologique*（Despret 1996）、*Quand le loup habitera avec l'agneau*（Despret 2002）を参照のこと。

遺伝子指紋など、あらゆる種類の視覚的な補助装置に頼らなければならなかった。両者は、社会秩序を維持するという同じ仕事を成し遂げようとしていたが、その資源は大きく異なっていた。そこで、次のような問いが興味をかき立てられるものになった。つまり、自然と文化、本能と反省、「文化的な判断力喪失者」と意思を持った有能なエージェントとを分ける切れ目がないならば、サルとヒトの違いは何なのかという問いだ。ストラムの記述では、ヒヒが危ういまでに人間に近づいていたが、私自身は、その著書のタイトル〔『ほとんど人間』〕にもかかわらず、自分自身が「ほとんどヒヒ」であると考える気はなかった。むしろ、すべては、この「ほとんど」の一語が意味するものにかかっていた。

表面的には、技術の面で明らかな違いがあると言えるだろう。ヒヒには、安定化のツールがまったくないわけではない。しかし、重要なのは、ヒヒのオスは自分の恐るべき犬歯を見せて、メスは自分の(オスにとって)魅力的でふくよかな尻を見せつけるとはいえ、ヒヒは、さらに多くの社交スキルによって自らの力を維持しなければならず、他のツールに頼れないことである。チンパンジーにはいくつかのツールがあるが、ヒヒには「社交のツール」しかない。つまりは、絶えざる性的誘惑や毛づくろいや共同生活によって長い年月をかけてゆっくりと変化してきた体しかないのだ。ある意味では、ヒヒの群れは、社会関係が社交スキルに厳密に制限されている場合にどうなるのかを確かめるのに理想的な自然実験の場になるかもしれない。この場合、「社会」の「上部構造」を「築く」ために、いかなる種類の技術も利用できない。こうした建築用語は観察者と同様にヒヒにとっても完璧なメタファーであるので、ヒヒは、法外に見える時間を費やして、社会という不安定な「建造物」を修復し、ぐらつくヒエラルキーを絶えず定着させ、誰が誰を引っ張って食料探しに行くのかを日々決めなければばならない。ヒヒは休まることがなく、距離の離れたところで影響を与え合うこともできない。ヒヒが影響を与え合うときには、さらに微細な間主観的協同の非常に複雑なメディアを介してなされる。瞬く間に朽ちていく社会秩序をヒヒが毎朝、修復する方法が私たちの目に見えるのは、ヒヒが自在に使えるツールが少ないからである。ヒヒは、私たちよりもいっそう複雑な社会的相互作用で社会的なものをくっつけている一方で、私たちの用いる相互作用は、ヒヒほどには社会的ではなく、ある意味、ヒヒほどには複雑ではないが、ヒヒよりも複合的であり、つまりは、もっと多くの襞でできている。(264)

しかし、この人間ではない霊長類による素晴らしい例を、社会理論の基本線のひとつとして用いる道もある。ここから私たちが引き出せるであろう結論のひとつは、対面的な相互作用は、ヒトとサルいずれの社会的な結びつきをたどる上でも妥当な出発点ではないということだ。というのも、いずれの場合も、対面的な相互作用は、他のエージェンシーによって絶えず干渉されているからだ。ヒトとサルのいずれの場合も、行為は、転位され、分解され、振り分け直され、分散させ直されるし、言うまでもなく、行為は、幾重にも重なり合った媒介に依拠せざるを得ない。ヒヒもまた一種の「知的技術」を用いており、その数は、近年の霊長類学の研究により増え続けている。たとえば、行動圏、それぞれの相互作用の来歴、交友や協同の軌跡などや、体格、性、解剖学的特徴の生来の違いなどが挙

---

(264)「複合的な」(complicated) と「複雑な」(complex) の違いについて、ストラムとの共著 'The Meanings of Social' (Strum and Latour 1987) を参照のこと〔訳註34も参照のこと〕。社交のツールについて、クマーの *In Quest of the Sacred Baboon* (Kummer 1995) を参照のこと。

げられている。こうした他のエージェンシーによる絶えざる干渉によって、ヒヒの集団生活という二次環境は、自分が食べるものと自分を食べるものからなる一次環境とまったく同じように、淘汰が働き、抜き差しならず、やっかいなものになっている。社会的にうまくやれないヒヒは、食べ物やつがいの相手が見つからない場合と同じようにたちまち淘汰される。ヒトもまた、同じように、淘汰が働き、抜き差しならず、やっかいな環境のなかで生活しているが、その環境は、もっと多くの媒介子、転換子、「転位子《ディスロケーター》」といった、ローカルな相互作用をローカルでなくするもので構成されている。[265] コンテクストが無理筋の出発点であったならば、対面的な相互作用も同様である。ヒヒとヒトの違いは、もはや、「単純な」ヒヒと非常に「複雑な」ヒトとのあいだにあるのではなく、多くの事物——地形、捕食動物、群れ——に自らを折り重ねてきた複雑なヒヒと、それよりもはるかに多くの事物に自らを折り重ねてきた複合的なヒトとのあいだにある。後者の事物のなかには、常にしかるべき位置を占めており、したがって、秩序化の作業を（少なくとも局所的には）単純にしているという点で、非常に優れたものがある。ヒトの場合には、干渉、転換、委任、分節が、サルの場合よりももっと目に見えるものであり、ローカルな対面的相互作用に代わる優れた出発点になるはずである。

対面的な相互作用という場の怪しさ

相互作用のほうが「もっと具体的」であるという思い込みがあるために、読者にしてみれば、ローカルなものよりもグローバルなものを取り除くほうが簡単かもしれない。この思い込みと戦うためには、形象の概念に立ち返る必要がある。第二の不確定性の発生源を検討するなかで見たように、同じアクタンなのに異なる形象が与えられる場合がある（一〇九頁参照）。物語を読む習慣があるために、個性のはっきりとした登場人物のほうがもっともらしく感じられるかもしれないが、登場人物を作り出すには、概念や法人を作り出すのとまったく同じ記号論的労働――この表現が使えるのであれば――が必要になる。したがって、依然として形象のわずかな違いに敏感でなければならないものの、私たちの相対論的な参照フレームはスケールに無関係であることを忘れるわけにはいかない。とはいえ、少なくとも西洋諸国では、個人という不可分の存在に対する確信が定着しており、その結果、構造、文脈、社会などの抽象化は批判されなければならないにしても、自我はそのままにしておくべきであると安易に考えてしまう。このことは依然として変わっていない。[266] したがって、グローバルなものをローカル化するよりも、ローカルなものを分散させ直すための矯正体操に多くの時間を割くほうが賢明だろう。そこで、対面的な相互作用が、多くの人びとの期待に反して、どうしても生み出せないもののリストを作り上げなければならない。ここでもまた、ANTの教訓は消極的なものにとど

(265) このように技術を第二の天性とみるアプローチは、以下の要をなしている。アンドレ・ルロワ゠グーランの『身ぶりと言葉』（二〇一二）、ルイス・マンフォードの『技術と文明』（一九七二）、トム・ヒューズの *Human-Built World* (Hughes 2004)。

(266) 言うまでもなく、個人なるものの受け入れがたさは、インドなどでは、もっと簡単に見出されるだろう。ルイ・デュモンの『ホモ・ヒエラルキクス』（二〇〇一）を参照のこと。合理的選択の神話は、揺るぎない心理と揺るぎない認知を併せ持つために、この個人なるものの極致である。

まる。私たちの狙いは、障害を取り除き、社会的なものを十分に展開させることで、社会的なものを組み直せるようにすることにあるからだ。

第一に、相互作用は同場的（*isotopic*）と呼べるようなものでは決してない。どんな場所であれ同時に作用しているものは、他の多くの場所から生まれており、離れたところにある多くの物材から生まれており、遠くにいる多くのアクターから生まれている。講義室と、そこで同時に作用しているあらゆる場所とのあいだで築かれた結びつきを標準的な地理的地図に落とし込みたければ、無数の要素を含めるために、無数の矢印を引かなければならない。たとえば、机の材料となった森林、教室の配置を担当する管理部門、この教室を見つけるのに役立った予定表を刷った印刷場、敷地内を手入れする用務員などだ。(267) そして、この地図は無駄にはならない。というのも、こうした距離の離れた場のそれぞれが、多様なメディアを通じて大量のテンプレートを移送することで、他にはないかたちで、この教室を先取りして前もって定型化してきたからであり、そうしたテンプレートが、教室をそれにふさわしいローカルな場にしているのだ——そして、今も教室を支え続けている。

第二に、相互作用は決して共時的（*synchronic*）ではない。机は、一九五〇年代に植えられ二年前に伐採された木でできているのかもしれない。教師の服の布地は五年前に編まれたものだが、頭の中のニューロンは数ミリ秒前に発射されており、発話を司る脳の部位は数十万年の歴史がある（あるいは、もう少し短いかもしれず、これは、古生物学者の間で激しく論争の的になっている問いである）。教師が使っている言葉については、四百年前に複数の外国語から英語に持ち込まれたものもあるが、その文法規則はもっと古いかもしれない。教師が選んだメタファーは六年の歴史しかないが、その比喩法はキケロにさかのぼる。教師が自分の発言内容を入力する際に用いたキーボードはアップルが発売したばかりだが、キーのスイッチの調整を可能にする重金属は宇宙と同じ長さの歴史を有するだろう。時間は常に折り畳まれている。[268] したがって、すべての要素が同じ年期と同じ周期をもつことを意味する共時的な相互作用という考え方は、意味をなさない——ヒヒの場合でも同様である。つながるための負担を、もっと長く続く（あるいは、ごく短くしか続かない）事物に移すことで、行為は常に実行されてきたのである。

第三に、相互作用は総観的（*synoptic*）ではない。一連の行為に与している参与子のなかで、ある時点で一度に目に見えるものはごくわずかである。教師は自分が主役であることを疑わないかもしれないが、そのことが意味しているのは、他の多くの人やモノが同じように行為／作用していないことではなく、他の行為や作用を数え上げる方法がないということにすぎない。木製の机は、教師がデザインの一例として取り上げるまで、講義の一部をなしていなかったが、それでも机は何かをしている。つまり、机は、講義をかたちにするのに資する要素のひとつであり、机によって相互作用が枠づけられ

(267) ここでは教育に関する簡単な事例を見ているが、エルマンとの共著 *Paris Invisible City* (Latour and Hermant 1998) の第三章も参照してほしい。この種の地図こそ、ウィリアム・クロノンがその卓越したシカゴ研究 *Nature's Metropolis* (Cronon 1991) で描き出したものであり、エドウィン・ハッチンスが船舶航行の研究で展開してみせたものである。航空機の場合について、ローの *Aircraft Stories* (Law 2002) も参照してほしい。実際のところ、認知は、計算を行う個人という考えが現実的に無意味であるほどに分散している。

(268) ミシェル・セールの『解明 M・セールの世界』(一九九六) を参照のこと。

ているのだ。講義を告知し、時間と場所を指定した一枚の紙もそうである——たとえ、教師が読み上げなくても。しかし、この場面のすべての要素を数え上げることを望んだところで、すべてを一度に強調する方法はないので、望みはかなわない。要素の数が多すぎたり、あるいは、諸々の要素が、複合的な機械の一部であって、中間項としての役割をうまい具合に果たしているために、すべてを一度に強調することは適わないからだ。このマイクのなかにはどれだけの独立した事物があるだろうか。この体のなかはどうだろう。この大学組織のなかはどうだろう。相異なるエージェントが目に見えるようになるたびに、他のエージェントが潜んでしまうので、何回数えようとも、一定の数になることはない。

第四に、相互作用は同質的（*homogeneous*）ではない。私たちは、この点を早くから理解している。行為が実行される際になされるリレーは、同じ物質性をずっと帯びているわけではないからだ。十五年前の建築家の棚から講義室に移動したいと思ったら、どれだけのエージェンシーをたどっていかなければならないだろうか。スライドをスクリーンに投影する場合には、キーボードで打った文章がデジタル化され、再びアナログ信号に変換され、次には、もっと遅い脳波に再変換され、半ば眠っている学生の心に入るまでに、どれだけの連接した要素が必要だろうか。「ローカルな場」を指向する社会学者は、最終的に人間同士の対面的な相互作用に達することで自らの心を満たしているが、それとは正反対のものに私たちは驚かされている。つまりは、非人間的で非主体的で非ローカルな参与子の数の多さである。こうした参与子の集まりが資することで、すべてがひとつに組み合わさっているとはいえ社会的な紐帯には似ても似つかない回路を通して、一連の行為が実行され移送されるのだ。

第五に、天気図で低気圧と高気圧を探すときに読み取る等圧線のメタファーを借りることが許されるならば、相互作用は等圧的（isobaric）ではない。自らに耳を傾け考慮に入れることを強く求める参与子もあれば、むしろ知らず知らずのうちに日頃の行動に入り込んでおり、決まり切ったものになった参与子もある。後者は、ブラックボックス化され、ハードウェアのかたちをとっており、そのハードウェアについて知っているのは、遠く離れたアジアのエンジニアだけであり、キャンパスのどこかにある保守部門から呼び出される技術者には漠然としかわからない。なかでも重要なのは、媒介子と中間項が異なる圧力をかけることである。知ってのとおり、中間項は場面の設定の予測可能性を高める一方で、媒介子は、突然、予期しないかたちで場面の設定を分岐させてしまう可能性がある。講義の最中に、いつ何時であろうと、何かが壊れてしまうかもしれず、マイクやスピーカーが壊れる場合もあれば、ことによると、教師がやる気を無くしてしまう場合すらある。中間項のいずれかが媒介子に姿を変えてしまうと、全体の場面設定は、どれほど教師が静かにさせていたりコントロールしたりしていたとしても、予測のつかないものになってしまうだろう。

社会科学者が、相互作用にはあらゆる要素が流れ込んでいるという印象を強く抱いたのも無理はない。そのとおりである！　ただし、そのことが意味しているのは、全体にまたがる確固たるコンテクストが、何らかの隠れた構造的な力による制御を介して、相互作用を強く拘束しているということではない。そのことが意味しているのは、途方に暮れるほどの数の参与子が相互作用のなかで同時に働いており、あらゆるかたちで相互作用の確たる境界をずらし、分散させ直しており、「ローカル」と呼べるようなところから始めることを不可能にしていることである。グローバルなものをただローカル化すればよいのであれば、社会科学における相対性はかなり単純なものになってしまうだろう。社会科学における相対性は、ローカルなものという堅固な基盤が消えたときにのみ、有意なものになる。たいていの場合、行為は、種々雑多な事物によってすでに干渉されており、そうした諸々の事物は、同じローカルな場にはなく、同じ時に生まれたものではなく、一度には目に見えず、同じ重さでのしかかっていない。「相互作用」の語が選ばれたのは間違っていなかった。「作用」の数と種類、「相互」関係の広がりがあまりに過小評価されてきただけである。何であれ所与の相互‐作用を引き伸ばせば、間違いなく、アクター‐ネットワークになる。

　もちろん、例外はある。厳密さを欠いた談論に後退して、すべての干渉に目を向けるという難儀な作業を放棄した場合である。その場合には、「構造」と「対面的な相互作用」について話しても、何の問題もない。ただし、その場合には、もっと決まり切った状況を扱っており、相対論以前の参照フレームを用いていることになる。そうした簡便な話し方における「構造」とは、その情報が限られているか、参与子があまりに静かなので新たな情報が必要とされないアクター‐ネットワークにすぎない。そして、他方の「相互作用」とは、中間項として働く数々のローカル化装置によってうまく枠づけられた場であり、うまく枠づけられているために、大した問題もなく、「ローカルなところで起きている」ように見えるのである。

　このように対面的な相互作用がどうあっても示せない特徴のリストを吟味すれば、間主観的な相互作用、個々人の計算、個人的な志向性といったものに社会学の土台を置こうとする試みは疑わしくなる。[269] 逆に、はっきりとしているのは、ローカルな相互作用という概念は、グローバルな構造と同じくらい実在性を欠いていることだ。こうした帰結は、社会科学の歴史を通して行われてきた次のような試みを、過去に遡って、さらに疑わしいものにする。つまり、いわゆるグローバルなコンテクストといわゆる相互作用とのあいだで何らかの折衷を探ることであり、あるいは、「アクター」と「システム」のあいだでもっと微妙な「第三の道」を取り決めることである。こうした企ては、今や、聖書の年代とギリシア神話の年代を対応させることに打ち込んだルネサンス期の編纂者と同じくらい意味がない。二つの神話の中間点はやはり神話のままである。

しかし、人間以外のアクターが残した跡をたどっていくと、「枠づけられる」というもっともな印象がどこから来ているのかがわかる。各々のローカルな場は、数多のローカル化、振り分け、偏差生成、分節化——どの語を選んでもよい——の装置によってローカル化されている。間モノ性の役割は、ローカルな相互作用に根本的な分散をもたらすことである。間モノ性がなければ、相対的なスケールの意味はどうなってしまうのか。たとえば、ニューヨークの摩天楼の堂々たる光景に切り立つ深くて暗い谷間を歩くことなくして、私たちは「もっと幅広い」物事の仕組みの小さな参与子であることをどのようにして知るのだろうか。ごくありふれた訪客が肩身の狭さを感じるのかどうかは、どれほどの数の他の人びと——時空間に分散している——が、その場所をあらかじめ形成しているのかに大きく左右される。大きさはまさに相対的なものである——その場がかつて設計された際の心配りと、そ

(269) したがって、レイモン・ブードンの *The logic of social action* (Boudon 1981) における試みにもかかわらず、方法論的個人主義は、とりわけ方法論上の理由により、実にまずい出発点を選択しているように見える。

の場が今なお維持されている際の心配りと相対的な関係にある。とはいえ、私たちは実際に何らかのフレームワークの「内部にいる」小さな参与者であるわけではない。いつまで、この受け入れがたい教訓を教わる必要があるのだろうか。その最も悲しむべき経験的証拠が、先年もたらされた。紙カッターを身につけただけの狂信者のグループが、ツインタワーが狭い通りに投げかけていた長大な影を数時間のうちに消し去るべく、他の多くの人びとが入念に築き上げてきたものを無効にして、複数のビルを破壊した——ただし、暗い死の影は残った。こうした出来事を経験した私たちは、スケールの崩れやすさにどこまでも敏感になるべきではないのか。

スケールを、常に存在する「社会構造」を「表現」、「再現」、「反映」するための緩いメタファーとして捉えるのか、あるいは、文字どおりの意味で、建築学や工学を用いて築き上げられるもの以上に大きなものを築き上げる方法はないとするのかによって、スケールの構築は、まったく異なる意味になる。伝統的な社会理論では、社会は一種独特のものなので強く、どんなものも社会を破壊することはできない。他方の社会理論では、社会はとても脆弱なので、社会を築き上げ、修理し、修復し、とりわけ気を配る(*take care*)必要がある。このように相異なる社会的な追跡装置を用いて描かれる二つの社会的なものの地図は、二つのまったく異なる美学、倫理、政治をもたらすのである——まるで異なる報告を生み出すのはもちろんである。

プラグイン

グローバルになれるほど支配的な場所はなく、ローカルになれるほど自己完結した場所もない。ローカルな相互作用であれ構造であれ、あるいは両者の折衷であれ、そうしたものを用いようとする限り、社会的な結びつきをたどれる見込みはない。そして、両者の折衷が巧みになればなるほど、その結果はおかしなものになってしまうだろう。存在しない二つの場の命を引き延ばすだけであるからだ。それとは逆に、ここで試みているのは、できるだけ頭を鈍くして、留め金を増やすことで、次のような誘惑に確かに抗えるようにすることである。つまり、アクターのしていることを二つの箱――グローバルとローカル――に切り分けさせようとする誘惑だ。その誘惑に負けてしまえば、すぐさま、アクターによる数々の紆余と曲折に満ちた道程の展開を妨げることになってしまう。けれども、十分な数の留め金をしっかりと固定すれば、私たちは、ローカルとグローバルを行き来するかつての通り道と直角に交差する別の地形を描き始めることになる。かつてのやり方は、いわば、おかしな地図製作を通して、ある集水域の水文地図をゆっくりと別の地図に変えるようなものであった。つまりは、東西に流れる川を南北方向の勾配に沿って走らせようとするものであったのだ。

ここで見ている地形変化のなかで最も際立っているのは、かつてのグローバルなものとかつてのローカルなものの両方が、同じ星形の様相を見せることである――もちろん、投影格子線上の話であり、「外在」しているのではない。コンテクストを築く場は、今や、文書や記録が行き来する数々の経路の交差点のように見えるが、ローカルな構築の現場もまた、テンプレートやひな形《フォーマット》が移動してくる多叉路のように見える。この二つの「ネットワーク状」の姿形を本気で取り入れると、かつての地形はどう見てもフラットになる。というのも、この二種類の星型の姿形を、三次元構造のなかで垂直に重ねることはできないからだ。今や、かつてのグローバルなものとローカルなものは横並びになり、一つひとつの動きに対して、分析する者は何ら飛躍したり引き裂いたりすることなくその輪郭線に目を向けなければならなくなる。それは、ちょうど、エドウィン・アボットの『フラットランド』が描き出した二次元空間のようなものだ。移動することとさせることが、場所や姿形よりも先に来る。したがって、結局のところ、グローバルなものをローカル化し、ローカルなものを振り分け直すことは思いのほか難しくない。数分もあれば慣れて、痕跡の数が非常に増えて、目をつぶらなければならないほどになる。それぞれの場の違いは、もはや姿形やサイズにあるのではなく、行ったり来たりする移動の方向とともに、以下に見るように、移送されているものの性質——情報、痕跡、商品、計画、ひな形、テンプレート、連結装置など——にある。今や、地図上に位置づけるのが困難なのは、ローカル、グローバルという得体の知れない場だ。この魔法のかかったユートピアは一体どこにあるのだろう。

フラットになった空間の進み方を学ぶことは非常に重要である。というのも、循環するものにもっとうまく焦点を当てられるようになれば、それまでは移送されていることがほとんど見えていなかった数多くのものが見つかるからである。実際のところ、そうしたものが循環しているとはまったく考えられていなかった。もっと深遠な事象、つまりは、その見かけ上の深遠さのために、これまでは主体の内なる聖域に入れておかなければならなかった事象にも目を向けることができるだろう。乾燥し砂埃にまみれたフラットな地形が、そこを通っていった動物の足跡をことごとく見せているのとまったく同じように、私たちは、社会的なものの社会学という茂みには一切の痕跡を残さない動的な存在を見つけることができるだろう。

なかでも重要なのが、自分が身を置いている場面の設定をアクターが解釈できるようにしているものである。場面設定の定型化《フォーマット》を可能にするフレームがローカル化の装置を通してどれだけ多くなだれ込んでいるにしても、あるいは、どんなに多くの文書と記録がこの場面設定とオリゴプティコンのあいだを行き来しているにしても、そうした移動によって事前に定型化された不特定多数のアクターと、実際に深く関わっている個別化した参与者によって実行される行為の進行とのあいだには、なお大きな隔たりがある。誰もが、取扱説明書《ユーザーズ・マニュアル》を理解しようとするときに、この隔たりを経験している。取扱説明書がどれだけ丁寧に書かれていても同じである。どれほど多くの不特定の人向けに組立図がデザインされていたとしても、数時間後には、新たに購入したデジタルカメラについてぼやき始め、自分は不特定多数の一人ではないと感じるようになる。不特定多数に向けられた取扱説明と自分自身との距離を知ることで、ドン・ノーマンが「実行における隔たり」と名づけたものを痛感することになる。(270)このように対面的な相互作用が「具体的」であり、「リアルな生活」のスケールで起こるという印象をもたらすものを無視するのであれば馬鹿げている。個人こそが行為を実行しているという感覚をもたらすものを無視するのであれば、馬鹿げている。

(270) ノーマンの『誰のためのデザイン?』(二〇一五)、ガーフィンケルの *Ethnomethodology's Program* (Garfinkel 2002) の第六章を参照のこと。

当然のことながら、この感覚は、次の場合には、即座に失われてしまう。つまり、社会的なものの社会学者が、この健全な直観の代わりに、何らかの目に見えない構造による隠れた作用《アクション》を持ち出すときである――そこでは、特定の誰かが何らかの行為《アクション》をすることは一切ない！　相互作用論の場合も同じである。相互作用論者は、明確な意志をもつ個別的なアクターを取り戻したものの、メンバーは「フレームのなかで」自らの知的能力を展開するとされており、そうしたフレームを解体することはなかった。人的エージェントは、それ自体では一切の意味を持たないモノの世界を理解可能なものにする必要があるというわけだ。いずれの場合も、私たちは振り出しに戻ってしまう。つまり、モノのない意味と、意味のないモノとのどちらかを選ばなければならないのだ。しかし、アクターは、他の場のエージェンシーによって物的技術や知的技術を介してローカル化されているにすぎず、場面設定によって作られる命題を自分自身で解釈し理解することができないのであれば、この直観はやはり瞬く間に失われてしまうだろう[271]。したがって、これまでに検討してきたトレース装置よりももっと捉えどころのないトレース装置に対してとくに敏感になる必要がある。

先に用いた講義室というごく単純な例について見てみよう。いかにうまくデザインされていても、教師や学生が、そこで何をすべきかを知るためには、やはり、かなりの数のことをする必要がある。何かしらの装具が持ち込まれなければ、人的アクターは、たとえ最高のデザインのフレームのなかにいても、与えられたものを解釈しえないままであろう。つまり、アクロポリスをうろうろしている猫のように、その場の意味とは無縁のままになるだろう。

したがって、何かを付け加えなければならないのだが、しかし、どんなものをどのように付け加えなければならないのか。地形の「フラット化」を最後まで続けるのであれば、避けるべきことはすでにわかっている。別の「レベル」や別の「種類」の資源に訴えて飛躍してはならないということだ。けれども、この飛躍は、何よりも安全で、何よりも簡単で、何よりも道理をわきまえた戦略であろう。とはいえ、本書をここまで読み進めてきた読者は思い知っているように、私が求めているのは道理をわきまえることではない！　ここで行っているのは、最後まで突き詰めた場合にのみ元が取れる思考実験である。ローカル／グローバルとかアクター／システムとかいったものに一切訴えないという視点をどこまで維持できるのか。誘惑に抗うことはできるのか。ここで試みるのも、そうした地形がどのようなものであるのかを明示的ないし積極的に記述することではなく、そうした記述に向かわせる誘惑に抗う手段を見つけることであり、それ以上でもそれ以下でもない。

「実行における隔たり」を埋めるために通常取られる解決策は、ギアを変えて、「主体性」、「志向性」、「内在性」をいきなり取り込んでしまうか、少なくともある種の「精神に備わるもの」に訴えることである。「外部」からの社会的なフレーミングだけでは行為を完遂するのに十分でない場合、残りの資源を、「内部」から持ってくるか、ローカルに組み合わさった人間集団から持ってこなければならなくなる。この時点で、実証主義は解釈学に道を譲り、社会学者は心理学者や認知科学者にバト

(271) これはボルタンスキーとテヴノーが、ブルデューの界理論に持ち込んだ転換である。つまり、アクターは、自分自身を正当化することが十二分にできるのであって、真の動機を包み隠しているだけではない。ボルタンスキーの *Distant Suffering* (Boltanski 1999) を参照のこと。

ンを渡し、さらには、構造社会学は解釈社会学に転向する。しかし、この方法論上の飛躍が許されることになった途端、本書の最初から守ってきた一本の筋道は途切れてしまう。フラットな地図はまたもや大幅に書き換えられてしまう。もっと大きなシステムの「内部」で「ある程度の自由度」を持つ個々の主体的なアクターからなる場面が復活する。グローバルとローカルという二つの得体の知れない土地が改めて描かれる。マーリンの城が再び浮上する。したがって、私たちは、近視眼的なＡＮＴのこだわりにどこまでも従って、別の留め金を求めて暗闇を探り続けなければならない。

　私たちが発するべき問いは、個別性、主体性、個性、内部性を移送する他の装置はどこにあるのか、であろう。グローバルやローカルといった見せかけの場が、循環する存在でできていることが示されたとすれば、主体、正当化、無意識、人格もまた同様に循環していると考えてもよいのではないか。[272] そして、やはり、この実に奇妙だが避け得ない問いを発すれば、すぐさま、新たな種類の留め金が現れ、私たちの調査を前に進めてくれる。そうした留め金は主体を生成する装置、人格を生成する装置、個性を生成する装置などと呼べるだろうが、プラグイン〔ソフトウェアの拡張プログラム〕というもっと中立的《ニュートラル》な語を使いたい。この優れたメタファーは、ウェブ上に広がる新たな世界から借用したものである。サイバー空間では、ウェブサイトにたどりつくと、画面に何も表示されないことがよくある。しかし、すぐに気の利いた警告が表示され、自分のパソコンに適切なプラグインが入っておらず、数キロバイトのソフトウェアを「ダウンロード」する必要があることを教えてくれる。このソフトウエアが、一度、パソコンにインストールされれば、それまで見られなかったサイトをアクティブにすることができる。[273] このプラグインのメタファーからわかるのは、能力はもはやひとまとめにやってくるのではなく、文字どおりビットやバイトでやってくるということだ。志向性を有していたり、合理的な計算を行ったり、自らの罪に責任を感じたり、死ぬ定めにあることに悩んだりしている「大仕掛けの」人間を想像する必要はない。むしろ、認めるべきなのは、「完全な」人的アクターを手にするためには、数々の重層するレイヤーから人的アクターを構成する必要があるということだ。そして、このレイヤーは、ひとつひとつの違いが経験的に認められるものである。十分な力能を有するアクターは、個々別々の皮膜で構成されており、あるいは、サイバー空間の用語を借りれば、パッチやアプレット(訳註79)で構成されている。パッチやアプレットの正確な出所は、ひとつずつダウンロードして保存する前に「検索する《ググる》」ことでわかる。(274)

本書で何度も見てきたように、情報技術のおかげで、これまでにないかたちで諸々のつながりがたどれるようになっている。その理由は、情報技術が、古くからの具体的な「人間味あふれる」社会を覆して、私たちを血の通わないサイボーグや「ポスト・ヒューマン」の化け物に変身させたからでは

(272) モルの『多としての身体』(二〇一六)、クシンズの 'Ontological Choreography' (Cussins 1996)、ミリアム・ウィナンスの *Thèse et prothèse* (Winance 2001) は、主体になるためにどんな装具が必要であり、この主体化がいかに脆弱であるのかについて、それぞれ独自の方法で示している。

(273) よく感じていることだが、私の著書の読者は、ANTのベータ版にこだわることなく、バージョン6・5〔最新版〕がダウンロードできれば、私の書いたものにそれほど不満をもらさなくなるだろう。

(274) このプラグインの複数性は、テヴノーが作成した行為の型式のリストに明確に見て取ることができる。テヴノーの 'Which road to follow?' (Thévenot 2002) を参照のこと。

なく、それまで潜在的なかたちでしか現れなかったものを目に見えるようにしているからである。かつて、力能は謎めいたものであり、たどるのはかなり困難であった。そのために、力能を、言わば、ひとつにまとめておく必要があったのだ。モデムやルーターを流れるボーやバイトで力能をカウントできるようになり、そして、力能のレイヤーを一枚ずつ剝がせるようになれば、すぐさま、力能はフィールドワークの対象になる。一枚一枚の皮膜が痕跡を残しており、今や、そこには、原産地、ラベル、移送装置、回線、時には値札さえも見られる。[275] 人間としての力能を備えるということは、決してゼロか百かの問題ではなく、むしろ、多種多様な場所から得られる諸々のプラグインがひとつに組み合わさることによる暫時的な結果である。このことを私たちは情報技術のおかげで理解できる。ひとまとまりの実在的なものであるということは、議論の余地のない出発点ではなく、複数の要素からなる組み立てが暫時的に成し遂げられたものであるということだ。[276]

　デュルケムとヴェーバーが、それぞれ、産業化と官僚制によって作り出された分業を手がかりに、社会的な結合に対する自らの定義を描き出したように、私たちは、情報技術を手がかりに、アクターが作り出される際に行われることを見定めることができる。今や、アクターを、何らかの原生的な内部性を有する主体とみなさないほうがはるかに簡単である。つまりは、剝き出しの物からなる客観的世界をまなざし、それに抗ったり、そこから何かしら象徴的なものを練り上げたりできるはずの主体である。むしろ、私たちは、不特定の無個性の身体がいかにして一人格になるように作られるのかを経験的に観察することができるはずだ。つまり、主体性を与えてくれるものが多く降りかかるほど、いっそうの内面性が得られるのである。[277] 主体は、対面的な相互作用と同様に、自生的ではない。主体もまた、自らが存在することを可能にしてくれるおびただしい数の存在に拠って立っている。「アクター」であることは、今や、完全な作り物であり、完全に追跡可能な集まりである。つまり、以前、リヴァイアサンについてのみ言えたことは、今や、その個々の「構成要素」についても言えるのだ。この帰結は、後に政治を定義する際に重要になる。

---

(275) 数多の記録が大量にデジタル化されることで、遅ればせながらタルドの正しさが裏付けられるだろう。十九世紀末に利用できた貧弱な統計では、タルドがポイント・ツー・ポイントの「疫学」を求めたことの正しさが証明できなかった。タルドの量的社会学が今になって可能になっていると考えてみるとおもしろい。私たちは今や、準定量的なツールを用いて、噂、意見、情報、空想に同じ方法で目を向けることができるのだ。ロジャースの *Information Politic on the Web* (Rogers 2005) を参照のこと。新たな量子の追跡に関して、ミシェル・カロンの 'Les méthodes d'analyse des grands nombres' (Callon 2001) を参照のこと。

(276) この点を最も強調しているのが、ダナ・ハラウェイの *How like a Leaf* (Haraway 2000) である。しかし、複数のレイヤーや人工的構築の概念が最もよく当てはまるのは、おそらくクィア理論であろう。ポスト・ヒューマンのイデオロギーや批判社会学の数々にもかかわらず、クィア理論は、切り離して循環させることのできる要素の数が調べられる豊かな実験場である。別のアプローチとして、ステファン・イルシュエアの 'Performing Sexes and Genders in Medical Practice' (Hirschauer 1998) を参照のこと。

(277) CG画像は、この多数のレイヤーによるアクター形成の格好のアレゴリーである。たとえば、ロサンゼルスで開催される［アメリカコンピュータ学会の分科会である］シーグラフでは、すべてのセッションがそうしたレイヤーをテーマにしている。午前中のテーマはナイロンのつや、午後からは赤毛に当たる光の屈折、夕方は風の「リアリスティックなレンダリング」といった具合である。例によって、いわゆる「バーチャル」リアリティは、「自然な」リアリティにかつて必要とされていたものを具体化したものである。

プラグインのなかにはかなり簡単にたどれるものがある。たとえば、「あなた」が誰それであることを指し示す公的、法的な文書はすべてそうである。そうした薄紙を用いた技術が準主体を生み出す力をもっていることを疑うのであれば、「ビザなし外国人」としてヨーロッパの大都市に住んでみるなり、自分の名前のスペルミスによりＦＢＩによる把握から逃れようとしてみるなりすればよい。しかし、かすかな痕跡しか残しておらず、ほとんど実体のないように見える移送装置もある。とはいえ、ここでの見方を維持すれば、そうした移送装置にも同じように目を向けることができる。たとえば、映画や知人、重要な問題、政治的な立場について意見を述べる力能を得るまでに、世間で流布している決まり文句《クリシェ》をどれだけ取り込まなければならないのかを数えてみてほしい。もし自分の気質のそれぞれについて、その起源を探り始めれば、同じように星型の姿形を展開できるようにはならないだろうか。そこでは、ほとんど忘れてしまった数々の場所、人、時間、出来事を訪ねることが求められるだろう。この声のトーン、この珍しい表現、この手のジェスチャー、この歩き方、この姿勢も、同じようにたどれるのではないだろうか。[278] さらには、内なる感情の問題もある。そうした感情は与えられてきたものではないのか。小説を読むことは、いかに人を愛するのかを知る上で役立っていないか。周りのあらゆる人びとが自分に浴びせかけてくる文化的な決まり文句《クリシェ》〔「○○な人間は××だ」〕の一部を絶えず取り込むことなくして、どうして自分がどのグループに属するのかがわかるというのか。[279] 数え切れないほどたくさんあるファッション雑誌をむさぼり読むことなくして、どうしてケーキの焼き方がわかるだろうか。他にも、避妊具をつける、恋人を慰める、髪をブローする、自分の権利を守る、場をわきまえた服を選ぶことについてはどうか。やはり、雑誌が助けになる。しかし、それぞれの題目《ルーブリック》を、隠れた社会的な力の単なる「現れ」と見なしてしまうと、それぞれの効力は消えてしまう。他方で、上部や下部に何かがあるわけではなく、社会的なものの世界が裏側にあるわけではないことを忘れなければ、それぞれの題目が自分自身のかけがえのない内面の一部を構成していると言えるのではないか。私たちは、今や、この現象になじんでおり、もはや、この現象が逆説であるようには見えないはずだ。つまり、一切を覆う社会が消え去ったときこそ、私たちは、「外部」を循環するもののすべてを前面に出せるのだ。

そうするためには、別のフロー、別の回路を付け加えることが条件となる。そうしたフローや回路を循環する諸々のプラグインが、アクターに対して、所与の状況を解釈するのに必要な補足ツール——補足精神——を与えてくれるのだ。(280) たとえば、スーパーマーケットは、あなたを消費者として前もって定型化しているが、不特定多数の消費者として定型化しているにすぎない。そこで自分を能動

(278) ジャン＝クロード・シュミットの『中世の身ぶり』（一九九六）、ジャン・ブレマーとハーマン・ルーデンバーグの *A Cultural History of Gesture*（Bremmer and Roodenbrug 1992）、ジュヌヴィエーヴ・カルブリの *The Semiotics of French Gesture*（Calbris 1990）を参照のこと。

(279) このことが、レフ・ヴィゴツキーの *Mind in Society*（Vygotsky 1978）の衝撃が今なお失われることのない大きな理由である〔同書は、ヴィゴツキーの『文化的‐歴史的精神発達の理論』（二〇〇五）と「子どもの発達における道具と記号」（二〇〇六）からなる英訳選集である〕。

(280) したがって、ブルデューのハビトゥスの概念は、その社会理論から解放されれば、今なお非常に優れた概念である。テヴノーが 'Which road to follow?'（Thévnot 2002）で展開した装具の概念も同様である。

的で分別のある消費者に変えるためには、計算する能力と選択する能力を備える必要もある。社会的なものの社会学の場合、そうした力能の源泉は二つしかなかった。つまり、人間としてそうした能力を生まれ持っているか——ダーウィン流の進化によって、太古の昔から人類は、スーパーマーケットで最適な計算をして買い物をする支度をしてきたかのようだ——、あるいは、経済という下部構造の有する強力な支配力によって賢い消費者になるよう成形されるかのどちらかであった。しかし、ここで素描しているこの新たな地形測量によって、すぐに手の届くところに別の力能源を位置づけることができる。つまり、定期利用（*subscribe*）することのできるプラグインの循環があり、その場で取り込むことで、ローカルかつ暫時的な力能を有する者になれるということだ——再チャージ可能な携帯電話の料金カードのように。

このようにスーパーマーケットを見れば、途方もない数の装置が目に入り始めることになる。それぞれの装置には、もっと有能な計算を行うことを可能にする機能がある。どのスライスハムにしようかといった日常的な判断を下す必要がある場合ですら、自分を消費者にさせてくれる数十種類の計測器を活用している——たとえば、ラベル、商標、バーコード、重量計、値段、消費者向けの刊行物、知り合いの客との会話、広告などだ。[281] 決定的に重要なのは、この装具を定期利用する限りにおいて、この知的、認知的能力を保持していることである。この装具を持ち運んでいるわけではない。あなたの所有物ではないのだ。多少なりとも内面化しているのかもしれないが、しかし、この内面化という芸当を成し遂げるためにも、別のプラグインをダウンロードする必要がある！　そうした装具から離れて合理的な計算をしようとすれば——たとえば、ワールドカンパニーになるために、ユニバーサル・パノラマズ社を買収することを決める場合——、思いつき程度の大まかな見積もり以外に「マクロな決定」をさせてくれるものはないだろう。少しでも合理的になれる力能を所有することはもはやないのだ[24]。ここでも、市場の力と個別的なエージェントという二つの場をひたすら回避するほうが、はるかに理にかなっているし現実的である。

• • • • • • • • • • • • • • • •

マルセル・モースは、「ハビトゥス」を定義し、タルドとまったく同じく、社会的なものをたどる

　私は、一種の啓示を入院中に得た。ニューヨークで病気になったときのことである。付き添いの看護婦と同じ歩き方をする娘たちを以前にどこかで見たような気がしたのだ。時間があったので、どこ

（281）コショワの *Une sociologie du packaging* (Cochoy 2002) を参照のこと。
（282）近年の経済史が示すように、規模の大きな決定は、規模の小さな決定に比べて合理的ではない。備えている装具がずっと少ないからだ。装具がなければ合理性はない。ドナルド・マッケンジーによるかつての数学定理の研究と今日の金融市場の研究には直接的なつながりがある。マッケンジーの *Mechanizing Proof* (MacKenzie 2001)、*An engine, not a camera* (MacKenzie 2008) を参照のこと。同じ傾向は、ノール゠セティナの *Epistemic Cultures* (Knorr-Cetina 1999) における実験室の科学から、ノール゠セティナとブリュッガーの 'Global Microstructures' (Knorr-Cetina and Brügger 2002) における金融市場の合理性に至る動きにも見ることができる。

であったのかを考えてみることにした。そして、とうとう、それが映画のなかであったことを思い出した。フランスに戻ってみると、同じ歩き方が広く見られることに気づいた。とりわけパリでそうであった。私が見た若い娘たちはフランス人であったのに、同じように歩いていたのだ。要するに、アメリカ人の歩き方が、映画の力でわが国で見られ始めていたのである。これは一般化できる考え方であった。つまり、歩いているあいだの腕や手の位置は社会的な特質であって、単に、純粋に個人的で、ほとんど心的な、取り決めや機制の所産ではない、ということだ。たとえば、修道院でしつけを受けた若い娘を見分けることもできるだろう。そうした娘たちは、普通、こぶしを握りしめて歩くだろう。さらには、私が三年生の頃に担任から「ばか！　どうしていつも手を大きく開けたまま歩くんだ」と怒鳴られたことを今でも覚えている。だから、歩き方の教育もまた存在するのだ。

別の例を挙げよう。休んでいるときの手の位置にも、礼儀正しいものとそうでないものとがある。したがって、テーブルについている子どもが、食事中でないときに両手を膝に置いているような場合には、その子どもはイギリス人だと思ってまず間違いない。フランスの若者は、どうやってまっすぐに立ち上がるのかがわからないし、ひじを扇形に張っているし、テーブルに肘をついているし、なにやかやする。

最後に、走り方についても、よくご存じのように、技法の変化が見られる。一八六〇年頃にジョワンヴィルを最優秀で卒業した体育科の教師が、私にこぶしを身体につけて走るように教えてくれたときのことを想像してもらいたい。この動作は、走る際の動きとはまったく相容れない。私は、一八九〇年にプロの走者を見てはじめて、走り方を変えなければならないことがわかったのである。

このように、私は、長いあいだ、ハビトゥスの社会的性質という考えを抱いてきた。皆さんに留意願いたいのは、正しいラテン語でハビトゥスと言っている点である――フランスでは通じるはずだ。この言葉は、アリストテレス（心理学者であったのだが）のいうヘクシス、つまり「獲得された性向」と「能力」を意味する語を、アビチュード（気質や習慣）とは比較にならぬほど巧みに翻案した語である。この言葉は、いろいろな書物や有名な小論の主題になった、そうした形而上学的なアビチュードや、そこでの神秘的な「記憶」を指し示すものではない。「習慣」は、個々人によって異なり、摸倣によって変化するだけでなく、とりわけ、社会、教育、世間のしきたりによって異なり、流行や威光によって変化するのである。普通なら精神とその反復能力のみしか見出さないところに、技法を見出し、集合的、個人的な実践理性の働きを見出すべきなのである。（モース　一九七六・一二六―七頁）

認知能力は「あなた」のなかにあるのではなく、定型化した場面設定を通じて分散しており、その設定は、ローカル化の装置で作られているだけではなく、力能を築き上げる数多くの命題、数々の小規模な知的技術で作られてもいる。(283) 認知能力は外部から来ているけれども、何らかの得体の知れな

(283) この拡散は、分散認知の分野の鍵をなしている。「長いこと、〔思考などの〕内面化は、何らかのものが境界を越えて動くという意味合いがあった。この定義に見られる二つの要素は、両方とも誤解を招くものである。動くのは何らかのものでは

いコンテクストから降りてきているのではない。それぞれの認知能力には、難しさの違いはあれども、経験的にたどれる履歴がある。各々のパッチは独自の移送装置を有しており、その形状、コスト、循環を地図化することができる——会計史学者、認知人類学者、心理学者が説得力をもって示してきたように。エージェントの「なかに」ないものがあるとすれば、それは、こうした幾重にも折り重なった力能生成の装置であり、私たちは、一時的に何らかの能力を得るために、力能生成の装置を絶えずダウンロードしなければならない。ここに、フラット化した地形の長所があるはずだ。つまり、フラット性を主張をすれば、もはや、その対極にある解法に頼って、「もちろん」そうした力能は「社会的なコンテクスト」によって保たれているなどと言わずに済む。逆に、力能は独自の導管を通って循環するということが意味するのは、力能はもはやコンテクストからもアクターの主体性からも、あるいは両者の巧妙な折衷からも生じないということだ。

　しかし、自分自身、つまり、自我についてはどうだろうか。私とは、自分の心の奥底のなかに、自分の脳の神経回路のなかに、自分の魂の内なる聖域のなかに、自分の精気のなかにある「不可分の存在《インディビジュアル》」ではないのか。もちろん、私は不可分の存在なのだが、しかし、個人化され、精神化され、内部化されている限りにおいてのみ、そうなのである。確かに、こうした「主体生成の装置」の循環をたどるのは、多くの場合、困難である。しかし、この装置を探しにいけば、あらゆるところで見つかるだろう。擬精神（psycho-*morph*）と呼べようものの洪水、雨あられ、大群が見つかるのだ。ここで擬精神と呼ぶことができるのは、人びとに精神という姿形を文字どおり与えているからだ。たとえば、愛を確かめ合う会話を考えてみよう。この種の移送の効力を疑うのであれば、こんな実験をしてほしい。つまり、少しのあいだ、そうした会話なしで生活しようとしてみるのだ。そうすれば、どれほど速く「あなた」――そう、何よりも大切な「あなた」――が易々と色あせてしまうのかがわかる。(284) 愛でさえも、いや、とりわけ愛は、外からやってくるものとして、つまりは、内なるものを創り出す奇跡的な贈り物として考えることができる。もちろんのことながら、このことは、詩や歌や絵画で取り上げられてきた。天使、ケルビム、キューピッド、矢といった、無数の従者たちについては言うまでもない。その客観的《オブジェクティブ》存在――そう、モノ的だ――も考慮に入れるべきである。愛でさえも、トレーディング・ルームや司令部、工場の場合と同じように、移送する装置、特別な技法、導管、装具がなければならない。もちろん、そのメディアは異なっているだろうし、移送される何かしらのものも異なっているだろうが、その一般的、抽象的な姿形は同じになるだろう――そして、この純理論的な姿形こそを、まずは把握したいのである。

ないし、越えられる境界線もしっかりと引かれすぎると、この境界線が、人間の認知の本質についての理解をぼやかしてしまう。この拡張した分析単位のなかでは、かつて内面化のプロセスのように見えていたものは、今や、融通性のある一連のメディアにまたがる組織的な機能的特性の漸進的な伸長として現れる」――ハッチンスの *Cognition in the wild* (Hutchins 1995: 312)、強調は引用者による。

(284) ドニ・ド・ルージュモンの古典『愛について』(一九九三)から、ウルリヒ・ベックとエリーザベト・ベック゠ゲルンスハイムの『愛は遠く離れて』(二〇一四)、サビーヌ・シャルヴォン゠ドメルセの *A Thousand Screenplays* (Chalvon-Demersay 1999) に至るまで、数は少ないが印象的な文献がある。しかし、ミシェル・フーコーの『性の歴史I』(一九八六)よりもうまく、内なるものに必要な装具の幾重に及ぶレイヤーをすべて剝いだものはない。

ここで試みているのは、要するに、どうすれば社会学と心理学の境界をきれいに引き直せるのかを示すことである。その解法はひとつしかない。かつての内なるものを占めていたあらゆる存在を、「主体性を制限する」という消極的な制約ではなく、主体化の積極的な提示（offer）として外部から来るものにすることだ。[285] そうすれば、すぐに、それまでのアクター、メンバー、エージェント、人格、個人は——その名前はどうであれ——、星形の様相を呈するようになる。この星形の様相は、先にグローバルなものをフラットにし、ローカルなものを振り分け直すときに見たのと同じである。アクターは、数多の他のエージェンシーによって、個人／主体になるように作られることもあれば、不特定多数の取るに足らないものになるように作られることもある。あなたの静逸な内部の底にあるすべての力能は、まずは外部から来たものであり、うまく作られた地下貯蔵室のなかにゆっくりと積み重ねられていったものであるに違いない。そして、その地下室のドアは隙間なくふさがれなければならないのだ。[286] この貯蔵室のなかに所与のものはない。内部性は、クフ王のピラミッドの中心にある王の間と同じように複合的に築き上げられている。かつての経験主義の公理であった *nihil est in intellectu, quod non sit prius in sensu*〔私たちの知性のうちにあるものは、あらかじめ感覚のうちにあった〕は、（訳註80）それほど的外れではなかった。ただし、少し意味を修正する必要がある。正確にはこうだ——主体に属するものは、すべて外から与えられてきたものである。ある意味、社会科学の直観のなかでも、「私たちは外から作り上げられてきたのではないか」という直観は最も説得力あるものだろう。もちろん、この謎めいたフレーズの意味は、この何気ない「外」という一語の意味にすべてがかかっている。

アクターから、分かちがたい結合へ

私は、前門の虎から後門の狼に流れ着いてしまったのではないか。擬精神が外から来ているとはどういう意味なのか。グローバル／ローカルの二分法に対して血まなこになって戦ったあげく、最古の二分法、つまり、内部／外部の二項対立、心理学と社会学の争いに油を注ぐ結果になってしまったのか。何という大きな後退だ！　私が本当に望んでいるのは、アクターのことを、目に見えない糸で勝手に操られる人形のように考えていた時代に戻ることなのか。[287] グローバルな構造と対面的な相互作用を捨て去ることが、人間の最も根本をなす主体性をはっきりとしない力の場に入れ込むことであるならば、そんなことをして何になるのか。アクターなき行為！　主体なき主体性！　栄光の六〇年代

(285) 後期フーコーが論じた人間の内なる魂の構築というのは、初期の「主体の死」のテーマの前で、いくらかかすんでしまっているとはいえ、後期フーコーの研究は、ここで見ている考え方から得られる豊かさを示す好例である。フーコー自身の主張にもかかわらず、両者は対応関係にあり、矛盾していない。

(286) デュルケムは、私たちの内心にあるあらゆる論理的、個人的カテゴリーが、ある意味で、外部にあるものの翻訳と内部化であることを示した。しかし、この外部が誤って社会と理解され、その結果、タルドの警告にもかかわらず、心理の学と社会の学とのあいだで空論が交わされることになった。タルドの *La logique sociale* (Tarde 1893) における論理の社会学と、デュルケムの『宗教生活の基本形態』(二〇一四) を比較してほしい。

(287) その名が示すように、ポスト構造主義は構造なき後の構造主義の生き残りであり、頭が切られた後も走っていく鶏のようなものである。ポスト構造主義は一貫性を求めることを断念したものの、構造主義と同じ因果関係の定義を保持している。つまり、受動的な身代わり（私が中間項と呼んできたもの）の長い連鎖が、いくつかの原因に続くというものだ。

への回帰！　しかし、何が得られるというのか。けれども、ここでこそANTを役立てることができる。地形をフラットにしたことで、外部の意味そのものが大きく変わっているのだ。つまり、外部は、もはや社会でできていない――自然でできているのでもない。つかみ所のない主体性と取り扱いようのない構造の両方を捨て去ることで、最終的には、私たちが個人になること、内なるものを得ることを可能にする数多の微細な導管を前面に出せるようになるだろう(288)。

そうした「主体を運ぶ」媒介子ないし擬精神的な媒介子に目を向けることの難しさは、そうした媒介子が「外」からやって来る以上、制約を移送しているように見えることにある。この制約は、社会的なものの社会学者が自らの社会の定義と結びつけていたものと同じ種類のものである(289)。確かに、「外」という語が意味するもの――つまりは、コンテクストの制約力や自然の因果律――を考えるならば、プラグインがアクターに積極的なものを付け加える機会はみじんもなかった。構造的な力がほとんどのことをするしかなかった――個人に残されたのは、ごくわずかの調整であった。社会的なものの社会学者による空想的な行為理論では、操り人形師の手にある糸が人形を動かすというのが唯一考えつく図式であった(290)。しかし、そんなかたちで外部の力が輸入されるというおかしな考えの言いなりになるわけにはいかない。なぜなら、私たちは、社会的なものの社会学の概念に二つの連続する誤りを見出しているからである。一つは原因の定義に見られる誤りであり、もう一つは結果／効果を移送するとされる乗り物の定義に見られる誤りである。さらに、私たちは、二つの誤解の正し方も学んだ。つまり、私たちは、媒介子は原因ではないことを知っているし、変換や翻訳がなければ、どんな乗り物であろうと、何の結果／効果も運べないことを知っている。人形師とその人形の関係はずっと繊細である。(291) 糸を伝って何事かが起こり、操り人形は動けるようになるのだ。

心理学と社会学による不毛の分業が変化を見せ始めるならば、それは、「外部」の定義が解体され、プラグインの循環に置き換えられるときであろう。どのプラグインもアクターを規定する力はなく、〈誰かが何かをする〉ようにすることができるだけである。私たちは今や、二つの点をひとつに合わせて、外部の観念を一新することができる。「外部」は、もはやこれまでと同じところにはなく、その影響力は、まったく異なる行為理論を通して作用する。外部は、社会的な力「で作られる」コンテクストでもなければ、内部を「規定」するものでもないのだ。

コンテクストの概念を持ち出すことによる何よりも破滅的な帰結は、この概念によって複式簿記(double-entry accounting)にこだわることになり、その結果、何であれ外部からやって来るものが、エージェントの「内部」のせいだとされる行為の総計量から差し引かれることになったことにある。この

---

(288) さまざまな種類の球体を扱ったペーター・スローターダイクの三巻本の第三巻では、内と外の二分法から抜け出すための新たな強力なメタファーが提示されている。残念ながら、この著作の英訳はまだ出ていない〔二〇一六年に刊行された。仏訳は二〇〇五年に刊行〕。スローターダイクの *Sphären, 3 Bde* (Sloterdijk 2004) を参照のこと。

(289) アン゠ネリー・ペレ゠クレルモンの *La Construction de l'intelligence dans l'interaction sociale* (Perret-Clermont 1979)、さらには、ピアジェが社会理論と認識論を結びつけたことに対するペレ゠クレルモンによる初期の批判を参照のこと。

(290) さらには、私の持っている『ロジェ・シソーラス』もそうだ！　この辞書は、puppet の類義語として、dupe〔手先〕、image〔似姿〕、non-entity〔取るに足らないもの〕、slave〔とりこ〕を挙げている。心理学と社会学のあいだで交わされる議論が暗礁に乗り上げるのは間違いない。

(291) 本書一一二頁と、拙稿 'Factures/fractures' (Latour 1999a) を参照のこと。

種のバランスシートでは、外から自分に行為させる糸が増えていくごとに、自分自身による行為が少なくなる。この会計処理の結果からは逃れようがなかった。さらには、道徳的ないし政治的な理由により、アクターの志向性、発為性《イニシアティヴ》、創造性を守るとなれば、その唯一の方法は、糸を何本か切って内部に由来する行為の総計量を増やして、「拘束」、「外的制約」、「自由の制限」などとみなされているものの役割を否定することであった。自由な主体なのか、さもなければ、みじめに支配されているのかのどちらかであったのだ。さらには、批判社会学者が、当然のことながら、この傾向をいっそう強めた。というのも、社会的なものの有する「外的な力」について論じる際には、「個人の自由」に対して「どこからともなくやってくる社会の重力」による「ゆとりのない拘束」を憂う以外になかったからである。しかし、もはや、この異様な光景が私たちをくじくことはない。外部とは、コンテクストを扱う社会学者が考え出したゴビ砂漠のようなものでは決してない。内部とは、飢えたサメに囲まれた無人島さながらに、冷然たる社会的な力に囲まれた内なる聖域のようなものでは決してない[292]。内部と外部は、上部と下部のように、結果であって原因ではない。社会学者の職分は、その境界をあらかじめ固定することではない[293]。

両者の理論の違いは、糸の数にあるだけでなく、糸を結ぶ行為理論にもある。すでに見たように、操り人形のメタファーが間違っているとすれば、それは、操り人形を動かすのが人形師の手にしっかりと握られた多くの糸であるからではない。そうではなく、人形師による統御《ドミネーション》が、一切の翻訳なく難なく糸を伝って移送されるという信じがたい主張がなされるからであった。もちろん、操り人形は糸で縛られている！　しかし、そのことから出てくるのは、操り人形を解放するために、すべての糸を断ち切らなければならないということでは決してない。人形を自由にする唯一の方法は、人形師が優れた人形師になることである。これと同じように、私たちが最終的に自己なる聖域に達するために必要なのは、連関の数を減らすことではない。逆に、ウィリアム・ジェームズが申し分なく示したように、外部との結びつきを増やすことによってこそ、「内部」がどのようにしつらえられているのかが把握できる可能性が生まれるのだ(294)。主体になるためには、数多くの主体生成装置を定期利用《サブスクライブ》する必要があり、個人になるためには数多くの個人生成装置をダウンロードする必要がある——このことは、ローカルな場を手に入れるためには数多くのローカル化の装置を取りつける必要があるのと同じことであり、ある場を別の場を「支配《ドミネート》」するコンテクストにするために数多くのオリゴプティコンを必要とするのと同じことである。

アクターかシステムかという選択を頭から追い払うことで——克服、和解、解決すると言っていないことに注意してほしい——、ついに、社会学の最重要トピックがはっきりと理解できるようになる。このトピックに最も寄与したのが、スペンサーの有機体に抗いデュルケムの社会に抗ったタルドである。タルドが明確にしたのは、社会科学者には、心間心理学による数多くの媒介を通して心内心理学

(292) この移行は、拙著 *Politics of Nature* (Latour 2004b) の第五章で見た自然の「外部」の扱い方を補完するものである。
(293) タルドの心理学をデュルケムが誤読していた点について、ルイーズ・サルモンの *La pensée politique de Gabriel Tarde* (Salmon 2004) を参照のこと。
(294) この「外部化」の古典的研究は、今なお、ウィリアム・ジェームズの『心理學の根本問題』(一九四〇)〔ジェームズ『心理学』(一九九二、一九九三)〕である。

を生み出す務めがあることだ。つまり、心間心理学が心内心理学の橋頭堡〔足がかり〕であると考えられるのだ。[295] 私たちが何らかの「心間心理」を得ることになるとすれば、それは、数々の「心外心理」との関係を打ち立てている場合に限られる。心外心理は、精神を生み出す基体とでも呼べるものであり、あるいは、精神に転化するもの（*psycho-trope*）、精神生成子（*psycho-gene*）と呼んでもよい。[296] 外からやって来るものを媒介子として扱い、続くエージェントに媒介子として振る舞う機会を与えるものとして扱えば、内と外によって構成される景色全体が一変してしまうだろう。操り人形師はあくまで数多くの糸を手にしているが、一本一本の指は操り人形が指し示すように動くだけでよい。操り人形に結ばれる糸が多くなればなるほど、操り人形はいっそう分節化される。[297]

　ついに、私たちは、少なくとも、「構造的決定」に対する「個人の自由」の「相対的な重み」に関する議論の一切合切から解放された。つまり、どんな行為の連鎖であれ、その連鎖を区切っている媒介子は、すべて、個別化した出来事なのであり、というのも、他の多くの個別化した出来事と結びついているからである。このことは、これまで暫定的な代用記号として用いてきた「アクター」の概念に別れを告げるのに格好の場所をもたらしてくれるだろう。アクターの語が不適切であるのは、アクターが人間に限定されてしまうことが多いからではなく――この限定については、すでに乗り越えられるようになった――、アクターの語が例外なく発為性《イニシアティヴ》の源泉ないし出発点を指し示しており、つまりは、ベクトルの起点を指し示しているからである。当然のことながら、社会的なものの社会学が大きな顔をしていたときには、アクター、能動性、発為性、解釈、即興、正当化、相互作用などに力点を置くことが重要であった。コンテクストが可能にする唯一の能動性は、結果を追い求める原因の能動性であり、つまりは、自らの力を忠実に運んでくれる受動的な中間項を探し求める媒介子の能動性であったからだ。しかし、このことはもはやＡＮＴには当てはまらない。行為の理論そのものが異なっているのである。私たちの関心は今や、〈他の媒介子が何事かをする〉ようにする媒介子にある。「するようにすること《メイキング・ドゥー》」〔させること〕は、「原因であること」や「すること」と同じではない。その核心にあるのは、転写であり、転位であり、翻訳であり、つまりは、議論全体を一変させてしまうものである。アクターを、アクターに行為させるものと結びつけようとすれば、かつては、アクターを「支配している」、「限定している」、「奴隷化している」などと非難されるのがおちであった。しかし、この非難はもはや当てはまらない。アクターは、分かちがたい結合（*attachment*）の数が多くなればなるほど、その存在の強度が強まる。媒介子が多ければ多いほどよいのだ。[298]

本書では、これまで、アクターを、点、原子、源として扱い続けてきたが、今や、アクターこそを、

（295）しかし、残念なことに、タルドには、この結びつきの網を具体的に示すための情報技術の比喩がなく、代わりに、「摸倣放射」という粗いメタファーに頼らざるをえなかった。タルドの限界について、ブリュノ・カルサンティの 'L'imitation' (Karsenti 2002) を参照のこと。

（296）ゴマートの 'Surprised by Methadone' (Gomart 1999)、'Methadone' (2002) を参照のこと。

（297）日本の文楽劇場で、人形遣いが自分の姿を見せているのに、その人形から聴衆が受ける深い感慨を目にしてほしい。

（298）「分かちがたい結合」は、以前、私が「物神事実（ファクティッシュ）」という間に合わせの表現で捉えようとしていたこととの同義語である。拙稿「近代の〈物神事実〉崇拝について」（二〇一七b）、エミリー・ゴマートとアントワーヌ・エニョンの 'A sociology of attachment' (Gomart and Hennion 1998) を参照のこと。

フラットにして星形の姿形にしなければならない。この新たに「フラット化した」要素をどう呼ぶべきなのか。何かが「行為させられる」。何かの「行為の連鎖の引き金が引かれる」[299]。アクター－ネットワークの語を使ってみてはどうだろうか。この表現が依然として中途半端であることはわかっている。アクター－ネットワークの語は、先に否定したばかりのアクター／システムの板挟みの解決策という正反対のことをも意味しかねないからだ。しかし、私たちはすでにこの語を手にしているし、ここまで来てみると、そこまで悪いものでもない。つまり、アクター－ネットワークは、自らに流れ込んでは流れ出ていき巨大な星型の紋様を織りなす数々の媒介子によって行為／作用させられるものである。アクター－ネットワークは、多くの紐帯がなければ存在しない。つまり、分かちがたい結合が第一であり、アクターはその次である。確かに、こうした表現には「社会学主義」のにおいが感じられるが、それは、「存在すること」を重視しすぎて、「所持すること」に十分な目を向けない場合に限られる。かつてタルドが主張していたように、「所持すること」の語群は「存在すること」の語群に比べてはるかに含蓄に富んでいる。後者には、境界も方向もないからだ。所持することは所持されることでもあり、分かちがたく結びつくこととは、摑むことであり摑まれることである[300]。所持とその同義語はすべて、「社会的な操り人形」がどうなれるのかを検討し直すうえで、優れた語である。糸は依然としてあるものの、どのようにつかまれているのかによって、その糸は自律性を移送しもすれば隷属を移送しもする。これ以降、アクターについて論じる際には、アクターに行為させる分かちがたい結合の巨大なネットワークを常に付け加えるべきである。解放について言えば、それは「束縛から解放される」ことを意味するのではなく、十分に分かちがたく結合していることを意味する。

社会の概念について、私が集合体と呼ぶものの対極をなしているとして先に批判したにもかかわらず、さらに根本的な解法があるとすれば、ホワイトヘッドが「社会」の語を検討した際の考え方を、こうしたアクター＝ネットワークの数々の束にも当てはめることであろう。ホワイトヘッドにとって、社会とは、社会的な紐帯が組み合わさったものではなく――デュルケムやヴェーバーならば、そのようなかたちで想像したであろう――、時間的にも空間的にも持続する混成的な存在の束である。(301) ホワイトヘッド流に言えば、社会は存在し続けるために新たな連関を必要とする。そして、言うまでもなく、そのためには、他の多くの連関――ことによると全宇宙――を呼び集め、編入し、翻訳することが必要である。このように社会を広く定義することは、主体性と客体性それぞれの意味が完全に仕切り直されるという点で、非常に魅力的である。主体とは、現前しているものであり、客体とは、現前

(299) フランソワ・ジュリアンの *The Propensity of Things* (Jullien 1995) を参照のこと。

(300)「これまでの哲学のすべては『存在する』という動詞に基礎を置いてきた。その定義こそが、発見されるべき哲学の礎石であると考えられてきた。しかし、もし哲学が『所持する』という動詞に基礎を置いていたとしたら、多くの不毛な議論……を避けることができただろう。『私は存在する』という原理からは、世界がどれほど精妙なものであふれていようと、私以外のいかなる存在も演繹できない。かくして外的世界の実在性が否定される。しかし、『私は所持する』という公準を根本的なこととして提起しよう。すると、『所持されること』と『所持すること』とが不可分なものとして同時に与えられる」――タルド『モナド論と社会学』(二〇〇八b・二〇三頁)。

(301)「ここで用いられる用語としての『社会』の要点は、それが自立しているということ、換言すれば、それがみずからの根拠であるということである」――アルフレッド・ノース・ホワイトヘッド『過程と実在I』(一九八一・一三二頁)。ディディエ・デベスの 'Un empirisme spéculatif' (Debaise 2003) を参照のこと。

していたあらゆるものである。(訳註81) したがって、その存在の代価を、呼び集めることや手を広げることといった額面どおりの通貨《ハード・カレンシー》で支払う組み立て《アセンブリッジ》は、すべて、主体的なものであり、もっと正確に言えば、主体性を所持している。このことは、身体にも、制度にも、ある種の歴史的な出来事にも当てはまり、これをホワイトヘッドは有機体と呼んでもいる。(訳註82) 主体性は人間の魂の特性ではなく、集めるものそのものの特性である——もちろん、それが長く続く場合に限られる。この大きく拡張した社会の意味を受け入れることができれば、タルドが「あらゆるものが社会であり、あらゆる事象が社会的なことである」と言ったときの意味を改めて理解することができるであろう。

第三の手立て――複数の場を結びつける

「ウサギとカメ」の寓話は、「ウサギとアリ」の物語に結構似ているのではないか。ウサギは、跳んで、走って、跳ねて、居眠りして、目を覚まして、宙返りしており、自分は競走に勝ち賞をもぎとると信じ切っている。しかし、アリは決して眠らない。のろのろと歩き、もぐもぐといつまでもかみ続ける。休むことなく小さな穴を掘り、そうして粘土と唾液だけでできた穴道を行き来する。それでも、ウサギにとっては驚きでしかないが、アリが勝つことだってあるのではないか。第II部では、フラットランドの概念にあくまでこだわり、三次元の姿形を当然視しようという誘惑にかられるたびに留め金を差し込むことで、それまではまったく認識できなかった――ただし、誰もが実際にはあるに違いないと感じていた――種々の結びつきに光を当ててきた。コンテクストに飛躍することを拒み、ローカルなものにこだわることを拒み、あるいは、両者のあいだで何らかの立場を取ることを拒むことで、私たちの報告は、今や、これまでほとんど見られなかった社会的なものの見方を復元しつつあるのではないか。

第II部の最初の章で見たように、ミクロとマクロ、アクターとシステムが唐突に入れ替わることは、社会学の本質的な特性のせいではなく、むしろ、政治体が社会の観念にその影を投げかけているからである。そこで、ローカルな相互作用からコンテクストに目を向けようとしたり、構造から状況に応じた実践に目を向けようとしたりする観察者の衝動を打ち砕くために二つの解法を考えた。第一の手立ては、グローバルなもの、コンテクスト的なもの、構造的なものを小さな場の内部に移すことであった。そうすることで、どのような双方向の循環を通して、小さな場が他の場に対する有意性を得ているのかが明らかにできる。第二の手立ては、一つひとつの場を、時間的、空間的に分散している他の諸々の場の暫時的な終着点に変換することであった。そうすることで、それぞれの場は、距離の離れた他のエージェンシーによる行為の結果として生まれるものになる。何度か読者に警告したように、この二つの矯正が根気強くなされてはじめて第三の事象が現われ、この事象だけが、私たちがこれまでに行わなければならなかった抽象化の手間に値するものなのである。

今こそ、アリが賞を勝ち取るときだ。二つの手立て――グローバルなものをローカル化することと、ローカルなものを分散させること――を同時に実行するとどうなるか。ある結びつきを打ち立てる必要があるときには、常に、新たな導管を設置し、新たな種類の存在を移送しなければならない。言わば、導管の「内部で」循環しているのは、まさに何かに寸法《ディメンション》を与える〔何かの大きさを決める〕作用である。ある場所が別の場所に働きかけようとするときはいつでも、何らかのメディアを使って、相応のものをわざわざ移送しなければならない。作用し続けるには、多少なりとも持続性のある結びつきを維持しなければならない。逆に、すべての場所は、今や、数々の活動の目標地点であり、数々の導管の十字路であり、数々の移送装置の仮置き場である。場は、いまや、はっきりとアクター－ネットワークに変容し、背景に動かされる。前面に出るのは、結びつきであり、移送装置であり、分かちがたい結合である。そうすれば、私たちの眼前には、すぐさま、さまざまな導管の重なり合いが広がる。その絡まり具合と多様さを喩えるならば、解剖学者が、生物を生存させているすべての神経、血液、リンパ、ホルモンの流路に一度に着色できれば目にするであろうものに匹敵する。こうした驚くべき姿形を示すのに生物組織学者が用いてきた表現が、ラテン語の「驚異的な網《レーテ・ミラビレ》」に由来する「驚異的なネットワーク」〔日本語では奇網と訳される〕である。今や、社会的なものは、人体よりもはるかに奇跡的なものに見える！　社会学は、ホワイトヘッドが哲学について述べていることと同様に、驚きに始まるだけでなく、驚きに終わるのだろうか。

　このフラット化が意味するのは、アクター自身の世界がフラットにされることでないのは明らかであろう。正反対に、アクターには、スケールを設定すること、ズーミングをすること、はめ込むこと、「パノラマにすること」、個別化することなど、相矛盾する動名詞を自ら展開できるだけの十分な余地が与えられている。フラットランドのメタファーは、ANTを実践する観察者が、以下のことをするために用いる手段にすぎなかった。つまり、自分のすべきことを、自分のついていく人びとが行っていることとはっきりと区別することである。分析する者が、あらかじめ、すべてのアクターがはめ込まれているスケールをアプリオリに決めてしまえば、アクターが結びつきを打ち立てるためにしなければならない作業のほとんどが視界から消えてしまうほかないだろう。観察者の基本姿勢をフラットにすることによって、はじめて、何らかのサイズの違いを生み出すのに必要な活動を探り出して記録することができる。ここまで地理のメタファーに少し頼りすぎているのであれば、会計のメタフアーも同じように使えるだろう――会計のメタファーもすでに使いすぎているかもしれないが。今や、社会的なものを動かし、結びつけ、組み立てるための取引コストを、最後の一セントまで支払うことができる。そして、次のような誘惑に抗うことができる。つまり、スケール設定、はめ込み、ズーミングを行うのに、エネルギーは必要なく、他の存在を新たに引き込むことも必要ないし、コストのかかる結びつきを打ち立てることも必要ないと考えたくなる誘惑だ。

どんなメタファーにこだわるにせよ、メタファーは、社会的慣性の影響を打ち消す上で役に立つ以上のことはしない。メタファーは、あくまで私たちのインフラ言語の一部である。言ってみれば、ここでも、ANTは、社会的なものの社会学者と同じレベルで社会理論を位置づけていない。後者の場合、理論の語が意味するのは、社会的なものを形成する諸要素を、積極的《ポジティブ》、実体的、総合的に見ることである――そうした報告は多くの場合、非常に示唆的で強力なものであろう。ANTの場合、理論は、さらに一歩進んで抽象化されている。つまり、理論とは、消極的で無内容で相対論的な格子線《グリッド》であり、このように抽象化することで、アクターに代わって社会的なものの構成要素を総合しないで済むようになる。ANTの理論は、決して実体的《サブスタンシャル》ではないので、他の種類の報告の有する説明力をもつことは決してない。しかし、これこそが大事なところだ。社会的説明はあまりにも安上がりで、あまりにも機械的になってしまった。そして、もはや有効期限を過ぎてしまった――批判的説明はなおさらだ。実に多くの要素が、社会、個人、認知、市場、帝国、構造、対面的相互作用などに詰め込まれており、その包みをはがすのは不可能になっている。その不可能さは、言わば、特許登録されたオペレーティング・システム（OS）を作り上げる数十万行のコードを読むことに匹敵する

——コードを書き直すのであれば、なおさら不可能だ。このため、あらゆる存在を仕切り直し、分散させ直し、ひもとき、「脱社会化」することで、本格的にあらゆる存在を集め直す作業を行えるようにする必要がある。この体操のねらいは、自動車に乗った読者をその足で歩かせることにある。私たちが学び直さなければならないのは、山の頂上に達したいならば、ジャンプしたり走ったりすることなく、一歩ずつ着実に歩く必要があるということだ。そして、その歩みは最後の最後まで続けなければならない！　結章で示すように、この点は、科学だけでなく政治にとっても極めて重要である。

ここで、新たに三つの問題に取り組めるようになる。第一は、距離の離れたエージェンシーの移送を可能にするような連結装置《コネクタ》を探り出し、そうした連結装置が社会的なものを定型化《フォーマット》するのに非常に長けている理由を理解することだ。第二は、このように移送されるエージェンシーの性質がどのようなものであるのかを問い、ここまで用いてきた媒介子の概念にもっと正確な意味を与えることだ。第三は、結びつきや連結装置に関する以上の議論が正しいとすれば、すでに読者の頭を悩ませているに違いない以下の問題の論理的帰結が把握できるはずだ。つまり、こうした結びつきの合間には何があるのか。社会的なものについて私たちはどこまで知らないのか。言い換えれば、私たちの地図のなかで空白にしておかなければならない未知の土地《テラ・インコグニタ》は、どれほどの広さなのか。本書では幾度となく、社会学者の言う社会的なものが実にひどくパッケージ化されているために、その組み上げを詳しく検討することも、その鮮度の程度を確かめることもできないことを訴えてきたが、ついに、社会的なものをたどれるようにするために社会科学がすべきことについて、これまでになく積極的に考える時がやって来た。

規格から収集型の言表へ

議論を進める前に、スケールがどう見ても関係しているトピックを取り上げて、ちょっとしたテストをしてみよう。スケールがどう見ても関係している場合でも、つながりあったすべてのエージェントのそれぞれの寸法について何の前提も置くことなく、そのトピックを扱えるだろうか。この点をテストすることで、私たちが、ローカルなものとグローバルなものの両方を如才なく避けられるようになったのかどうかを確かめることができるだろう。

たとえば、フランスの総選挙で投票するアリスを写した一連の写真について考えてみよう。最初の一枚から最後の一枚まで見て、どれが他の場面よりもローカルなのかグローバルなのかを決めようとしてほしい。はじめに、アリスが『ル・モンド』を熟読して、どの政党に投票するのかを心に決めるところでは、朝食のテーブルでひとりで新聞を読んでいるからというだけで、ローカルであるとは言えない。同じ日に、『ル・モンド』の同じ号を何百万人が読んでいるし、アリスは、あふれんばかりの決まり文句、議論、コラム、意見を前に、自分の心を決めなければならない。しかし、投票日の結果を合計している最後の写真は、(左派が勝利したという驚くべき結果とともに)「フランス全土」がテレビ画面の一つの円グラフに集約されているからといって、グローバルであるとも言えない。この円グラフは、アリスの部屋にあるテレビに映し出されており、幅も数センチしかない。このように、この一連の写真のなかに、他の写真よりも小さい写真も大きい写真もないことがわかりさえすれば、ここでの連結性の鍵をなす特徴がはっきりと目に見えるようになる――ただし、いずれか一枚の写真

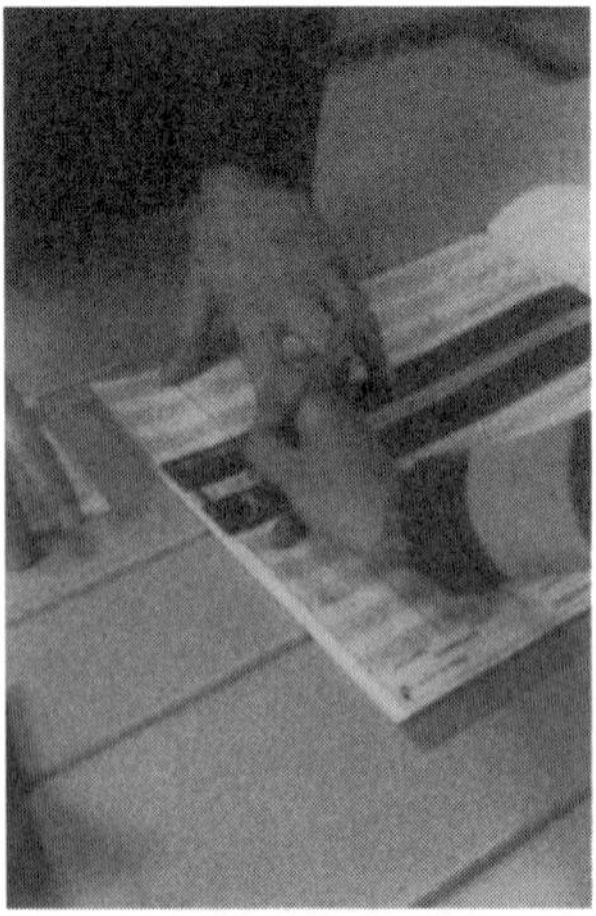
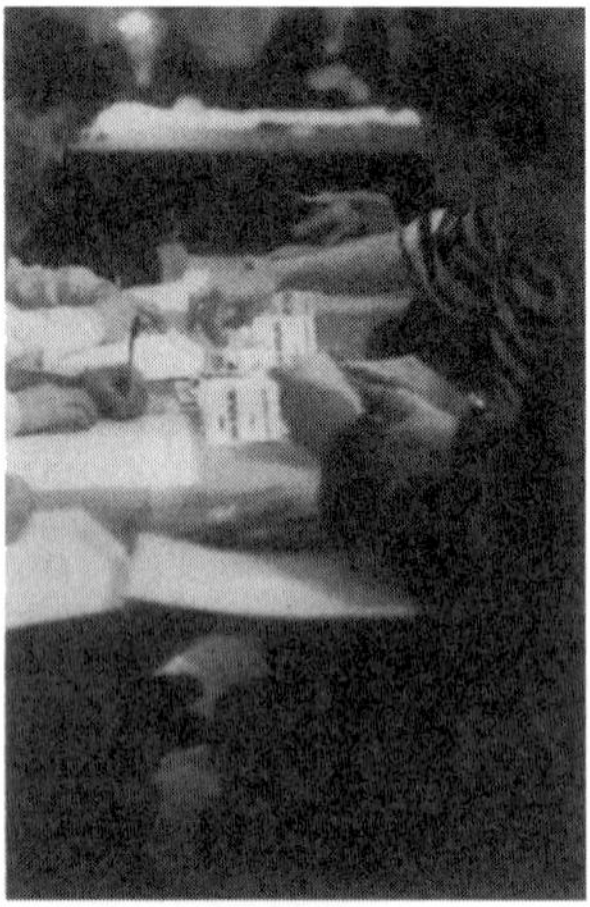

GAUCHE
331
DROITE
245
FN
1

では決して把握できない！[302] ここでは、最初から最後に何かしらが流れている。カーテンで仕切られた投票ブースでは、アリスの意見が、署名付きの紙に形を変え、調査員によって投票箱に入れられ、匿名の点としてカウントされ、その合計が内務省の中央局に送られ、ダブルチェックを受けて他の投票所の票数と足しあわされる。「小さな」アリスと「フランス全土」の関係はどうだろう。この経路は、この手段によって築かれており、複数の記録技術の循環を通して、アリスとフランスをつなぐものを回収することを物理的に可能にしており、両者のつながりの厳格な追跡可能性は、過去二世紀にわたる暴力的な政治の歴史と選挙制度の改革を通して徐々に作り上げられてきたものである。[303]「相互作用」と「コンテクスト」のあいだに切れ目があるとしてしまうと、場と場の連続的な結びつきを打ち立てる複雑な仕組みが覆い隠されてしまう。どちらかが大きな場であったり小さな場であったりすることはない。

場から場へと循環するものに注意を向けると、最初に焦点が当たるのが形式である。[304] これ以上にあ

（302）これは、ウェイベルとの共著 *Iconoclash* (Latour and Weibel 2002)〔ラトゥール「聖像衝突」（二〇一七c）〕の核をなす論点である。像の欠陥（flaw）は像の湧出（*flow*）によってのみ改めることができる。この一九九六年の選挙に関しては、エルマンとの共著 *Paris the Invisible City* (Latour and Hermant 2004) でさらに詳しく見ている。

（303）ウェイベルとの共著 *Making Things Public* (Latour and Weibel 2005)、ウルタンの *L'espace public parlementaire* (Heurtin 1999) を参照のこと。

（304）いかなる場《サイト》であれ、次の場合には、アクター－ネットワークと見なされることを忘れないでほしい。つまり、他の諸々の場に遠くから行為／作用するものの出所である——したがって、星型の姿形が与えられる——場合であり、自らにつながる

いまいな語はまずないが、形式は、まさしく、社会理論を変えることで新たな光を当てることのできるトピックである。[305] 通常、形式は、物質的な意味ではなく形式的な意味で捉えられている。さらに、フラットな世界ではいかなる飛躍も許されないことを忘れてしまうと、形式主義が形式主義そのものの適切な記述になってしまう。つまり、形式主義の形式的〔非物質的〕記述を試みるようになってしまう――そうした努力はもう十分だ。しかし、それぞれの場が、何らかの転置を通して別の場と結びつくためにコストをかけなければならないことに目を向けるならば、すぐに、形式の概念は、非常に具体的かつ実際的な意味を帯びるようになる。要するに、形式とは、何かしらのものが、ある場から別の場へと移送されるのを可能にするものなのである。したがって、形式は、極めて重要な翻訳の一種であるということになる。

こうした理念的なものから物質的なものへの転置は、情報(*information*)に拡張することができる。情報を提供することとは、その語源が示しているように、何かを形式に入れる行為である。[306] しかし、今や、形式の語は非常に日常的、実際的な意味をもっている。形式は、新聞の切り抜きであったり、書類であったり、レポートであったり、報告であったり、地図であったりする。つまりは、膨大な変換を通して、ある場をゆがみなく別の場へと移送するという桁外れの芸当をやってのけるものは、なんであれ当てはまる。[307] アリスの投票の場合、彼女の意見が忠実に記録されているにもかかわらず――途中で不正がなされていないことが条件ではあるが――、いかに多くの形式の変化が起きているのかを見てほしい。こうした形式主義の相矛盾した条件に注目するために、私はずっと以前に「不変の可動物」という表現を提示したことがある。[308] ここでも、科学の営みからは、変換を通じた数々の移送の事

[309]例が得られる。たとえば、稀少動物の標本を作製する剥製師による臭いのきつい汚れ作業がそうであり、統計資料を積み上げて、何よりも高遠だが同じく実用的でもある方程式を書くこともそうであり、

あらゆるやりとりの終着点である——したがって、同じ星型の姿形が与えられる——場合である。したがって、「場」の語は、前章で捨て去ったローカルなものの同義語とみなしてはならない。

(305) 書き込み《インスクリプション》〔文書などの形式への変換〕装置という表現を、スティーヴ・ウールガーとの共著 *Laboratory Life* (Latour and Woolgar 1986) で示している。

(306) フランス語を話す者には、大きな利点がある。フランス語のフォルムの語のなかには、自分たちが愛してやまないフロマージュ（チーズ）と同じ語源の響きがあるのだ。チーズは、文字どおり発酵され、フォルムないしフルムになった牛乳である。フランス語を話す者にとって、おいしいものを作って味わうことと認識論のあいだに大差はない！

(307) 「形式の問題」については数々の文献がある。具体的には、ジャック・デリダの『根源の彼方に——グラマトロジーについて』（一九七二）、フランソワ・ダゴニェの *Ecriture et iconographie* (Dagognet 1974)、エリザベス・アイゼンステインの *Printing Press as an Agent of Change* (Eisenstein 1979)〔簡約版として、アイゼンスタイン『印刷革命』（一九八七）〕、グディの『未開と文明』（一九八六）などだ。形式主義に関する近年の仕事として、エリック・リヴィングストンの *The Ethnomethodological Foundations of Mathematics* (Livingston 1985)、マッケンジーの *Mechanizing Proof* (MacKenzie 2001)、エレーヌ・ミアレの 'Reading Hawking's Presence' (Mialet 2003)〔ミアレ『ホーキング Inc.』（二〇一四）の第五章として所収〕、ロゼンタルの *La Trame de l'évidence* (Rosenal 2003)、ブライアン・ロットマンの *Ad Infinitum* (Rotman 1993)、アンドリュー・ウォーリックの *Masters of Theory* (Warwick 2003) を参照のこと。

(308) 「不変の可動物」は拙著『科学が作られるとき』（一九九九）で導入した表現で、その目的は、変形（transformation）なき転置ではなく、諸々の形式変換（transformations）による転置を記述することにあった。規格化、経済化、定型化を結びつけたテヴノーの先駆的な論文 'Rules and implements' (Thévenot 1984) も参照のこと。

新聞の切り抜きやいろいろなファイル作成といったもっと地味な作業ですらそうである。今や、どのようなメディアであっても、形式主義を物質的に記述することが可能であり、その記述によって、形式――可能な限り物理的に考えられた形式――の有する接続能力を真剣に受け止めることができるようになり、形式主義自体を形式的に記述できるという考えを捨てることができるようになる。[310]

　不変の可動物の物質的な追跡可能性に目を向けることで得られる重要な帰結は、何よりもまず、社会的なものの社会学がその当初から非常に重要であると考えてきたものをうまく位置づけられるようになることだ。このことは、本書でこれまで年長者や先達を一見尊大に見えるやり方で扱ってきたことを改める機会にもなる。定型化の問題に対する社会科学のアプローチの仕方に対して、本書では一貫してひどく批判的にならざるをえなかったが、今や、ためらいなく批判したわけではなかったことを告白することができる。それどころか、社会的なものの社会学は驚くほどの成功を収めてきた。その成果は本当に見事なものであり、それによって、私たち皆が、自分たちが生きていく社会を「手にする」ことができるようになった。[311]社会的なものの社会学は社会の組み立ての作業を妨げ、まずい社会理論を生み出すとはいえ、本書の最初から気づいていたのだが、このことが、まさに、社会的なものを遂行（*perform*）することに非常に長けている理由であり、つまりは、場同士の関係を定型化することに非常に長けている理由である。社会的なものの社会学のこの弱点こそが、自らをこれほどまでに強くしているのであり、もっと言えば、社会的なものを取り繕う強さが、社会的なものを組み直す際に、この社会学自体を無用のものにしているのだ。したがって、すべてを考え合わせてみると、社会的なものの社会学が、分かちがたい結合の一形式――社会的な分かちがたい結合、あるいは少なくとも安定化した社会的な分かちがたい結合の一部——を生み出すという点で卓越した効力を有している点を見落とすならば、そうした社会学に対する批判は誤ったものになる。社会的世界を形成すること、定型化すること、あるいは、形式を与えること《インフォーミング》に間違ったところなどあるはずがない。(312)

社会科学が形式的であるといってとがめるのであれば、それは、AZ順に単語が並んでいるからといって辞書を批判するようなものであり、あるいは、すべての瓶と箱にラベルを付けているからといって薬剤師を批判するようなものである。五つの不確定性の発生源を安定させるという課題は、それを開いておくようにする課題と同じように重要だ。二つの課題を混同するのは危険な過ちだが、第一の課題に対処しなければならないことを口実にして第二の課題に取り組まないのであれば、馬鹿げていよう。逆に、第I部で行ったように、社会的世界に関する論争を展開させる作業が十二分に行わ

(309) スーザン・リー・スターとジム・グリズマーの "Institutional Ecology, "Translations" and Boundary Objects" (Star and Griesemer 1989)。
(310) ハリー・コリンズの *Artificial Experts* (Collins 1990) とマッケンジーの *Mechanizing Proof* (MacKenzie 2001) は、ギャリソンが *Image and Logic* (Galison 1997) で行っているように形式主義を記述し直すことの豊かさを示す数々の印象的な事例を示している。
(311) アラン・デロジエールの *The Politics of Large Numbers* (Desrosières 2002)、セオドア・ポーターの『数値と客観性』(二〇一三)、ノートン・ワイズの *The Values of Precision and Exactitude* (Wise 1995)。
(312) したがって、ガーフィンケルが「世界規模の社会科学の動向」である「形式的分析」と多少の侮蔑を込めて指摘するものによる支配を非難する理由はない。「社会学者のように考えるためには、日常生活の具体性には何の秩序性もないという信念へのコミットメントが必要だ」——ガーフィンケルの *Ethnomethodology's Program* (Garfinkel 2002: 136)。

れるならば、境界、カテゴリー、決着法を強化するという課題が決定的に重要であることも十二分に認めなければならない[313]。アクターに代わって、社会的世界に根付く可能性のある事物の範囲をあらかじめ限定することが方法論上の重大な過ちであるならば、アクターが不断に行っていることを無視して、アクタンのレパートリーを制限し論争を抑えようとすることも同じようにお粗末であろう。じれったく感じるにしても、ここでも唯一実行可能なスローガンは「アクター自身に従え」である。そう、アクターが事物を増やすとき、さらには事物を精選しているときには、アクターに従う必要がある。

ここで、私たちは、形式化するもの、分類するもの、カテゴリー化するもの、数量を計算するものを尊重することを学ぶ必要がある。これらは、事物を連関させ組み上げるという務めをあまりに早く中断させてしまうために、早い段階で拒否することを学ばなければならなかったものに他ならない。この新たな矯正体操は痛みを伴うかもしれない。しかし、誰が、社会科学の実践は痛みを伴うはずがないと言ったのか。アクターたちがいつも一度に多くのことをしているならば、私たちはアクターと同じ程度に柔軟になり、物事を切り分け、器用になるべきではないのか。社会科学が社会的なものをしっかりと形式にする（per-form）ならば、そうした形式に対しても論争に対する場合と同じくらい注意深い目を向けなければならない。このことは、そうした形式主義に対する研究をその形式主義的な記述と混同するおそれがなくなった今、声を大にして言いたい。形式は何も「失って」いない。形式は、人間的で具体的な生きられた次元を一切「置き忘れて」いない。形式は「冷たく」もなければ、「無情」でもなく、「人間の表情」を欠いてもいない。不変の可動物を作り、微調整を行い、押し広め、維持することに目を向けるからといって、限られたところでなされる実践から一秒たりとも引き離されることにはならない。[314] もはや、解釈的社会学と実証主義的社会学という対置が私たちを縛りつけることはない。両者を慎重に位置づけ直せば、双方の社会学の直観は、社会的な組み立てに見られる二つの順次的な側面を示すものになる。[315]

論争の安定化に目を向ける際には、規格（*standard*）という決定的に重要な概念を前面に出すことで、大きな支えが得られる。社会的なものの社会学は〔メートルやグラムといった〕物理学の規格と同じかたちで循環していると言えるし、もっとうまく言えば、社会科学も度量衡（*metrology*）の一部であるとも言える。科学論ととりわけANTが始まるまで、規格化や度量衡は、言わば、ほこりにまみれており、見逃されており、専門化された狭くて小さな分野の話であった。これは意外なことではない。規格や度量衡が成し遂げた真に驚くべきことは、ローカルとグローバルの溝（今や作り物であることがわかっている）によって分断されていたからだ。ローカルな場とグローバルな場がともに消え去りさえすれば、規格が極めて重要であることが明らかになり、計測基準《メトロロジー》——最も広い意味でこの語を用いている——から得られる大きな利点が明らかになる。

---

(313) これは、拙著 *Irreductions*（Latour 1988a）で定義した非還元の原則を述べ直したものである。

(314) バウカーとスターの *Sorting Things Out*（Bowker and Star 1999）で印象的な事例が示されている。こうした定型化を「抽象的」であると批判するのは、「具体性の取り違え」の一例であろう。これはレイヴの『日常生活の認知行動』（一九九五）の限界であるが、それを除けば、同書は、定型化の実践に対して文句のつけようのない注意を向けている。

(315) 後にプラズマについて扱う際に、ガーフィンケルの立ち位置の大きな強みを今一度検討し直す。さらには、ガーフィンケルが現象学に傾倒したために、その強みがおそらくは誤った方向に向かってしまった理由が明らかになる。

たとえば、国際度量衡局が保管しているプラチナ合金のキログラム原器の場合を考えてみよう。キログラム原器は、パリ近郊セーヴルの公園に位置するパヴィヨン・ド・ブルトゥイユにある原器庫に保管されている。キログラム原器は取り決められたものか？ そのとおりである。キログラム原器は物質的なモノか？ そのとおりである。キログラム原器は国際的な制度か？ またもや、そのとおりである。キログラム原器は、計測基準の連鎖の首座を表しており、つまりは、二年に一度の厳粛な式典で各国の劣化した複製と比較される最高モデルなのか？ またしても、そのとおりだ。ハイブリッドであることは間違いない。けれども、まさにこのごっちゃになった存在によってこそ、世界のあらゆる計測基準のネットワークが何らかの共通した「重さ」の定義をもつことが可能になっている。キログラムのような尺度の基準となるものはローカルなのかグローバルなのか。尺度の基準となるものは、常にどこかにあり、特定のプロトコルに従って、決まった時間に特定の信号を用いて型どおりに循環するので、ローカルである[316]。では、グローバルではないのか。もちろん、グローバルである。ワット、ニュートン、オーム、アンペアのような規格がなければ、つまりは、国際単位系がなければ、「同一の」時間、「同一の」距離、「同一の」重さ、「同一の」電流の強さ、「同一の」化学分析用試薬、「同一の」生物標準物質などを有する場所がなくなるために、いかなるグローバルなものもなくなってしまうからだ。基準線も基準点もなくなる。すべての場は永遠に共約不可能になってしまうだろう。

　規格や計測基準によって、相対性の問題、つまりは、私たちは何らかの普遍的な合意を得ることができるのかという問題は実質的に解決する[317]。この問題は、実に多くの人びとを萎縮させているように見えるが、もちろん、私たちは普遍的な合意を得ることができる！ ただし条件がある。まずは、自分たちのローカルな計器を数々の計測基準の連鎖《チェーン》のひとつに接続できることが条件である。そこでの計測基準の物質的なネットワークは余すところなく記述でき、そのコストは余すところなく計測できる。さらには、伝達の途中に、切れ目も、中断も、隙間も、不確実性もないことが条件だ。実際のところ、追跡可能性はまさに計測基準全体の核心をなすものだ！ 不連続性が許されないということは、まさにANTが社会的地形をたどるために必要なことである。私たちの社会理論にとって、計測基準とは、普遍的なものと同じようにローカルなものを避けつつも決して無視することなく、あらゆるところでローカルに広がることがどういうことであるのかを示す傑出した例である。普遍性を拡大するための実際の条件は、今や経験的な調査に開かれている。普遍的なものが状況立脚的《シチュエーテッド》かつ物質的に拡張することに対して、科学史の研究者が実に多くの労力を割いてきたのは偶然ではない。近代化の推進者が普遍性の観念にどれだけ投資してきたのかを考えれば、決して簡単にできることではない。

(316) 今日では、規格によるネットワークの拡張を具体的に論じた文献が数多くある。ケン・オールダーの 'A Revolution to Measure' (Alder 1995)、レクスモンド・キャニング・コクランの *Measures for Progress* (Cochrane 1976)、アレクサンドル・マラールの 'Les instruments dans la coordination de l'action' (Mallard 1996)、ジョゼフ・オコネルの 'Metrology' (O'Connell 1993) を参照のこと。最も決定的な仕事は、サイモン・シャッファーの 'Astronomers Mark Time' (Schaffer 1988) と、'A Manufactory of OHMS, Victorian Metrology and its Instrumentation' (1991b) である。

(317) ドナルド・マッケンジーは、軍拡競争をめぐる議論のなかで計測基準の利用の見事な例を示している。マッケンジーの *Inventing Accuracy* (MacKenzie 1990)。ギャリソンの『アインシュタインの時計　ポアンカレの地図』(二〇一五) も参照のこと。

科学的な計測基準と規格化の例を、普遍的なものの循環に目を向けるためのベンチマークにすることで、そこまで追跡可能ではなく物質化もされていない循環についても同様に扱えるようになる。つまり、たいていの場合、エージェント間の調整は、準規格の拡散を通して成し遂げられているのだ。数多くの種類の痕跡があるので、このメタファーは、とても簡単に理解できる。会計基準や成功事例集がなければ、経済活動はどんな具合になってしまうだろうか。たとえば、会計書式を北米式からＥＵ式に移行させた場合、投資家に対して、それまでとは異なる計算補助の装具を提供することになる。赤字に転じる高収益の欧州企業もあれば、黒字に転じる企業もあるだろう。[318] もちろん、経済が下部構造であると信じている者は、そうした会計上の「小さな違い」に動じることはあるまい。下部で働く経済的な力の「真の影響力」と比較して、会計上の違いは取るに足らないと言うだろう。しかし、何かしらを計算して、いくつかの要素を外部化して、ほかの要素を内部化して文字どおりその会計のなかに（*into acount*）取り入れることの意味を理解しなければならない私たちは、この「技術的な議論」の一つひとつの仔細に目を向ける。利潤、搾取、剰余価値といったものが何であるのかを説明するには、そうした細かな点が決定的に重要だからだ。[319] ミシェル・カロンが論じてきたように、経済が経済学の結果であるならば、調整を可能にする細々とした紙のツールがただちに前景に置かれることになるだろう。

　経済以外の規格の循環はもっとはっきりしていないように見えるが、実際には、観察者が「社会的説明」を混入させてこのアリアドネの糸を断ち切らない限り、規格をたどれる可能性はかなり高い。所得カテゴリーを（規格化しないまでも）照合可能《キャリブレート》なものに調節する統計機関による莫大な作業なくして、自分の「社会的カテゴリー」がどうしてわかるだろうか。新聞を読まなければ、自分が「上位中産階級」、「ヤッピー」、「プレッピー」であるなどとどうして自認できようか。さらに多くの統計調査、さらに多くの専門家会議、さらに多くのコンセンサス会議なくして、自分の「心理学的特性」がどうしてわかるだろうか。DSMなくして、精神科医はどうやって精神病患者を分類するのか。[320]「こうしたカテゴリーは人為的である、慣習的である、あいまいである」とか、逆に、「定義が狭すぎる」、「現実からあまりに乖離している」と言っても仕方ない。これらのカテゴリーは、何らかの追跡可能な文書記録の循環を通して規格をあらゆるところへローカルに拡げるという問題を実質的に解決している——銘刻《インスクリプション》／書き込みのメタファーは多少かすんでしまうだろうが。一部の力ある人びとが、他の人びとを不当に「型に当てはめて《ピジョン・ホール》」おり、その結果、他の人びとの「言葉で言い表せない内面性」が無視され切り捨てられているわけではない。むしろ、準規格の循環によって、不特定多数の孤絶し

(318) 国際会計基準審議会（IASB）の規格を考えてほしい。IASBは、ロンドンに本拠を置く民間非営利組織であり、EUが一部の業務を委託している。雑誌 *Accounting, Organizations and Society* では、「ミクロな」会計技法が「マクロ」な収益と経済理論に影響していることを示す数多くの印象的な事例が掲載されている。トモ・スズキの 'The epistemology of macroeconomic reality' (Suzuki 2003) も参照のこと。

(319) アレクサンドラ・マンヴィエルの 'De quoi une entreprise est-elle capable?' (Minvielle forthcoming) を参照のこと。時空間を「作る」ことで時空間を「拡げる」という問題に関して、雑誌 *Organizations* の特別号と、なかでも、G・ジョーンズ、C・マクリーン、パオロ・クアトローネの 'Spacing and Timing' (Jones, McLean and Quatrone 2004) を参照のこと。

(320) スチュワート・カークとハーブ・カチンスの『精神疾患はつくられる』（二〇〇二）。

たエージェンシーが、徐々にレイヤーごとに比較可能になり共約可能になっていく——このことが、「人間である」ことの意味の大半を占めていよう。もちろん、この共通単位は、伝達されるものの品質に左右される。問題は、諸々のカテゴリーと戦うことではなく、むしろ、「カテゴリーはあなたを服従させているのか、主体化しているのか」と問うことである。前章の最後に見たように、自由とは、悪質な束縛から抜け出すことであって、結びつきがないことではない。

このように見ることで、社会的なものの社会学が、意図的ではないにしても、私たちの調査に大きな貢献をしてくれることが理解できるようになる。社会的なものの社会学によって、社会的なものの一部がたどれるようになり、貯蔵され安定化されていくのである。このことは、情報技術、計測基準、官僚制、もっと広くは、定型や基準点の拡散によって、普遍性を生み出すコストが可視化されてきたのとちょうど同じことである。したがって、社会科学は問題の一部であると同時に、ひとつの解法でもある。社会科学は、常に集合的なものを醸造し続けていたのだ。あらゆる人のために社会的なもの自体が何でできているのかを定める規格は、はっきりしないかもしれないが、それでも強力だ。アクターが、自分はどこに立っているのか、自分は誰なのか、自分は誰のことを考慮するべきなのか、自分自身をどのように正当化すべきなのか、どのような力に従うべきなのかを定める上で、社会がどのようなものであり、社会がどうあるべきかを示す理論は多大な役割を果たしてきた。物理学や化学などの自然科学が世界を変えてきたとすれば、社会科学は、人間が互いに結びついているということの意味をどれほど変えてきただろうか。アクターたちは、社会的なものの理論を、MP3ファイルをダウンロードする場合と同じように効果的に取り込むことができる。さらに、「私たちは社会の一員である」という考えや、私たちには「説明責任がある」、私たちには「法的責任」がある、「ジェンダーは性とは異なる」、「私たちは次世代に対して責任を負っている」、私たちは「社会関係資本《ソーシャル・キャピタル》を失った」などといった考えは、もちろん、導管を通って循環しており、聡明な歴史家であればその導管を復元できてしまう。歴史家の同僚が、世界時、オーム、メートル、複式簿記、ISO－9000規格の普及に対してすることとほぼ同じことだ。社会理論は、私たちの背景にあるのではなく、まさに前景にある。それぞれの理論が広がろうとしており、あるいは、タルドが指摘したように、「アレクサンドロスのように世界の征服を夢見ている」。たとえ一つの社会理論が覇権を得たとしても、メートル以上に普遍的になることは決してなく、メートルと同様に、自らの拠って立つ計測基準の連鎖《チェーン》よりもわずかでも長く生き残ることはない。(321)

こうした地形測量の能力を手にすれば、すぐにでも相手にすることができるようになるのが、何らかの国家装置(訳註83)によって切れ目無く物質化されているわけではないものの、その動きが同じ効果を有する運搬装置である。収集型の言表は(訳註84)、まさに同じ役割を果たすものだが、ただし、そうした言表を、既存の社会的な力を単に「表象する」ないし「歪める」ものと見なさないことが求められる。たとえば、「民の声は神の声」《ウォクス・ポプリー・ウォクス・デイー》という中世の表現は、人びとの叡智に対して広く普及していた信念を単に「表現」しているのではない。アラン・ブーローが行ってきたように、中世におけるこの発話行為の

(321) この原則をタルド社会学とANTにも適用するのに、離れ技めいた内省は必要ない。この点を指摘するのに、特権的な立場や絶対的な参照フレームは何ら必要ない。

発生の大半を記録し、その入り組んだ用例を描き出すことで、この表現が発せられるたびに、デウス〔神〕、ポプルス〔民〕、ウォクス〔声〕、レクス〔王〕のあいだの役割と力の分布が――わずかであろうとも――変化してきたことを示すことができる。[322] 不確定性の第一の発生源から学んだように、グループに関する話し方がわずかに変化するだけでも、当のグループの遂行的形成を変えてしまう。このことがいっそう言えるのが、「民の声は神の声」という非常に不安定な表現の場合のように、ある言表が異なる社会理論を伝達するときである。「民の声は神の声」という表現は、カメオ細工のように、神学と政治のつながりに関する解釈をそっくり含み込んでいる。

こうした収集型の言表は、めったに見られない別世界のものではない。アメリカ人が「ここは自由の国だ!」と誇らしげに叫ぶときに、あるいは、フランス人が「でも、ここは共和国だ!」[訳註85]と言い返すときに、何が成し遂げられているのかを考えてほしい。EUの官僚たちが、〔遺伝子組み換え食品に対する〕自分たちよりも古典的なアメリカのリスクの定義づけに対して「予防原則」を引き合いに出す場合に、どれだけの数の局面が変わるのかを考えてほしい。[323] 中東の聴衆を前にして、「悪の枢軸」について語ったり、「イスラムの啓蒙」を求めれば、どんな反応が返ってくるのかよく考えてほしい。収集型の言表は新たな結びつきを描き出すだけでなく、結びついているということの意味をめぐる非常に緻密な新たな理論を示してもいる。[324] 収集型の言表は、実際にあらゆるかたちで社会的なものを遂行的《パフォーム》に形成している。たとえば、ボルタンスキーとテヴノーが分析した「正当化」の力がそうだ。正当化そのものに偉大さ《サイズ》があるのではなく、言わば正当化の後に「偉大さの等級」が残される。というのも、人びとは正当化によって、自分自身をヒエラルキーのなかに位置づけることができるし、議論になっている対象を分類することができるからである。自分の行動を正当化するためにある表現が使われるときには、例外なく、その表現によって、社会的なものが定型化されるだけでなく、どのように社会的世界が定型化されるべきなのかに関するセカンド・オーダーの記述も示されるのだ。(325) スケールは、社会的なものの有する不動の特徴ではないがゆえに、収集型の言表がこうした重要な役割を果たしている。収集型の言表が、その背後にある社会的文脈などといった何か他のものを単に表象し

(322) アラン・ブーローの 'L'adage *Vox Populi, Vox Dei* et l'invention de la nation anglaise (VIIIe-XIIe siècle)'（Boureau 1992）に加えて、「環境」の語が今日の一例である。フロリアン・シャルヴォリンの *L'invention de l'environnement en France*（Charvolin 2003）。マクロ・アクターの一般理論について、クーレンの *Organizing Property of Communication*（Cooren 2001）を参照のこと。別の文脈では、ジャン＝ピエール・ファイユの *Langages totalitaires*（Faye 1972）が、特定の言表の有する連結力を別のかたちで重く受け止める方法を示している。社会言語学のツールを用いたものとして、ロレンザ・モンダダの *Décrire la ville*（Mondada 2000）を参照のこと。

(323) EU官僚が用いる「予防原則」の表現について、ジム・ドラトワの 'Taking Risks with the Precautionary Principle'（Dratwa 2003）を参照のこと。

(324) 諸々の主張の連結力を示す見事な例が、マイケル・バクサンドールの *Patterns of Intention*（Baxandall 1985）で示されている。ティモシー・ミッチェルの *Rule of Experts*（Mitchell 2002）は、収集型の言表の「展開」に加えて、知的技術の有する定型化の力を研究することの豊かさを示す格好の例である。

(325) ボルタンスキーとテヴノーの『正当化の理論』（二〇〇七）。ボルタンスキーの社会学の半分はカント哲学でできており、もう半分は、収集型、循環型の言表に新たな目を向けることでできている。後者を位置づけ直し、前者を取り除くことは何ら難しくないはずだ。

たり、具体化したり、客観化したりするものにされれば、すぐさま、その言表の力は目に見えなくなる。しかし、いつ駄目になるかわからない計測基準の連鎖《チェーン》を伝って循環する一つひとつの規格として捉え直されさえすれば、諸々の収集型の言表は、間違いなく、「ある社会のなかにいる」と私たちが呼んでいることの源泉になる。収集型の言表なくして、どうして集合体を組み直せるだろうか。

ついに媒介子

フラットになった地形の歩き方がわかり、社会的なものの社会学の有する定型化の力に対する敬意の払い方がわかった今、次の一歩は難しいが必然である。他ならぬ社会科学の有する計測基準の力によって、社会科学は、連関としての社会的なものに向き合えなくなっている。まさに、社会科学は、安定化した社会的なものの定義を照合可能なものにして基準点にすることに非常に長けているあまり、論争の最中に絶えず入り込んでくる新たな参与子を見定めることができないからだ。「古い」社会的なものを定義するのに長ければ長けるほど、「新たな」社会的なものが定義できなくなる。この事態は、機械技術の計測基準の現場とまったく同じだ。計測基準があることで、あらゆる実験室が科学的研究を行うことができるわけだが、計測基準自体が数々の発見の源泉ではない――新たな技術進歩をたえず取り入れて、計器の精度を小数点第何位かで向上させているにもかかわらず[326]。計測基準が科学のすべてではないように、社会的なものの社会学が社会学のすべてではない。社会を作り上げる社会的なものは、集合体を作り上げる連関の一部にすぎない。社会的なものを組み直したいならば、伝統的に思い描かれてきた社会的な紐帯の循環と定型化を脇に置いて、他の循環する存在を探索することが必要だ。

この探索をもっと容易にするために理解すべきことがある。それは、「既に組み合わさった社会的なもの」を、「社会的なものを組み直すこと」と混同すべきでないということであり、そして、私たちが探し求めているものを、社会的な素材で作られた何かしらのもので置き換えないことである。コストをかけて伸びていく細々とした導管の内部へと、社会的なものの循環、生産、定型化、計測基準をローカル化することで、私たちはすでに、他の種類の存在がもっと自由に循環し始めることのできる空間を切り開いている。

しかし、このわずかばかりの「二度とない好機」を生かそうとするならば、私たちの調査の基本設定を改めなければならない。「モノが出てきたときには、その内容を無視して、それを取り巻く社会的側面を考えよう」と言ってはならない。むしろ、「モノが出てきたときには、まずそのモノを構成する諸々の連関に目を向けて、それからはじめて当のモノがどのように社会的な紐帯の範囲を改めたのかを見よう」と言うべきである。言い換えれば、私たちが理解しなければならないのは、社会的世界を作り上げている非社会的な存在に社会学者が出会おうとしない理由である。この素晴らしい出会

(326) コクランの *Measures for Progress* (Cochrane 1976) を参照のこと。残念ながら、P・ハンターの見事な論文 'The National System of Scientific Measurement' (Hunter 1980) はアップデートされていない。

いはごくありふれた経験であるというのに、社会学者はなぜ避けてしまうのか。集合的な生がばらばらになりかけていると感じていようとも、この驚くべき現象は、どんどん増え続けているというのに、私たちは直接相手にするだけの力がないと言わんばかりだ。宗教を目の前にして、なぜ、自らの問いを「社会的次元」に限定し、宗教そのものを研究しないことを科学的な美徳として捉えたがるのか。科学を目の前にした私たちの最初の反応は、なぜ、科学の「社会的なバイアス」に行儀よく収まることであって、客観性そのものを説明《アカウント》することではないのか。芸術について研究する場合、なぜ、名作の評価に見られる「社会的なもの」に限定して、名作の価値を生み出す他の数々の源に目を向けないのか。経済学を研究する場合、なぜ、商品への愛着《アタッチメント》の核心に向かうことをためらって、純合理的な計算を「枠にはめ込んでいる」ように見える「何か社会学的なもの」に自らを制限するのか、などなど。まるで、事物の連関を進んで迎え入れることが私たちの最初の反応になるのは、その連関が社会的な紐帯からなる被膜《コート》で最初から覆われている場合に限られるかのようだ。本来の登場人物と話すわけにはいかず、その代理人として働いている社会的な力とだけ話せるかのようだ。貞節さで知られているわけではない時代に、こんな慎み深さは尋常ではない――「お隠しになって、どうかお隠しになってください。そんなつながりを見るわけにはいかないのです！」、「社会科学の宮殿に入る前に、社会的説明のチャドルで自分の姿を隠してください」。

　社会を相手にすれば、社会的なものの範囲に収まらない新たな要素が積み重なってくることはごく当たり前のことなのに、なぜ、すでに受け入れられた構成子を集めた短いリストにこだわることを主張し続けるのか。そうした制限は、近代化の時代には意味のあることであった。過去と決別するためには、あらかじめ社会を少数のペルソナ・グラータ〔好ましい人物〕に制限することが理にかなっていたのだ。しかし、だからといって、社会学が、モノを除いた学問、つまり、モノなき科学であることに永遠に甘んじなければならないことにはならない。社会的なものの社会学の有する定型化の力を尊重することと、自らを計測基準に限定して新たな事象の発見を放棄することは別の話だ。「社会的説明」にパッケージングできるものだけを与件《データ》から切り取る学問を、どうして経験的な学問と呼べるのか。近代的精神《モダニズム》を脇に置きさえすれば、そうした姿勢がもはや道徳的、科学的、政治的な意味をなさないことを知るのに、大きな勇気や想像力は必要ない。

たとえば、宗教学にアプローチしているときに、旧来の初期設定を維持していたらどうなるのかを考えてみよう。旧来のアプローチからすれば、敬虔な人びとは、人並み外れて頑迷であり、まるで自分が精霊や神や啓示や霊などとつながっているかのように話す。もちろん、観察者の検討課題のなかに、そうした存在はひとつとして存在しない。研究開始時に決定された限定的なエージェンシーの目録には入っていないからだ。では、アクターが「実在する存在」として絶えず指し示すものをどう扱うべきなのか。そうした存在の両端に注意喚起の引用符を付して、括弧でくくり、信者の心にその原因を求めるほかないだろう。文字どおり、信者を発明しなければならない[327]。第一の幻想域が展開し始

(327) 信仰の概念が、批判的思考から生まれる近代の制度であることは、偶像破壊とあらゆる批判的態度に関する研究の重要な側面をなしている。ウェイベルとの共著 *Iconoclash* (Latour and Weibel 2002)〔ラトゥール「聖像衝突」(二〇一七c)〕を参照のこと。

める。今や、そうした存在は、実在しないにもかかわらず実在すると「思い込まれている」のだから、人の心や脳の内部に由来するものであるに違いない。

しかし、神々や精神や啓示にとって、個々人の領域の内部というのは、かなり狭苦しいように見える。個々人の内部に押し込めるには、明確にすぎるし、厳密にすぎるし、革新的にすぎる。激しすぎるほど動いており、明らかに個々人の創意、想像、自己欺瞞の力を超え出ている。しかも、アクターは、自分の「外部」にあるそうした実在する存在によってあれこれさせられているとあくまで主張する！　信者と呼ばれる人たちにとって、そうした存在は単なる信仰の対象ではなく、外部に由来するものに他ならない。結局のところ、〔旧来のアプローチをとっている〕私たちは、これらが実際に存在することを受け入れなければならないのか。いや、違う。そんなものは存在しない――このことはこの問題の唯一の「確かな事実」であろう。個人の外部にあって、存在しない事象を存在させる力を有する唯一の実在は何か。答えはもちろん、社会であり、社会的な素材からなる社会的なものである。ここで、さらに大きな第二の幻想域が、私たち自身の研究から展開し始めることになる。つまり、存在しない社会的な素材によって、存在しないものが存在することになり、幻想に惑わされた信徒の偏狭な心に巣くうことになるのだ。そして、すべては、優れた科学と真摯な学識のためなのだ！　他方で、普通の人びとは、自分自身の外部に実在する存在によって動かされていると主張し続ける……。

しかし、どんな科学であっても、必ずしもうまくいくとは限らない人工的な装置を開発して、新たな種類の結びつきに観察者が鋭敏になるようにしなければならない。人びとにあれこれさせるエージェンシーに向き合おうとしないことが経験的に見て馬鹿げているのは明らかではないか。なぜ、人びとが執拗に言っていることを真剣に受け止めないのか。なぜ、人びとが「自分たちを動かす」ものを指し示す先にあるものに注意を向けないのか。中国の諺に「賢者の指が月をさすとき、愚者は指を見る」というものがあるらしい。研究者を愚者にしてしまう学問分野を丸ごと創り出してしまうほど社会科学が落ちぶれるのを受け入れるわけにはいかない。宗教において重要なのは、あらゆる信者が常に主張してきたように、人びとを動かす存在ではないのか。(328) こう言ったほうが、到底あり得ない二つの存在しない場——一方には信者の心、他方には社会的なものという幻想域があり、両者は他方の幻想に拠って立つことではじめて確固たるものになる——を捏造するよりも、経験的であり、おそらくは科学的であり、敬意に満ちており、はるかに経済的であろう。「信仰」の概念を信じることのどこがそんなに科学的なのか。

以上の基本設定の変更を受け入れて、最初にモノに目を向け、その後にはじめて、規格化された社会的なものを見ることにしたからといって、当然のことながら、それで話は終わらない。ANTはあらゆる理論の宿命から逃れられると思えるほど私は信心深くない。つまり、考えるということは、問題を解決することではなく、問題を設定し直すことでしかない。ここで見ているようなモノとの出会いが起こるためには、非社会的な循環する存在にも市民権を認めて、古参の構成子と同席できるようにする必要がある。しかし、社会的なものの社会学者は、こうした非社会的な対象をすべて解体してきたことを誇りに思っているのではないか。宗教について語る際に神々を呼び戻し、芸術を分析す

(328) クラヴリの *Les Guerres de la Vierge* (Claverie 2003)。

る際に名作を呼び戻し、科学を研究する際に客観的な事実を呼び戻す必要が本当にあるのか。そうしたものは、まさに社会科学が乗り越えてきたと自負している障壁なのではないか。非社会的な循環する存在を呼び出すのは、何よりも反動的で、退行的で、旧態的ではないのか。ここが、ANT《アリ》が勝つか負けるかの分かれ目だ。私たちは、〈人びとが行為する〉ようにする存在をまともに取り上げる社会科学の先鞭をつけることができるのか。動物学者が動物園で、植物学者が植物園で間に合わせているように、社会学は、「経験に与えられる」ものの奇異な性質を尊重するという意味で、経験的になれるのか。世界に住まうすべての存在を社会的な素材「で」できた代用品《エアザッツ》で置き換えるのではなく、非社会的な存在に次々と転移していく社会的な結びつきをたどることができるのか。もっと簡単に言えば、社会科学は研究すべき実在のモノ〔真の対象〕を手にすることができるのか。

ためらいなく「できない」と答える前に、少し考えてほしい。社会的説明を求めてやぶを外から叩くのではなく、初期設定を変更して最初にモノを検討するならば、私たちの計器の感度にどんな影響が出るだろうか。その上で、今述べた例での宗教の誤った扱い方と比較してほしい。一例として、芸術作品を取り上げよう。[329] 宗教を除けば、芸術社会学以上に批判社会学によって死に追いやられた分野はない。あらゆる彫刻、絵画、高級料理《オートキュイジーヌ》、テクノ・レイヴ、小説が、その「背後に隠れた」社会的要因によって説明され、無に帰されてきた。プラトンの洞窟の寓喩を反転させることで、人びとが大切にしてきたあらゆるモノが、社会的な影〔作用〕を投げかける手先に置き換えられ、この社会的な影が、芸術作品の評価の「背後」にある唯一の「真実」であると考えられるようになってしまった。これほどまでに、社会的な説明が、金、銀、ダイヤを塵くずに変える反ミダース王の役割を果たしてきた分野は、他にはない。それでも、宗教の場合と同じように、人びとが口にしていることにちょっと耳を傾けてみれば、あれこれ「感じさせてくれる」芸術作品にどうして深く惹きつけられ、揺さぶられ、心を動かされているのかを説明してくれるだろう。「ありえない！　あってたまるか！　心を動かされるなどというのは、単に気取って言っているにすぎないはずだ」(330)。では、古い設定を保たなければならないのであれば、どうなるだろうか。そう、ここでもやはり、宗教、科学、政治の場合と同じように、社会科学による「科学的」把握によって、人びとが自らを欺く者にされてしまう。ここでも、信者に変えられてしまうのだ！　そして、またしても、いつものように、「社会的説明」の野蛮な思い上がりに憤慨した人びとが現れ、この野蛮人たちから芸術作品の「内なる尊厳」を守護することになる。そして、悲しいかな、私たちは、結局のところ、「内在主義」と「外在主義」、あるいは、審美的説明と社会的説明のあいだをそわそわと揺れ動く羽目になり、ついには、砂場で遊ぶ幼児のようになってしまう。この坂道は急で、この結果は避けられない。

　もちろん、こうした「科学的」把握は、経験的に与えられるものではない。私たちが芸術作品に媒介されて惹きつけられる存在は、社会学者のいう社会的なものには決して似ていないのはもちろん、「言葉にならない美しさ」の「内なる核心」とともに美的外観を有する絶縁的な「客体《オブジェクト》」のようにも決して見えないからだ。古いパラダイムでは、ゼロサムゲームを想定するほかなかった――芸術作品

(329) このアプローチが科学論に及ぼした影響については、すでに第I部で示している。

(330) ここでは、アントワーヌ・エニョンの *La passion musicale* (Ennion 1993) にしたがっている。

にないものはすべて社会的なものによって得られ、社会的なものにないものはすべて芸術作品に「内在する特質」によって得られなければならなかった。しかし、新たなパラダイムでは、ウィン・ウィンの状況が可能になる。つまり、分かちがたい結合の数が多ければ多いほどよいというものだ。(331) このことは、ごくふつうに経験しているはずだ。ある映画を見ているときに、自分が気付いていないことを友人が指摘することで、あなたは、その友人がいなければ見なかったものを見るようにさせられる。誰がその微細な特徴を見てとったのか。あなたなのか、あなたの友人なのか。この問いは馬鹿げている。何かに目を向けさせるという影響を、行為の総和から差し引くほど馬鹿な者がいるだろうか。影響の数は多ければ多いほどよい。さらに、照明の質、宣伝の手法、俳優の演技、プロデューサーの好みなどの累加的な影響が徐々に感じられるようになるにつれて、その作品に「内在する」質は落ちることなく、逆に、高まっていくことになる。(332)「流れ込むもの《アフルーエンス》」が多ければ多いほどよい。(333)「見ている者に由来するもの」と「その対象に由来するもの」を区別しようというのは直観に反している。答えは間違いなく「流れに身を任せている」である。客体と主体が存在するにしても、興味深いことはすべて上流に向かって起こり下流に向かって起こる。ただ流れに従うだけである。そう、アクター自身に従うのであり、もっと言えば、アクターたちを動かすもの、つまりは、諸々の循環する存在に従うのである。

　社会的なものに対する相対論以前の定義において、前景に置かれていたのは人間の参与者であり、次に別次元の社会的世界があり、両者のあいだにははっきりとした不連続性があった。社会的な紐帯でできたものでない限り、人間との接触が許されることはなかった。それがこの奇妙な外交術の作法であった。私たちの新たな定義では正反対である。人的構成子と社会的文脈は背景に置かれる。今や脚光を浴びるのは媒介子である。媒介子がどんどん増えていくことで、数ある存在のなかでも、とりわけ準客体、準主体とも呼べるものが生み出される。(訳註86) あまり適当とは言えない天文学の直喩（カントが用いたことでさらに怪しくなっている）を取り上げて反転させれば、こう言えよう。今や、コペルニクス以前の社会学に見られるように、モノが社会的なまとまりを中心に回転しているのではない。さまざまな社会的なまとまりが、数々の分かちがたい結合から生まれているのであり、この結合が社会的宇宙の中心を占めているのだ。(訳註87) いかに気乗りしないメタファーであるにしても、こうした視点の変化こそ、ANTが探し求めているものである。物事《シング》、準客体、分かちがたい結合が社会的世界の真の中心なのであって、エージェント、人、構成員、参与者ではない――社会やその化身でもない。カントの別の表現を用いれば、社会学がいよいよ「一個の学としての確実な道を進める」ようにするという点では、こちらのほうがよい方法なのではないか。

本書の最初の数ページで、社会的なものの社会学と連関の社会学の違いをできる限り際立たせて定

---

(331) アントワーヌ・エニョンとジュヌヴィエーヴ・テイルの 'Le goût du vin' (Hennion and Teil 2003)、ジョセフ・レオ・クーナーの *The Reformation of the Image* (Koerner 2004) を参照のこと。

(332) 美術史家による名作の扱い――たとえば、スヴェトラーナ・アルパースの *Rembrandt's Enterprise* (Aplers 1988) ――は、このように社会的なものを扱う場合の優れたモデルである。フランシス・ハスケルの *Patrons and Painters* (Huskell 1982) のように、いかなる明確な社会理論にも与していないものでも、そうである。

(333) ヤネヴァの 'L'affluence des objets' (Yaneva 2001) からの借用。

義しなければならなかったときに、タルドに従って、こう述べたのを覚えているだろうか。社会的なものの社会学は、説明される側と説明する側を愚かにも混同しており、社会は連関の結果なのであって、連関の原因ではない。こう述べた時には、この切り分けは、ただ因果の力の向きを逆転させただけであったので、それほど説得力を持たせることができなかった。今や、もっと正確な定義を示す段階にあるだろう。規格化した社会的な紐帯によりもたらされる狭い定義以外にも、社会的世界をそっくりたどり直す方法はたくさんあるのだ。

もちろん、議論を単純化して、たとえば、社会的要因が科学を説明するのではなく、科学の中身がそのコンテクストのありようを説明すると主張することもできるだろう。他にも、社会的な力が法律を説明するのではなく、法的慣行が束ねられるべきものを定めていると主張したり、技術が「社会的に決定されて」いるのではなく、むしろ技術が社会的な紐帯に拡張性と持続性を与えていると主張したり、社会関係が経済的計算を「枠にはめて」いるのではなく、経済学者の計算がアクターに対して経済的に行動する能力を与えていると主張したりすることもできよう。こうした反転はいずれもANTの観点からすれば正しいことになるだろうが、それでもなお手落ちがあるだろう。いずれの場合も、説明する側と、説明されるべき側という二つの地位をそのままにして、一方を他方と入れ替えているにすぎないからだ。当初の定式では、社会的なものが連関を説明していないとはいえ、連関が社会的なものを説明してしまうのだ。

しかし、新たなフラットランドを旅することに慣れてきた今、この二つの地位自体が、社会的説明に向かう衝動とともに消えてしまった。社会的説明は、既に安定化した社会的な紐帯のストックに訴えるであろうが、社会的なものは、場所でも物でも領域でも素材でもなく、新たな連関に向かう一時的な動きである。こうした測量術の変化によって、これまでと同じANTの議論をさらに興味深いものにすることができるようになる。言わば、他の諸々の存在が集合体に入り込ための滑走路を設けることができるようになるのだ。この存在は、社会学者のいう社会的なものと同じく、完結しており、遍在しており、歴としており、経験的であるが、そこまで徹底した注意の目が向けられることはなかった。

たとえば、法は、社会的な力が及ぼす影響によって説明できるものではないと言うだけでは不十分である。逆に、社会がどのようなものであるかを法が説明するはずだと言っても正しくない。説明されるべき社会は存在しないからだ。法ははるかに優れたことを行っている。そのひとつは、辺り一帯を循環して、諸々の存在を法的なやり方で結びつけることだ。科学の場合にも、社会的なコンテクストでは科学が説明できないのはもちろんだが、社会的関係の諸要素を説明するために科学の営みを持ち出す必要もない。科学ははるかに優れたことを行う。そのひとつは、すみずみまで循環して、諸々の存在を科学的なやり方でひとつに結びつけることだ。宗教の場合にも、空想力豊かな社会のほのめかしとして宗教を説明することはほとんど無意味であろうが、逆さにしても、ほんの少しましになるだけだ。宗教は、社会のありようを説明することを目指してすらいないからだ。宗教もまた、はるかに力強いことをしている。つまりは、法や科学と同じくあらゆる存在を集めるが、宗教的なやり方でひとつに結びつけようとしているのだ。政治の場合にも、権力や支配で政治を説明するというのは馬鹿げているので、議論を逆さにするだけではほとんど意味をなさないだろう。政治ははるかに重要な務めを果たしている。つまりは、政治的なやり方で、政治体の逆説的な姿を何度も何度も描き直しているのだ。そして、同じことは、他の多くの種類の連結装置（*connector*）についても言える。連結装置が今や主役だ。なぜなら、連結装置による転置によってこそ、社会的な結びつきが描き出されるからである——社会的な結びつきという表現は、言うまでもなく、「社会的なものでできた結びつき」を意味するものではなく、非社会的な要素同士の新たな連関を意味する。

ここで、一番の難所がやってくる。転置なのはよいが、何を転置させているのか。法的、宗教的、科学的、技術的、経済的、政治的なつなぎ「方」について話すことに、どんな意味があるのか。そして、こうしたつなぎ方を、どうすれば、調節済みの社会的な紐帯の定義が残す痕跡と比較することができるのだろうか。ここで、コペルニクス革命による直喩は、控えめな表現にすぎなくなる。ここで、私たちがこの「社会的《ソーシャル》」の語の意味を決定的に改めなければ、ありとあらゆる「社会《ソーシャル》」科学がいよいよ決壊してしまう——さらには、ここまで何とか引き留めてきたわずかな読者が、この奇怪な理論を投げ捨ててしまうのもやむを得ないところに来ている。[334] ANTの究極的目標であると私が考えていることを理解してもらうためには、これまで舞台に上がることを厳しく禁じられていたものを檻から出して、世界を再び動き回らせる必要がある。[335] そうしたものに、どんな名前を付けることができるだろうか。事物《エンティティ》、存在《ビーイング》、モノ、物事《シング》。おそらくは、目に見えないものとして指し示されなければならない。[336] そうしたものによるさまざまな集合体の組み立て方を位置づけるには、まったく別の本が必要になるが、[訳註88] 幸いにも、本書では、この点を積極的に主張する必要はない。ここでは、その方向性を示し、なぜ、社会的なものの社会学に長く固執しすぎれば「客観的《オブジェクティブ》」になれる可能性を最小限に留めることになるのかを説明するだけでよい。

本書では、相対性のメタファーを使いすぎているかもしれないが、その類似は際立っている。社会的説明を放棄することはエーテルを放棄するようなものである。そこで失われるのは、科学の発展を不可能にする作り物だけである。つまりは、観察者に対して、相矛盾した特徴を有するものを作り出すよう強いて、実在するものを見えなくさせる作り物が失われるだけである。私の見るところでは、本書で提案している奇異なアプローチの大きな利点は、あらゆる構成子が現実に何をしているのかを社会科学者が経験的に把握できるようになることにある。規格を作成し拡散することへと社会的説明を位置づけ直しさえすれば、集合体をそれぞれのやり方で集める他の存在〔仏語版では存在様態〕にいよいよ光を当てることができる。

媒介子はついに本名を教えてくれた。「私たちは、集合体を広範囲にわたってまとめ上げて組み立てる存在〔仏語版では存在様態〕です。その範囲の広さは、あなたがたが、これまで社会的なものと呼ん

(334) さらには、ついにタルドに別れを告げなければならないところでもある。タルドは、自らの社会的世界の定義を織りなす際に用いた縫い糸の種類を分ける必要があるとは考えていなかった。この意味で、タルドは、実体的で非相対論的な社会学の定義を維持していた。

(335) こうした動きは、社会科学の射程を超えており、哲学に至る可能性がある。しかし、私は、モルから、「経験哲学」は、別のかたちで社会科学を行うことになり得ることを学んでいる。

(336) 私が、あらゆる隠れた力を否定するという点で実証主義的であるとの誹りを受けたのであれば（第二の不確定の発生源、八三頁以下を参照のこと）、それは、今や、一時的な印象にすぎないことが明らかであろう。

できたものとまったく同じですが、あなたがたは、規格化された単一の組み立ての型に自らを限定してしまっています。アクター自身に従うことを望むのであれば、私たちにも同じように従わなければなりません」。このように媒介子と実直な関係を結べば、社会と自然というふたつの収集装置のもたらす存在論の曲目に収まる媒介子はほとんどないことがわかる。法律、科学、宗教、経済、精神、倫理、政治、組織は、すべて、それぞれ独自の存在様態、独自の循環を有しているだろう。多世界論は無理のある仮説かもしれないが、私たち自身の世界における存在の様相《レジーム》の複数性について言えば、既知の事柄（*datum*）である。[337] 社会学がこのことを無視し続けるべき理由がどこにあるのか。[338]

敬虔な人びとは、自分が信じているだけの者であることを決して受け入れなかったのに、なぜ信仰が宗教を「説明する」唯一のやり方であるかのように振る舞うのか。芸術の愛好家たちは決して「主観性」と「客観性」の間を行ったり来たりしていなかったのに、なぜ芸術社会学の一切をこの作り物の板挟みに押し込むのか。技術者は決して人の集まりと部品の集まりとを区別していなかったのに、なぜ社会と技術を別々にしなければならないかのような説明をするのか。実験室の科学者が相手にしているのは、決して、「それを可視化する」ために必要な作業とは無関係に「外在している」モノではなかったのに、なぜ「実在論」と「構築主義」の二者択一が魅力的であるかのように振る舞うのか。法律家が単独の支配を相手にすることは決してなかったのに、なぜ形式的な手続きと真の社会的な力とを区別することが重要であると主張するのか。「経験的」という語が「経験に忠実である」ことを意味するならば、経験的であるということは、ごくありふれた日常的な経験のなかでごく当たり前に与えられることを尊重することではないのか。

問題なのは、社会科学は、経験的であろうとすると同時に近代化のプロジェクトにも取り組まなければならないと考えていたために、真に経験的であろうとは一度たりともしなかったことである。何らかの調査に本格的に着手しても、いつだって、何かしらの政治的な意義を得たいという衝動によって途中で止まってしまうのであった。したがって、これまで社会科学の三つの異なる課題と呼んできたもの、つまり、論争を展開させること、そうした論争を安定化させること、政治的な影響力を探し求めることを切り離して考えることがとても重要なのだ。しかし、最後の政治認識論(訳註89)の問題に取り組む前に、最後の難局を指摘しておく必要がある。この難局こそ、この入門書を書いた理由である。これまでどうにか導入してきたすべての「留め金」とは反対に、この留め金は、ネットワークの連続性に終止符を打ち、痕跡と記録からなる盤石の地盤《テラ・ファーマ》を破壊するものである。その結果、私たちは海に連れ戻される。私たちに共通する無知という大海原に。

(337) この複数性が、エティエンヌ・スーリオの *Les différents modes d'existence* (Souriau 1943) に見られるような哲学を非常に興味深いものにしている。諸々の存在様態を同定して探究することが私の次のプロジェクトであり、このプロジェクトを言表行為の型式の探究と呼んでいる。

(338) ルーマンは、オートポイエーシスの概念を通して差異を尊重することを大々的に試みたが、残念ながら徒労に終わった。ルーマンは、手間のかからない生物学から借用したメタ言語を通して、あらゆる領域を記述することにこだわったからである。

プラズマ——ミッシング・マス

これで一安心だ！　私たちは社会の「なかに」いるのではない——自然の「なかに」いないのと同じだ。社会的なものは、私たちの挙動のすべてが埋め込まれている広大な地平面のようなものではない。社会は、遍在しておらず、すべてを把握しておらず、どこにでも姿を現すようなものではなく、私たちの一挙手一投足を見張っておらず、私たちの内に秘めた思いのすべてを聞いてはいない。古き教理問答《カテキズム》に登場する全知の神ではないのだ。本書第II部では、フラット化した地形を描くための支柱、芸当、格子線、留め金のリストを示したが、この地形を描くことを受け入れれば、社会的なものは——少なくとも、照合可能になるよう調節され、安定化され、規格化された、社会的なものの一部は——、小さな導管を循環することになり、この導管は、さらに多くの器具、支出、回路を通してはじめて伸ばすことができる。総体的なもの、つまりは、体系的ないし構造的なものは、無視されるのではなく、社会の完全なパノラマを見せる数々のオムニマックスの映画館のひとつに慎重に位置づけられる——そして、すでに明らかなように、パノラマの印象が息を飲むようなものになればなるほど、館内は密閉されていなければならない。社会は、「そのなかに」あらゆるものが埋め込まれている全体的なものではなく、あらゆるものを「伝って」移動するものであり、諸々の結びつきを照合可能にして、その範囲内にあるすべての存在に対して共約可能性を得る機会を与えるものである。私たちは、今や、テレビをケーブルと接続させるかのように、社会的な回路と「接続《フックアップ》」することを身につけるべきだ。社会はあらゆるものを覆っているのではない。ワールドワイドウェブ（WWW）が実際にはワールドワイドでないのと同じである。

しかし、次に出てくる問いは単純であり、次の一歩は必然であり、その帰結は理屈にかなっている。したがって、すべての読者がすでにこの最終局面を見越していたに違いない。つまり、ANTが主張しているように、社会的な景色はフラットな「ネットワーク状の」地形を有しており、社会を作り上げる諸要素が小さな導管内を移動しているとすれば、そうした回路の網の目の合間には何があるのかという問いだ。このために、ネットのメタファーは、多くの欠陥があるにかかわらず、有力なのである。実体、面、領域、圏域が、自らが束ねて輪郭を定めるものを全部ふさいでしまうのとは対照的に、ネット、ネットワーク、ワークネットは、結びつけていないものはすべて未接続のままにしている。ネットは、何よりもまず、空いた空間でできているのではないか。「社会的なコンテクスト」のように大きくて包括的なものを、地下鉄やガスパイプのように辺り一帯を移動させられるようになれば、すぐに次の問いが避けられないものになる。つまり、どういったものが、そうした細長い循環と接触していないのか、あるいは接続されていないのか、という問いである。この問いが発せられれば、すぐさま、背景と前景がぐるりと反転してしまったかのようになる。社会的世界全体がその計測基準の連鎖《チェーン》の内部に位置づけ直されると、すぐさま、新たな広大な景色が眼前に現れる。社会的なものの知識が、私たちが旅してきたシロアリの穴道に限られているならば、外側にあるものについて私たちに何がわかるというのか。大してわかりはしない。

ある意味、これは、形式主義を物質的に記述することにした結果だ。形式主義が形式主義そのものの完全な記述をもたらさないのであれば、そのことが意味するのは、形式主義に基づく行為を完成させるためには、他の場所からやって来る、それ自体はそもそも形式的ではない何かを付け加える必要があるということだ。これはヴィトゲンシュタインの最大の教えである。つまり、規則に従うために必要なこと自体は、規則では記述できないのである。例によって、ガーフィンケルが、いかなる行為の進行であれ、それを完成させるために私たちが訴えなければならない「外側」について最も明晰な定義を与えている。「形式的な分析によって報告できない物事の領域は、天文学的に大きくて多様である」[339]。たとえガーフィンケルが規格化の真の重要性を認識していなかったとしても、ガーフィンケルの喩えは大げさなものではない。私たちが定型化してきたものと私たちが見落としているものの比率は、実際のところ、天文学的だ。通常考えられている意味での社会的なものは、ほんのちょっとしたしぐさであっても、その実行に必要な連関の数と比べれば、ごくわずかなものを表しているにすぎない。

同じとまどいは、さまざまな社会理論の流派に見られる。行為はつじつまが合わない。このことは、たとえば、ハウイー・ベッカーによる社会的営為の報告の(美点とは言わないまでも)大きな長所である。ベッカーの記述がいつも不完全で、再考や修正の余地が残されており、煮え切らないものであるならば、そして、ベッカーの記述が途中から始まり、特段の理由なく終わるならば、それはベッカーの弱点ではなく、経験のとりとめのなさに対して細心の注意を払った結果である[340]。旋律を覚え、オーケストラを指揮するためには、まだ身についておらず、組織だっていない数多の行為の断片を理解する必要がある。このことは、異なる学派を挙げれば、テヴノーが人びとのちょっとした行動を扱おうとしただけで、さまざまな行為の型《レジーム》式を増やさなければならなかった理由でもある。形式主義の非形式的な記述を行うことが必要になれば、あらゆる思想家はすぐに第二のゼノンになり、あいだにある段階を際限なく増やす。ローが、独自の定義をANTに与えようとする際に、次のように強調するのもこのためである。「この新たな形而上学は外在性をこう考える。つまりは、みなぎりあふれたものであり、定まることのない数々の潜在的なものの集まりであり、どこまでも決定不可能な濁流《フラックス》である[341]」。

しかし、どんな活動にせよ、その活動が生まれるために必要な背景に関して、やはりというべきか、タルドから誰よりも根本的な洞察が得られる[342]。この洞察は、これまでの章で既に用いてきた大と小の連結に関するタルドの解釈から生まれるものである。大なるもの（国家、組織、市場）は、小なるものの増幅であるとともに、小なるものの単純化でもある。独りタルドだけが、静かにこう言って、常識をひっくり返すことができたのである。「したがって、一般に、ひとつの文章は、ひとつの論文よりも論理的であり、ひとつの論文は、論文集よりも論理的である。また、特殊な宗教儀式は宗教全体よりも論理的であり、ひとつの法令は法典全体よりも論理的である。さらに、個別の科学理論は科学全体よりも論理的である。さらに、ひとりの労働者が行う個々の作業は、その労働者の行動全体よりも論理的である[343]」。この原理によって考えるべきことは、マクロなものがミクロなものを包含すると

(339) ガーフィンケルの *Ethnomethodology's Program*（Garfinkel 2002: 104）。
(340) ハワード・ベッカーの『アウトサイダーズ』（一九七八）を参照のこと。
(341) ローの *After Method*（Law 2004: 144）。
(342) タルドの *Psychologie économique*（Tarde 1902: 220）。

いうことではなく、ミクロなものは、共約不可能な数多の存在（タルドが「モナド」と呼ぶもの）によって作り上げられており、この共約不可能な諸々の存在は、自らの一面、「うわべ」を貸し与えて、一時的な全体を作り上げているだけであるということだ。小なるものが大なるものを支えている。もっと言えば、大なるものは、いつ何時であっても、小なるものへと、戻ることができるだろう。小なるものは、大なるものの発生の地であり帰還の地である。表現はどうあれ、定型化されていない別の現象群に注意を向けることなくして、社会的なものに対する理解は得られないように見える。まるで、ある時点で、堅固な陸地を離れて海に乗り出さなければならないかのようだ。[344]

私はこの背景をプラズマと呼んでいる。つまりは、まだ定型化されておらず、まだ計測されておらず、まだ社会化されておらず、まだ計測基準の連鎖に組み込まれておらず、まだカバー、調査、動員されておらず、あるいは、主体化されていないものだ。[345]プラズマの大きさはどれくらいなのか。ロンドンの地図を手に取って、今までに訪れた社会的世界が地下鉄程度のスペースしか占めていないと考えてほしい。プラズマは、ロンドンの残りの部分、つまり、あらゆる建造物、住民、気候、植物、猫、宮殿、騎兵隊などということになるだろう。そう、ガーフィンケルは正しかった。「天文学的に大きくて多様」なのだ。

このプラズマを十分に認識すれば、実証主義社会学と解釈的社会学による二つの相反する直観を然るべき場所に位置づけ直せるようになる。そう、行為の進行を理解するためには、いかなる行為の進行であれ、外部に注意を向ける必要がある。そう、行為の進行の解釈には果てしない柔軟性がある。ただし、外部は社会的なものでできているのではないし――その正反対である――、解釈は個々の人的エージェントの特徴ではない――その正反対である。

何らかの振る舞いを解釈するためには、何かしらを付け加える必要があるが、だからといって、社会的なフレームワークを探す必要はない。確かに、社会学者が何らかの「外部」を探したのは正しかったが、この外部というのは、社会学者が予期していたものとは似ても似つかないものである。この外部には、照合可能になるよう調節された社会的世界の住民の痕跡がまったくないからだ。社会学者が「背後に隠れたもの」を探すのは当然であったが、外部は背後にはないし、とくに隠されてもいない。それは合間にあるのであって、社会的な素材で作られたものではない。外部は隠されているのではなく、単に知られていないだけだ。(訳註90) それは、広大な後背地のようなものであり、一つひとつの行為の進行が成し遂げられるための資源をもたらしている。それは、都会の住人にとっての田舎によく似ている。もっと言えば、宇宙学者が宇宙の質料の推定値と観測値を合わせるために仮定したミッシング・マスによく似ている。(訳註91)

何らかの挙動や振る舞いを解釈するためには、確かにさまざまな解釈を受け入れる心構えが必要だが、だからといって、ローカルな相互作用に目を転じる必要はない。本書の各所で、私は、現象学者

---

(343) タルドの『社会法則』(二〇〇八a・六〇頁)。

(344) スローターダイクは、私たちのすべてを覆っている包みを開くという哲学によって――ネットワークの循環というメタファーとはまったく異なるが――、どの報告からも常に見失われているものを、新たに力強く記述することを提示している。

(345) エマニュエル・ディディエの 'De l'échantillon à la population' (Didier 2001) を参照のこと。数値に変わってしまう前のプラズマの際立った例が示されている。

を批判し、さらには、おそらく人文主義者も批判してきたが、それは、そうした者たちの考えによれば、対面的な相互作用、個別のエージェント、志向性を有する人間が、社会という空虚な抽象よりもリアルで生きた場所をもたらすことになってしまうからだ。不確定性〔不確実性〕を主張するという点では正しかったが、その発生源を間違えていた。意図的な人間、志向的な人間、個別的な人間が、それ自体一切の意味を持たない厳然たる事実からなる世界のなかで解釈を行う唯一のエージェントなのではない。解釈、柔軟性、流動性といったものは、いかなる行為の進行も遂行されるには訴えなければならない広大な外部に注目するための一手段にすぎない。このことは人間の行為だけでなく、あらゆる活動に当てはまる。解釈学は、人間の特権ではなく、言わば、世界自体に備わるものだ。世界は、不確定性の湖沼が点在する堅固な事実の大陸ではなく、照合可能な安定化した形式という島が点在する不確定性の大海なのである。

私たちは本当にそんなに少しのことしか知らないのか。本当に少しのことしか知らないのだ。逆説的にも、この「天文学的な」無知が多くのことを説明してくれる。ものすごい軍隊が一週間で消息不明になるのはなぜなのか。ソ連のような帝国全体が数か月で消滅するのはなぜなのか。世界を股にかける企業が、翌四半期の業績予測を出した後に倒産するのはなぜなのか。同じ会社なのに、大きな赤字を出していた状態から、二期も経たないうちに巨額の利益を上げるまでに飛躍するのはなぜなのか。物言わぬ市民が革命を求める群衆に変わったり、〔旧共産圏で見られたように〕十分に訓練されたパレードであったのが、自由に動き回る市民たちの楽しげな集会に変わったりするのはなぜなのか。気の抜けた個人が、ささいなことを耳にするや突如として行動し出すのはなぜなのか。伝統に凝り固まった音楽家が、突如として、途方もなく大胆なリズムにとりつかれるのはなぜなのか。軍人や新聞の論説委員、経営者、観察者、モラリスト作家たちは、しばしば、そうした突然の変化には、滑らかでつかみ所のない液状的なところがあると言う。それはまさにプラズマの語源だ。(346) このことが意味するのは、社会の堅固なアーキテクチャが崩れ落ちていることでもなければ、偉大なリヴァイアサンには粘土の足があることでもなく、社会とリヴァイアサンは狭い水路を循環しているということであり、したがって、両者が賦活化されるためには、自らを取り囲むプラズマから生まれる無数の要素を頼りにする必要があるということだ。これまで本書では、連続性を強調しすぎていた。この連続性を打ち立てている追跡可能な結びつきは、不連続なものからなる遙かに広大な背景との関係で常に考えなければならない。別の言い方をすれば、相矛盾した直観を維持する社会学を創り出さなければならない。この社会学は堅くもあり柔らかくもある。社会構造の恐るべき慣性と、その存在を維持する桁外れの流動性の両方が検討できなければならない。後者は、前者の循環を可能にする真の環境《ミリュー》／中間場だ。

　これまでに記述してきたすべての行為《アカウント》／作用に対して、大量のミッシング・マスの目録を加えなければならない。ミッシング・マスは勘定を決算するために必要だが、ミッシング・マスは見つかっていない（*missing*）。幸いにも、社会的な道具類はさほどスペースを取っていない。しかし、残念ながら、私たちはこの外部についてあまり知らない。けれども、定型化され、ローカル化され、連続性のある報告可能なあらゆる行為が実行されるのは、予備の蓄え、予備軍、広大な領土——領土でも軍でもな

(346) カサンの *L'effet sophistique*（Cassin 1995）の索引を参照のこと。

いが——があるからだ。これまで社会的なものの社会学を執拗に批判してきた理由がようやくわかるだろう。社会的なものの社会学は、中身が容易に調べられないパッケージを作っているのだ。社会としての社会的なものを、連関としての社会的なものと混同しないことをさかんに主張してきたとすれば、それは、最終的にこの予備軍を動員できるようになるためであった。待機している潜在的なものを活かせなければ、どうしたところで政治的行為は起こりえない。

社会的世界の法則は存在するだろうが、昔から考えられていた地位とはまるで異なる地位を占めている。社会的世界の法則は、当の場面の背後、私たちの頭の上部、当の行為よりも前にあるのではなく、当の行為よりも後、当の参与子の下部、当の場面の前景にある。カバーもしないし、取り囲みもしないし、集めもしないし、説明もしない。この法則は、循環しており、定型化を行っており、規格化を行っており、調整を行っており、そして、説明される必要がある。社会は存在しない——もっと厳密に言えば、社会は、すべての土地を指し示すことのできる名ではない。したがって、私たちは、もう一度最初からやり直して、広大な地形を探索し始めたほうがよい。この地形に対して、これまでの社会科学はいくつかの小さな橋頭堡を築くに留まってきた。社会学にとっては、再び探検の時代が始まるだろう。ただし、「空白を埋めてはならない」というモットーを忘れないことが条件だ。この規律にもどかしさを感じてはならない。社会学は新たな科学であり、たくさんの兄姉がいる大家族に生まれた末っ子である。当初の社会学が、兄や姉による科学と社会の定義を取り込んでその成功を見習おうとしたのは理解できる。自分の道を見つけるまでには時間がかかるのだ。

結章　社会から集合体へ——社会的なものを組み直すことは可能か

本書で提示してきた代案はとても単純なので、手短なリストにまとめることができる。つまり、①社会的なものが問われるのは、私たちを一つに結びつけている紐帯がほどけ始めるときである、②社会的なものは、ある連関から別の連関への思いもよらない動きを通して見出される、③この動きは、中断させることも再開させることもできる、④この動きを早まって中断させてしまう場合に、社会的なものが、一般に考えられているように、すでに受け入れられている参与子——「社会的アクター」と呼ばれる「社会」の構成員——が持ち合わせているものに見えてしまう、⑤収集に向かう動きが再び始まれば、後に参与子になる可能性のある数々の非社会的な存在を通して、連関としての社会的なものがたどられる、⑥この追跡をせっせと続けていれば、共通世界の共有定義——私が集合体と呼んできたもの——に至るだろう、⑦集合体を共通のものにする手続きがない場合、集合体の組み立ては失敗するだろう、⑧最後に、社会学を最も的確に定義するならば、社会学とは、参与子が集合体の組み直しに明確に取り組めるようにする学問分野である。

本書の全体にわたってみられる論調はともかく、最初に立てた目標はそれなりに抑制されたものであった。つまり、科学社会学からの教訓をもとに、「社会的」の語と「科学」の語の意味するところを改めることで、社会的なものの科学が再び可能になるのかという問いに答えることであった。最初に読者に注意したように、私は不偏不党の立場をとろうとはせず、この奇異な出発点からできるだけ多くの帰結を引き出すことにこだわってきた。

ようやく旅の終わりに達した。私たちはすでにこう結論づけることができる。一般に定義されているような意味での社会的なものは、諸々の組み立てからなる長い歴史の一局面にすぎず、一方の政治体の探求と他方の集合体の探究のあいだで宙づりにされた一時的な姿である。十九世紀半ばに始まり、二十世紀の終わりまで社会的なものの社会学に刺激を与えてきた一大プロジェクトは、今や息切れを起こしている。しかし、絶望する必要はない。逆に、このことが意味しているのは、先のプロジェクトと同じように大志を有する別のプロジェクトが後を継ぐべきであるということに他ならない。社会的なものの社会学は、集合体を目指すための数ある手段の一手段にすぎないのだから、連関の社会学は、社会的なものという観念によって中断してしまった収集の使命を引き継ぐ。先人の労を正当に扱い、その伝統に忠実であり続けるためには、その目標を引き継いで、なぜ先人が早々に目標を成し遂げたと考えてしまったのかを理解し、どうすれば集合体を追い求められるのかを見なければならない。成功する可能性は少しばかり高まっている。

社会的なものに対する古い定義を私が不当に、さらには悪意を持って扱っているように見えていたとするならば、それは、近年になって、共通世界を探求するという課題を再開するのが極めて難しくなっているように見えるからだ。新たな連関が社会的な力のパッケージに入れられてしまえば、その中身を点検し、その有効期限を確認するすべはない。さらには、そうした社会的な力が本当に移送の手段と燃料を備えており、その力によって説明できると主張されているもののところまで移送されているのかどうかも確かめられない。とはいえ、前章で見たように、社会科学の有する定型化の力が否定されるわけではない。それどころか、社会的な世界を照合可能になるように調節するのに非常に優れているがゆえに、数々の非社会的な存在からなる連関に注意を向けるにはピントが合わないのだ。社会のなかで自分の道を見つけながら進むための格好の旅支度をさせてくれるレパートリーが、危機の時代には身動きを取れなくさせる。したがって、すでに受け入れられた社会的構成子のレパートリーにこだわって、それに合わないものを省いてしまいたくなる。社会科学のプロジェクトを復活させ、その当初の成長を生み出した驚きの源泉に引き戻すには、まるで馴染みのない組み立てに今一度鋭敏になることが重要だ。自分が近代的であると信じていたときには、社会の組み立てと自然の組み立てに満足することができた。しかし、今となっては、私たちを構成しているものを検討し直し、紐帯の種類と連関の数を、社会的説明の示す範囲を超えて広げなければならない。将来的に集合体を組み上げる可能性のある種々の存在を理解したいならば、科学、宗教、政治、法律、経済、組織などが見せている事象は、今すぐにでも、再び頭を悩ますものとなるに違いない。今や、二つの収集装置によって十分に包含されるようには見えないので、最初からやり直しだ。

連関をたどる務めを再開し、脇に置くことが理にかなっているとされていたあらゆるモノを相手にしなければならないという考えに対して、社会的なものの社会学者は当惑するだろう。それでも、ANTと社会的なものの社会学者のプロジェクトが連続していることは十分に明らかだ。方法論的には多くの不一致があり、不満もあるだろうが、自らのプロジェクトを再開することに不安を感じることはないはずだ。

批判社会学の場合には話が異なる。他の学派もついついそうしてしまうように、照合可能になるよう調節された社会的レパートリーに自分自身を制限して、モノを脇に置くだけでなく、そうしたモノが、社会的な紐帯〔人びとを結びつける社会的なもの〕でできていると主張してしまうのが批判社会学である。この性向がいっそう厄介なものになるのは、アクター自身の憤慨した反応が、そうした還元の危険を示すサインではなく、自らの社会学が唯一の科学的な手法であることの最たる証拠として捉えられる場合である。モノが社会的紐帯〔人びとを結びつける社会的なもの〕でできており、つまりは、初期の社会科学者が正規のレパートリーの一部であるとみなしたものでできていると言って、さらには、それが虚偽であることを立証してくれる唯一の拠りどころである「説明された」人びとによる異論を切り捨てると言うのであれば、ANTとの両立を見るのは難しい。自らの科学性や客観性をいかに主張しようとも、批判社会学は、本書で提案する新たな意味での社会学にはなりえない。批判社会学には、非社会的な要素を最後まで追いかけるために自らの装具を更新するすべがないからだ。新たな状況や新たなモノに直面しても、それは、すでに認められているわずかな種類の力（権力、支配、搾取、正統化、物神化、物象化）で作り上げられていると繰り返すだけになるおそれがある。法は社会的に構築されるであろうが、宗教、経済、政治、スポーツ、道徳、芸術などもやはり社会的に構築されるであろう。あらゆるものが同じ材料でできている。つまり、「分野／界《フィールド》」の名前が変わるだけである。批判社会学の問題は、間違う可能性が決してないことだ。

けれども、この結章では、この社会的批判のやり方を相手にしなければならない。優れた科学はどのようなものなのかという表の問題の裏には、政治的な意義をめぐるもっと厄介な問題があるからだ。前者が情熱を燃え立たせるならば、後者は激しい怒りを引き起こす――そして、怒りもまた尊重されなければならない。

今や、本書の構成から明らかであるはずだが、社会的なものの経験に忠実であるためには、三つの異なる課題――展開させること、安定化させること、組み上げること――に一つずつ取り組まなければならないことを主張してきた。私たちはまず、どんな組み立てであれ、今後の組み立てに加わるであろう新たな参与子の数を見積もるために、論争を展開させる方法を身につける必要がある（第I部）。次に、アクター自身が、定型、規格、計測基準を組み立てることで、論争を引き起こす不確定性をどのように安定させるのかに目を向けなければならない（第II部）。最後に、そうして組み立てられたものが、いかにして、同じ集合体に属しているという私たちの帰属意識を蘇らせられるのかを見たいと思う。この最後の務めを果たすべき時は、最後まで遅らせるほかなかった。ついに、私が政治認識論と呼んできたものをめぐる問題に取り組む時が来た。

どのような政治認識論なのか？

社会的なものの社会学の有する強力な定型化の力を位置づけ直すことで、多くの社会的なものの社会学に対する酷評を改めた今、批判社会学に対する評価を検討し直さなければならない。批判社会学が間違っているのは、批判の力を手にすることを望むことではなく、社会学の他の務めが達成される前に、間違ったタイミングで批判に手を伸ばそうとすることである。私が批判社会学を非難するのは、社会と集合体を混同してきたからである。批判社会学の誤りは、それが政治的に見えるからとか、科学を政治と混同しているからといったことではなく、科学と政治のいずれに対しても失敗する他ない定義をしたことにある。というのも、組み合わさる可能性のある存在の数を最初に算定しようとしなかったからだ。批判社会学者は、社会的なものがほんの数種類の参与子で構成されていると主張することで、政治を行うことの難しさを過小評価している。社会的世界を作り上げている正規のメンバーのリストが前もって劇的に制限されている場合には、政治が成功を収める可能性はほとんどないのに、そのことに目を向けようとしていなかった。

本書では何度となく、どうして、社会学者が存在するものの数を増やせず、その手の込んだ形而上学に従えず、その論争を見定めることができず、それと同時に、その大半を想像上のもの、恣意的なもの、時代遅れのもの、旧態依然のもの、イデオロギー的なもの、誤解を招くものとして排除しようとしているのかを示してきた。幸先の悪いスタートを切った社会学は、科学主義の絶頂にあった自然科学を模倣し、社会問題の解決を求める喫緊の要請に答えるために、適正な政治的手続きをショートカットしようとした。しかし、あまりに不用意に科学と政治を結び合わせたために、社会学は、どんな種類の非社会的なもので社会的なものが構成されているのかを説明することができなくなり、独自の科学観を磨き上げる自由もなくなった。社会学者がそんなことをしたのは、よこしまな思いからではない。「社会的なもの」、とりわけ社会を用いることで、共通世界を定義するための解決策をほとんど手にしたと考えていただけだ。社会学者が望んでいたのは、その時代の政治問題について発言したり、近代化の急速な進展に介入したり、少なくとも自らの科学の諸法則を社会工学に適用することであった。

しかし、以上の理由がどれほど歴然としたものに見えようとも、諸々の連関を展開させて収集するという難業を中断すべきではない。組み合わせられるべきものは、まずは表に広げ、断片化《デフラグ》を解消し、点検してみないことには、どうやっても組み合わせられない。目に見えず、追跡できず、遍在している総体的な力と戦わなければならないのであれば、なすすべはなく、完膚なきまでに打ち負かされるだろう。このことを認めるのに、特別な能力も政治的な見識も必要ない。諸々の力がもっと小さな連結材《タイ》でできており、その連結材の耐久力を一つずつ試すことができてはじめて、所与の事態を改める可能性が生まれるだろう。単刀直入に言えば、社会が存在するならば、どんな政治も不可能である。(347) したがって、第一印象とは逆に、政治的な意義を得ることと社会的説明を行うことのあいだには大きな齟齬がある。あるいは、少なくとも、批判社会学が自ずと何らかの批判の力を与えてくれるという保証はない。

---

(347) ここではバウマンの主張を一般化している。バウマンにとっての社会とは、革命的な政治に取って代わるために発明されたものである。バウマンの *Postmodernity and its Discontents* (Bauman 1997) と、社会科学の歴史を扱ったフレデリック・オドレンの 'Les juristes et les mondes de la science sociale en France' (Audren 2006) を参照のこと。

すでに何度か述べてきたように、批判社会学が非常に危険なのは、決して説明に失敗しないからである。このせいで、批判社会学は、経験的に空疎になり、政治的に空虚になるという危険を常に冒している。失敗する可能性を残しておくことが重要だ。それが、科学的把握の質を保ち、政治的な意義を得る可能性を保つ唯一の方法である。科学社会学を足場として本書で提案した社会科学の定義によって、経験的な把握を回復させることができるはずだ。かつての社会的なものの境界線でぴたりと止まるのではなく、新たなつながりが向かうところであれば、どこへでも旅することになるからだ。さらには、この社会科学は、政治的な意義を取り戻すはずだ。探り出された新たな参与子を組み合わせるという問題に再び取り組むからだ。しかし、そのためには、科学と政治を同期させることが必要だ。科学と社会を研究することで、「二重に見ない」〔二つあるかのように見ない〕ことを学んだからだ。[348] ANTが考えているのは、純粋に客観的な社会的なものの科学を追究することでもなければ、不偏不党の科学という夢を捨て去って、社会科学が永遠に汚い政治工作にはまり込むのを見ることでもない。ANTのプロジェクトが求めているのは、むしろ、科学と政治の役割について別様の配分を試みることである。その難所は次の点にある。つまり、不偏不党であるという夢と、それとは逆に、関与し意義ある存在になるという夢とのあいだで、もはやぐらつかないのであれば、何かを研究するということにどんな意味があるのか、である。

ここで、ANTが二つの対称的で相矛盾した罪で非難されていることに目を向けるのが有益だ。第一は、科学技術の内なる聖域を含めて、あらゆるところに政治を拡張しているという非難であり、第二は、不平等や権力闘争に無関心であり、批判の手段を提示することなく、権力者をただ黙認するに甘んじているという非難だ。[349] 二つの非難は互いに打ち消し合うはずであるが――どうすれば政治をそこまで広げつつも、政治に対してほとんど何もしないことができるのか?――、必ずしも矛盾しているわけではない。左派は、その解放のプロジェクトを強化するために常にある種の科学に傾いてきたので、こう考えているのだ。つまり、科学を政治化するということは、客観性と合理性に訴えることで権力のバランスを取り戻す唯一のチャンスを、搾取された人びとから奪うことである。[350] 似非科学は暴かれなければならないが――それは科学を偽装したイデオロギーに他ならない――、純粋に科学的な科学のなかには、あらゆる論争を裁定できる唯一の控訴裁判所が存在する。最も反動的な人びとだけが、理性の弱体化を喜ぶ。純粋な科学がなければ、社会の不正の犠牲者は「純然たる」権力関係から離れられない――そして、そのゲームでは、子羊がオオカミよりもずっと早く食べられてしまうだろう。さらに、政治化した科学の鍵を権力者の手に渡すことで、ANTはただの「技術者の社会

(348)「二重に見る《シーイング・ダブル》」〔二つあるかのように見る〕というのは、シェイピンとシャッファーの『リヴァイアサンと空気ポンプ』(二〇一六)で用いられている表現である。政治認識論は、科学と政治のあいだでの権力の割り振りを描き出す一方で、認識論は政治から切り離された科学の理論である。

(349) アラン・D・ソーカルとジャン・ブリクモンの『「知」の欺瞞』(二〇〇〇)、ラングドン・ウィナーの 'Upon Opening the Black Box and Finding It Empty' (Winner 1993)、フィリップ・ミロウスキーとエドワード・ニックハの 'Markets Made Flesh' (Mirowski and Nik-Khah 2004) を参照のこと。

(350)「サイエンス・ウォーズ」というやや馬鹿げた出来事が起きているときに、主に左翼の名において、科学論ととりわけANTとの戦いが行われた。ミーラ・ナンダの *Prophets Facing Backward* (Nanda 2003) を参照のこと。ナンダは、ヒンドゥー教原理主義者による理性の制限を手助けをしているとして、科学論を非難している。

学」にすぎなくなる。下手をすると、理性の規律化から解放された人びとに対して、いっそうマキャヴェリ的になり、いっそう策動的になり、いっそう科学とイデオロギーの違いに無関心になることを教えるコンサルタント集団に変わる。ネットワークの拡張の名のもとに、裸の王様に最新の「衣服《ウェアラブル》」を着させてしまう。(351) ANTはマキャヴェリ主義を拡張したものにすぎない。

私はいつもこうした批判に困惑してきた。私の見るところでは、逆に、進歩人を自任する人たちは、自らのさまざまな解放のプログラムとは少しも合致しない社会理論に縛られるべきではない。社会的な力の中身を検査したり分解したりするすべがないならば、あるいは、社会的な力が解明されないまま強力すぎるままであるならば、できることはあまりない。さまざまな問題のすべての背後に同一のシステム、同一の帝国、同一の総体が厳然として存在していると主張することは、私から見れば、マゾヒズムの極致であった。つまりは、確実な敗北を探し求めておきながら、上等な政治的正しさ《ポリティカル・コレクトネス》の甘美に浸るという倒錯である。ニーチェが永遠に忘れられないかたちで描き出した「ルサンチマンの人」は、ニーチェにとってはキリスト教徒を指すが、批判社会学者もまったく同じように当てはまるだろう。

とすれば、私たちを弱く結びつけているものの連続、つまりは、構築され、人工的で、特定可能で、報告可能な、驚くべき結びつきの連続だけが、戦うための唯一のすべなのではないか。どんな種類の戦いを企て始めるにせよ、このことは明らかではないか。大文字の総体的なものに対しては、その前にひれ伏すか、もっとひどい場合には、完全な権力の場を占めることを夢見るほかない。開かれ、フラットにされ、身の丈の大きさになった土地においてのみ、行動を起こすことが可能になると主張するほうがはるかに確実であろう。つまりは、定型、構造、グローバル化、総体的なものが小さな導管内を循環している土地であり、そうしたものが当てはめられるときには、常に多数の隠れた潜在的なものに頼らなければならない土地である。そう主張できなければ、どんな政治もない。新たな組み合わせや思わぬ出来事に訴えることなく、勝利を収めた戦いはなかったからだ。私たち自身の行為は、差異からなる世界のなかでのみ「差異を作り出す」。しかし、この差異からなる世界とは、まさに、本書の第II部で提案した三つの手立てを実践すればすぐに現れる社会的なものの地形ではないか。「プラズマ」に目を向けた際に、その大きさが、ガーフィンケルが言ったように、戦わなければならない相手よりも「天文学的に大きい」予備軍を発見したのではないか。少なくとも、勝利の見込みははるかに大きい――そして、マゾヒズムを育む機会ははるかに小さい。批判的に距離を取るのではなく、批判的に近づくこと。これを私たちは目指すべきだ。

ANTの政治的な企図がどこにあるのか――したがって、どこに間違いがあってどう直すべきなのか――を明確化するのが難しかったとすれば、それは、社会科学が政治的な意義を有するということの意味も改めなければならなかったからだ。(352) 政治がどんなものであるのかを、当然の権利として自

(351) ネットワークの概念と、ボルタンスキーとシャペロが『資本主義の新たな精神』(二〇一三)で描いた「芸術的」で「流動的」な資本主義との近さが、この関連づけをいっそう魅力的にしている。

(352) ミシェル・カロンの 'Ni intellectuel engagé, ni intellectuel dégagé' (Callon 1999) を参照のこと。極端な非関与の例として、ミシェル・カロンとボロナ・ラバリゾアの *Le pouvoir des malades* (Callon and Rabeharisoa 1999) を参照のこと。フランスにおける昔ながらの「行動する知識人」の姿に反対する議論の要点は、ミシェル・フーコーのインタビューに見ることができ

分で決めようとするごく少数の者の手に任せておくことはできない。政治はそれだけ真面目な問題なのである。

数あるなかの一学問分野

「批判社会学は、科学と政治を混同している」と主張するなかで、私が一番したくないのは、政治と認識論の古典的な分離に戻ってしまうことだ。科学社会学者の側からそんな主張をすれば、とても奇妙なものに見えるだろう！　まともな科学は政治的な企てに関わるべきでないなどとは、私にはとても言えない――私の選んだ二人の英雄であるタルドとガーフィンケルにはあまり政治的熱意がなかったとしても……。しかし、どんな科学的な学問分野であれ、その強力な収集力があることを考えれば、公平無私の客観的な科学と、積極果敢に政治に関わることとの対立は意味をなさなくなる――「自然」科学であろうと「社会」科学であろうと違いはない。それどころか、社会科学は、自然科学の有する組み立ての力と肩を並べなければならない。政治認識論は、優れた科学が「汚い政治的配慮」によって「汚される」のを避ける手段でもなければ、実証主義者が「見せかけの客観性を隠れ蓑にする」のを止めさせる手段でもない。アクターをひとつに結びつけているものについては誰もわからないので――第Ⅰ部で検討した五つの不確定性――、集合体を生み出すためには、計画的で、人為的で、意欲的で、独創的な取り組みによって、特有の学問分野群を活用することがどうしても必要だ。

ただし、この学問分野群は、化学や物理学や力学などと同じように理解されなければならない。つまりは、一つひとつの学問分野を、それぞれに、世界を形成する新たな候補になりうるものを系統的に収集しようとする試みとして理解しなければならないのだ。

この点で、自然科学との類似は必然である。いずれの科学とも、収集がすでに完了しているという考えに囚われてはならないからだ。別の著書で示したように、自然はこの特徴を社会と共有している。(353) 同じ「外的現実」の下で、自然の観念は二つの異なる関数を一度に合成してしまっている。つまり、一方では、世界を構成する諸存在の複数性があり、他方では、議論の余地のないひとつの全体のなかで組み合わされる諸存在の単一性があるのだ。実在論に訴えるだけでは決して十分でない。それは、複数の〈議論を呼ぶ事実〉と単一化した〈厳然たる事実〉をひとつのパッケージに一緒に投げ込むことを意味するからだ。したがって、人びとが「自然」や「外的現実」の存在を疑うときには、その人びとは、〈厳然たる事実〉の支配的優位《ヘゲモニー》の下での〈議論を呼ぶ事実〉の早すぎる単一化に反対しているのかもしれないし、あるいは、科学が明らかにする事物の複数性を否定しているのかもしれない。前者は無くてはならないことであり、後者はまったくもって馬鹿げたことである。

「外的現実」というパッケージを破って開いて公的な監視を可能にするために、別書では、以下の二つの問いを区別することを提案した。つまり、一方の、私たちがともに生きるべき存在を増やす

(353) ここでは、拙著 *Politics of Nature*（Latour 2004b）で示した解法をまとめる。ミシェル・フーコー『ミシェル・フーコー思考集成II』（一九九九）。

ことに関する問い――私たちはどれくらいの数なのか――と、他方の、それとはまったく異なる問い、つまり、組み合わさったまとまりが存続可能な世界を形成するのかどうかを決する問い――私たちは共生できるのか――を区別するのである。いずれの問いに対しても、科学者、政治家、芸術家、倫理学者、経済学者、立法者などのさまざまなスキルによって取り組まなければならない。そうしたさまざまな職業は、扱う分野の違いによって分かれているのではなく、同じ分野に適用するスキルの違いによって分かれているにすぎない。このことは、相異なる職種――電気技師、大工、煉瓦工、建築家、配管工など――が、一つの建物で入れ替わり立ち替わり作業したり、同時並行的に作業したりするのとよく似ている。伝統的なやり方では、（道徳家が関心を寄せる）共通善と（本来的《ナチュラル》に与えられる）共通世界が区別されていたのに対して、私が提案したのは、「自然をめぐる政治《ポリティクス・オブ・ネイチャー》」をひとつの共通世界の漸進的な組み上げで置き換えることである。さまざまな生態学的危機が迫るなかで、この置き換えは、科学と政治を定義し直し、政治認識論の課題を遂行する唯一の道であるように見えたのである。

　ここで、二つの収集装置である自然と社会に共通するものを見ることができる。両者はともに、一つの共通世界を二つの相対する組み合わせで収集しようとする早まった試みである[354]。これは私が近代憲法（*Modern Constitution*）[訳註92]と呼んできたものであり、政治的に歪んだ認識論が共同的に成し遂げていることを記述するために法のメタファーを用いている。したがって、共通世界の漸進的な組み上げとして政治を再定義することは、かつての自然の組み立てとともに、かつての社会の組み立てにも適用する必要がある。難しいのは、ここで対称性が少し切れてしまうことだ。そのせいで、この新たな政治の定義を批判社会学と混同することがあれば、それは大きな害悪をもたらす。

かつての自然の領域からやってくる御しがたい客体は、自然科学者たちがどう言おうとも、舞台の中央に立ち続けるのに対して、かつての社会からやってくる御しがたい主体（*subject*）は、容易に飼い慣らされるかもしれない。というのも、「うまく説明された」ときに不平をもらすことはまずないし、少なくとも、そうした不平が、モノの場合と同じぐらいの関心をもって記録されることはまずないからである。[355] 往々にして、社会科学は、科学者が思い描いている殺風景な景色（〈厳然たる事実〉と厳密な因果関係が根付いた景色）を、はっきりと模造してしまうところがある。たいていの自然科学よりもはっきりと！　しかし、いずれの科学の場合にも、集められるべきものは——つまりは、自然と社会という古い組み合わせのかつての構成子であり、私が媒介子、モノ、存在様態と呼んできたものは——、〈厳然たる事実〉にも社会的なアクターにも似ていない。

この点を把握するためには、〈厳然たる事実〉であることが、実際には「自然な」存在様態ではなく、奇妙なことに擬人的な形態（*anthropomorphism*）であることを念頭に置く必要がある。[356] 物事、椅子、猫、

（354）野生生物をめぐる政治は、対称的なアプローチが必要であることを示す好例である。キャリス・トムソンの 'When Elephants Stand for Competing Philosophies of Nature'（Thompson 2002）を参照のこと。

（355）人間と非人間の存在の御しがたさの比較に関して、ヴァンシャン・デプレの *Naissance d'une théorie éthologique*（Despret 1996）と、ステンゲルスの *The Invention of Modern Science*（Stengers 2000）を参照のこと。

（356）「非アニミズム」は、「アニミズム」とまったく同じ形象化である。形象化の概念については、一〇二頁を参照のこと。世界におけるアニミズムや自然主義などの機能の分布について見事に探究したものとして、デスコラの『自然と文化を超えて』（近刊）——なかでも、自然主義の擬人的性格を明らかにした章を参照のこと。

マット、ブラックホールが〈厳然たる事実〉のように振る舞うことは決してない。他方で、人間は、時として、政治的な理由によって、〈厳然たる事実〉のように振る舞って、調査に逆らう。したがって、「人間をモノのように扱う」ことに抵抗するのは馬鹿げている。悪くても、物理学、生物学、コンピュータ・サイエンスなどにおける他の〈議論を呼ぶ事実〉と同等になるだけである。間違いなく複雑性が高まることになる。「モノ化した人間」は、「引き下げられる」どころか、アリ、チンパンジー、チップ、粒子のレベルにまで引き上げられる！「モノのように扱われる」ということは、今や明らかなように、単なる〈厳然たる事実〉に「還元」されるということではなく、〈議論を呼ぶ事実〉と同じくらい種々さまざまに生きることが可能になるということである。還元主義は、避けるべき罪悪でもなければ、あくまでこだわるべき徳目でもない。つまり、還元主義は、実際には不可能なものなのだ。「より高次のレベル」を諸要素に還元したところで、その諸要素は、「より低次のレベル」と同じくらい複雑になるからだ。批判社会学者の手のなかにある人間が、動物学におけるクジラ、動物生化学における遺伝子、霊長類学におけるヒヒ、土壌学における土壌、腫瘍学における腫瘍、熱力学におけるガスと同じようにうまく上手に扱われるならばよいのだが！そうなれば、人びとの複雑な形而上学が少なくとも尊重され、人びとの御しがたさが認められ、人びとの反論が展開され、人びとの複数性が受け入れられることになるだろう。ぜひとも、人間をモノとして扱い、少なくとも、ささやかな〈議論を呼ぶ事実〉に授けてもよいぐらいの実在性を与え、できる限り人びとを具体化《マテリアライズ》、そう、物象化してほしい！

　実証主義——自然主義的なかたちであれ、社会的なかたちであれ、あるいは、反動的なかたちであれ、進歩的なかたちであれ――は、「人間の意識」を忘れて「冷たいデータ」にこだわろうとするから間違っているのではない。実証主義は政治的に間違っているのだ。実証主義は、〈議論を呼ぶ事実〉を、適正な手続きなしに、あまりにも急いで〈厳然たる事実〉に縮減してきた。実証主義は、実在論の二つの課題、つまり、複数性と単一性を混同してきた。実証主義は、諸々の連関を展開させることと、諸々の連関をひとつの集合体に集めることとの区別をあいまいにしてきた。このことは、解釈的社会学の唱道者が正しく感じてきたものの、罠から抜け出す方法がわからなかったので、自然科学と物質世界に関する考えが異様なものになってしまった。この種の社会学者は、愛憎半ばの還元主義者と一緒になって、科学――社会科学ないし自然科学――が政治的な企図をもつことの意味を誤解してきた。したがって、一方に「公平無私の」科学者がいて、他方に「社会に関与する」科学者がいるという間違った二者択一に陥っているのだ。このせいで、どうしたものか、連関の社会学は、しばしば、「ただ記述しているだけ」で「政治的な企図がない」と非難され、逆に、社会的なものの社会学は、決して実現できない公平無私の科学と、決して達成できない政治的な意義とのあいだを、まるで熱に浮かされたかのようにふらついているのだ。

　この誤ったジレンマから抜け出すために、二つの相異なる手続き群を前景に出すべきである。ひとつは、アクターによる展開を可視化する手続き群であり、もうひとつは、集合体の単一化を、単一化されるアクターに受け入れられる共通世界にする手続き群である。第一の手続き群があるために、ANTは、アクターの代わりに立法したいという社会学の衝動と戦う公平無私の科学によく似ている。他方で、第二の手続き群があるために、ANTは何よりも政治に関与するものであると認められるはずである。というのも、ANTは、社会科学が生み出すもの（「インフォーマント」の目には見えないと考えられている）を批判し、前衛《アヴァンギャルド》の人びとのほうがよく知っていると主張するからだ。私たちは、伝統的な社会学による社会工学の企図よりも、公平無私でありたいと望んでいる。もっと多くの論争を追い求めているからだ。しかし、私たちは、公平無私のまなざしという科学的な夢よりも、政治的に関与したいと思ってもいる。けれども、公平無私に近いものは、先に検討した四つの不確定性の発生源を展開させることで得られる一方、関与することは、集合体の一部を組み合わせるのに役立つ第五の不確定性によって可能になる。つまり、関与することとは、何らかの〈失敗と隣り合わせの報告〉という非常に慎ましやかなメディアを通して、集合体にアリーナ、フォーラム、スペースを用意し、再現前化させることである。そして、〈失敗と隣り合わせの報告〉は、たいていの場合、テクストだけからなる微弱な干渉にすぎない。

　したがって、研究をするということは、共通世界の材料を集めたり組み上げたりするという意味で、例外なく、政治を行うことである。問題なのは、どのような種類の収集とどのような種類の組み上げが求められているのかを決めることにある。これは細心の注意を要する問題であり、ここで、ANTと社会的なものの社会学との違いがいっそう鮮明になるだろう。私たちが主張するのは、社会的世界を作り上げる材料の種類をめぐる論争は、社会科学者が解決するものではなく、未来の参与子が再開するものであるということであり、既存の社会的な結合を作り上げている「パッケージ」を公的な監視に絶えずさらすことである。つまりは、報告に入れること (*taking into account*) と秩序づけること (*putting into order*) という二つの課題を別々にしておく必要があるということだ。次の問題は、どの社会科学がこの区別を維持するのに優れているのかを見定めることである。

地理学から人類学まで、会計学から政治学まで、言語学から経済学まで、あらゆる学問分野が、それぞれのやり方で、集合体の構成要素を最初に並べ、次に何らかの首尾一貫した全体に変えている。「研究する」ことが意味するのは、決して、公平無私のまなざしを投げかけ、その研究結果から明らかになった原理に従って行動を起こすことではない。むしろ、個々の学問分野は、この世界で作動している事物の範囲を広げると同時に、その一部を忠実で安定した中間項に変えている。したがって、たとえば、経済学者は、有史以来ずっと存在してきた何らかの経済的下部構造をただ記述しているのではない。経済学者が明らかにしているアクターの計算能力は、それまでアクター自身の知らなかったものであり、経済学者によって、そうした新たな能力の一部は、銀行口座、財産権、レジのレシートなどのプラグインといった数多くの実用的装置を介して間違いなく常識的なものにされている。社会的なものの社会学者が行ってきたことは、これまでに見てきたように、社会がどんなものであるのかを「発見」することにとどまっていない。社会的なものの社会学者は、アクター同士の結びつきを増やすことに積極的に携わってきたが、そのアクターは、それまで「社会的な力」によって結びついていることなど知らなかったし、社会学者によって、アクターは数々のグループ化の手段を手にしてきた。心理学者は、何百もの新たな事物――神経伝達物質、無意識、認知モジュール、倒錯、習慣的反応など――を人間の心理に植えつけると同時に、その一部を決まりきった常識として安定化させている。地理学者は、千差万別の川や山や都市を表象することができ、地図、概念、法則、領域、ネットワークを用いて居住可能な空間を創り出すことができる。言語学者の言語、歴史学者の歴史、人類学者の文化的多様性などの場合にも、同じように人びとの役に立つ働きが見られる。経済学がなければ経済は存在せず、社会学がなければ社会は存在せず、心理学がなければ心理は存在せず、地理学がなければ空間は存在しない。歴史家がいなければ、過去についてどんなことがわかるというのか。文法家がいなければ、どうやって言語の構造にアクセスできるというのか。ちょうどクモがクモの巣を張るのと同じように、経済化は経済学者によって生み出され、社会化は社会学によって生み出され、心理学化は心理学者によって生み出され、空間化は地理学によって生み出される。

だからといって、そうした学問分野は単なる虚構であり、自らの扱っているものをどこからともなく捏造していることにはならない。以上のことが意味するのは、これらの学問分野《ディシプリン》が、その名が申し分なく示しているように、規律（*discipline*）であるということだ。つまり、それぞれの学問分野が、何らかの媒介子を展開させることを選択し、何らかの安定化を好み、したがって、それぞれに十分に教練され完全に定型化された入植者《インハビタント》を世界に植えつけてきたということだ。研究者が報告を書くときにどんなことをしていようと、その研究者はすでにこの活動の一端を担っている。このことは、社会科学の欠点ではない。このループから自らを解放したほうがもっとよくなるわけではない。このことが意味するのは、ただ、社会科学が、他のすべての科学と同類であり、エージェンシーを増やし、その一部を安定化ないし規律化するという通常業務に携わっているということだ。この意味で、科学は、公平無私になればなるほど、いっそう深く関与することになり、政治的な意義を有するようになる。社会的なものを存在させ、集合体を首尾一貫した全体に変えていくという社会科学の絶え間ない活動が、社会的なものを「研究する」ことの根幹をなしている。このかたまりに加えられる一つひとつの報告が、社会的なものがどのようなものであるべきか、つまり、共通世界に関する複数の形而上学と単一の存在論がどのようなものであるべきかに関する決定を表している。今日では、経済学者、地理学者、人類学者、歴史家、社会学者の提供する装具や器具を備えつけていないグループ形成はまれであり、これらの研究者が知りたいと願っているのは、グループがどのように形成され、その境界と機能がどのようなものであり、グループを維持する最善の方法がどのようなものなのかである。この切れ目のない仕事から社会科学が逃れようとするならば、理に反している。しかし、この仕事をうまくやってみようとするのであれば、まったく理にかなっている。

政治の異なる定義

では、結局のところ、ANTの政治的な企図とは何なのか。この小学派は、社会的なものがほつれるのを目にした際の驚きに立ち帰ろうとする回りくどい試みにすぎない——この驚きの経験は、社会科学が歴史を積み重ねるなかで少なからず色あせてしまった。したがって、政治の語の意味するところに再び目を向ける唯一の方法は、この本来の経験にさらに近づくことである。

十九世紀のあいだは、大衆、群衆、産業、都市、帝国、衛生、マスメディアなどあらゆる種類の発明がにわかに立ち現れたので、この驚きの感情が絶え間なく呼び覚まされるのを見るのは簡単なことであった。実におかしなことに、この感覚は、続く二十世紀において、数々の悲劇的惨事と技術革新、大量虐殺、生態系の危機のなかでさらに高まるはずだったのに、そうはならなかった。他ならぬ社会と社会的紐帯の定義が、いくつかの要素を取り込む一方で、莫大な数の候補子を排除しようとするものであったからである。近代主義が行き渡っているところでは、社会的なものの構成を精査することは、どのようなかたちであれ、非常に困難であった。[357] 自然と社会を同時に脇に置けば、多くの新たな構成子からなる集合体を組み立てることは本当に難しくなる。ANTはそのことに今一度敏感になろうとしてきたのである。

　私の理解するところでは、社会科学の中心をなしている危惧はこう表せる――事物の幅を広げてしまうと、新たな連関からまともな組み合わせ《アセンブリッジ》は生まれないのではないか。しかし、この危惧を、単に連関を広げるだけでは十分でないという直観として考えてみよう。そして、ひとつの共通世界をデザインするために諸々の連関が組み上げられる必要もあるという直観として考えてみよう。そうすれば、ここで、再び政治が登場する。よくも悪くも、社会学は、その姉妹である人類学とは反対に、形而上学の多元性に決して満足できない。社会学は、この共通世界の単一性《ユニティ》〔統一性〕という存在論的な問いにも取り組む必要がある。ただし、今回は、先に示したパノラマの内部ではなく、パノラマの外部で本格的になされなければならない。したがって、間違いなくこう言える――いかなる社会学も連関を「ただ記述する」ことに甘んじることはできず、新たな連関の純然たる複数性からなる見世物をただ楽しむこともできない。ローラン・テヴノーの逆説的な表現を繰り返すならば、「共生の科学」のラベルを付けるに値するためには、もう一つの務めも果たさなければならない。[358] 社会学が科学であるならば、「共生」とはどう関わるべきなのか。共生が問題であるならば、なぜ科学が必要になるのか。

答えはこうだ。新たな共生の候補となるものの数のためであり、この共生を可能にすると考えられている収集装置の範囲が狭いためである。

幕間劇でANTに大いに困惑していたLSEの学生が、政治的な意義を得ようとしていたのは正しかった。同じことは、政治科学、科学論、女性学、カルチュラル・スタディーズの各学科に入り、批判の力を手にして、「差異を生み出し《メイク・ア・ディファレンス》」、世界をもっと住みよいものにしようとするすべての若者に言える。そうした若者たちによる定式化はナイーブかもしれないが、しかし、どうして自分のことを社会学者と称しながら、こうした若者たちに対しては、その定式化が単なる思春期の夢物語であるかのように見下せるのか、想像がつかない。カフェのなかであっても、社会を変えたいという人を嘲笑することは、研究者としての魂を失ったことを示す確実な印だ。この政治的関与への衝動がもはや他の二つの務めと混同されなくなれば、あるいは、集合的な生活に加わる新たな候補子の採り込みが妨げられなくなれば、新たな存在を見出し、迎え入れ、中に入れたいという強い願いが、すぐに正統的なものになるし、おそらくは、追い求める価値のある唯一の科学的で政治的な目標になる。私たちは社会を変えなければならないのか。そうだ、あらゆる意味で変えなければならない。

「社会的」という語と「自然的」という語は、それぞれの誤った組み合わせを横断する二つのまっ

(357) 拙著『虚構の「近代」』(二〇〇八)でこの困難さをつかみ取ろうとしている。近代主義は決して自分の時代に追いつくことができなかった。

(358) テヴノーの 'Une science de la vie ensemble dans le monde'(Thévenot 2004)。

たく異なるプロジェクトを覆い隠していた。一方のプロジェクトは、思いもよらない事物間の連関をたどることであり、他方のプロジェクトは、そうした連関を多少なりとも存続可能な全体に束ねようとすることである。間違っているのは、一度に二つのことをしようとすることではなく——すべての科学は政治的なプロジェクトでもある——、後者の喫緊性のために前者を途中で止めてしまうことにある。社会的圏域の早すぎる閉鎖によって設定された狭い範囲をはるかに超えて、連関をたどるという課題が実行されなければ、共通世界を組み立てるという務めを果たすことはできない。ANTはこのことを言うための一手段にすぎない。

今日なお、コント、デュルケム、ヴェーバー、パーソンズのそれと同じ種類の収集装置に、同じ種類のアクター、同じ数の事物、同じ種類の存在、同じ存在様態を取り入れなければならないと考えるのは困難である。とりわけ、これらの収集装置に紛れ込む参与子が科学技術によって著しく増えた後では、なおさらだ。そう、社会学は大量の移民を扱う科学なのである。しかし、電子《エレクトロン》と選挙人《エレクター》、GMO〔遺伝子組み換え作物〕とNGOを一度に扱わなければならないときは、どうするのか。新たな連関という新しいぶどう酒を入れるのに、薄汚れた古い革袋では困る。だからこそ、集合体を自然と社会を広げたものとして定義し、連関の社会学を社会的なものの社会学を復活させるものとして定義したのである。

以上のことが、私がANTの政治的な企図と考えていることであり、政治的な意義の探究という語で示そうとしていることである。エージェンシーの複数性を探り出すという課題が仕上がると、すぐに別の問題が立ち上がる。そうした諸々の組み合わせのための集会はどんなものなのか、という問題だ。

ここで気をつけるべきことは、この定式化を、とてもよく似ているものの、私たちをまったく別のプロジェクトに連れ戻すであろう定式化と混同しないことである。政治的な問いを提起することは、多くの場合、所与の事態の背後に隠れている力の存在を明らかにすることを意味する。しかし、ここで、先に批判した社会的説明を行うという同じ罠にはまり、政治という語で本書で示そうとしていることと真逆のことをする羽目になるおそれがある。新たな連関を「説明」するために、すでに取り込まれたこれまでどおりの社会的紐帯のレパートリーを用いてしまうというおそれである。政治について話しているように見えるけれども、政治的に話してはいない。つまり、これまでと同じすでに規格化された力の小さなレパートリーをさらに押し広げているだけである。「有力《パワフル》な説明」を示すことに喜びを感じるかもしれないが、それこそが問題だ。その喜びが表しているのは、権力の拡大に与したいという欲望であって、権力の中身の再構成に与したいという願いではない。そうした説明が政治的な演説に似ているとしても、政治的な務めには手を付けてすらいない。諸々の候補子を組み合わせて、その種差的な要求に応じた新たな集会を作ろうとしていないからだ。「権力に酔いしれた」という表現は、将軍、大統領、CEO、常軌を逸した科学者《マッド・サイエンティスト》、職場の上司にのみ当てはまるものではない。有力な説明を押し広げることと集合体を組み上げることと混同する社会学者にも当てはまるのだ。だからこそ、ANTは常に「権力を避けること」をスローガンにしてきたのである。つまりは、逆火《バックファイア》を起こして、狙いを定めた目標ではなく自分の説明に命中してしまわないように、可能な限り権力の概念を用いないようにしているのだ。抑制と均衡《チェック・アンド・バランス》のない強力な説明は存在すべきでない。(359)

したがって、結局のところ、批判社会学を行うことと政治的な意義を有することは両立せず、社会と集合体は共存できない――この反目を隠す必要はない。堅くて強い紐帯をたどり直すことは、必ずしも、可能性があることを探るのに十分ではない。批判社会学の強力な説明の毒を体から抜き取ることを認めるならば、政治的な動機は、今や以前とは異なるもっと種差的な意味を帯び始める。つまり、私たちが探し求めているのは、諸々の連関の新規さを記録する方法であり、その連関を満足のいくかたちで組み合わせる方法なのである。

妙な話だが、社会科学から生まれる諸々の成果の鮮度の良さだけが、結局のところ、その政治的な意義《レリバンス》を保証できる。ジョン・デューイが独自に公衆を定義したときほど、この点が強く強調されたことはなかった。社会科学が意義のある存在になるためには、自己更新する力が必要だ――政治的行為の「背後」に社会があると考えられるならば、その力は得られない。社会科学もまた、少数から多数へ、そして多数から少数へとループする能力をもつべきである――このプロセスは、政治体の表象／代表という観点から記述されることで、しばしば単純化されている[360]。したがって、政治的関心を判定する試験に合格することは、今や、少しばかり簡単になる。つまり、私たちは、集合体を作り上げる要素が定期的に更新されるように、社会学を実践しなければならないのである。集合体の組み上げが最後までなされるよう地ならしをしなければならず、次にはその集合体をくまなく精査し直さなければならず、組み合わさった要素の数、存在様態、御しがたさがあまりに早く脇に追いやられないことを確実にしなければならない。今や、どの読者も、どのような社会理論が以上の目標を最も達成できるのかを判断することができる。

私たちの独特の手法は、要するに、安定化の仕組みを強調して、〈議論を呼ぶ事実〉が早々と〈厳然たる事実〉に変わることを阻むことである。ANTが主張するのは、この混同を明らかにし、展開と単一化という二つの課題を区別し、その適正な手続きを識別することで、社会科学がこれまでよりも政治的に有意義になるとともにこれまでよりも科学的になることの意味を改めることができるということだ。[361] この意味で、私たちは前任者と同じように科学にも政治にも強い関心をもっているが、ただし、ANTは、展開と収集を可能にする方法という点で前任者とは袂を分かつのである。これまでのところ、社会的なものの社会学は、展開と収集という二つの務めを区別するための明確な手続きを提案することに特段の関心を払ってこなかった。頭の固い科学社会学の出現により、科学がどのようなものであり、社会がどのようなものであるのかをめぐる考えが改められたからこそ、私たちは、以上の二つの相反する補完的な動きが少しはうまくできると主張しているだけである。「アクター自身に従えるのか」――社会学的方法の規準――と問うことで、最後は、「同じ共通世界でそのアクターたちと共生できるのか」という政治的ないし生態学的な規準で終わることになる。

少なくとも私の見るところでは、近代化の終焉と、本書で行ったANTの定義づけとのあいだに

---

(359) この点と、とりわけ集会《アセンブリ》という決定的に重要な概念に関して、さらに詳細に記したものとして、ウェイベルとの共著 *Making Things Public* (Latour and Weibel 2005) を参照のこと。私が結論を急ぎすぎているとするならば、*Politics of Nature* (Latour 2004b) と『科学論の実在』(二〇〇七) の最後の三章を参照してほしい。

(360)『公衆とその諸問題』(デューイ 二〇一〇)。

(361) カロンらの *Agir dans un monde incertain* (Callon, Lascoumes and Barthe 2001)。

は関係がある。私たちがなおも近代的であるならば、この自己省察と枝葉末節へのこだわりを無視してしまえるだろう。近代化の課題を引き継ぎ、公平無私の科学と、科学に基づく政治（あるいはそのいずれか）に打ち込むことができるだろう。それどころか、社会的なものの社会学は、常に西洋の優位性と非常に強く結びついてきた——もちろん、そのかくも高圧的で、かくも覇権主義的であることに対する恥じらいも含まれる。したがって、自然と社会を究極のメタ言語として用いることで、未来の共通世界がよりよく組み上げられると本当に考えるならば、ＡＮＴは役に立たない。ＡＮＴが興味深いものになるのは、かつて「西洋的なもの」と呼ばれたものが、まもなく西洋を力で上回るであろう他の世界に対してどのように自己呈示すべきかを再考しようとする場合に限られる。往時の西洋が不意に見せた弱点を記録してきたし、いかにしてこの太陽のもとで少しでも長く生き延びられるのかを考えようとした結果、私たちは、自然／社会の収集装置ではもはや収まり切らない結びつきを打ち立てなければならなくなった。あるいは、別の多義的な言葉を用いれば、私たちはいよいよ真剣にコスモポリティクス（訳註93）に取り組まなければならなくなった（362）。

以上の数々の要点のいずれについても、十分に立証してこなかったことは承知している。本書は、ＡＮＴに関心のある読者が、科学社会学の成果が社会理論に及ぼす影響を見るうえで役に立つ入門書にすぎない。本書で見てきたノウハウを誰かが何らかの分野で活用してくれるかどうかは、私に決められることではない。しかし、少なくとも、今や、アクター－ネットワーク－理論の企図が体系的に示されていないと非難できる者はいない。本書では、狙撃の名手が必要ないほど、自ら進んでＡＮＴを格好の標的にしてきたのだ！

いずれせによ、私は本書の冒頭で約束したことをやり遂げた。つまり、なかなか受け入れがたい出発点から得られる帰結をすべて引き出すために、最後まで一方に偏り続けた。とはいえ、私は、自分の取ってきた極端な立ち位置が常識的なものであるという考えを捨てきることができない。帰属することの意味について数々の危機が迫っているときに、共生の問題を単純化しすぎるわけにはいかない。今や、私たち以外の実に多くの事物が、私たちの集合体のドアをたたいている。私たちの学問分野の装具を入れ替えて、新たな事物が立てる物音に再び敏感になろうとするのは、そんなに馬鹿げているのか。そうした事物に然るべき場を与えようとするのは、そんなに無意味なことなのか。

(362) イザベル・ステンゲルスの *Cosmopolitiques - Tome 1*（Stengers 1996）で展開された意味においてであり、ストア的ないしカント的な意味においてではない。後者の場合、すでにひとつにまとまった宇宙を意味してしまう。後者の伝統を再検討したものとして、ダニエル・アーキブージの *Debating Cosmopolitics*（Archibugi 2003）を参照のこと。

訳註

（訳註1）この文の意味するところは本論で述べられていくことになるが、あらかじめ述べておくと、この背景には、他の科学論者との論争がある。つまり、エジンバラ学派、バース学派、フェミニスト認識論など、階級やイデオロギーといった非科学的な「社会的なもの」（社会的な原因）を持ち出して科学を「説明」しようとする論者が念頭に置かれている。たとえば、エジンバラ学派のマッケンジーは、初期統計学におけるピアソンの立場が、自身の優生学支持の影響を受けたものであり、当時の優生学支持者の多くは専門職の中産階級で、その階級的利害が優生学の推進に反映されているなどと論じた。ただし、本書で主として批判されるのは、二〇世紀の社会学において最も強い影響力を及ぼしたといってよいピエール・ブルデューの社会学である。

（訳註2）「木で作られている」と同じように「社会的なもので作られている」（たとえば、社会的な力が安定的、持続的な相互作用をもたらしている）ことを意味し始めると、ということ。

（訳註3）「種差的」（specific）とは、人文社会系でしばしば用いられる語であり、簡単に言えば、「他とは異なる独自の性質を有した」といった意味合いである。

（訳註4）「共生の科学」（science of living together）は、テヴノーがアーレントの「世界のなかの共生」から借用した表現である。アーレントの論じるところによれば、「むしろ、ここでいう世界は、人間の工作物や人間の手が作った製作物に結びついており、さらに、この人工的な世界に共生している人びとのあいだで進行する事象に結びついている。世界のなかに共生するというのは、本質的には、ちょうど、テーブルがその周りに座っている人びとの真ん中に位置しているように、事物の世界がそれを共有している人びとの真ん中にあるということを意味する。つまり、すべての介在者と同じように、人びとを結びつけると同時に人びとを分離させている」――ハンナ・アーレント（一九九四）『人間の条件』七九―八〇頁。

（訳註5）たとえば、情報通信技術の進展と普及により、「社会」は大きく広がっており、そうした科学技術がなければ、その

「社会」は成り立たなくなっている。

（訳註6）この主張はANTの核をなしているので、あらかじめ第II部の内容も含めて註釈しておくと、ANTが報告する「社会」は、実在するとされる（システムなり構造なりの）社会を指すのではなく、（社会学者を含む）人びとが用いている観念的存在（entity）としての社会を指す。ただし、観念と実在の二分法図式から脱却するのがANTの核心をなしており、この「観念的存在としての社会」は、「実在する社会」と無関係でも一対一関係にもない。誰かがどこかで、実在するさまざまな（差異に満ちた）事物を変換・翻訳して構築した「社会」が、さまざまな導管を動く移送装置（郵便配達される雑誌、新聞社が発刊する新聞、テレビ局が流す討論番組……）を通って循環（流通）し、実在する事物を変換・翻訳して収集し、「社会的領域」を作り出しているのである。「社会」は「**循環する存在**」（circulating entity）であり、諸々の事物の「連結装置」（connector）である。こうしたありようは、「資本主義」でも「神」でも「科学的事実」でも同様であるが、それぞれに異なるかたちで事物（存在様態）を結びつけている。

（訳註7）「**連関／つながり**」（association）は、本書で見ていくことになる社会－自然、主体－客体の二分法とは無縁の主に人間と非人間の結びつきを指す。この意味でのアソシエーションの語に、何らかの「マクロな次元」を感じさせる訳語を当てるのは適切ではない。つながること、結びつくこととは、後に見るように、「お互いに所持し合う」ことである（ホワイトヘッド流に言えば「抱握」）。もちろん、この語には、「連携」の意味合いも感じられ、もはや単線的な因果は成り立たない。本書では、人形師と操り人形のつながりが何度となく登場する。人形の動きは、人形師の意志に還元できず、かといって操り人形が命令しているわけでもなく、人形師と操り人形のハイブリッドによって実現している。ただし、連関は二項の関係に閉じるものではない。以下、本訳書では「連関」の訳語を基本的に用いることにして、「連関」では意味が強すぎる場合には、「つながり」の語をあてている。

（訳註8）以下、とくに断りなく、「**社会的**」の語が、第一の「人びとの集まりに関わる」の意味で用いられることもある。たとえば、「社会的な紐帯」（social tie）は、ほとんどがこの意味で使われており（つまりは、「人びとを結びつけるもの」）、「非社会的な」（non-social）、「社会的でない」（not social）の語も総じてこの意味で用いられている。他方で、「社会的な結びつき」（social connection）は第二の「連関」の意味である。また、もちろんのことながら、「社会的相互作用」など、いずれの意味

にも属さないものもある。また、「社会的なもの」（the social）の語も、「社会的なものの社会学者」のいう「社会的なもの」を指す場合もあれば、「連関の社会学者」のいう「社会的なもの」を指す場合があり、議論が進むにつれて、とくに明記されることなくいずれかの意味で用いられもするので、注意されたい。

（訳註9）「**エージェンシー**」（agency）は、通常の社会学では、何らか（たとえば構造）の影響を受けるなかで主体が行為を生み出す力を指す語であり、「行為主体性」などと訳される。本書では、構造‐主体パラダイムの外にある社会学では、単純に「行為を生み出す力」を指す。本書では、いわゆる「主体」の内外にあるさまざまなものがエージェンシーとして把握され、それらが組み合わさることで、行為を行う「主体」ないし「アクター」が作られるという視点がとられる（ラトゥールの用語では、この動的なありようが、「**アクター‐ネットワーク**」と呼ばれる）。

（訳註10）entityは、辞書的には「他と区別される独立したものの総称」であり、具体的なものも抽象的なものも当てはまる。たとえば、ホワイトヘッドはこう指摘している。「『存在』（entity）という言葉ないし『素材』（stuff）という言葉でさえも、必ずしもわかりきった事柄とはいえない。『存在』（entity）という概念はきわめて一般的なものであるから、考えられるものなら何ものをも意味すると受け取ってよいであろう。われわれは、まったくの無というものについて考えることはできない。そして、思惟の対象となるものは存在（entity）と呼ばれてよいであろう」――ホワイトヘッド（一九八一）『科学と近代世界』一九三頁、松籟社。したがって、本書でも、インフラ言語としてなるべくありきたりな訳語である「事物」、「存在」、「もの」の訳語を適宜採用した。entityは、「実体」と訳される場合もあるが、本書では、「**実体**」の訳語はsubstance（変化する諸性質の根底にある持続的な担い手と考えられるもの）に与えている。

（訳註11）アンティゴネは、ギリシア神話に登場する人物で、叔父クレオン王の命にそむいて、反逆者として戦死した兄を葬ったため、洞窟に閉じ込められて自殺した。ソフォクレスの『アンティゴネ』が著名。クレオンは、埋葬が自分を失脚させるための政治的な陰謀であると考え、「人間の法」（ノモス）にしたがったのに対して、アンティゴネは、兄を埋葬することは自然なことであると考え、また民衆もそれを支持するだろうと言い、「神の法」（ピュシス）にしたがった。

（訳註12）「**試行**」ないし「**試験**」（trial）は、グレマスからの援用で、はじめはパフォーマンスのリストとして現れる存在が、具体的なアクターとして定義されるまでに行われる実験や試みを指し、その対象は科学の営為に限定されない。そして、とりわ

け重要なのが「**強度の試験**」(trial of strength) である。アクターとして定義されるには、肯定的なデータが集まるだけでは不十分であり、反論を退ける強度が必要であり、その試験が必要なのである。そして、第四の不確定性の章で見るように、この強度が実在性をもたらしているのであって、実在性が強度をもたらしているのではないとするほうが、説得力がある。アクターはあくまで、それがくぐり抜けてきた試行のリストによって定義される。

(訳註13)「**批判社会学**」(critical sociology) という語でボルタンスキーはブルデュー社会学を指し示し、自身の「批判の社会学」(批判を扱う社会学) との差別化を図っている。本文でラトゥールが指摘している批判社会学の特徴を体現しているブルデューの記述を一つ紹介すれば、「社会的行為者は、支配的位置を占めているときには特に、無知であるばかりか、知ることを欲しません」(ブルデュー二〇一〇・二〇六頁) といった具合である。

(訳註14) モノ (非人間) は記号であり、モノ自体が意味や価値を備えているのではなく、社会的な意味や価値が反映されているにすぎないという見方。

(訳註15) 社会学において、reflexivity は「反省性」ないし「再帰性」と訳される。前者はブルデュー社会学の用法であり、ブルデューにとって、アクターはもとより、社会科学者もまた、その成果が「研究活動を行う社会的諸条件のなかに刻み込まれている無意識的決定要因によって決定されている限り、社会科学は相対化されてしまう可能性にさらされて」いるが、かかる問題は社会科学者が自分自身と自分自身が属する界 (訳註29参照) について反省的に分析を加えることで解決できるという。「反省性はまさに、相互検閲を強化することによって、また、研究を偏向させる諸要因をより細心に点検することを可能にする技術的批判の諸原則を提供することによって、真理に到達するチャンスを強化する極めて有効な手段です」(ブルデュー二〇一〇・二〇一、二〇七頁)。後者の「再帰性」は、対象に対する言及が、(自然科学とは異なり) その対象自体に影響を与えることを指す。たとえば、社会科学者の概念や調査結果をアクターが取り入れ、アクターの行動が変わり、社会科学者の見解もまた変わるといったことが見られる。

(訳註16) 行為や集合体に与するもの (participant) は、人とモノの双方が含まれるため、「**参与子**」の訳を当てている。ここで「子」の訳語を当てたのは、人とモノを非対称的に扱わない本論の主旨に照らしてのことであり、「子」は、読書子や演算子、端子などのように、動作性の名詞に付けて、そのことを行う人またはものを表すことができる。他の用語についても、同様に

「子」の訳語を採用している。

（訳註17）「基準系」（frame of reference）は、物理学の用語で、ここでの議論では、座標系と置き換えて差し支えない。ニュートン力学には慣性系という絶対的な基準座標系があるのに対して、アインシュタインの場合には、すべての座標系が同等な資格をもつものとなり、他と違う特別な意味をもつ座標系は存在しない。ラトゥールは、この座標系間の相対性という発想を社会学に援用しており、その場合の「**参照フレーム**」（frame of reference）は、とりあえず、視座や視点の意味と捉えておけばよい。ただし、これから本書で述べられていくように、視座や視点をもたらすのは、「社会的なもの」でも「主観性」でも「間主観性」でもなく、事物との連関である。社会学者に求められるのは、絶対的な参照フレームを設定することではなく、いくつものアクターの参照フレームを相対的に扱い、ひとつの共通世界の組み上げに資することである。

（訳註18）本書における「共約可能性」（commensurability）は、広く「共通の物指しで歪みなく測れること」を意味する。一般には、科学史家のトマス・クーンが提唱した「共約不可能性」（通約不可能性）の概念が知られる。クーンは、異なるパラダイムに属する科学理論のあいだには、両者の優劣を比較する共通の尺度は存在しないとした。

（訳註19）「エーテル」は、全宇宙を満たしているとされた希薄な物質の名称であり、ニュートン力学ではエーテルに対し静止する絶対空間の存在が前提とされた。また光や電磁波の媒質とも考えられた。一九〇五年にアインシュタインが特殊相対性理論を提唱し、エーテルの存在は否定された。

（訳註20）「**モナド**」（monad）は、外部の全体を内部に組み込んでいるような個のあり方を示すためにライプニッツが導入した概念であり、この場合の「外部の全体」とは、個を超越した全体でもなければ、個の総和でもなく、互いにつながりあったすべての個を指す。ライプニッツのモナドに「窓はなく」、モナド間のつながりは予定調和によって成り立っているが、タルドの場合、「窓のある」モナドが相互に影響を及ぼしあっている。やがて明らかになるように、アクター＝ネットワークは、まさにこの意味でのモナドである。

（訳註21）原語は、made to act である。後に明らかになるように、このイディオムは、強制的に何かをさせるという意味で用いられていない。それでは、アクターが操り人形に堕してしまう（正確に言えば、操り人形もエージェンシーを有しているのだから、操り人形にもならない）。本書では、しばしば、*make* someone *act* のような用法において、make と act が強調されており、

焦点は「行為の二重性と双方向性」（行為の起源の不確定性）にある（弁証法ではない！）。子どもは勉強していると同時に、母親に勉強させられている。バルザックは小説を書いていると同時に、小説の登場人物に書かされている。以上について、ラトゥールの *An Inquiry into Modes of Existence* (Harvard University Press, 2013) の一五七―九頁を参照のこと。したがって、*make someone act* は、端的に訳せば「誰かにさせる」となるが、このニュアンスをあえて出すならば、「誰かが行為するようにする」と訳せるだろう。ただし、この訳し方では、最後の「する」の主語が「誰かが」に見えてしまうため、以下では、「〈誰かが行為する〉ようにする」と訳す（ただし、一般に、二つの語が強調されていない make someone act の場合は、くどくなるため、「行為させる」と訳す）。このようにややこしい表記となる理由は、フーコーの権力論が明らかにしたように、「すること」と「させられること」が渾然としているのが私たちの行為の実際なのであり、それを適切に表す語彙がないためであろう。あるいは、ラトゥールの社会学を、「中動態の社会学」と呼ぶこともできるだろう。ラトゥールによる中動態の扱いについては、ラトゥール（二〇一七b）「近代の〈物神事実〉崇拝について」を参照のこと。もちろん、この二重性と双方向性は、科学の「構築」にも当てはまる（第四の不確定性を参照のこと）。

（訳註22）「**モノ**」(object) は、置き換え記号（代用記号）であり、後に見るように、ラトゥールにとっては、「議論を呼ぶ事実」であり、つまりは、人びとの関心を集める物事《シング》である。

（訳註23） この一文は仏語版では削除されている。

（訳註24）「**翻訳**」(translation) は、ANTの鍵をなす一語であり、ミシェル・セールからカロンが借用した概念である。本書では第四章で詳しく論じられるが、簡単に言えば、「たとえば、フランス語の単語から英語の単語へというような、あたかも両言語が独立したものであるかのようなある語彙から別の語彙への推移ではない。翻訳という語を私は、転置〔ずらし〕、偏移〔そらし〕、考案〔こしらえ〕、仲裁〔とりなし〕など、元からある二つをある程度修正する、それまで存在しなかった連結の創造という意味で用いている」（ラトゥール 二〇〇七・二三〇頁）。

（訳註25）「**報告**」(account) は、後述のエスノメソドロジーに由来する用語であり、通常は、説明と訳されるが、本書では、explanation と対比されているため、原則として、説明の語は explanation に当てている。報告とは、ヒトやモノ、出来事を観察可能なものにして「〇〇は××である」などと他者に伝達できるようにする営為である。

がこうした報告を成り立たせている方法（「エスノメソッド」）を探るものであって、報告の正確さを問題にするものではない。この意味で、「報告可能性」（accountability）は観察可能性に等しい。これに対して、本書で批判される（社会的）「説明」（explanation）は、ある事象に対して、人びとの報告に見られない外部の要因（社会的なもの）を勝手に付け加えることを指す。

（訳註26）この訳し方については、訳註21を参照のこと。

（訳註27）「外在」（out-there）、「外在性」（out-thereness）は、科学論でしばしば用いられる用語で、本書で括弧付きで用いられる場合は、一般に考えられている「客観的実在」と同義である。ラトゥールの議論では、こうした外在性は、科学的な営為の原因ではなく、科学的な営為の結果である。さらに、本書の第II部では、外在性の定義が大きく拡張されることになる。

（訳註28）「メタ言語」（meta language）は、言語を対象にして論じる言語のことである。つまりは、観察対象の言語を観察する側が用いる言語のことである（セカンド・オーダーの言語）。これに対して、ラトゥールは、自らの言語を「インフラ言語」（infra-language）と名づけ、観察対象による言語行為を（抑圧することなく）可能にして、その言語行為を記録する言語であるとしている（言わばゼロ・オーダーの言語）。

（訳註29）「界」（field/champ）はブルデューの概念で、具体的には、経済界、教育界、メディア界などが分析されている。ブルデューによれば、それぞれの界は、ある共通項をもつアクターたちの地位関係のネットワークであり、多様なコード、カテゴリー、規則、規範などによって構造化されている。そして、そのなかで、アクターたちが正当化をめぐるダイナミックな闘争を繰り広げており、各々の界において力をもつ資本をどれだけ有しているかが、闘争の経過と結果を左右する要因である。

（訳註30）「遂行的」（performative）は、言語哲学に由来する語。たとえば、「この猫をタマと名づけます」と発話することで、名づけるという動詞で示された行為を遂行することになることを示す。訳註32も参照のこと。「成し遂げる／打ち立てる」（establish）という語が多用されるのも、こうした遂行性が背景にある。

（訳註31）「血と土」は、文化的な継承を意味する民族の「血」と、祖国を意味する「土」の二つの要素に焦点を当てたナチス・ドイツの民族主義的イデオロギー。

（訳註32）「行為遂行性」（performativity）を論じた言語哲学者のオースティンやサールが明らかにしたのは、既存の慣習（規則）

に頼ることによって、発話内行為の行為遂行性はその力と効果を得るということであった。そうした慣習は不動であり、その不動性は、時を経て慣習が沈積してできた社会的コンテクストに映し出されているという。しかし、慣習に従った発話行為であっても、発話者によって、遂行的なものになることもあれば、ならないこともある。そこで、たとえば、ブルデューは、「社会的コンテクスト」を、単なる慣習ではなく、もっと広い社会制度に広げて論じたのだが、それもまたラトゥールによる批判の対象になる。

(訳註33)「**中間項**」(intermediary)と「**媒介子**」(mediator)の語は、先行訳で揺らぎがある。『科学が作られているとき』、『科学論の実在』では、intermediaryが「中間項」、mediatorが「媒介項」であり、『虚構の近代』では、intermediaryが「仲介／橋渡し／中間者」であり、mediatorが「媒介／媒介物／媒介者」である。本訳書では、前二書に従いつつも、「媒介項」は「媒介子」としている。というのも、この語以外にも、-er, -orの語が頻出しており、それぞれに「〜子」の訳語を当てているので(訳註16)、それらと統一させるためであり、中間項との違いを際立たせるためである。「中間項」は、意味やエージェンシーを歪めることなく移送するものであり、そこに投入されるもの(「原因」)がわかれば、そこから発せられるもの(「結果」)がわかる。他方で、「媒介子」は、移送する意味やエージェンシーを変換(翻訳)するものであり、一方向的な原因と結果の関係はもはや成り立たない。

(訳註34)ラトゥールが「**複雑性**」(complexity)の語を用いる場合、霊長類が互いに味方であるかどうかを確認するといったグループ形成に見られるように、「数多くの変数が入り込んでいること」を指す。今日の私たちの「安定した」グループ形成はこの意味で複雑でなくなっており、逆に、身体を超える単純で明快な要素(言語や象徴、コンピュータ)が「**複合した**」(complicated)グループ形成を行うことで、グループのスケールを拡大させている。

(訳註35)バウマンのいう「**立法者**」は、異なる意見の論争を調停したり、意見を選別する権威的な言明を行い、その調停や言明は、自らの定める手続き法則により、普遍的妥当性を有するとされる知的専門家のメタファーであり、「**解釈者**」は、何らかの伝統に基づいた共同体でなされた言明を、それがほかの伝統に基づく知識体系のなかでも理解されるように翻訳することで、人びとのコミュニケーションを手助けする者のメタファーである。

(訳註36)カントに言わせれば、「理性となると、理性自身ばかりでなくその対象をも究明しなければならないので、学としての

確実な道を歩むことは、……遙かに困難であるに違いなかった。……〔一定の重さの球を斜面上で落下させたガリレイなどによって〕自然科学者たちは次のことを知った、即ち——理性は自分の計画に従い、みずから産出するところのものしか認識しない、——また理性は一定不変の法則に従う理性判断の諸原則を携えて先導し、自然を強要して自分の問いに答えさせねばならないのであって、……理性は生徒の資格ではなくて本式の裁判官の資格を帯びるのである」——カント『純粋理性批判（上）』岩波書店、二六、三〇頁。

（訳註37）「フォイエルバッハに関するテーゼ」の第十一テーゼ「哲学者たちは世界をさまざまに解釈してきただけだ。しかし、大切なことは世界を変えることである」。

（訳註38）「**行為はアクターを超えてなされる**」（action is overtaken）は、先行訳では「行為は不意をつかれる」（『科学論の実在』）、「行為は超過される」（『物神事実崇拝』）と訳されている。本書は入門書であることから、over と take のニュアンスを活かしつつパラフレーズした訳を採用した。訳註21で示した「する」と「させる」の二重性を念頭に置いている。なお、overtake は、仏語版では dépasser であり、かつては aufheben の訳語として採用されることもあったが、現在は dépasser は誤訳気味だと見なされている（荒金直人氏のご教示による）。

（訳註39）ここでの巡礼者（pilgrim）は、信仰のため家や財産を捨て神を求めて旅立つ者のことである。

（訳註40）「**アクタン**」（actant）はアクタントとも表記され、物語論などでは「行為項」と訳されもする。物語論において、物語に登場する人物はあくまで他の登場人物や物との関係によって動いている／動かされているのであって（たとえば、主人公は依頼を受けて動き出す）、こうした物語（行為の進行）の展開に不可欠な構成要素が「アクタン」と総称される。ラトゥールは、行為が一人の人物（アクター）によって成し遂げられることはないことを表すために、何の形象ももたないアクタンの語を用いる。第二の不確定性を問題にしている本章の段階では、アクターの代わりにアクタンを用いていると理解すればよい。さらに、グレマスは、アクタンとして、送り手、対象、受け手、援助者、主体、敵対者の六つを挙げており、実際のストーリーにおいては、それぞれのアクタンが、具体的な登場人物やモノとして現れる。もちろん、ラトゥールは、「送り手」や「主体」といった「物語文法」を明らかにしようとするグレマスの構造主義的な側面を受け継いでいるのではない。第三の不確定性の章で見るように、あくまで、行為を引き起こすものが、さまざまなモノにも広がることを示し、形象の違いにまどわされ

ることのないように、アクタンの語を採用しているにすぎない。

（訳註41）ラトゥールは、ドゥルーズの「可能性－実在性」（potentiality-reality）、「潜在性－現実性」（virtuality-actuality）の区別を援用している。わたしたちは、通常、可能性がいくつかあって、そのなかのひとつが選択されていると考えているが、この考えは転倒している。シーザーがルビコン河を渡ったからこそ、私たちはシーザーがルビコン川を渡らなかった可能世界を考えることができる。つまり、可能的なものとは、後から生産されるものである。ここからラトゥールのいう「可能的なものの実在化」は、事後的に用意された原因から結果が得られることを指しており、この場合、初期条件から完全に予測可能な結果が得られることになる。しかし、媒介子の連関による現実の生成という出来事は、そうした「厳然たる事実」からなるものではなく、無数の微細なものが潜在している「議論を呼ぶ事実」からなる一回限りの事象である。

（訳註42）「解釈的社会学」（interpretative sociology）は、反実証主義的、主意主義的、個性記述的な社会学の総称で、「解釈学的社会学」とも表記される。その中心をなすのは、アルフレッド・シュッツらの現象学的社会学である。現象学的社会学の場合、社会とは、自然科学の対象とは異なり、行為者の解釈を通して構成された意味的世界であり、この意味的世界が行為者自身の視点から記述されることになる。それは、理論的関心の対象ではなく、実践的関心の対象であり、他者とともに「生きられている」（体験されている）間主観的な世界である。

（訳註43）「社交スキル」（social skill）は、共同生活とその維持を可能にするコミュニケーション上のスキルのことである。「ソーシャル・スキル」とカタカナ書きされることが多い。ラトゥールの言う「基礎的な社交スキル」（basic social skill）は、生身の身体を用いた社交スキルのことであり、具体的には、威嚇や情愛を示す仕草などを指す。

（訳註44）アクション（「行為」や「作用」）をめぐる議論はややこしいので註釈しておきたい。ラトゥールは、社会学者の当初からの直観に従って、あらゆる「アクション」（行為や作用）はさまざまな存在の絡み合いによって成り立っていると主張する。たとえば、人間のアクションの場合には、一人の主体によって成り立つものではなく、他の人間、非人間が与しているし、非人間のアクションの場合もまた同様である。そして、アクションが「差異を作り出すことで、物事の状態を変えること」と定義されるならば、両者のあいだに違いはない。ラトゥールは、「志向的な人間にアクションをアプリオリに限定すること」に反対する。モノにもエージェンシーがある（そして、そのエージェンシーをモノに還元することはできない）。

問題は、「人間のアクションには意図があり、モノのアクションとは違う」というANTに対する定番の批判との関係である。もちろん、ラトゥールは、（世間が誤解しているようなかたちで）人間と非人間の対称性を主張しているのではない。ラトゥールが問題にしているのは、非対称性を前提として、モノのエージェンシーを等閑視することである。

そこで、人間のアクションと非人間のアクションの訳し方が問題になる。ラトゥールの含意をくみ取って、同じ「アクション」だからといって、どちらも「行為」と訳すと、人間と非人間の完全なる対称性を主張する机上の空論に見えてしまう。とはいえ、「行為」「作用」と訳し分けると、「人間の行為には意志があるではないか！」として、人間が社会的世界（＝集合体）におけるすべてのアクション（行為と作用）の起源であるとの間違った批判を招きかねない。しかしながら、本書では、やむを得ず、誤解を招くのは承知の上で、適宜、「行為」「作用」と訳し分けることにした。

（訳註45）　ここでのアフォードは、認知心理学者のジェームズ・ギブソンに始まるアフォーダンス論の用法である。私たち有機体は、外部からの刺激に対して一義的に応答したり主観的に解釈したりして行為していると考えているが、そうではない。環境のなかの特定の対象や事象が、当の有機体との関係のなかで、行為の可能性（アフォーダンス）を提示している（アフォードしている）と考えるのである。たとえば、クジラとサカナは、異なる進化の系統に属しており遺伝子プールも異なるにもかかわらず、それぞれのヒレはとてもよく似ている。クジラもサカナも、水中環境のアフォーダンスに対して同調した結果、よく似たヒレをもつようになったのである。ただし、ここで、アフォーダンスを、有機体の形態や行為を規定する原因と考えてはならない。あくまで可能性を提示しているだけである。このアフォーダンスの考え方は、ＡＩの研究が進むなかで注目されるようになった。初期のＡＩの研究では、行為の意味と環境を切り離して、両者をつなぐプログラムを組もうとしたが、行為にともなう環境の変化をすべてモニターし、瞬時に判定するということは、現実には不可能であった。しかし、人間は難なくやってのけているように見える。

（訳註46）　「非人間」（non-human）は、人間／非人間の対で用いられ、人間と区別されるが、主体／客体の二分法とは異なる。非人間は、主体と客体の対立が止んだときの客体であり、つまりは、準客体である。それ以上の意味はない。「人間と非人間」の関係は、「連関」と同義である。

（訳註47）　一個の岩石を石のハンマーで叩いて鋭利な破片を数多く作り出すことで、石斧などが製作される。そうした石器を見

ると、石器の製作、保守と修理が系統的に行われていたことは明らかで、学習と訓練が行われていたことが示唆される。つまり、石器に対する依存によって「教えること」、そして究極的には言語に有利に働く選択が生じ、現代的行動を行う人間へと進化したと考えられるのである。しかし、オルドヴァイ石器の製作が人間の言語に影響を及ぼしたかどうかについては論争がある。オルドヴァイの技術は七十万年以上停滞していたとされており、そのことが言語の存在と整合しないからである。

（訳註48）ハンマーと鎌を組み合わせた標章は、農民と労働者の団結を表し、マルクス・レーニン主義のシンボルとして使われてきた。

（訳註49）モリエールの戯曲「病は気から」のなかに、試問官から「なぜアヘンで眠くなるのか」と尋ねられた医学生が「アヘンにはソポール（睡眠物質）が含まれています」と答えて、試問官に感心されるという小話がある。しかし、これは正しい説明ではなく、説明すべきことを別の物質に置き換えて、名前をつけただけである。燃焼を説明するのに前近代科学がフロギストン（燃素）を考え出したのと同じである。

（訳註50）「**事実**」の原語factの語源であるfactumは「作られた」「行われた」の意である。さらに、フランス語のfaitは、名詞の「事実」であるとともに、動詞faireの過去分詞形でもあり、つまりは、「作られた」の意味でもある。

（訳註51）社会科学による「信仰」の発明については、ラトゥールの「近代の〈物神事実〉崇拝について」（二〇一七b）で詳しく論じられている。

（訳註52）「社会構築主義」（social constructionism）は、「社会構成主義」とも訳され、さまざまな立場があるが、ここでは、実在しているとされる対象や事象は、客観的に実在しているのではなく、「社会的なもの」の影響をうけた人びとの認識によって構築されていると考える立場を指す。たとえば、ある事柄が問題視される場合、その事柄そのものに問題の原因があるのではなく、社会構造やイデオロギーなどに影響された人びとが問題視するからこそ問題になると考える。

（訳註53）「**出来事**」（event）は、ホワイトヘッドの術語である。ホワイトヘッド哲学では、ありとあらゆる存在は複雑に絡み合い、不断に動き続け、常に生成の過程にある。したがって、実在は過程であり、たとえば巨大なピラミッドですら、人間の時間スケールを離れれば、一時の過程であり、ひとつの一回限りの「出来事」である。ラトゥールは、実験を出来事として定義することで、不動の客体が「発見」されるという見方を退ける。

（訳註54）「**厳然たる事実**」（matter of fact）と、「**議論を呼ぶ事実**」（matter of concern）について、仏語版では、該当するフランス語がないとして、前者にfaits indisputables、後者にfaits disputésの語をあてている。本訳書でも、後者の語について、フランス語版の表現を採用した。両者を二分法的に捉えて、〈厳然たる事実〉を感覚与件として、〈議論を呼ぶ事実〉を意見、解釈、価値とするのは、後述のようにラトゥールのいう「近代憲法」によるものでしかなく、議論を呼ぶ事実が出発点であり、厳然たる事実が終着点である。

（訳註55）「**共通世界**」（common world）は、複数形の外的実在（多元宇宙）の漸進的な単一化の暫定的な結果である。単数形の「**世界**」は、所与のものではなく、適正な手続きを経て得られるべきものである。

（訳註56）ショウジョウバエは遺伝子研究の実験に広く用いられる。寿命が短いので、大きな生物では何百年もかかる変化を、数か月で見ることができる。

（訳註57）地球温暖化が進み北極の氷が大量に解けることでメキシコ湾流の流れが止まり、ヨーロッパが寒冷化するという予測と、その反論がある。

（訳註58）古英語の「**シング**（**物事**）」（thing）は、人びとを集めて議論を引き起こす事柄や集会を意味する。ハイデッガーもドイツ語のDingについて、ミシェル・セールもフランス語のchoseについて、同様の考察を行っている。thingの訳語である「物事」について見てみると、「物」は、「角のある牛」の象形と「弓の両端にはる糸をはじく」象形から、清められたいけにえの牛を意味しており、「事」は、神への祈りの言葉を書きつけ、木の枝に結びつけたふだを手にしていることを示す象形文字であり、そもそもは「祭事にたずさわる人」を意味しており、やがて「政事」の意味を帯びるようになった。このように、いずれの語も「まつりごと」に関する語ではある。

（訳註59）ここでの「**テクスト**」（text）は、「文章」と置き換えてよい。記号論の文脈では、もっと広く、何らかの表現されたものを意味する。さらには、テクスチュア（織物）とのつながりから、テクストは、既に存在している他のテクスト（プレテクスト）を素材にして織りなされるものであるというニュアンスもある。

（訳註60）パスカルの用語で、「幾何学的精神」とは、幾何学のように原理から演繹する論理的、合理的な認識の精神のことであり、「繊細の精神」とは、複雑な事象を、推論によらず、多数の細かな原理から感得する柔軟性に富んだ認識能力のこと。

（訳註61）「君主のウィー」（royal we）とは、君主が、あくまで国民の代表であると言う建前に基づき、一人称「アイ」のかわりに用いた言葉を指す。論文の執筆者もしばしば「ウィー」を用いる。

（訳註62）「命題」（proposition）は、ホワイトヘッドからの援用であり、単に一般的な意味での命題、つまり、「真ないし偽であるといえる文」のことを指すものではない。ホワイトヘッドにとって、命題とは、この世界にどのような物事がありうるのかを提示（propose）するものであり、もろもろの関係性（抱握）から命題が織りなされることで、現実世界からさまざまな関係性がさらに引き出され、渾然とした世界がよくも悪くも分節化される。「命題が単に判断のための素材であるという考えは、宇宙における命題の役割についてのどの理解にとっても、破滅的である。……命題の第一の役割は、世界がそれに沿って新しさへと進んでいく道を拓くことである。誤謬は、われわれが進歩に支払う代償なのである」（ホワイトヘッド 一九八一・上二七六頁）。このような意味で、ラトゥールは、命題を「あるアクターが別のアクターに提示するもの」として用いている。

（訳註63）ディドロのモチーフを一言で言えば、「すべてが自然のなかではつながりあっており」（ディドロ 一九五八・一七頁）、生命とはそのなかでの一連の作用と反作用であるというものだが、それでも、局部的な中心というかたちで個体的な精神が説明される。精神の座としての脳はクモになぞらえられ、中心から末端に広がるのが、繊維の集まりである筋（クモの糸）であり、この筋がレゾー（クモの巣）を織りなす。中心と末端のあいだには作用と反作用の連関があり、末梢の側にはエネルギー、中心には統合と制御が位置づけられる。そして、両者のあいだのバランスが性格や精神状態の違いを生み出すという。

（訳註64）「私は文章を書いていて、しばしば二つの同義語のあいだで迷う。私にはどちらの語も、状況により、一方が他方より好ましく思える。この例においては、私のなかで二つの模倣射線が干渉している。つまり、一方の言葉を発明した一人の人物と、他方の言葉を発明したもう一人の人物から発した二人の人間的連鎖が、私のところにまで到達し、干渉したのである」（タルド 二〇〇八a・五九―六〇頁）。

（訳註65）「固有の妥当性」（unique adequacy）は、ガーフィンケルの用語。グランドセオリーや思弁的批判の特権性から離れるように警告するもの。「ある記述が実践について述べていることの例証をするのに、その実践の現象領域へと読者を入り込ませて理解させる方法」（リンチ 二〇一二・三四八頁）を指す。

（訳註66）「地図は現地ではない」は、アルフレッド・コージブスキーの表現。一般意味論を展開したコージブスキーは、言語な

どの表現方法によってどれだけの現実が破棄されているのかに対する自覚、つまり、抽象過程への自覚を持つことを訴えた。

(訳註67) 訳註58を参照のこと。

(訳註68) シェイクスピア『リチャード三世』に登場するリチャードが、馬を失い徒歩で戦っている際の最期のセリフ「馬をくれ! 代わりに私の国をくれてやる!」のもじり。マキャベリズムの権化であるリチャードは、王位を手に入れるためには良心は邪魔ものでしかなかったが、そうやって手に入れた王位も、皮肉にも最後には馬一頭の価値に落ちてしまう。

(訳註69) 「政治体」(body politic) は、自立した政治的単位を (動的な) 身体にみたてた表現である。『リヴァイアサン』の挿絵に見られるように、国家を指す場合には、その国の全国民が集まって構成されるという含意がある。

(訳註70) 「分節化」(articulation) は、言語学に由来する用語であり、言語学では、乳児が一続きの発声のなかから単語や意味の区切りを探していくプロセスを指すが、ANTにおいては、命題 (proposition) の基本特性である。たとえば、パストゥールは、実験室で乳酸発酵素を「分節化」した。どういうことかというと、パストゥールは、「乳酸発酵素」そのものを語っているのではなく (乳酸発酵素は乳酸発酵素であると言っても不毛な反復に終わる)、乳酸発酵素は、醸造酵母と同様に特定できる生きた有機体のように取り扱うことを提示 (propose) したのであり、そして、さまざまな事物とのあいだで十分に分節化されることで、乳酸発酵素は、個別的・安定的な存在になったのである (ラトゥール 二〇〇七・第四章)。

(訳註71) セイレーンは、半身が女性で、半身が鳥 (のちに魚) の姉妹。鳥の翼を持ち、美しい歌声で船乗りたちを魅了する。そして、この歌声を聞いた船乗りは、岩に船を衝突させてしまう。

(訳註72) プラトンは、「巨大な動物」を、「大衆自身の集合に際して形づくられる多数者の通念」の比喩として用いている (プラトン 一九七六・四四一頁)。この通念こそがソフィストが「知恵」と称するものに他ならず、ソフィストは、何が美であり醜であるか、何が善であり悪であるか、何が正であり不正であるかについて、巨大な動物の考えに合わせて語るというのである。

(訳註73) ちなみに、ル・コルビュジエは『ユルバニスム』のなかで、「ロバの道」と「人間の道」をこう対比させている。つまり、ロバは道草を食って、気紛れにジグザグに進むのに対して、人間は目的に従ってまっすぐ進むのであり、人間のためにある都市の道は直線で構成せよと主張した。

（訳註74）「襞」（fold）のイメージについて、ラトゥールは、ドゥルーズ（一九九八）による議論とライプニッツからの引用を参照するよう促している。海岸沿いの岩石には穴が無数にあいているが、穴の奥ではさらにまた小さな穴があいている。このように、ドゥルーズが襞に注目するのは、襞が別の襞に沿って次々に折りたたまれていくというその無限性である。ドゥルーズは、ライプニッツの次の文章を引用している。「連続的なものは砂が粒に分解されるようにではなく、紙切れや衣が襞に分割されるように分割されるのである。このようにして物体は決して点や最小のものに分解されるのではなく、無限の襞が存在し、ある襞は他の襞よりさらに小さいのである」（ドゥルーズ一九九八・一四での引用）。

（訳註75）「書き込み」（inscription）は、アクターネットワーク理論の用語でもあり、デリダからの借用である。何らかの事物（たとえば土壌）が、記号や文書、紙など（たとえば断面図）へと物質的に変換されること、変換されたもの（書き込まれたもの）を指す総称語である。先行訳では、「銘刻」や「刻印」と訳されている。

（訳註76）パノラマとは、都市や大自然・聖地などの眺望を屋内で見せる絵画的装置のこと。円環状の壁面に連続した風景を緻密に描き、立体模型を配したり照明をあてたりして、中央の観覧者に壮大な実景の中にいるような感覚を与える。

（訳註77）オムニマックスとは、半球状のスクリーンに映像を映写するシステムのことで、画面が広く全天に迫力のある映像を作ることができる。

（訳註78）「社交のツール」（社会的道具、social tool）は、霊長類学において、霊長類の社交スキルを指す語である。

（訳註79）パッチは、ソフトウェアの修正や機能追加などを目的に、ソフトウェアの書き換えを行うプログラムを指し、アプレットは、他のアプリケーションの中に組み込まれて実行される小さなプログラムとのことで、Ｊａｖａアプレットがその代表格である。

（訳註80）トマス・アクィナス『真理論』第二問題、第三項、第一九異論回答。

（訳註81）ラトゥールが共有しているホワイトヘッド哲学の要点は、「どんな物事であろうと、諸々の関係を集め、束ねることで実在に至る」という発想である。ホワイトヘッド哲学にとっての「現実的存在」〔現実的なもの〕（actual entity）とは、諸々の関係（抱握、感受）を束ね一つの実在に至るまでの一プロセスである。この意味で現実的存在は、「主体性」を有している。そして、現実的存在は、その都度、新たな関係を結び、その痕跡を次の現実的存在に手渡す。つまり、現実的存在は、続く

現実的存在の所与として客体化される。新たな現実的存在は過去の現実的存在の自己超越体（superject）である。換言すれば、潜在的な過去が現在になる（ドゥルーズの言い方では「潜在的なものの現実化」）。現実的存在はこうした痕跡の移行によって数珠つなぎになった「非連続の連続」による唯一無二の生成消滅の歴史を有している。「有機体の哲学は、カントの哲学の逆である。……カントにとっては、世界は主観から出現してくる。有機体の哲学にとっては、主体が世界から出現してくる──『主体』というよりも『自己超越体』が出現してくる。したがって『客体』という語は、感受の構成要素であるための可能性であるところの、存在を意味するのである。また『主体』という語は、感受の過程によって構成されていて、この過程を含んでいる存在を意味している」（ホワイトヘッド 一九八一・一三一頁）。ラトゥールの 'What Is Given in Experience?' *boundary 2* (2005) 32 (1): 223-237も参照のこと。

（訳註82） ホワイトヘッドは、伝統的哲学の「実体」概念の代わりに「有機体」の概念を用いる。実体は、それ自体で存在するものであるのに対して、有機体は、他のものとの相互作用により、絶えず自己再生産することでその存在を維持するものである。

（訳註83） 一般に、「国家装置」（state apparatus）とは、物理的・現実的な権力を行使し、人びとを管理する制度や機構のことである。たとえば、裁判所、刑務所、軍隊、警察などであり、あるいは、教会や学校、家庭などである。アルチュセールは、前者を「抑圧的国家装置」と呼び、後者を「イデオロギー的国家装置」と呼んだ。

（訳註84） 一般に、「言表」（statement/énoncé）は、「(真ないし偽であるといえる文のかたちで）述べられたもの」を指す。ちなみに、この言表（エノンセ）の次元にこだわった分析を展開したのがフーコーである。フーコーは、言表の背後に何らかのものを措定することなく、どのようなことが語られ、どのようなことが語られなかったのか、また、語られたことの総体のなかにどのような変容が生じたのか、といったことについて、主体や精神などをその背後に想定せずに考察する。この歴史分析の手法が「考古学（アルケオロジー）」と呼ばれる。

（訳註85） 「ここは共和国だ！」（On est en république!）は、フランス人が、拘束や禁止の措置に抗って言い返す決まり文句である。

（訳註86） 「**準客体**」（quasi-object）、「**準主体**」（quasi-subject）は、ミシェル・セールの用語で、簡単に言えば、ラグビー選手と

ラグビーボールの関係のように、「主体」も「客体」も寄生し合うことで成り立っており、その意味で、いずれも、ある程度、「主体」でもあり「客体」でもあるということ。ラトゥールの文脈では、近代における「主体」と「客体」は、近代憲法（訳註92を参照）によって、準客体、準主体が純化されたものにすぎないとされる。すでに見たように、近代の二元論者がいうように「主体」と「客体」が影響を及ぼし合っているのでもなければ、弁証法的関係にあるのでもない。

（訳註87）カントは、感覚による経験に対して、理性による思考が論理的カテゴリーを当てはめることで対象が構成されると考える。こうして、対象が認識を生むというそれまでの常識を逆転させ、認識が対象を構成するとした（コペルニクス的転回）。本書で何度かほのめかされているように、ラトゥールにとって、こうしたカントの解法は、結局のところ、主体と客体の二分法を先鋭化させるものでしかなかった。「確かに、媒介の働きは、依然として目にすることができる。カントは、遠く離れた物の世界から、さらに遠く離れた自我の世界へと移るために必要な足場の数を増やしているからだ。しかし、ここでの媒介は、単なる中間項として認められているにすぎない。つまり、諸々の純粋形式――唯一、認識できる形式――を露わにしたり、伝えたりするものにすぎない」（ラトゥール 二〇〇八・一〇一頁）。

（訳註88）ラトゥールが「**存在様態**」（modes d'existence）の語をあてて展開しているのがこの議論である（Bruno Latour, 2012, *Enquête sur les modes d'existence. Une anthropologie des Modernes*, La découverte）。たとえば、法、科学、宗教、経済、精神、倫理、政治、組織は、すべて、それぞれ独自の連鎖、独自の存在様態を有しており、それぞれの仕方で「人間と事物の集合体」を組み立てている。ここでは、法と科学について取り上げてみよう。ラトゥールが問題にしていることのひとつに、法ではなく科学の客観性によって最終決定を下そうとする現代の心性がある。そして、その背景には、法の客観性と科学の客観性との混同があるという。本書でも見てきたように、科学の客観性とは、むしろ、対象性（モノ性）である。つまり、科学の客観的判断を担保するのは、あくまで科学者に抵抗しようとするモノの存在である。したがって、科学的判断は決して終結することなく、常に他の科学者による別の検証にさらされることになる。「厳然たる事実」によって議論を終結させるのは、科学の役割ではないのだ。したがって、誤って科学に委託されてきた最終決定権を科学から取り除くことで、科学が、モノの参照の連鎖によって事実の実在性を高めていく絶え間ない運動を再開することができるようにもなる。

対する法的な客観性は、文字通り「無対象的」である。科学はどこまでも事実にこだわるのに対して、法的文書に登場する

「事実」は、そこへ立ち帰る必要の無いものである。というのも、法的文書の目的は、事件の個別性に引きずられることなく、関係する特定の法的観点に移動し、法的安定性のもとで、異論の無い判決を下すことにあるからだ。このように見れば、最終決定権は裁判官に戻る。この権能は、専門家の権威とも、科学者による終わりなき議論の更新とも似ていない。

だからといって、法に対するシニシズムが正当化されるわけではない。どこまでも「議論を呼ぶ事実」からなる世界のなかで(たとえば、ある行為の本当の責任はどこにあるのか?)、法は、裁判官以外の調停人を伴わない正義の制作と法の宣告を行い、独自の秩序を作り出している(ラトゥール 二〇一七a)。法は、あらゆるもののなかに飛び込み、「非難と義務の繊維網」を至るところへと拡張している。法は、法的安定性のもとで各事案に対して最終決定を下す責務の連鎖を構成しているのだ。

以上の主張は、一方の「厳然たる事実」(事実判断)と他方の「議論を呼ぶ事実」(価値判断)という近代的な二分法の反復ではない。地球温暖化など同一の「議論を呼ぶ事実」に対して、法律家と科学者は共同して取り組まなければならない。科学と法は、世界全体をカバーするふたつの全く異なる方法、存在様態なのである。こうして、ひとつの普遍性(唯一の客観的事実)を前提にすることなく、さまざまな連鎖を地道にたどり、諸々の存在様態のありようを突き止め、比較可能にして、つなぎ直していくのが連関の社会学なのである。

(訳註89)「**政治認識論**」(political epistemology)は、科学と政治——「事実」と「価値」——のあいだでの権力の明示的な分配に対する分析を指し示す。

(訳註90)仏語版では、このプラズマも、(他の「社会的なもの」とは異なる)「社会的なもの」と明示されている。

(訳註91)「プラズマ」は、本来、原子核と電子が分離し、それぞれが自由に動き回る高エネルギー状態を指す。

(訳註92)「**憲法**」(Constitution)は、世界の理解や分離を定義する共通の典拠であり、近代憲法は、人間と非人間、客体と主体を分離させ、それぞれを純化させるものである(しかし、実際には分離していない)。こうした近代憲法のひとつを起草したのが、ホッブズとボイルであるという。ただし、この議論だけを各分野に当てはめて論じるのであれば、「パノラマ」になってしまうだろう。

(訳註93)「**コスモポリティクス**」(cosmopolitics)は、ステンゲルスの用語で、ここでのコスモは「世界」を意味するとともに

本来のギリシア語の「整序」、「調査」も意味している。コスモポリティクスは、ラトゥールの用語で言えば、「共通世界の漸進的な組み上げ」である。したがって、ここでのコスモポリティクスは、コスモポリタニズムとは無関係であるし、「政治」(politics)も、権力や利害のぶつかり合いを意味するものではない。

訳者あとがき

本書は、フランスの社会学者／人類学者であるブリュノ・ラトゥールが二〇〇五年に著した*Reassembling the Social: An Introduction to Actor-Network-Theory* (Oxford University Press) の全訳である。ただし、訳出にあたっては、いくつかの誤記と誤植が訂正されたペーパーバック版（二〇〇七年）と、後述の通り、二〇〇六年に刊行された仏語版も全文参照している。

本書刊行前後から、アクターネットワーク理論（以下、ANT《エーエヌティ》）は、その出自である科学論（科学社会学）の境界を越えて、さまざまな分野の社会学（都市社会学、環境社会学、家族社会学、医療社会学などなど）で幅広く摂取されるに至っている。さらには、経営学、組織論、会計学、地理学、社会心理学など社会科学全般に広がるとともに、哲学（思弁的実在論）や芸術[1]に対しても強い影響を及ぼ

（1）アートレビュー誌が毎年発表している「アート業界で最も影響力のある人物トップ一〇〇」の二〇一七年度版でラトゥールは九位にランクインしている（一位はドイツの映画作家のヒト・スタヤルで、二位はコンセプチュアル・アーティストのピエール・ユイグ）。

している。存在論的転回を経た人類学については言うまでもない（ラトゥールはその中心人物の一人である）。加えて、昨今では、主に環境問題（原発、温暖化、人新世など）を扱う科学者や行政担当者の間でも積極的に議論されるようになっている。

具体的なデータで確認してみよう。本書が刊行された二〇〇五年におけるアクターネットワーク理論の関連文献数は年間八三八件であったが、[2] わずか二年後の二〇〇七年には一五一〇件に増加し、人文社会科学分野における被引用回数ランキングでも[3]ラトゥールがトップテン入りしている。さらにその後も関連文献数は伸び続け、二〇一七年には年間五五二〇件に達している。もちろん、これらの文献のすべてがＡＮＴを主題にして論じたものではないとはいえ、実にさまざまな分野でＡＮＴが言及されるようになっていることを裏付けていよう。

「本書を書くことで、ようやく、自分が社会学者と呼ばれることを誇りに思える条件を見つけることができた」（本書五頁）――ＡＮＴの初の入門書である本書は、それまでＡＮＴに向けられてきた数々の批判に対する回答の書である。とりわけ、階級や権力といった「社会的なもの」を持ち出して社会現象を説明し、批判を行おうとする社会学者に対する意趣返しの書である。

実際のところ、かつてのサイエンス・ウォーズによって、堅固な科学的事実に対する社会的説明（社会的なものを持ち出す説明）の説得力のなさが白日のもとにさらされたのだ。そして、ラトゥールに言わせれば、そのことが意味するのは、「科学論はことごとく失敗せざるをえなかった」（一七八頁）ことではなく、「社会理論そのものを作り直す必要がある」ことであった（ただし、この点について、ラトゥール自身は、一九七〇年代にカリフォルニアの神経内分泌学者ロジェ・ギヤマンの研究室で行った実験室研究によって気づかされていたという）。

「話が細かくなるやいなや、社会学は例外なく反知性主義の立場へと後退するならば、なぜ、社会学は科学を名乗るのか」（一九四頁）――こうして、ラトゥールらは、パリ国立高等鉱業学校の同僚であったミシェル・カロンやジョン・ローらと新たな社会科学の理論をまとめ上げる。それが「自然」も「社会」も前提にせず、エージェンシー（行為を生み出す力）をもたらす万物の連関を「アクター自身にしたがって」丹念にたどろうとするアクターネットワーク理論（ANT）である。しかし、前述の通り、アクターネットワーク理論もまた、大きな誤解にさらされてきた。

たとえば、「人間には意思があるがモノにはないので、両者を対称的に扱うことなどできない」、「モノのエージェンシーを認めれば行為の責任の所在があいまいになる」、「ANTは記述するだけで何も批判できない」、「ANTは非規範的だ」などといった大きな誤解に基づく批判や論難である。あるいは、一方で、素朴実在論への後退とのそしりを受け、他方で、相対主義の権化のように扱われ、権力や支配の問題（あるいは人間の意志）を無視していると非難された。

「読者の頭を悩ませたのは、科学の営為をはじめとするさまざまな話題に関する私たちの見方よりも、むしろ、『社会的』と『社会的説明』という語に私たちが与えていた特有の意味であった」（三頁）

（2）Google Scholarで「(“actor network” OR “sociology of translation”) (latour OR callon)」で検索した結果である。ちなみに、単純に「“actor network theory”」で検索すると二〇一七年単年で七九四〇件に達する。

（3）タイムズ・ハイアー・エデュケーション社による。

――そうした読者の批判ととまどいに応えるべく、本書は「連関の社会学」のマニフェストとして執筆されたのである。本書の記述にはところどころで過剰な執拗さが感じられるが、それだけ無理解な批判にさらされていたのである（ただし、その半分以上はラトゥールの文体のせいであろう！）。

とはいえ、今日の英語圏やフランス語圏においても、ANTに対する誤解に基づく批判はまだまだ見られる。さすがに本書ですでに回答がなされている上記のような批判を目にすることは少なくなったが、それでも、「ANTは新自由主義の片棒を担いでいる」といった定番の批判はいまだに臆面なく繰り返されている。

確かに、本書も「入門」をうたっておきながら、実のところ、ラトゥールの他の著作と同様、原書は必ずしも読みやすいものではない。しかも、通読してはじめてその正確な意味のとれる記述が何箇所もある（とくに序論と第I部、第II部の「はじめに」）。そこで、今回の翻訳にあたっては、原書刊行から相応の時間が経っていることもかんがみて、原書よりも明瞭に理解できるものにすることを目指した。

そのために、まずは、二〇〇六年に刊行された仏語版の*Changer de société, refaire de la sociologie*（La Découverte）を全文参照した。仏語版はラトゥール自身による推敲がかなりなされており、仏語版の表現のほうが理解しやすいと判断したものについては、とくに断りなく仏語版の表現を採用した。ラトゥールによれば、英語版と仏語版で論旨の変更は一切ないとのことである。

さらに、それでも文意が必ずしも明瞭でない箇所や、誤解を招きやすそうな箇所については、積極的に訳註を付した。そして、訳註だけでもANT用語集として活用できる水準を目指した。あわせて、存在様態論以後のラトゥールの議論との接続も意識した。その一方で、内容理解に資さない情報（人物情報など）は割愛した。さらに、社会学を専門としない読者のことも考えて、社会学の教科書レベルの知識であっても、本文理解に必要と思われるものについては訳註を付けた。「入門書」に求められる訳者解説はこの訳註をもってかえたい。

＊＊＊

訳者の翻訳法は、ベルクソン研究者である岡部聡夫先生のひそみに倣ったものである。そして、大学院生時代の恩師である吉原直樹先生に鍛えていただいたものである。岡部先生は、私が高校生（正確には高専生）の時分から哲学読書会にお誘い頂き、経験的な哲学に目を向けるきっかけを作ってくださった。岡部先生は、『物質と記憶』〔『物質と記憶力』〕の新訳のなかで、「日本語として意味不明の訳文が、すべて誤訳であることはいうまでもない」と宣言されたうえで、こう指摘されている。

> むかし、ひとつのパラグラフを訳すごとに、「テキストから目を離して」、「自分自身の言葉で」説明することをつねに求められたが、これはたんに、自分自身に感情的基盤のない言葉は決して使わないというだけではなく、間違ったとらえ方をした場合であっても、もしそれが明瞭な言葉で表現されていれば、これを正しい道を見いだすための手がかりとして利用できるからであった。この意味で、明瞭に表現された誤謬は、曖昧な正しさより、はるかに貴重なのである。(4)

そして、本訳稿は、数多くの方々との共同作業の成果でもある。まずは、訳者が山形大学医学部在籍時に、専門外でもあるにもかかわらず訳稿に目を通してくれた同僚に感謝したい。さらには、「アクターネットワーク理論と社会学研究会」においても、訳稿をさまざまに検討して頂く機会を頂いた。研究会の主宰者である立石裕二さん、科学論の立場からコメントを寄せて頂いた、見上公一さん、栗原亘さん、さらに数々の分野からさまざまなご指摘を頂いた参加者の皆様に御礼申し上げたい。

また、視野狭窄に陥りがちな訳者に対して、科学社会学の立場から常に目を見開かせてくださった松本三和夫さん、いつも率直かつ明快な酒井泰斗さん、『近代の〈物神事実〉崇拝について』の訳者である荒金直人さんからも、貴重なコメントの数々を頂いた。

そして、訳出作業の各段階では、右記の方々に加えて数多くの方に訳稿に目を通して頂き、誤訳、悪訳箇所の指摘も含め、さまざまな示唆と教示を頂いた。とりわけ、環境社会学が専門の大塚善樹さん、科学史が専門の住田朋久さん、社会心理学が専門の土倉英志さん、タルド研究が専門の池田祥英さん、文化人類学が専門の中村潔さん、社会経済学が専門の須田文明さん、コミュニケーション・デザインが専門の藤村正則さん、ANTを中心とした科学技術社会学史が専門の金信行さんに深謝申し上げる。なかでも、ジェンダーの社会学が専門の柳下実さんには、訳文を丹念に読んで頂き、原文にさかのぼって数々の誤訳、悪訳箇所のご指摘を頂いた。

当然のことながら、本訳書に残された悪訳や誤訳の類（「明瞭に表現された誤謬」であることを願っている！）については、私の責任である。諸賢の批判と指摘を待ちたい。必要な訂正が見つかり次第、訳者のウェブサイト[5]でも明らかにしていくつもりである。

最後に、本書の訳出は法政大学出版局および同出版局の高橋浩貴氏の全面的な支援によって現実のものとなった。改めて、心から感謝申し上げる次第である。

＊＊＊

もちろん、先に挙げた方々はラトゥールの議論に必ずしも首肯されているわけではない。いずれにせよ、どのような物事であれ、不十分な理解、不十分な首肯、不十分な批判、不十分な侮蔑に「満足」してしまうことこそが、すべての害悪の根源である。当然のことながら、本書の議論自体もまた不十分なものである。私たち自身がどこまでも不十分な存在なのである。

したがって、私たちは、他の社会学を一方的に批判するために本書を用いてはならない（本書を最後まで読めば分かるように、それはラトゥールの企図するところではない）。そのように読むのであれば、質の悪い「パノラマ」をひとりで構築して満足するほかない。アクターネットワーク理論は、あくまで方眼用紙の方眼にすぎない。外在するアクターネットワークを論じるのであれば、それはANTではない。

ちなみに、本書の本文では「アクター‐ネットワーク‐理論」と原文の通りハイフンを付けて訳出

（4）岡部聡夫「後記」アンリ・ベルクソン『心と身体　物質と記憶力――精神と身体の関係について』駿河台出版社、二〇一六年、四七三頁。

（5）http://www.h-ito.sakura.ne.jp/latour2017.html

している。それは、それぞれが同等のものであることを意味する。アクター＝ネットワークは、アクターをつなぐネットワークなのではなく、アクターがネットワークなのである。そして、「理論」もまた、変換や媒介の連鎖に加わる「アクター」であり、つまりは「アクター＝ネットワーク」なのである。

すでに、前述の「アクターネットワーク理論と社会学研究会」をはじめとして、さまざまな議論が専門や分野の違いを超えて展開されている。私たちは、ANTのすべてを受け入れる必要はない。私たちがこれまで各分野で独自に積み重ねてきたものを土台にしながらも、人類学や哲学における議論も取り込み、ANTの意義と可能性と限界を見定めることで、ANTと連関した新たな社会学知が構築されていくことになるだろう。本訳書は、その小さな一里塚となるはずだ。

二〇一八年十二月

伊藤嘉高

叢書・ウニベルシタスより

(表示価格は税別です)

1062 ラディカル無神論　デリダと生の時間
M. ヘグルンド／吉松覚・島田貴史・松田智裕訳　5500円

1063 ベルクソニズム〈新訳〉
G. ドゥルーズ／檜垣立哉・小林卓也訳　2100円

1064 ヘーゲルとハイチ　普遍史の可能性にむけて
S. バック゠モース／岩崎稔・高橋明史訳　3600円

1065 映画と経験　クラカウアー、ベンヤミン、アドルノ
M. B. ハンセン／竹峰義和・滝浪佑紀訳　6800円

1066 図像の哲学　いかにイメージは意味をつくるか
G. ベーム／塩川千夏・村井則夫訳　5000円

1067 憲法パトリオティズム
J.-W. ミュラー／斎藤一久・田畑真一・小池洋平監訳　2700円

1068 カフカ　マイナー文学のために〈新訳〉
G. ドゥルーズ，F. ガタリ／宇野邦一訳　2700円

1069 エリアス回想録
N. エリアス／大平章訳　3400円

1070 リベラルな学びの声
M. オークショット／T. フラー編／野田裕久・中金聡訳　3400円

1071 問いと答え　ハイデガーについて
G. フィガール／齋藤・陶久・関口・渡辺監訳　4000円

1072 啓蒙
D. ウートラム／田中秀夫監訳　4300円

1073 うつむく眼　二〇世紀フランス思想における視覚の失墜
M. ジェイ／亀井・神田・青柳・佐藤・小林・田邉訳　6400円

1074 左翼のメランコリー　隠された伝統の力　一九世紀～二一世紀
E. トラヴェルソ／宇京頼三訳　3700円

1075 幸福の形式に関する試論　倫理学研究
M. ゼール／高畑祐人訳　4800円

著　者

ブリュノ・ラトゥール（Bruno Latour）

1947年、フランス東部ブルゴーニュ地方のボーヌ生まれ。1975年にトゥール大学より哲学で博士号を取得。1982年から2006年までパリ国立高等鉱業学校教授、その後、2017年までパリ政治学院で教授を務めた。現在は、同学院名誉教授。主な日本語訳に、『科学が作られているとき——人類学的考察』（川崎勝・高田紀代志訳、産業図書、1999年）、『科学論の実在——パンドラの希望』（川崎勝・平川秀幸訳、産業図書、2007年）、『虚構の「近代」——科学人類学は警告する』（川村久美子訳、新評論、2008年）、『法が作られているとき——近代行政裁判の人類学的考察』（堀口真司訳、水声社、2017年）、『近代の〈物神事実〉崇拝について——ならびに「聖像衝突」』（荒金直人訳、以文社、2017年）、近著に、*Face à Gaïa: Huit conférences sur le nouveau régime climatique*（La Découverte - Les Empêcheurs, 2015）、*Où atterrir?: Comment s'orienter en politique*（La Découverte, 2017）などがある。

訳　者

伊藤嘉高（いとう・ひろたか）

1980年生まれ。2007年、東北大学大学院文学研究科博士後期課程修了。博士（文学）。山形大学大学院医学系研究科助教、講師を経て、2018年から新潟医療福祉大学医療経営管理学部講師。主な論文に 'Working condition of nurses in Japan: awareness of work-life balance among nursing personnel at a university hospital', *Journal of Clinical Nursing*, 20: 12-20, 2010、'Employment status among non-retired cancer survivors in Japan', *European Journal of Cancer Care*, 24（5）: 718-23, 2015、翻訳にJ. アーリ『社会を越える社会学』（吉原直樹監訳、法政大学出版局、2006年）、J. アーリ『グローバルな複雑性』（吉原直樹監訳、法政大学出版局、2014年）、J. アーリ『モビリティーズ』（吉原直樹と共訳、作品社、2015年）。

《叢書・ウニベルシタス　1090》
社会的なものを組み直す
アクターネットワーク理論入門

2019年1月10日　初版第1刷発行

ブリュノ・ラトゥール
伊藤嘉高 訳
発行所　一般財団法人　法政大学出版局
〒102-0071 東京都千代田区富士見2-17-1
電話 03(5214)5540　振替 00160-6-95814
組版：HUP　印刷：日経印刷　製本：誠製本

Printed in Japan
ISBN978-4-588-01090-3

人名索引

ア行

アイゼンスタイン，エリザベス（Elizabeth Eisenstein）　429n
アインシュタイン，アルバート（Albert Einstein）　195n, 198, 202, 231, 256, 354, 355n
アクリッシュ，マドレーヌ（Madeleine Akrich）　3, 151n, 153n
アボット，エドウィン（Edwin Abbott）　331n, 392
　『フラットランド』（*Flatland*）　331, 331n, 392
イアリー，スティーヴン（Steven Yearley）　141n, 175n, 181n
イルシュエア，ステファン（Stefan Hirschauer）　325n, 399n
インゴルド，ティム（Tim Ingold）　159n
ウールガー，スティーヴ（Steve Woolgar）　4, 175n, 179n, 181n, 429n
ウェイベル，ピーター（Peter Weibel）　19n, 189n, 227n, 427n, 445n, 493n
ヴェーバー，マックス（Max Weber）　31, 89n, 149n, 398, 417, 490
ヴォーン，ダイアン（Diane Vaughan）　143n
エニョン，アントワーヌ（Antoine Hennion）　3, 26, 65n, 415n, 449n, 451n
エルマン，エミリー（Emilie Hermant）　7n, 332n, 385n, 427n
オドレン，フレデリック（Frédéric Audren）　39n, 79n, 473n

カ行

ガーフィンケル，ハロルド（Harold Garfinkel）　30, 57n, 63n, 81n, 94, 105n, 113n, 191n, 233n, 239n, 257, 274, 301n, 326n, 369n
　ANTと――　105n
　――は社会学が科学になれると信じていた　30
　現象学と――　433n
　社会学者と上向きの研究　191n
　「社会的コンテクスト」と――　63n
　フィールドワークと実践　256, 257
　プラズマの大きさと――　462
　報告と――　233n, 239n
　霊長類学者　378
　『エスノメソドロジーのプログラム』（*Ethnomethodology's Program*）　153n, 301n, 371n, 393n, 431n, 461n
カサン，バルバラ（Barbara Cassin）　329n, 465n
カストリアディス，コルネリュウス（Cornelius Castoriadis）　127n, 315n
ガリレオ（Galileo）　292, 293, 300, 347, 347n, 356
カルサンティ，ブリュノ（Bruno Karsent）　209n, 313n, 415n
カロン，ミシェル（Miche Callon）　47n, 63n, 141n, 147n, 153n, 181n, 201n, 203n, 227n, 235n, 251n, 263n, 325n, 357n, 399n, 436n, 477n, 493n
　経済と経済学　436

非関与と――　477n
ホタテガイとサン・ブリューの漁師　200, 201, 201n, 205
レキシマップ・ツールと――　251n
『科学とネットワーク』(*La science et ses réseaux*)　263n
『市場の法則』(*The Laws of the Markets*)　63n
「大リヴァイアサンを取り外す」('Unscrewing the Big Leviathans')　357n
「多数の分析の方法」('Les Méthodes d'analyse des grands nombres')　399n
『不確実な世界の行為』(*Agir dans un monde incertain*)　153n, 227n, 493n
「社会学は外部性の経済分析を豊富化できるか?」('Essay on Framing and Overflowing')　325n
カンギレム，ジョルジュ (Georges Canguilhem)　173n, 239n
カント，イマニュエル (Immanuel Kant)　80, 190, 205, 211, 221, 441, 451, 495n
カンブロシオ，アルベルト (Alberto Cambrosio)　251n, 349n, 351n
キーティング，ピーター (Peter Keating)　251n, 349n
ギデンズ，アンソニー (Anthony Giddens)　209n, 327n
ギャリソン，ピーター (Peter Galison)　195n, 217n, 431n, 435n
ギンズブルグ，カルロ (Carlo Ginzburg)　203n, 235n
クアトローネ，パオロ (Paolo Quattrone)　145n, 239n, 437n
クーナー，ジョセフ・レオ (Joseph Leo Koerner)　451n
クーン，トーマス (Thomas Kuhn)　211, 213n
グディ，ジャック (Jack Goody)　145n, 339n, 429n
グッドウィン，チャールズ (Charles Goodwin)　137n, 323n, 345n
クピーク，ジャン＝ジャック (Jean-Jacques Kupiec)　219n
クマー，ハンス (Hans Kummer)　133n, 381n
グレマス，アルジルダス・ジュリアン (Algirdas Julien Greimas. J)　105n, 243n
クロノン，ウィリアム (William Cronon)　385n
ケルヴィン (Kelvin thermodynamics)　202, 258
コールハース，レム (Rem Koolhaas)　167n, 282, 377n
コクラン，レクスモンド・キャニング (Rexmond Canning Cochrane)　435n, 443n
コショワ，フランク (Franck Cochoy)　123n, 403n
ゴフマン，アーヴィング(Erving Goffman)　88, 159
ゴマート，エミリー (Emilie Gomart)　93n, 415n
コリンズ，ハリー (Harry Collins)　113n, 117n, 141n, 175n, 179n, 181n, 431n, 99n

サ行

サーリンズ，マーシャル (Marshall Sahlins)　325n, 337
サッチマン，ルーシー (Lucy Suchman)　117n, 137n, 345n, 349n
サルトル，ジャン＝ポール (Jean-Paul Sartre)　88n, 89n
シェイピン，スティーヴン (Steven Shapin)　209n, 475n
ジェームズ，ウィリアム (William James)

209n, 220, 413, 413n
シャペロ，イヴ（Eve Chiapello） 121n, 245, 249n, 351n, 477n
シャッファー，サイモン（Simon Schaffer） 175n, 209n, 221n, 265n, 435n, 475n
スター，スーザン・リー（Susan Leigh Star） 145n, 431n, 433n
スタンダール（Stendhal） 357
『パルムの僧院』（*The Charterhouse of Parma*） 357
ストラム，シャーリー（Shirley Strum） 75n, 125n, 130-132, 219n, 377-381n
スミス，ブライアン・カントウェル（Brian Cantwell Smith） 209n
スローターダイク，ペーター（Peter Sloterdijk） 363n, 411n, 463n
ステンゲルス，イザベル（Isabelle Stengers） 75n, 93n, 113n, 191n, 209n, 263n, 481n, 495n
『近代科学の発明』（*The Invention of Modern Science*） 113n, 191n, 481n
『コスモポリティクス 第一巻』（*Cosmopolitiques - Tome 1*） 495
スリフト，ナイジェル（Nigel Thrift） 343n, 366n
セール，ミシェル（Michel Serres） 203n, 227n, 385n
ソニゴ，ピエール（Pierre Sonigo） 219n

タ行・ナ行

タルド，ガブリエル（Gabriel Tarde de） 30-36, 63n, 76, 81n, 97n, 203n, 246, 260, 261n, 314, 343n, 347, 347n, 399n, 403n, 409n, 413, 413n, 415-418, 439, 439n, 452, 455n, 461-463, 478
「あらゆるものは社会であり、あらゆる事象が社会的なことである」 32
「アレキサンダーのように世界の征服を夢見ている」 35, 439
記録による——の正しさの裏付け 399n
社会的があるか社会学があるかのどちらか 314
「所持すること」の語群（「存在する」の語群よりも含蓄に富む） 416
「存在するとは異なるということ」 35, 36
——の限界 413, 414, 415n
もうひとつの社会理論の先駆者 32
「模倣射線」と—— 246
『経済心理学』（*Psychologie économique*） 63n, 343n, 461n
『社会法則』（*Social Laws*） 261n, 463n
『モナドロジーと社会学』（*Monadologie et sociologie*） 31n
チャニオウスカ，バーバラ（Barbara Czarniawska） 129n, 251n
テイル，ジュヌヴィエーヴ（Geneviève Tei） 253n
テヴノー，ローラン（Laurent Thévenot） 9n, 21n, 47n, 49n, 103n, 111n, 137n, 353n, 355n, 355n, 395n, 397n, 401n, 429n, 440, 441n, 460, 488, 489n
アクターと大小に広がるスケール 355
ちょっとした行動を扱うための行為の型式（regimes of action to cover simplest behavior） 460
『うごめくモノ』（*Les objets dans l'action*） 137n
「規則と履行」（'Rules and implements'） 353n, 429n
『正当化の理論』（*On justification*） 21n, 47n, 103n, 355n, 441n
「世界の共生の科学」（'science de la vie

ensemble dans le monde')　9n, 489n
「どの道を行くのか」('Which Road to follow?')　111n, 397n, 401n
デカルト，ルネ（René Descartes）　48, 160, 207
物質と精神を区別した――　160
デプレ，ヴァシアン（Vinciane Despret）　379n, 481n
『エスノロジー論の誕生』(*Naissance d'une théorie éthologique*)　379n, 481n
ディドロ，ドゥニ（Denis Diderot）　245, 245n, 246
『ダランベールの夢』(*Le Rêve de D'Alembert*)　245
デスコラ，フィリップ（Philippe Descola）　137n, 159n, 481n
『自然と文化を超えて』(*La nature des cultures*)　137n
デリダ，ジャック（Jacques Derrida）　284, 429n
デロジエール，アラン（Alain Desrosières）　239n, 431n
デューイ，ジョン（John Dewey）　98, 209n, 312, 313, 313n, 315n, 492, 493n
『公衆とその諸問題』(*The Public and its Problems*)　315n, 493n
デュルケム，エミール（Durkheim, Emile）　30-33, 76, 78, 138, 206, 207, 211n, 212, 310, 364, 398, 409n, 413, 413n, 417, 490
アクターの非対称的な定義と――　138
「一種独特な社会」　364
科学的事実と――　212, 213
「社会的事実をもののように」扱うことを提唱した――　211n
タルド的なときの――　76-78
分業と社会的連結の定義　398
論理的、人的カテゴリー　409n
ドゥルーズ，ジル（Gille Deleuze）　113n, 177n, 245, 299
ドディエ，ニコラス（Nicolas Dodier）　47n, 137n
ノール＝セティナ，カリン（Karin Knorr-Cetina）　165n, 343n, 403n

ハ行

バイケル，ヴィーベ（Wiebe Bijke）　159n
バウカー，ジェフリー（Geffrey Bowker）　145n, 347n, 433n
バウマン，ジグムント（Zygmunt Bauman）　81n, 126n, 209n, 315n, 473n
ハッキング，イアン（Ian Hacking）　69n, 171n, 209n
バシュラール，ガストン（Gaston Bachelard）　81n, 171n, 173n, 239n
パスツール，ルイ（Louis Pasteur）　188, 198, 202, 300
フランス第二帝政と――　188
ハッチンス，エドウィン（Edwin Hutchins）　117n, 385n, 407n
バトラー，サミュエル（Samuel Butler）　149, 151n, 322
『エレホン』(*Erewhon*)　151n, 322
ハラウェイ，ダナ（Donna J. Haraway）　165n, 399n
バルト，ヤニク（Yannick Barthe）　153n
パワーズ，リチャード（Richard Powers）　107, 155n, 278, 356, 357n
『ゲイン』(*Gain*)　107, 278
ピカリング，アンディ（Andy Pickering）　165n
ヒューズ，トーマス（Thomas P. Hughes）　155n, 159n, 347n, 383n
ブーロー，アラン（Alain Boureau）　439, 441n
ブリュッガー，ウルス（Urs Brügger）

343n, 403n
ブリュン＝コタン，フランソワーズ（Françoise Brun-Cottan）　345n, 349n
ブルア，デイヴィッド（David Bloor）　171n, 179n, 181n, 183n
ブルデュー，ピエール（Pierre Bourdieu）　81n, 159, 179, 179n, 191n, 264, 265, 299, 301, 313n, 327n, 339n, 364, 395n, 401n
　政治的代表と——　313n
　ハビトゥスの概念　401n
　批判社会学　159
　「界の象徴経済」　364
　『実践理論素描』（*Outline of a Theory of Practice*）　191n
ベッカー，ハワード（Howard Becker）　191n, 258, 460, 461n
ベック，ウルリヒ（Ulrich Beck）　153n, 209n, 364, 407n
ボルタンスキー，リュック（Luc Boltansk）　21n, 47n, 103n, 121n, 245, 249n, 351n, 353n, 355, 355n, 395n, 440, 441n, 477n
　——による正当化の分析　47n, 49n
　『資本主義の新たな精神』（*New Spirit of Capitalism*）　121n, 249n, 351n, 477n
　『正当化の理論』（*On Justification*）　21n, 47n, 103n, 355n, 441n
ホワイトヘッド，アルフレッド・ノース（Whitehead Alfred North）　98, 116, 209n, 417, 417n, 418, 421
マートン，ロバート（Robert K Merton）　179, 179n
マウ，ブルース（Bruce Mau）　167n, 377n
マッケンジー，ドナルド（Donald MacKenzie）　157n, 343n, 403n, 429n, 431n, 435n
マルクス，カール（Karl Marx）　56, 81, 121, 157n, 159, 161n, 167n, 258, 337
ミロウスキー，フィリップ（Philip Mirowski）　121n, 325n, 343n, 475n
モル，アネマリー（Annemarie Mol）　23n, 123n, 221n, 259n, 325n, 397n, 455n
ファン・ゴッホ（Gogh Van）　188
フーコー，ミシェル（Michel Foucault）　162n, 313n, 348, 349n, 407n, 409n, 477n, 479n
　「パノプティコン」と——　348
　『性の歴史Ⅰ』（*Dits et Ecrits: Tome 1*）　407n
プラトン（Plato）　326, 330, 448
　『国家』（*Republic*）　330
フレック，ルドヴィク（Ludwig Fleck）　211-214
　梅毒を発見するためのヴァッセルマン反応に関する——　211-215
フロイト，ジグムント（Sigmund Freud）　56, 258, 282
ポパー，カール（Karl Popper）　241n, 300
ホッブズ，トマス（Thomas Hobbes）　125, 312
　『リヴァイアサン』（*Leviathan*）　312-316, 399, 465

マ行・ヤ行

モース，マルセル（Marcel Mauss）　403-405
　「ハビトゥス」を定義し、タルドと同じ社会的なものをたどる——　403-405
ヤネヴァ，アルベナ（Albena Yaneva）　167n, 345n, 451n

ラ行・ワ行

ラスクーム，ピエール（Pierre Lascoumes）　153n
ラトゥール，ブリュノ（Bruno Latour）

かつての非社会的なモノの結び付き　199
計算の中心　342, 343n, 248
社会的なものの意味（meanings of social）　381n
人間と非人間の集会　151n
「アインシュタインの相対性の相対論的報告」（'Relativist Account of Einstein's Relativity'）　355n
『アラミス、あるいはテクノロジーの愛』(*Aramis or the Love of Technology*)　23n
『解明　M. セールの世界』（*Conversations on Science*）　385n
『科学論の実在』（*Pandora's Hope*）　9n
『虚構の近代』（*We Have Never Been Modern*）　81n
「構築主義の約束」（'The Promises of Constructivism'）　171n
『自然の政治』（*Politics of Nature*）　9n, 26, 81n, 137n, 215n, 413n, 479n, 493n
『実験室の生活』（*Laboratory life*）　429n
「〈社会的なもの〉の終焉」（'Gabriel Tarde and the End of the Social'）　31n
「身体についての語り方」（'How to Talk about the Body'）　191n
『聖像衝突』（*Iconoclash*）　189n, 427n, 445n, 189n, 427n, 445n
「大事な赤ちゃんをバース学派と一緒に捨てないで！」（'Don't throw the Baby out with the Bath School!'）　141n, 181n
「大リヴァイアサンを取り外す」（'Unscrewing the Big Leviathans'）　357n
『パリ、目に見えない都市』（*Paris ville invisible*）　7n, 385n, 427n
『非還元』（*Irreductions*）　103n, 433n
「もしも政治について少し語るならばどうなるか」（'What if we Were Talking Politics a Little?'）　313n
『物事を公的にする』（*Making Things Public*）　19n, 227n, 427n
ラバリゾア，ボロロナ（Vololona Rabeharisoa）　47n, 477n
リップマン，ウォルター（Walter Lippmann）　312, 313n, 315n, 351n
『幻の公衆』（*The Phantom Public*）　313n, 315n
リンチ，マイケル（Michael Lynch）　113n, 339n
ルーマン，ニクラス（Niklas Luhmann）　302, 315n, 325n, 364, 457n
ルモニエ，ピエール（Pierre Lemonnier）　141n, 217n
ルロア＝グーラン，アンドレ（André Leroi-Gourhan）　141n
ロー，ジョン（John Law）　23n, 24, 121n, 123n, 159n, 201n, 251n, 259n, 263n, 385n, 461n
——が管理する「アクター・ネットワーク・リソース」　24
『方法に応じて』（*After Method*）　23n, 259n, 461n
ロジャース，リチャード（Richard Rogers）　153n, 399n
ワイズ，ノートン（Norton Wise）　203n, 431n

事項索引

ア行

アーティスト（自分の手で作り出したものを、自分に何事かをさせる物神にしたがる） 92
愛（の客観的存在） 407
相反する主張（に常に見られる特徴） 100
アクター
　——の語の広まり 13n
　——は、あれこれしていることが条件であり、身代わりではない 296
　——は、MP3ファイルさながらに社会的なものの理論を効果的にダウンロードできる 438
　——は、グループの形成と解体に与している 90, 91
　——は、自分の「外部」にあるそうした実在する存在によってあれこれさせられていると主張する 446
　——は、自前の行為の理論を提示できる 27
　——は、十分な力能を有し、個々別々の皮膜で構成されている 397
　——は、〈他のアクターがあれこれする〉ようにするようなかたちで結びついているであろう 201
　——は、他のエージェンシーを偽物であると批判することに与する 106
　——は、人間に限定されてしまっているが、例外なく発為性の源泉を指し示す 414
　——は、自らが位置づけられる「社会的コンテクスト」の地図製作に与している 63, 57
　今や、完全な作り物であり、完全に追跡可能な集まりである—— 399
　多くの哲学と—— 98, 99
　世界制作の活動と—— 108
　媒介子として扱われ、社会的なものの動きを読者の目に入れる—— 243
　問題なく使ってきた代用記号 414
アクター／システムの板挟み 326, 328, 416
アクターと研究者（グループ形成の役割を果たす） 66
アクターに従え 129
アクター－ネットワーク 249, 327, 345, 346, 416, 417
アクター－ネットワークによる報告（中間項に対する媒介子の相対的な割合が高くなる） 249
アクター－ネットワーク－理論 → ANT
アクタン（actant） 103, 104, 134, 144, 249, 271, 383, 432
「悪の枢軸」 440
操り人形師 410, 414
「操る」（思いどおりに動かせることとともに思いどおりには動かせないことを示す

印）　114
新たな導管（結びつきを打ち立てる必要があるときには、常に——を設置しなければならない）　420
新たな連関　208, 308, 417, 454, 468, 488, 490, 491
あらゆるものがデータである　253
ありふれた会話（恐ろしく複雑な媒介子の連鎖）　74
安定化　486
意義（打ち立てられるもの）　262
「生きられた世界」（「具体性を取り違える誤謬」の格好の例）　116
「イスラムの啓蒙」　440
五つの不確定性の発生源（を安定させるという課題）　431
移動の自由（たとえもっとゆっくり進むことを旅行者に強いることになるにしても決定的に重要）　100
イノベーション（職人の作業場）　151
イノベーションの研究（社会理論の成長分野）　30
イラク　20, 54, 128
因果（説明されるべきものと説明をもたらすものとの——）　202
インフラ言語　58, 94, 136, 252, 422
上を向いて〔注意深く〕研究すること（研究対象の指図に従うことではない）　187
ANT　22-26, 34-37, 44, 45, 48-51, 97-99, 340, 415, 461-464
　アクタンという専門用語を用いる　103
　新たな基本姿勢とアクター　109
　新たなトピックには必要な——　269
　五つの不確定性と——　44, 45
　移動、転置、変換などの呼び名　122
インフラ言語　58, 94, 136, 252, 422
——が初期の段階で記述した対象には工学技術によるネットワークが含まれていた　249
——が人びとの注目を集めた理由　132, 133
——がわかりづらい理由　144, 145
——による上手い報告とは、物語ないし記述　243
——の鍵をなすトレーニングは、消極的な格好で始まる　223
——の研究者に対するふたつの相反する要求　148
——の語彙　58
——のごく限られた長所　66
——の政治的意義　483, 484
——は、科学技術の分野以外で社会科学はすべてうまくいっていると主張しない　189
——は、構造主義的説明と根本的に両立しない　299
——は、社会学の伝統に忠実になるとともに、その伝統をひどく弱らせてきた毒素を抜き取る　329, 330
——は、媒介子の連環からなる世界を描く　113
——は、モノが人間のアクターに代わってあれこれしていると主張する机上の空論ではない　136
——は、ゆっくりと旅することを好む　51
LSEの学生と——　267-303, 489
科学実験室に少し近づけば、客観性の数々の襞がすぐさま目に見えるようになる　210
「科学的事実の社会的構築」　165
科学なるものの意味と社会的なるものの意味　236

科学の研究とともに始まった――　346
科学の社会的説明が失敗したことで、社会理論を正気に戻せるかもしれない　182
グループを作り続けることを止めれば、グループはなくなってしまう　68
研究する方法についての理論　269
研究対象の人びとに代わって社会的なものを安定させること　60
堅固な科学的事実に対する説明を証拠にする　180, 181
現地で生活する人びとに従うという決断を下した社会理論　118
社会ありき、ないし、社会的なものありきではない　70
社会科学で用いられる因果論を――は共有できない　193
社会科学と結びついてきた予言的性向　365
「社会的」
　まず間違いなく、新たな種類のアクターを組み込み直すことが関係している　142
　ローカルな対面での相互作用か、同語反復的な力か　155, 156
社会的関係に及ぶ「モノの力」　157
社会的紐帯と――の両立　470
社会的な景色はフラットな「ネットワーク状の」地形を有している　459
社会的なものの社会学者と――　128, 422
社会的なものの社会学者と同じレベルで社会理論を位置づけていない　422
集合体を組み立てることに今一度敏感になる　488
消極的な議論　268
正反対の結論を出すことで、科学社会学から抜け出た――　176
ゼノンのパラドクスと――　229
前提と帰結のあいだに途方もない溝がある　87
その傍らにグループを作る者がいなくても存在するグループはないことを見る　62
それまで「連関していなかった」力同士の束の間の連関　122
第一の経験論が〈厳然たる事実〉に与える狭い監房から逃れる機会を自然のモノに与える　215
「誰も触れていない」などと言うことはできない　101
調査されていないのであれば、データがないからではなく、むしろ意志が欠けているから　154
束の間の可視性を十分に高め、優れた報告を生み出す　151
展開と単一化の課題　493
どんな姿形をも展開させるための抽象的な投影原理　342
二種類の報告に鋭敏になる　204
「人間と非人間の対称性」を打ち立てるものではない　144
眠れる美女の唇に優しく触れるプリンス・チャーミングのキスの役割　140
「非還元の原則」　201
「非人間にまで拡張された」社会学と――　204, 205
批判的にすぎるかナイーブにすぎるか　174
二つの対称的で相矛盾した罪で非難されている――　474
物議をかもしてきた数多くの展開と混同すべきでない　116

フラットランドのメタファーと——　421
文化相対主義の解決法　222
報告の品質管理　226
マキャヴェリ主義を拡張したもの　476
まず、「どの建物で？」などと尋ねて応じるべき　352
ミクロとマクロのあいだで折衷を示すこととは無縁な解法　328
民族誌学者が与えるのと同じくらいの余地を持たせて自分自身を定義できるようにする　80
無数の媒介子　79
物語論から移動の自由を取り入れてきた——　105
歴史学と社会学にいつもと違うことが起きた　199
ANTの社会学者（社会的という語と——）　71
ANTのスローガン
「アクターに従え」　27
「同じかたちで伝わるものはなく、かたちを変えることだけがある」　285
「権力に酔わないこと」　491
エージェンシー
——の性質と媒介子の意味　423
——をめぐる論争がその論争そのものをうまく整理してくれる　99
科学的な諸制度と——の範囲の広がり　225
行為の複雑性、多様性、異種混淆性　86
「絶え間なく」議論されている——　119, 120
多元宇宙には、ありうると考えられていたよりも数多くの——が存在する　220
自然的／社会的な——　205
何かをするものとして現れる——　101
エージェント（間の調整は準規格の拡散を通して成し遂げられる）　436
エスノメソドロジー（ethnomethodology）　97n, 101n, 113n, 129, 233n, 371n
演技すること（誰が実行に移しているのかという問いは解決しえない）　88
大きな物語（パノラマと——）　363, 364
大文字の他者（人類学者の報告）　265
「置き換え／代用」（の問題）　191
オリゴプティコン（総称語）（oligopticon）　348-350, 353, 360, 362, 367, 393, 413
オルドヴァイ渓谷（タンザニア）（「解剖学的現生人類」への進化を引き起こした他ならぬ媒介子）　154

カ行

解釈学（世界自体に備わるもの）　464
「解釈の柔軟性」（「同じ」物事に向けられる「複数の視点」）　220
階段教室　374
外部
コンテクストの制約力と——　410
社会的な力「で作られる」コンテクストでもなければ、内部を「規定」するものでもない　411
解放
「束縛から解放される」ことではなく、十分に分かちがたく結合していることを意味する　416
存在のほとんどを世界から取り除くやり方は——をもたらさない　95
科学
あらゆる物質的なモノには「ひとつ

の作用の仕方」しかない　158
上手く／下手に構築された事実　167
――の語の意味するところ　468
客観的な／モノ的な――　275
構築された――　168
「社会的限界」　11
社会的なコンテクストでは科学が説明できない　453
「他のすべての社会的な虚構と同様の社会的な虚構」　177
他の分野と比べて――が容易であるのは、客観性をめぐる議論をたどれる可能性が高いから　225
徹底した人工性／人為性／作為性と徹底した客観性　168
「科学技術論」(S&TS)　176
科学史の研究者（普遍的なものと――）　435
科学者　64, 236, 237
科学社会学
――の成果が社会理論に及ぼす影響　494
――は、キャリア・パターンなどに自らを限定すべき　178
科学社会学者（の助けを得ずとも、〈厳然たる事実〉と〈議論を呼ぶ事実〉の違いが目に見えるようになった）　225
科学社会学ないし科学論（科学認識論の翻訳語）　164
科学者の社会学（科学社会学と――）　179n
科学的事実（さまざまな姿形で現れる）　224
科学的知識の社会学者（SSK）　176, 179, 181n
科学的なもの（社会による狭苦しい拘束から抜け出たものに他ならない）　178
科学哲学（ひどい欠陥）　174
科学と社会（強固な「社会的なものの科学」を請け合うことと――）　9
科学の営み（変換を通じた数々の移送の事例）　428, 429
「科学の社会学」（撞着語法）　10
科学の社会的説明（矛盾しているのでうまくいかなかった）　178
科学の対象となるモノ（が社会的なものを説明できる）　186
科学論
数々の工夫によって、制作中の事実に注意を向けることができる　224
「自然で客観的な〈厳然たる事実〉」と――　219, 22
実験の帰結　180
事物の結びつきを描く――の研究者　202
限られた「主観性」（彫像と――）　277
学校の近くを走る自動車ドライバー　146
かつてのローカルとかつてのグローバル（同じ星形の様相）　391
カテゴリー（はあなたを服従させているのか、主体化しているのか）　438
神とのつながり（他のいかなるつながりによっても代替できない）　71
関係
操り人形師と操り人形の――　410, 411, 415n
ミクロ－マクロの――　346
還元主義（は、客観的な事実を公正に扱っていない）　210
間主観性（間モノ性を取り除くことで紛れもなく得られる）　375
「官房学」（の定義）　347
間モノ性（ローカルな相互作用に根本的な分散をもたらす役割）　389
規格（の循環はもっとはっきりしていない

ように見える） 436
記述 259, 278-288, 291, 292, 294, 296, 297, 299, 301
技術（社会史や文化史の物語られ方） 154
技術の社会的構成論 25
基礎的社交スキル 123, 124, 130, 142
決まり文句（clichés） 60, 73, 74, 247, 255, 279, 361, 400, 424
客観性（を得るために払うべき代償） 252
境界線（「自然」のなかに――） 65
『共産党宣言』（*Communist Manifesto*） 362
共通単位（伝達されるものの品質に左右される） 438
規律 486
議論を呼ぶ事実（matters of concern）
　集めるものとして捉えられる―― 216
　科学的な文章に押し寄せる―― 237
　科学的な論争が経験論を可能にするはずである 216
　――の痕跡が今や至るところで見つかり、そのデータが尽きることはない 217
　さまざまな学問分野によって生み出される―― 338
　実証主義によって〈厳然たる事実〉に縮減された―― 483
近代化 9, 38, 80, 97, 209n, 310, 435, 444, 457, 473, 493, 494
近代憲法（政治的に歪んだ認識論が共同的に成し遂げていること、政治の再定義） 480
寓話（「ウサギとカメ」と「ウサギとアリ」） 419
具象画家 103
具体性（中間項に対する媒介子の割合の高まり） 118
「具体的」と「抽象的」（という語は、ある特定の種類の性格を指し示すものではない） 118
組み上げ（composition） 8
組み立てられるべき社会的なもの（あらゆる手立てが必要） 66
グループ
　規模も内容も設定されていない 57, 58
　――形成（多くの痕跡を残す） 60, 67
　――とエージェンシー（人間に話をさせる必要がある） 150
　――の遂行的形成（自分の社会的世界を作り上げる反対グループを地図に示す） 106
　「絶えず」遂行されている―― 119
　反対グループのリストが設けられ定義される 63
グローバル化（ごく一部の利益を優先する考えを美化したもの） 365, 366
経験主義（他のすべてのものの根底をなす堅固な土台ではない） 210
経験的（「経験に忠実である」） 456
経験的形而上学（エージェンシーをめぐる論争から生まれるもの） 97
経験的相対主義（道義的な務めに似ている） 354
計算の中心（星形の姿形） 391, 408, 416
形式（何かしらのものが、ある場から別の場へと移送されるのを可能にするもの） 428
形式主義（物質的記述は、形式の有する接続能力を真剣に受け止める） 430
　形而上学とまったく同じように人びとの関心を引き議論を呼ぶ、存在論をめぐる―― 222
形而上学（哲学の伝統によって生まれた学問） 97
形而上学から存在論へ（実在する世界は

実のところどういうものなのかという問い） 220, 221
形而上学と存在論（実験と論争が――にもたらす影響） 224
形象化（figurations） 102-104, 109-112, 118, 134, 135, 248, 481n
計測基準（metrology） 434-436, 438, 439, 442, 443, 445, 459, 462, 471
形容詞の「社会的」（科学者と――） 7, 8
原因（無から事物を創造するしかない） 112
研究の中心（がなければ、誰も何も理解できない） 351
言語の構造（からあらゆる発話行為が生み出されている） 323
厳然たる事実（matters of fact） 215, 216
　一般に「客観的」と呼ばれるもの 278
　擬人化と―― 481
　――からなる世界に移行することの効果 217
　――は、自然界を占めるエージェンシーの類を表したものでない 207
　「手段」という語で指し示されるものに左右される 69
　人びとは、――であるかのようにたやすく行動してしまう 237
権力 120, 124, 125
行為／作用 87, 133, 133n, 136, 137n, 145, 261, 334, 335, 338, 376, 385, 416, 427n, 465
講義室 374, 375, 384, 386, 394
構造 323-325, 374-376, 388
構造化のテンプレート 372, 373
構造主義（何も変換されず合体される） 296
構造的特徴（ツタウルシの茂みと同じように落ち着かない休憩地点） 324
構造的な力（アクターに付け加える） 410
構造を作り出す者（まったく異なる複数の参照フレームによる切れ目を乗り越えるための橋） 342
構築
　建設現場（メタファーの出所） 166
　「事実の――」（人工性と実在性が足並みそろえて進むという現象） 168
構築主義（社会構築主義と混同してはならない） 171
構築主義者（反対の立場は基礎づけ主義） 171, 173n
ごくありふれた経験（数々の相反するグループの形成） 56
国際会計基準審議会（IASB） 437n
国際単位系（がなければ、いかなるグローバルなものもなくなってしまう） 431
国際度量衡局 434
個人生成装置（個人になるためには数多くの――をダウンロードする必要がある） 413
コペルニクス革命 454
コロンビア号（テキサス州）（Columbia shuttle） 153
コンテクスト
　埋め込まれた―― 334
　科学の中身がその――のありようを説明する 452
　グローバルな―― 340
　――という密やかな存在 346
　――に飛躍したいという誘惑 354
　――の概念を持ち出すことによる帰結 411
　――をコンテクスト化し直す 369
　社会的―― 11-13, 63, 80, 184, 353, 367
　全体にまたがる―― 387
　相互作用と―― 322, 328
コンピュータ 74, 208, 219, 278, 343, 375n

サ行

SARSウイルス（の影響） 19
「サイエンス・ウォーズ」（社会学者と——） 187
「再生産」 73n
「作成」（表向きとは違った光景） 166
産業革命 139, 226
自己（必要なのは連関の数を減らすことではない） 413
事実 45, 211, 217
自然（Nature）
　——の概念から毒を取り除く方法を学ぶ 218
　——も同じように不要にすべきである 206
自然科学（物理学や化学が世界を変えてきた） 438
自然の「組み立て」 8, 9n
思想史の研究者（規格と——） 439
「実行における隔たり」 393, 395
実在性（が十分に現れたとしても、その単一性の問題はなお未解決） 222
実在性と単一性（の違いが明白になるのは、専門家の知識を採用するのかを法廷が決めなければならないとき） 225
実証主義（政治的に間違っている） 483
実証主義者 210, 278, 302, 478
実証主義社会学と解釈的社会学（相反する直観） 462
自転車（大きい石にぶつかるか、「停止」標識を守らない） 157
支配「構造」 378
資本主義（「精神」を有する捉えどころの無いもの） 342
社会（society）
　アクターが自分はどこに立っているのかを定める上で、——の理論は多大な役割を果たしてきた 438
　一種独特の種差的な存在とみなされる 119
　仮想的な存在と—— 315
　区別することが重要 456
　——の変容 138
　——の歴とした構成子になっていない予期せぬ新たなアクター 46
　——は、「そのなかに」あらゆるものが埋め込まれている全体的なものではない 458
　——は、人間を集めて、非人間から切り離す 316
　——を連関と区別することを学んだ 218
　すでに取り込まれた存在が組み合わさったものを示すために残しておく 141, 142
　導管を循環している数々の連結装置のひとつとして解釈される 14
　連関の結果なのであって、連関の原因ではない 452
社会科学 169
　アクターを超えたエージェンシーを合成しないことが決定的に重要 87
　五つの主たる不確定性 44, 45
　グローバルなものをただローカル化すればよいのであれば、——は単純なものになってしまう 387, 388
　研究者を愚者にしてしまうほど——が落ちぶれるのを受け入れるわけにはいかない 447
　——から生まれる成果の鮮度の良さだけが、その政治的な意義を保証できる 492
　——最古の直観 377
　——のさまざまな学派のあいだに見られる混乱 110

——の中心をなしている危惧はこう表せる　488
——の有する計測基準の力と、連関としての社会的なもの　442
——の有する定型化の力　469
——の論文は、なぜ、そこまで下手に書かれるのか　236
——は、強靱な精神を宿した科学社会学がなければ成り立たない　190
——は、計測基準の一部　433
——は、社会的なものを組み直す上で欠かせない　262
——は、社会的なものをしっかりと形式にする　432
——は、真に経験的であろうとは一度たりともしなかった　457
——は、三つの異なる務めに着手した　309
——は、目の前のつながりの複雑性を展開させるのに臆病になりすぎてきた　37
——は、問題の一部であると同時に、ひとつの解法でもある　438
社会的世界に広がるという点での——の成功　265
「社会的」という語は、ひとつの結合の種類を指し示す　122
「社会的」と「科学」の概念　226
社会の定義の広がり　13
定型化の問題と——　430
「フィクションも同然」の物語「だけ」を生み出す　238
「私たちは外から作り上げられてきたのではないか」　408
社会科学者　236
思いどおりにいかない堅固な事実を生み出すことと——　190
気づかれることなく「アクターを動かす」社会的な力　90
グループは、他の非社会的な手段によって作られ、新たに作り直されていく必要がある　72
形象化と——　104
研究を開始する前にスケールを用いる　353
「自然の」領域から「象徴的な」領域を切り分ける境界と——　156
——のすべきことが変わる　27
——は、「奥深くにある構造的特徴」から、反対側にあるもっと「リアル」で「具体的」な相互作用に引っ張られる　324
——は、「解剖学的現生人類」と肩を並べることができる　155
——は、数々の形而上学のうちのひとつに固執している　158
——は、心の底から科学を大切にしている　184, 185
——は、自信過剰と自己嫌悪とを行き来する　261
——は、枝葉にこだわっている場合でない　194
——は、「全体」を目にしている　64
——は、フラットな相互作用に厚みを加えてきた　331
——は、無力ではない　108
社会がもたらす第三次元のなかにすべての相互作用を位置づける　331
「社会的な紐帯」と——　125
相互作用にはあらゆる要素が流れ込んでいるという印象　387
どの要素がすでに社会にあるのか　55
反省性／再帰性と——　64
ローカルな相互作用は確かな出発点

でない　320
社会科学者とアクター（社会的世界が何でできているのか）　57
社会科学と自然科学（構築という語が、それまで常識で考えられていたこととはまったく異なることを意味している）　169
「社会科学の認識論」（認識論と社会学に備わる欠陥）　190
社会学（sociology）
新たな科学　466
思いもよらなかった場を訪れることになろうとも、——が科学であることに変わりはないだろう　164
解釈的——と客観主義的——　274
化学結合から法的拘束までのまとまり　17
科学主義の絶頂にあった自然科学を模倣　472
強力な説明は、反対側からチェックされ、バランスが保たれるべき　162
行為は複数のエージェンシーによってアクターを超えてなされるという発見　119
——がなければ、社会はない　486
——には、もっと幅広いツールが必要　148
——の新たな定義　10
——の行き場を失わせているのは、社会的領域には特権的な場所が存在するという先入観　115
——の教科書の軸をなしているのはさまざまなトピック　335
——は、驚きに始まる　43
——は、驚きに始まるだけでなく、驚きに終わるのだろうか　421
——は、「吸血的」になる　95
——は、形而上学の多元性に決して満足できない　488
——は、モノなき科学であることに永遠に甘んじなければならないことにはならない　445
社会工学と——　79, 484
優れた——は上手く書かれている必要があり、さもなければ、社会的なものが姿を現すことはない　235
大量の移民を扱う科学　490
どうして、——にはモノがないままなのか　139
私たちの——は全面的に「相対論的」でなければならない　28
社会学者（sociologists）
上を向いて〔注意深く〕研究する　182
臆病にすぎる（科学そのものが科学的に研究できない理由）　179
芸術家から学ぶことは数多くある　154
——がアクターを「描く」際には、形象化に関する議論と同じくらい豊かな多様性が必要　103
——の考えでは、アクターはごくわずかの哲学に固執している　98, 99
——の直観に従うべき　329
——は、操り人形のようにアクターを扱っているとして非難される　114
——は、社会的説明をためらいなく用いることで、社会的不平等の本当の原因を覆い隠している　161
——は、モノのない社会的世界を考えてしまう　156
社会的世界を作り上げている非社会的な存在に——が出会おうとしない理由　443
社会的な紐帯と——　125-128

「社会的なもの」を用いた解決策 473
「社会の力」という語で——が表しているもの 128
何かしらの「言説の次元」の重要性 159
ひとつの特権的なグルーピングを決めることの問題 56
社会学者のいう社会的なもの 200, 449, 453
社会学者は退場せよ 178
社会学と心理学
——による分業が変化を見せ始めるのは、「外部」がプラグインの循環に置き換えられるときであろう 411
——の境界をきれいに引き直せるのか 408
社会工学の企図（伝統的な社会学と——） 484
社会主義共和国やイスラム共和国（共和国の対極をなす） 171
社会的（social）
一部のエージェンシー 205
原義 7
「構築」という語と同じ欠点 165
——という語が何かに取って代わることはできない 71
——という語の意味するところ 468
——という語の意味するところを修正する時 10
——という語の伝統的な意味 163
——という語の二重の意味 193
——という語の二つのまったく異なる意味を混ぜ込んでいた 165
「社会的紐帯」 121, 122
縮小し続ける——という語の意味 16, 17
すでに組み合わされ、ひとまとまりのものとして動くもの 83
それ自体は社会的でない事物同士のある種の結びつき 15
対面的関係というありふれた事象 123
他の多くの種類の連結装置によってひとつにくっつけられるもの 14
誰かの後についていくことであり、次に、加わることや集まることになる 16
特にどこかにあるわけではなく、ところかまわず循環している 201
二つの異なる事象、実体と動き 307
「連関」に見られる場合の—— 8, 121, 122, 172, 201
「社会的構築」 316
「社会的次元」（先進国においてはありふれている） 13
社会的世界（social world）
エーテル性がある 330
——の法則は存在するだろうが、昔から考えられていた地位とは異なる地位を占める 466
——を定型化することや形式を与えることに間違ったところはない 431
社会的なものから作られるか、社会的なもののなかで作られる—— 308, 449, 450
相互作用の絡み合い 123
その計測基準の連鎖の内部に位置づけ直されると、新たな景色が現れる 459
社会的説明 259
あいも変わらずモノがないために、——は、明らかにすべきものを逆に覆い隠してしまう 156

アクターが言っていることを嘘で塗りつぶしてしまう　94
上を向いて〔注意深く〕研究する場合に、——の妥当性についてどんな証拠を手にしているのか　185
カント観念論　221
——にパッケージングできるものだけを切り取る学問を、どうして経験的な学問と呼べるのか？　455
——の野蛮な思い上がりに憤慨した人びと　449
——という語が意味していること　281
——は、あまりにも安上がりで、あまりにも機械的になってしまった　422
——を科学に「広げる」ことはできない　176, 177
——を探り出す必要があるという認識論的主張　193
——を放棄することはエーテルを放棄するようなもの　455
その背後に隠れているとされる社会的なもの　93
内部の状態を調べるコントロール・ウインドウを欠いたかたちで隠れた変数がパッケージ化されてきた　96
絶えず移り変わる存在論を尊重することと——　225
まっすぐに進む理性に——は必要ない　182, 183
連関の動きを妨げるやり方　20
社会的な慣性と自然界の重力（レンガの壁を築いている労働者たちと——）　142
「社会的な基体」　369
社会的な素材　142, 172, 193, 218, 443, 446, 448, 463
社会的な力　123-126, 132, 192-196, 247, 248, 257, 260
社会的な紐帯（social ties）　121, 122, 140
新たな連関を「説明」するための——　491
いくつかの要素を取り込もうとする——　488
技術の配置によってあらゆる面に拡張した——　153
技術と——　452, 453
権力と——　125
社会科学と狭く限定された——　154, 155
——で覆われている場合に限って連関を進んで迎え入れる　44
——でできたものでない限り、人間との接触は許されない　450
——という同語反復　132
——には似ても似つかない回路　386
——の捉えがたさ　307
——は、束の間にのみ、モノとつながることができる　151
——を新たにするために、多くの人を集める祭礼が必要である　72
調節済みの——の定義が残す痕跡　454
伝統的に見られる——　140
「物質的」な紐帯と——をアプリオリに区別する　142, 143
三つの存在の様態と——　159
社会的なまとまり（social aggregates）
——が絶えず呼び起こされること　80
——は、人間の結びつきでできているとは限らない　81, 82
——をどう捉えるべきか　54, 55
種差的なつながり／連関によって説明されるべきもの　14, 15
直示的な定義の対象ではなく、遂行

的な定義の対象　67
社会的な結びつき（social connections）
科学技術が発達すればするほど、——をたどるのが容易になっていく　348
社会学者が思い描いていたわけではないグループ形成をめぐる論争の形跡を用いて——をたどる　84
——をたどるとき、私たちはどのようなことをしているのか　231
中継するモノがなければどれくらい長くたどれるのか?　147
論争を安定させることと、——がたどれること　37
社会的なもの（the social）
相異なる社会的な追跡装置を用いて描かれる二つの——の地図の影響　390
今や、——を動かし、結びつけ、組み立てるための取引コストを支払うことができる　422
近代主義が行き渡っているところで、——を精査することは困難　488
芸術作品にないものはすべて——によって得られ、——にないものはすべて芸術作品によって得られる　449, 450
——という謎　195
——に対する直示的な定義がはらむ問題　68
——の実際のサイズ　359
——の存在は、その都度、示される必要がある　102
——は、因果概念を当てはめることで生まれた作り物であることを示すことすら難しかった　205, 206
——は、消え去った　200
——は、広大な地平面のようなものではない　458
——は、これまで何も説明してこなかった　181, 182
——は、集合体を作り上げる連関の一部にすぎない　443
——は、どのようなものでできているのか？　262
——を生み出す手段を中間項として捉えるのか、媒介子として捉えるのかによる違い　73
——を形成する諸要素を、積極的、実体的、総合的に見る　422
——を探ることは、良薬にも猛毒にもなる　308
——をたどれなくしたものは、社会ないし社会的領域の存在　311
——をたどれるようにするために社会科学がすべきこと　423
遂行的な定義　67-69
代替にはなりえない　186
他の素材を——で置き換えることは、アクターにとって壊滅的惨事であるように見える　174
つなぎ直し、組み直していく固有の動き　18
どのような手続きであれば、集合体のかたちで——を組み直せるのか　37
何が——を作り上げるのかを、アクターに代わって定義してはならない　70
ほんのちょっとしたしぐさであっても、その実行に必要な連関の数　460
諸々の組み立てからなる長い歴史の一局面にすぎない　468
社会的なものの科学（science of the social）　45
「一個の学としての確実な道」を進ませようとする数多くの試み

190
そこまで堅固でないすべてのものを、何らかの隠れた社会的まとまりに置き換えていた　183
「社会的なものの科学」（'socio-logy'）8, 183
「社会的なものの感覚」　308
社会的なものの社会学（sociology of the social）　21, 28, 29, 227, 308
「解釈的社会学」と——　116
——が、社会学のすべてではない　442
——が、余計な原因を忍び込ませるのは「フレーム」を持ち出すとき　259
——においては、モノに役割を与えることがあくまで否定される　160, 161
——の有する定型化の力を尊重する　445
——は、西洋の優位性と結びついてきた　494
集合体を目指すための数ある手段の一手段　468
「相対論以前」の——　28
展開と収集の務めを区別するための手続き　493
人間の研究ではなくヒヒの研究に適している　132
批判社会学に移行してしまう危険性　95
二つの連続する誤り　410
物理学の規格と同じかたちで循環している　433
見事な成果　430
我が道を行く　334
私たちの調査に大きな貢献をしてくれる　438
社会的なものの社会学者（sociologists of the social）
アクターが言っていることに対する、精選され彫琢された明晰な用語　58
アクター自身の形而上学と——　97
一定の「社会的なアクター」のように見えないものをすべて除外する　106
インフォーマントのありとあらゆる用語を翻訳してしまえる第三項の用語　71
ANTによる「社会的」の語の定義と——　148
多くの中間項があり、媒介子はほとんど存在しない　78, 79
同じ社会秩序がとりうる数多くの化象　72
議論の余地なき境界の存在　55, 56
「権力関係」を忘却することと社会的不平等と——　161, 162
自分の論法に同語反復がある　127
「社会的慣性」への訴え　68
社会的な素材で作られているものと社会　141, 142
社会的なものに対する自らの定義によって　319
——は、「紙の上に一世界をとどめよう」としている　241
——は、共約不可能性の本性を見誤ってきた　140
——は、健全な直観の代わりに、目に見えない構造による隠れた作用を持ち出す　394
——は、権力や関係を軽々と動かしていく　51
——は、社会がどんなものであるのかを「発見」することにとどまっていない　485
——は、十分に抽象的でない　358

——は、無数の生活と歴史を結びつける　46
社会学は、伝統的で不偏的な意味での科学を目指すべき　66
外から「主体を運ぶ」媒介子と——　410
万能なメタ言語　236
自らの独立に対する「もっと科学的な」他の学問分野の威力　157
社会的なものをフラットに保つ方法　319-332
「社会的に説明する者」(検査官不在の巨大なコンテナ船)　128
「社会的に説明する者」(権力を使うことへの誘惑を強く引き起こす)　161
「社会的要因」(中間項を通して移送される——)　197, 198
「社会的領域」(集合体)　31
社会という傘(の下で「組み合わさる」もの)　8
「社会」と「自然」(同時に発明された二つの収集装置)　207, 208
社会としての社会的なもの(連関としてのとしての社会的なものと混同しないこと)　466
社会なり市場(原因であるとされるものを可能態として有しているのか)　196
社会理論
あらゆるところでローカルに広がることがどういうことであるのかを示す計測基準　435
社会的なものの社会学はまずい——を生み出す　430
社会は一種独特のものなので強い　126
——は、場同士の関係を定型化する　430
——は、メートル以上に普遍的になることはない　439
説明に用いられる社会的な力よりも堅固な対象　189
先在する構造の内部でヒヒが役割を見つけているかのように考えてしまう誤りを犯すべきでない　378, 379
社会理論家　80, 94, 99
社交のツール　379
自由(悪質な束縛から抜け出すことであって、結びつきがないことではない)　438
宗教　444-446, 453
集合体
あらゆる学問分野が、それぞれのやり方で、集合体の構成要素を最初に並べ、次に何らかの首尾一貫した全体に変えている　485
共通世界への——の単一化を受け入れられるようにする　483
——の組み上げ方　317
——を首尾一貫した全体に変えていく　486
政治は——を組み上げる一手段にすぎない　330
まだ取り込まれていない新たな存在を集めて組み立てるプロジェクトを指し示す　142
集合体を組み立てること(追求するに値する)　37
集合的な行為(物質的なものと社会的なものという区分と——)　141
収集型の言表　424, 439-442
主観性と客観性(それぞれの意味が仕切り直される)　417
主体　398, 481
主体化　438
主体性　408-410, 417, 418
「主体性を制限すること」(主体化の積極的な提示と——)　408
「主体生成の装置」　406

準規格（によって、孤絶したエージェンシーが、比較可能になり共約可能になる）　437, 438
上位中産階級（新聞を読まなければ、自分が――であるとどうして自認できようか）　437
証拠（実証主義的）　289
情報（理念的なものから物質的なものへの転置）　428
情報技術（潜在的なかたちでしか現れなかったものを目に見えるようにしている）　397, 398
所持（「社会的な操り人形」がどうなれるのかを検討し直すうえで優れた語）　416
「心間心理」（数々の「心外心理」との関係）　414
信仰心の篤い人びと（自分たちのことが「社会的に説明された」ときに決して怒って叫ばなかった）　183, 184
人工物　327, 328
新聞（何かしらのグループが作られたり変えられたりしている）　53
心理学（「社会的影響」と――）　11
人類学（経験的形而上学）　129
人類学者　53, 80, 98, 221, 265, 406
スーパーマーケットのメタファー　122
優れた報告／上手い報告（自然科学よりも社会科学にとってはるかに重要）　237
「するようにすること」（「原因であること」や「すること」と同じではない）　415
政治体　129n, 311-316, 321, 328, 330, 331, 344, 371, 377, 420, 454, 468, 492
政治的な影響力を探し求めること　457
政治認識論（優れた科学が「汚される」のを避ける手段ではない）　478
正常に作動する――（複合的な中間項）　74
『精神現象学』（時代精神）（*Phenomenology of Spirit*）　362
正当化（偉大さがあるのではなく、「偉大さの等級」を残す）　440
説明（記述と――という対立）　259
説明される側のもの（説明する側のもので置き換えられてしまう）　188
先進国（社会科学の道具立てを備えたグループ）　66
全体像　64, 282, 358-360
全体的調和（痕跡を生み出さず、何の情報も生み出さない）　60
選択（モノのない意味と、意味のないモノ）　394
スケール　353-357
　振り分けや分節化の装置の数や質に左右される　377
相互作用　382-390
相互－作用（を引き伸ばせば、アクター－ネットワークになる）　388
「相互作用」と「コンテクスト」（の切れ目）　427
相対主義　49, 231, 338
相対主義者（その反対は絶対主義）　171
相対性（規格や計測基準によって、――の問題は実質的に解決する）　434
相対性理論　28, 200, 354, 368
相対的なスケール（間モノ性がなければ――の意味はどうなってしまうのか）　389
総体的なもの　476
「疎外」（マルクスなくして――を問題視すること）　56
ソキウス（socius）
　社会的という語を用いることと――　203
　仲間、友人　16
組織　268, 278
組織学（驚異的なネットワーク、奇網）（retia mirabilia）　421

存在／もの／事物（entities）
混成的な——の束である社会　417
作用しているならば、何らかの痕跡を残す　288
循環する存在の探索　443
精神生成子が精神を生み出す　414

タ行

多（一と——の関係）　114
第一の不確定性　53-59, 104, 111n, 351, 440
第二の不確定性　83-88, 120, 383
第三の不確定性　68, 119-121, 373
第四の不確定性　19n, 68, 117n, 163-164
社会的なものと互換的な科学技術の対象　24
第五の不確定性　109n, 111n, 117n, 150, 229, 230, 484
対称的（定義）　144
代弁者　61, 62, 64, 65
対面的相互作用　382, 422
脱構築（構築主義は——の同義語になった）　173
民の声は神の声（Vox populi, vox Dei）　440
「単なる構築」　172
地図製作者　48, 50
中間項（intermediaries）　72-81, 115, 152, 160, 197, 252
——の定義　74
「調停」（客体と主体の二分法）　142
チンパンジー　219, 380, 482
追跡可能性　399, 427, 430, 435-437, 465
つながり　→連関
テクスト　238, 243, 258-260, 265, 266, 283-285
テクスト上の制約　283
テクストによる報告　238, 240-242, 246, 252, 255
展開　482
アクターによる——を可視化する　483
「単なる記述」と同じではない　286, 287, 301
不確定性の発生源　483
二つの場の距離を変換で埋める場合にネットワーク状に——できる　33
論争を——させる　309, 317, 431, 457, 471
転置　122, 247, 340, 372, 428, 429n, 454
同語反復（社会的な紐帯から作られる社会的な紐帯）　132
取扱説明書（を読む）　152, 393

ナ行

何らかの物事の状態の制作に加わる種々雑多な数々の実在　172
人間（ささやかな〈議論を呼ぶ事実〉に授けてもよいぐらいの実在性を——に与える）　482
人間のアクター（裁判官たる社会学者からの質問に答えるだけのインフォーマント）　80
人間の活動（人間以外の存在との絡み合い）　168
「人間をモノのように扱う」（抵抗するのは馬鹿げている）　482
認知能力（定型化した場面設定を通じて分散している）　405
ネットのメタファー（は有力である）　459
ネットワーク
あるテーマについて書かれたテクス

トの質を示す指標　244
概念であって、外在するものではない　248
研究者の報告における翻訳によってたどられるもの　203
——についての用語上の正確さ　244-246
ノート　253-256

ハ行

媒介子（mediators）
書くことによる報告の命運は、——の命運と連続している　242
原因から結果が演繹されることはない　112
自然と社会の組み立て　481
——が増えていくことで、準客体と準主体が生み出される　451
——の定義　74, 200
——は、多ければ多いほどよい　415
——は、原因ではない　410
——は、個別化した出来事と結びついている　414
本名　455, 456
媒介子と中間項　76, 78, 387
場所（他の場所によってそれぞれに枠づけられローカル化されている）． 377
裸の兵士　143
発生生理学（精子と——）　218
発話行為　67, 150, 323, 340, 439
話すこと（報告を生み出せる行為）　101
パノラマ（panoramas）　360-368, 421, 458, 488
パラッツォ・デッラ・ラジョーネ（パドヴァ）（作り上げられたもの）（Palazzo della Ragione）　361
『パワーズ・オブ・テン』（*Powers of Ten, The*）　356
犯罪（社会という不特定性のなかで自分の過失を減らす）　91
反省性（分析者の発する問いの見当違いのはなはだしさ）　64
比較（ある結びつきが強調される場合に、他の結びつきと——）　62, 63
比較可能（アクタンとアクターの違いが理解されれば——）　104
非還元（還元ではない）　260
非対称　119-121, 128, 129
羊飼いとその犬　62
ピット＝リバースの民族誌的探検　258
ピット＝リバース・ミュージアム（オックスフォード）（Pitt Rivers museum）　338
批判社会学（critical sociology）
自ずと批判の力を与えてくれるという保証はない　473
芸術社会学と——　448
社会的説明と——　260
——に対する評価を検討し直す　472
——は、間違う可能性が決してない　470
——は、科学と政治を混同してきた　478
——の定義　478-480
不可視で不動で自存する均一の権力世界　162
批判社会学者　63, 64, 81, 84, 92, 95, 109, 145, 184, 236, 412, 472, 476, 482
「インフォーマント」にすぎないアクター　64
「下層階級」からの「上昇志向」と——　84, 85
政治的な意義を有することとは両立しない　492
政治を行うことの難しさを過小評価

してきた――　472
データを曇らせるものと、データによって明らかになるもの　95
万能なメタ言語　236
――の手のなかにある人間の扱い　482
「無批判」かつ「非反省的」なアクターに出会うかのようにふるまう――　109
ヒヒ　17, 58, 124, 125, 130-132, 133n 140, 186, 377-382, 385, 482
フィクション（人間との結びつきが少なくとも想像可能になる）　154
不確定性
研究そのものについての――　231
――を切って捨てるのではなく糧にする　329
不確定性の発生源（互いに入れ子になっている）　263
「物質」（因果関係を政治的に解釈したもの）　144
物質世界と社会的世界（の関係はどこにも存在しない）　143
物質的なモノ（委任、転置、翻訳のプロセス）　372
「物質文化」（均質な層を形成するようにモノ同士が結びつけられる）　159, 160
「物質面での制約」（スチール机と――）　208
物理学者（些末なことと――）　76
物理学と社会学（決定的な実験はない）　181
不特定多数のアクター（実際に深く関わっている個別化した参与者との隔たり）　393
普遍性（を拡大するための実際的な条件は経験的な調査に開かれている）　435
「不変の可動物」（形式主義と――）　428
プラグイン（plug-ins）　396-398, 400-402, 410, 411, 485
プラズマ（plasma）　462, 463n, 465, 477
プラチナ合金のキログラム原器　434
『フラットランド』（*Flatland*）　331, 331n, 392
フランス　30
アルジェリア系二世の少女　54
フレーム（絵画や写真と――）　273
フレームワーク／枠組み　333, 354, 390
学生と――　272, 273, 280, 284, 291-294, 302
社会的――　18, 463
全体にまたがる――　371, 372
調査地が――に入れられる結果　259, 260
文学理論家（形象化に関する研究）　104
文化相対主義（自然科学の堅固な絶対主義によってのみ可能）　222
分析　93, 94, 161, 162, 372
分節化、ローカル化の装置（他の場所に移送される場所の影響力）　371-382
隔たり　152
変換（数々の予期せぬ出来事によって顕在化する）　201
弁証法的に考える者（地中深くに埋めてしまう性向）　327, 328
法　11, 18, 453, 480
報告　156, 231-242, 261
ホモ・エコノミクス（に費やされた会話と文章）　62
翻訳（特殊な意味）　203

マ行・ヤ行

マック・ユーザー（大差ない機器と――）　54
マトリョーシカ人形のように埋め込まれ

た　338
『幻の公衆』（*Phantom Public*）　312, 314, 322, 328
ミクロ／マクロ、アクター／システム（政治体と——）　326
未知の土地（どれだけの広さなのか）（terra incognita）　423
「無意識」（フロイトなくして——に訴える方法）　56
結びつき（追跡可能な、連続性）　465
結びつきの度合い（サイズやズームと混同すべきでない）　359
メタファー（社会的慣性の影響を打ち消す上で役に立つ）　422
モダニズム　445
〈客観性〉、〈有効性〉、〈収益性〉　182
モノ（objects）
社会学者が用いる社会的なものの定義　134
社会的な紐帯が広がれないときの——の役割　132
束の間にのみ、相互につながることができ、社会的な紐帯とつながることができる　151
どこでも感じ取られているのに、決して話に出されることがない　139
——が出てきたときには、まずそれを構成する諸々の連関に目を向けよう　443
——の行為／作用の様態の共約不可能性　140
——の性質　44
——による媒介の連鎖　163
——はその作者を乗り越え、中間項が媒介子になる　160
——は人間の行為を規定したり促したりする　135, 136
——は背景に退く　150
——は瞬く間に自らの存在の様態を変転させる　153
——への関心は、「客観的」な物質に与えられる特権とは無関係　144
——を報告に入れる必要がある　149
やぶ　448
「要因」（どんな作用も移送できない——）　198
「ヨーロッパ人であると感じる」（リベラルな新聞の社説なくして誰が——ようになれようか）　56

ラ行・ワ行

力能　244, 397, 398, 400, 402, 403, 405, 406, 408
流動的な社会的なもの　145, 163, 252, 336
漁師　200, 205, 250
類人猿とサル（基礎的な社交スキルとの関係）　123, 124
ルビコン川（形而上学から存在論に至る）　220
レゾー（ネットワーク）（réseaux）　245, 246
レンガの壁と調査票　149, 150
連関／つながり　21, 129, 316
連関の社会学（sociology of associations）　21, 227, 308
いっそう正確な道路地図を描き続ける　334
「技術者の社会学」（「技術決定論」と——）　205
しばしば「ただ記述しているだけ」と非難される　483
社会科学の計測基準の力と——

442
社会的なものという観念によって中断してしまった収集　468
社会的なものの社会学が無限の資本ストックにかけている費用のつけ　69
社会的なものの社会学との違い　247, 484
社会的なものの社会学を引き継ぐ　29
社会的なものの社会学を復活させる　490
政治は——の基本型にはなりえない　330
第四の不確定性と——　164
連関の社会学者（sociologists of associations）
今、祭りを開かなければ、グループの形成を維持できない　73
エージェンシーをめぐる論争は最大限に展開される必要がある　96
〈議論を呼ぶ事実〉のさまざまな様態に関する情報があふれ出ている　217
集合的な生活と知識と——　38
常識に従う——　96
遂行が常に見られることと、説明されるべきもの　68
第二の不確定性の発生源を糧にしようとした時と同じラディカルな決断　120
モノが、突如として、一人前のアクターとして光が当てられる　136
——が社会的なものの社会学を捨てるとき　241
——が最も大切な財産としておくべきものは、アクター自身が自分を動かす「動因」について感じるもの　90
——は、まったく異なる実験をしようとする　241
——は、支配がいかにしてそこまで強く及ぶようになったのかを説明する必要がある　162
連結装置（社会的なものを定型化するのに非常に長けている理由）　423
ローカル／グローバルないしアクター／システム（に一切訴えない視点）　395
ローカルとグローバル（が消え去れば、規格が極めて重要である）　433
ローカルな相互作用　123, 125, 320-324, 333, 334, 340, 360, 367, 369, 371, 373, 382, 388, 389, 391, 420, 463
ローカルなもの（振り分けし直し、分散させ直す必要がある）　370
論議の安定化　457
論争　36, 37, 44, 45, 431-433
「私たち」（の意味するところがよくわからない）　18

文献一覧

Abbott, E. (1992). *Flatland: a romance of many dimensions* (illustrated by the author; with an introduction by Banesh Hoffmann). New York: Dover.

Akrich, M. (1992). 'The De-Scription of Technical Objects', in *Shaping Technology-Building Society: Studies in Sociotechnical Change*. (eds. Bijker,W. andLaw, J.) Cambridge, Mass.: MIT Press, 205-224.

——— (1993). 'A Gazogene in Costa Rica: An Experiment in Techno-Sociology', in Technological Choices: Transformation in *Material Cultures since the Neolithic*. (ed. Lemonnier, P.) London: Routledge.

Akrich, M. and Bouiller, D. (1991). 'Le mode d'emploi: genèse et usage', in *Savoir faire et pouvoir transmettre* (ed. Chevallier, D.) Paris: Editions de l'EHESS, 112-131.

Akrich, M. and Latour, B. (1992). 'A Summary of a Convenient Vocabulary for the Semiotics of Human and Non-Human assemblies', in *Shaping Technology-Building Society: Studies in Sociotechnical Change*. (eds. Bijker, W. and Law, J.) Cambridge, Mass.: MIT Press, 259-264.

Alder, K. (1995). 'A Revolution to Measure: The Political economy of the Metric System in France', in *The Values of Precision*. (ed.Wise, N.) Princeton: Princeton University Press, 39-71.

Alpers, S. (1988). *Rembrandt's Enterprise: The Studio and the Market*. Chicago: University of Chicago Press.

Anderson, W. (1990). *Diderot's Dream*. Baltimore: John Hopkins University Press.

Aquino, P. d. (1998). 'La mort défaite: Rites funéraires du candomblé', *L'homme*, 147: 81-104.

Archibugi, D. (ed.) (2003). *Debating Cosmopolitics* (New Left Review Debates). Verso Books.

Audren, F. (forthcoming). 'Les juristes et les sociologues', Ph.D. thesis, Paris: Paris Sorbonne.

Auroux, S. (1999). *La raison, le langage et les normes*. Paris: PUF.

Barnes, B. (1983). 'Social Life as Bootstrapped Induction', *Sociology*, 17/4: 524-545.

Barry, A. (2001). *Political Machines: Governing a Technological Society*. London: Athlone Press.

Bastide, F. (1990). 'The Iconography of Scientific Texts: Principle of Analysis', in *Representation in Scientific Practice*. (eds. Lynch, M. and Woolgar, S.) Cambridge, Mass.: MIT Press, 187-230.

——— (2001). *Una notte con Saturno: Scritti semiotici sul discorso scientifico*. (trans. Roberto

Pellerey). Rome: Meltemi.
Bastide, F., Callon, M. and Courtial, J. P. (1989). 'The Use Of Review Articles In The Analysis Of A Research Area', *Scientometrics*, 15/5-6: 535-562.
Bastide, F. and Myers, G. (1992). 'A NightWith Saturne', *Science, Technology and Human Values*, 17/3: 259-281.
Bauman, Z. (1992). *Intimations of Postmodernity*. London: Routledge.
——— (1997). *Postmodernity and its Discontents*. London: Polity Press.
——— (2000). *Liquid Modernity*. Cambridge: Polity Press.
Baxandall, M. (1985). Patterns of Intention: On The Historical Explanation Of Pictures. New-Haven: Yale University Press.
Beck, U. (1992). *Risk Society: Towards a New Modernity*. London: Sage.
Beck, U. and Beck-Gernsheim, E. (1995). *The Normal Chaos of Love*. London: Polity Press.
Beck, U., Giddens, A. and Lash, S. (1994). *Reflexive Modernization: Politics, Tradition and Aesthetics in the Modern Social Order*. Stanford: Stanford University Press.
Becker, H. (1982). *Art Worlds*. Berkeley: University of California Press.
——— (1991). *Outsiders: studies in the sociology of deviance*. New York: Free Press.
Benjamin, W. (2002). *The Arcades Project*. Cambridge, Mass.: Harvard University Press.
Bensaude-Vincent, B. (1986). 'Mendeleev's periodic system of chemical elements', *British Journal for the History and Philosophy of Science*, 19: 3-17.
Bentham, J. and Foucault, M. (1977). *Le Panopticon précédé de l'oeil du pouvoir: entretien avec Michel Foucault*. Paris: Pierre Belfond.
Berg, M. and Mol, A.-M. (1998). *Differences in Medicine: Unraveling Practices, Techniques and Bodies*. Durham: Duke University Press.
Biagioli, M. (ed.) (1999). *The Science Studies Reader*. London: Routledge.
Bijker, W. (1995). *Of Bicyles, Bakelites, and Bulbs: Towards a Theory of Sociotechnical Change*. Cambridge, Mass.: MIT Press.
Bijker,W. and Law, J. (eds.) (1992). *Shaping Technology-Building Society: Studies in Sociotechnical Change*. Cambridge, Mass.: MIT Press.
Bijker,W. E., Hughes, T. P. and Pinch, T. (eds.) (1987). *The Social Construction of Technological Systems: New Directions in the Sociology and History of Technology*. Cambridge, Mass.: MIT Press.
Blix, H. (2004). *Disarming Iraq*. New York: Pantheon Books.
Bloor, D. (1976/1991). *Knowledge and Social Imagery* (second edition with a new foreword). Chicago: University of Chicago Press.
——— (1999). 'Anti-Latour'. *Studies in History and Philosophy of Science*, 30/1: 81-112.
Boltanski, L. (1987). *The Making of a Class: Cadres in French Society* (trans. Arthur Goldhammer). Cambridge: Cambridge University Press.
——— (1990). *L'amour et la justicecommecompétences*. Paris: A.-M.Métailié.
——— (1999). *Distant Suffering: Morality, Media and Politics* (trans. Graham D.

Burchell). Cambridge: Cambridge University Press.
Boltanski, L. and Chiapelllo, E. (1999/2005). *The New Spirit of Capitalism* (trans. Gregory Elliott). W W Norton & Co Inc.
Boltanski, L. and Thévenot, L. (1999). 'The Sociology of Critical Capacity', *European Journal of Social Theory*, 2/3: 359-377.
——— (forthcoming). *On Justification* (trans. Catherine Porter). Princeton: Princeton University Press (translation of Boltanski, L. and Thévenot, L. (1991). De la justification. Les économies de la grandeur. Paris: Gallimard).
Boudon, R. (1981) *The logic of social action: an introduction to sociological analysis* (trans. David Silverman). London: Routledge.
Bourdieu, P. (1972). *Outline of a Theory of Practice*. Cambridge: Cambridge U.P. Bourdieu, P. (1975). 'Le Couturier et sa griffe: contribution à une théorie de la mode', *Actes de la Recherche en Sciences Sociales*, n81: 7-36.
——— (1991). 'Delegation and Political Fetishism', in *Language and symbolic power* (edited and introduced by John B. Thompson; trans. Gino Raymond and Matthew Adamson). Cambridge: Polity Press.
——— (2001). *Science de la science et réflexivité*. Paris: Raisons d'agir.
Bourdieu, P., Chamboredon, J.-C. and Passeron, J.-C. (1968). Le métier de sociologue. Préalables épistémologiques. Paris: Mouton.
——— (1991). *Craft of Sociology: Epistemological Preliminaries*. Walter de Gruyter Inc.
Boureau, A. (1992). 'L'adage Vox Populi, Vox Dei et l'invention de la nation anglaise (VIIIe-XIIe siècle)', *Annales ESC*, 4-5: 1071-1089.
Bowker, G. (1994). *Science on the Run: Information Management and Industrial Geographics at Schlumberger, 1920-1940*. Cambridge, Mass.: The MIT Press.
Bowker, G. C. and Star, S. L. (1999). *Sorting Things Out: Classification and Its Consequences*. Cambridge, Mass.: MIT Press.
Boyer, R. (2004). 'The Rediscovery of Networks - Past and Present - An Economist's Perspective', in *50th Annual Meeting of the Business History Conference*, Le Creusot.
Bremmer, J. and Roodenburg, H. (1992). *A Cultural History of Gesture: From Antiquity to the Present Day*. Cambridge: Polity Press.
Brun-Cottan, F. et al. (1991). *The workplace project: Designing for diversity and change* (Videotape). Palo Alto, CA.: Xerox Palo Alto Research Center.
Bucchi, M. (2004). *Science in Society: An Introduction to the Social Studies of Science*. London: Routledge.
Butler, S. (1872). *Erewhon*. Harmondsworth, Middlesex: Penguin Book.
Byrne, R. and Whiten, A. (eds.) (1988). *Machiavellian Intelligence: Social Expertise and the Evolution of Intellects in Monkeys, Apes and Humans*. Oxford: Clarendon Press.
Calbris, G. (1990). *The Semiotics of French Gesture*. Bloomington: Indiana University Press.
Callon, M. (1981). 'Struggles and Negotiations to Decide What is Problematic and What

is Not. The Socio-logic Translation', in *Knorr K. R. Krohn & R. Whitley*, 197-220.

Callon, M. (1986). 'Some elements of a sociology of translation domestication of the scallops and the fishermen of St Brieux Bay', in *Power, Action and Belief. A New Sociology of Knowledge?* (ed. Law, J.), 196-229.

——— (ed.) (1989). *La science et ses réseaux: Genèse et circulation des faits scientifiques*. Paris: La Découverte.

——— (1998a). 'An Essay on Framing and Overflowing: Economic Externalities Revisited by Sociology', in *The Laws of the Market*. (ed. Callon, M.) Oxford: Blackwell, 245-269.

——— (ed.) (1998b). *The Laws of the Markets*. Oxford: Blackwell.

——— (1999). 'Ni intellectuel engagé, ni intellectuel dégagé: la double stratégie de l'attachement et du détachement', *Sociologie du travail*, 1: 1-13.

——— (2001). 'Les méthodes d'analyse des grands nombres', in *Sociologie du travail: quarante ans après*. (ed. Pouchet, A.) Paris: Elsevier, 335-354.

Callon, M., Lascoumes, P. and Barthe, Y. (2001). *Agir dans un monde incertain: Essai sur la démocratie technique*. Paris: Le Seuil.

Callon, M. and Latour, B. (1981). 'Unscrewing the Big Leviathans: How Do Actors Macrostructure Reality', in *Advances in Social Theory and Methodology: Toward an Integration of Micro and Macro Sociologies*. (eds. Knorr, K. and Cicourel, A.) London: Routledge, 277-303.

——— (1992). 'Don't throw the Baby out with the Bath School! A reply to Collins and Yearley', in *Science as Practice and Culture*. (ed. Pickering, A.) Chicago: University of Chicago Press, 343-368.

Callon, M., Law, J. and Rip, A. (eds.) (1986). *Mapping the Dynamics of Science and Technology*. London: Macmillan.

Callon, M. and Rabeharisoa, V. (1999). *Le pouvoir des malades*. Paris: Presses de l'Ecole nationale des mines de Paris.

Callon, M. and Rabeharisoa, V. (2004). 'Gino's lesson on humanity: genetics, mutual entanglements and the sociologist's role', *Economy and Society*, 33/1: 1-27.

Cambrosio, A., Keating, P. and Mogoutov, A. (2004). 'Mapping Collaborative Work and Innovation in Biomedicine: a Computer Assisted Analysis of Antibody Reagent Workshops', *Social Studies of Science*, 34/3: 325-364.

Cambrosio, A., Limoges, C. and Pronovost, D. (1990). 'Representing biotechnology: an ethnography of Quebec Science Policy', *Social Studies of Science*, 20: 195-227.

Candolle, A. de (1873/1987). *Histoire des sciences et des savants depuis deux siècles d'après l'opinion des principales académies ou sociétés scientifiques*. Paris: Fayard, Corpus des Oeuvres de Philosophie.

Canguilhem, G. (1968/1988). *Ideology and Rationality in the History of the Life Sciences*. Cambridge, Mass.: The MIT Press.

Cassin, B. (1995). *L'effet sophistique*. Paris: Gallimard.

Castells, M. (2000). *The Rise of the Network Society*. Oxford: Blackwell.

Castoriadis, C. (1998). *The Imaginary Institution of Society* (trans. Kathleen Blamey). Cambridge, Mass.: MIT Press.

Chalvon-Demersay, S. (1999). *A Thousand Screenplays: The French Imagination in a Time of Crisis* (trans. Teresa Lavender Fagan). Chicago: University of Chicago Press.

Chandler, A. D. (1977). *The Visible Hand: The Managerial Revolution in American Business*. Cambridge, Mass.: Harvard University Press.

Charvolin, F. (2003). *L'invention de l'environnement en France. Chroniques anthropologiques d'une institutionnalisation*. Paris: La Découverte.

Claverie, E. (2003). *Les Guerres de la Vierge: Une anthropologie des apparitions*. Paris: Gallimard.

Cochoy, F. (2002). *Une sociologie du packaging ou l'âne de Buridan face au marché*. PUF: Paris.

Cochrane, R. C. (1976). *Measures for Progress: A History of the National Bureau of Standards*. New York: Arno Press.

Collins, H. (1985). *Changing Order: Replication and Induction In Scientific Practice*. London-Los-Angeles: Sage.

——— (1990). *Artificial Experts: Social Knowledge and Intelligent Machines*. Cambridge, Mass.: MIT Press.

——— (2004). *Gravity's Shadow: The Search for Gravitational Waves*. Chicago: University of Chicago Press.

Collins, H. and Kusch, M. (1998). *The Shape of Actions: What Human and Machines can do*. Cambridge, Mass.: MIT Press.

Collins, H. and Yearley, S. (1992). 'Epistemological Chicken' in *Science as Practice and Culture*. (ed, Pickering, A.) Chicago: University of Chicago Press, 301-326.

Collins, H. M. and Pinch, T. (1982). *Frames of Meaning: the Social Construction of Extraordinary Science*. London: Routledge and Kegan Paul.

Collins, R. (1998). *The sociology of philosophies: a global theory of intellectual change*. Cambridge, Mass.: Harvard University Press.

Comment, B. (2003). *The Panorama*. London: Reaktion Books.

Conein, B., Dodier, N. and Thévenot, L. (eds.) (1993). *Les objets dans l'action: De la maison au laboratoire*. Paris: Editions de l'EHESS.

Cooren, F. (2001). *The Organizing Property of Communication*. New York: John Benjamins Pub C8.

Cronon, W. (1991). *Nature's Metropolis: Chicago and the Great West*. New York: Norton.

Cussins, C. (1996). 'Ontological Choreography: Agency through Objectification in Infertility Clinics', *Social Studies of Science*, 26/26: 575-610.

Czarniawska, B. (1997). *A Narrative Approach To Organization Studies*. London: Sage.

——— (2004). 'On Time, Space, and Action Nets', *Organization*, 16/6: 777-795.

Dagognet, F. (1974). *Ecriture et iconographie*. Paris: Vrin.

Daston, L. (1988). 'The Factual Sensibility: an Essay Review on Artifact and Experiment', *Isis*, 79: 452–470.

De Waal, F. (1982). *Chimpanzee Politics: Power and Sex Among Apes*. New York: Harper and Row.

Debaise, D. (2003). 'Un empirisme spéculatif: Construction, Processus et Relation chez Whitehead', Ph.D. thesis, Brussels: Université Libre de Bruxelles.

Deleuze, G. (1993). *The Fold: Leibnitz and the Baroque* (trans. Tom Conley). Athlone Press.

Denis De Rougemont (1983). *Love in the Western World* (trans. Montgomery Belgion). Princeton: Princeton University Press.

Denzin, N. K. (1990). 'Harold and Agnes: A Feminist Narrative Undoing', *Sociological Theory*, 8/2: 198–285.

Derrida, J. (1998). *Of Grammatology* (trans. Gayatri Chakravorty Spivak). Baltimore: John Hopkins University Press.

——— (1995). *Archive Fever: A Freudian Impression* (trans. Eric Prenowitz). Chicago: University of Chicago Press.

Descola, P. (2005). *La nature des cultures.* Paris: Gallimard.

Descola, P. and Palsson, G. (eds.) (1996). *Nature and Society: Anthropological Perspectives*. London: Routledge.

Despret, V. (1996). *Naissance d'une théorie éthologique*. Paris: Les Empêcheurs de penser en rond.

——— (2002). *Quand le loup habitera avec l'agneau*. Paris: Les Empêcheurs.

Desrosières, A. (2002). *The Politics of Large Numbers: A History of Statistical Reasoning* (trans. Camille Naish). Cambridge, Mass.: Cambridge University Press.

Dewey, J. (1927/1954). *The Public and Its Problems*. Athens: Ohio University Press.

——— (1930; repr. 1948; complete works 1982). *Reconstruction in Philosophy*. Carbondale: Southern Illinois University Press.

Diderot, D. (1964). 'D'Alembert's Dream' (trans. Ralph. H. Bowen), in *Rameau's Nephew and Other Works*. Indianapolis: Bobbs-Merrill.

Didier, E. (2001). 'De l'échantillon à la population: Sociologie de la généralisation par sondage aux Etats-Unis', Ph.D. thesis, Paris: Ecole des Mines.

Dodier, N. (2003). *Leçons politiques de l'épidémie de sida*. Paris: Presses de la Maison des Sciences de l'Homme.

Dratwa, J. (2003) 'Taking Risks with the Precautionary Principle', Ph.D. thesis, Paris: Ecole des Mines.

Duhem, P. (1904). *La Théorie Physique: Son objet sa structure*. Paris: Vrin.

Dumont, L. (1982). *Homo Hierarchicus: The Caste System and Its Implications* (trans. Mark Sainsbury and Basia Gulati). Chicago: University of Chicago Press.

Dupuy, J. P. (1992). *Introduction aux sciences sociales: Logique des phénomènes collectifs*. Paris: Editions Marketing.

Duranti, A. and Goodwin, C. (eds.) (1992). *Rethinking Context: Language as an Interactive Phenomenon* (Studies in the Social & Cultural Foundations of Language). Cambridge: Cambridge University Press.

Durkheim, E. (1915/1947). *The Elementary Forms of the Religious Life* (trans. Joseph Ward Swain). New York: Free Press.

——— (1955). *Pragmatisme et sociologie; cours inédit prononcé à la Sorbonne en 1913–1914 et restitué par Armand Cuvillier d'après des notes d'étudiants*. Paris: Vrin.

——— (1966). *The Rules of Sociological Method* (trans. Sarah A. Solovay and John H. Mueller, edited by George E.G. Catlin). New York: Free Press.

——— (1983). *Pragmatism and sociology* (trans. J. C. Whitehouse; edited and introduced by John B. Allcock; with preface by Armand Cuvillier). Cambridge: Cambridge University Press.

Einstein, A. (1920). *Relativity, the Special and the General Theory*. London: Methuen And C8.

Eisenstein, E. (1979). *The Printing Press as an Agent of Change*. Cambridge: Cambridge University Press.

Epstein, S. (1996). *Impure Science: Aids, Activism and the Politics of Knowledge*. Berkeley: University of California Press.

Ewick, P. and Silbey, S. S. (1998). *The Common Place of Law*. Chicago: University of Chicago Press.

Farley, J. and Geison, G. L. (1974). 'Science, Politics and Spontaneous generation in 19th-century France: the Pasteur-Pouchet Debate', *Bulletin of the History of Medicine*, 48/2: 161–198.

Faye, J.-P. (1972). *Langages totalitaires*, Paris: Hermann.

Feuer, L. S. (1974). *Einstein and the Generations of Science*. New York: Basic Books.

Fleck, L. (1935/1981). Genesis and Development of a Scientific Fact. Chicago: University of Chicago Press.

Fleck, L., Cohen, R. S. and Schnelle, T. (1986). *Cognition and Fact Materials on Ludwik Fleck edited by Robert S. Cohen and Thomas Schnelle*. Dordrecht: Reidel.

Fontanille, J. (1998). *Sémiotique du discours*. Limoges: Presses de l'université de Limoges.

Foucault, M. (1973). *The Birth of the Clinic: An Archeology of Medical Perception*. New York: Random House.

——— (1975). *Discipline and Punish: The Birth of Prison*. New York: Panthéon.

——— (1990). *The History of Sexuality: An Introduction*. New York: Vintage Books.

——— (1994). *Dits et écrits* (1954–1970) Tome I. Paris: Gallimard.

——— (2003). *"Society Must Be Defended": Lectures at the College de France, 1975–1976* (trans. David Mace). New York: Picador.

Fox-Keller, E. (2000). *The Century of the Gene.* Cambridge, Mass.: MIT Press.

Friedberg, E. (1993). *Le pouvoir et la règle: Dynamiques de l'action organisée*. Paris: Le Seuil.

Galison, P. (1997). *Image and Logic: A Material Culture of Microphysics*. Chicago: University

of Chicago Press.
——— (2003). *Einstein's Clocks, Poincarés's Maps*. New York: Norton and Company.
Gane, N. (ed.) (2004). *The Future of Social Theory*. London: Continuum.
Garfinkel, H. (1967). *Studies in Ethnomethodology*. New Jersey: Prentice Hall.
——— (2002). *Ethnomethodology's Program: Working Out Durkheim's Aphorism* (edited and introduced by AnneWarfield Rawls). Oxford: Rowman & Littlefield.
Garfinkel, H., Lynch, M. and Livingston, E. (1981). 'TheWork of a Discovering Science Construed with Materials from the Optically Discovered Pulsar', *Philosophie of Social Sciences*, 11: 131-158.
Geison, G. G. (1995). *The Private Science of Louis Pasteur*. Princeton: Princeton University Press.
Gibson, J. G. (1986). *The Ecological Approach to Visual Perception*. London: Lawrence Erlbaum Associates.
Giddens, A. (1984). *The Constitution of Society*. Cambridge: Blackwell.
Ginzburg, C. (1980). *The Cheese and the Worms: The Cosmos of a 16th-Century Miller*. London: Routledge.
——— (1999). *History, Rhetoric, and Proof: The Menachem Stern Lectures in History*. Hanover, NH : University Press of New England.
Goffman, E. (1959). *The Presentation of Self in Everyday Life*. New York: Doubleday and Anchor Books.
Gomart, E. (1999). 'Surprised by Methadone', Ph.D. thesis, Paris: Ecole des Mines.
——— (2002). 'Methadone: Six Effects in Search of a Substance', *Social Studies of Science*, 32/1: 93-135.
Gomart, E. and Hennion, A. (1998). 'A sociology of attachment:musicamateurs, drug users', in *Actor Network Theory and after*. (eds. Hassard, J. and Law, J.) Oxford: Blackwell, 220-247.
Goodman, N. (1988). *Ways of Worldmaking*. New York: Hackett Publishing Company.
Goodwin, C. and Goodwin, M. (1996). 'Formulating planes: Seeing as a situated activity', in *Cognition and Communication at Work*. (eds. Engestrom, Y. and Middleton, D.) Cambridge: Cambridge University Press.
Goody, J. (1977). *The Domestication of the Savage Mind*. Cambridge: Cambridge University Press.
Gordon, D. (1999). *Ants At Work: How An Insect Society Is Organized*. New York: Free Press.
Gramaglia, C. (2005). 'La mise en cause environnementale comme principe d'association. Casuistique des affaires de pollution des eaux: l'exemple des actions en justice intentées par l'Association Nationale de Protection des Eaux et Rivières', Ph.D. thesis, Paris: Ecole des Mines.
Granovetter, M. (1985). 'Economic Action and Social Structure: The problem of Embeddedness', *AJS*, 91/3: 481-510.

Greimas, A. J. (1988). *Maupassant: The Semiotics of Text. Practical Exercises*. New York: John Benjamins Publishing Co.

Greimas, A. J. and Courtès, J. (eds.) (1982). *Semiotics and Language an Analytical Dictionary*. Bloomington: Indiana U.P.

Gross, P. R., Levitt, N. and Lewis, M.W. (eds.) (1997). *The Flight from Science and Reason*. New York: New York Academy of Science.

Hacking, I. (1992). 'The Self-Vindication of the Laboratory Sciences', in *Science as Practice and Culture*. (ed. Pickering, A.) Chicago: University of Chicago Press, 29-64.

——— (1999). *The Social Construction of What?* Cambridge, Mass.: Harvard University Press.

Handley, S. (2000). *Nylon: The Story of a Fashion Revolution. A Celebration of Design from Art Silk to Nylon and Thinking Fibres*. Baltimore: John Hopkins University Press.

Haraway, D. (2000). *How like a Leaf: an Interview with Thyrza Goodeve*. London: Routledge.

Haraway, D. J. (1991). *Simians, Cyborgs, and Women: The Reinvention of Nature*. New York: Chapman and Hall.

Harman, G. (2002). *Tool-Being: Heidegger and the Metaphysics of Objects*. Open Court.

Harrison, S., Pile, S. and Thrift, N. (eds.) (2004). *Patterned Ground: Entanglements of Nature and Culture*. London: Reaktion Books.

Haskell, F. (1982). *Patrons and Painters: A Study in the Relations Between Italian Art and Society in the Age of the Baroque*. New Haven: Yale University Press.

Headrick, D. R. (1988). *The Tentacles of Progress: Technology Transfer in the Age of Imperialism, 1850-1940*. Oxford: Oxford University Press.

Heesen, A. t. (2004). 'Things that talk: News, Paper, Scissors. Clippings in the Sciences and Arts around 1920', in *Things that talk*. (ed. Daston, L.) New York: Zone Books, 297-327.

Heidegger, M. (1977). *The Question Concerning Technology and Other Essays*. New York: Harper Torch Books.

Hennion, A. (1993). *La passion musicale: Une sociologie de la médiation*. Paris: A.-M. Métailié.

——— (2004). 'Pragmatics of Taste', in *The Blackwell Companion to the Sociology of Culture*. (eds. Jacobs, M. and M., H.) Oxford: Blackwell.

Hennion, A. and Teil, G. (2003). 'Le goût du vin: Pour une sociologie de l'attention', in *Le Goût des belles choses: Ethnologie de la relation esthétique*. (eds. Nahoum-Grappe, V and Vincent, O) Paris: Maison des Sciences de l'Homme.

Heurtin, J.-P. (1999). *L'espace public parlementaire: Essais sur les raisons du législateur*. Paris: PUF.

Hirschauer, S. (1991). 'The Manufacture of Bodies in Surgery', *Social Studies of Science*, 21/2: 279-320.

Hirschauer, S. (1998). 'Performing Sexes and Genders in Medical Practice', in *Differences in Medicine: Unraveling Practices, Techniques and Bodies*. (eds. Berg, M. and Mol, A.-M.)

Durham: Duke University Press, pp. 13-27.
Hirschman, A. O. (1977). *The Passions and the Interests*. Princeton: Princeton University Press.
Houdart, S. (2000). 'Et le scientifique tint le monde: Ethnologie d'un laboratoire japonais de génétique du comportement', Ph.D. thesis, Nanterre: Université de Paris X, sous la direction de Laurence Caillet.
Houdé, O. (1997). *Rationalité, développement et inhibition: Un nouveau cadre d'analyse*. Paris: PUF.
Hughes, T. (2004). *Human-Built World: How to Think about Technology and Culture*. Chicago: University of Chicago Press.
Hughes, T. P. (1983). *Networks of Power: Electrification in Western Society, 1880-1930*. Baltimore: John Hopkins University Press.
——— (1986). 'The Seamless Web: Technology, Science, Etcetera, Etcetera', *Social Studies of Science*, 16/2: 281-292.
Hunter, P. (1980). 'The National System of Scientific Measurement', *Science*, 210: 869-874.
Hutchins, E. (1995). *Cognition in the Wild*. Cambridge, Mass.: MIT Press.
Ihde, D. and Selinger, E. (eds.) (2003). *Chasing Technoscience: Matrix for Materiality*. Bloomingon: Indiana University Press.
Ingold, T. (2000). *Perception of the Environment: Essays in Livelihood, Dwelling and Skill*. London: Routledge.
Jacob, C. (1992). *L'empire des cartes: Approche théorique de la cartographie à travers l'histoire*. Paris: Albin Michel.
James, W. (1890). *The Principles of Psychology*. New York: Dover.
Jeanneret, Y. (1998). *L'affaire Sokal ou la querelle des impostures*. Paris: PUF.
Jensen, P. (2001). *Entrer en matière: Les atomes expliquent-ils le monde?* Paris: Le Seuil.
Jones, G., McLean, C. and Quattrone, P. (2004). 'Spacing and Timing': Introduction to the Special Issue of Organization on 'Spacing and Timing', *Organization*, 11/6: 723-741.
Jullien, F. (1995). *The Propensity of Things: Toward a History of Efficacy in China*. Cambridge, Mass.: Zone Books.
Jurdant, B. (ed.) (1998). *Impostures intellectuelles: Les malentendus de l'affaire Sokal*. Paris: La Découverte.
Kaiser, D. (2005). *Drawing Theories Apart: The Dispersion of Feynman Diagrams in Postwar Physics*. Chicago: University of Chicago Press.
Kantorowicz, E. (1997). *The King's Two Bodies*. Princeton: Princeton University Press.
Karsenti, B. (1997). *L'Homme total: Sociologie, anthropologie et philosophie chez Marcel Mauss*. Paris: PUF.
——— (2002). 'L'imitation: Retour sur le débat entre Durkheim et Tarde' in *La régularité*. (eds. Chauviré, C. and Ogien, A.) Paris: Editions de l'EHESS, 183-215.

——— (2003). 'Autorité, pouvoir et société: La science sociale selon Bonald', in *L'invention de la science sociale, XVIIIème et XIXème siècle*. (eds. Guillhaumou, J. and Kaufmann, L.) Paris: Editions de l'EHESS.

Keating, P. and Cambrosio, A. (2003). *Biomedical Platforms: Realigning the Normal and the Pathological in Late-Twentieth-Century Medicine*. Cambridge, Mass.: MIT Press.

Keegan, J. (1987). *The Mask of Command*. New York: Viking.

Kidder, T. (1985). *House*. Boston: Houghton Mifflin Company.

Kirk, S. A. and Kutchins, H. (1992). *The Selling of DSM: The Rhetoric of Science in Psychiatry*. New York: Aldine de Gruyter.

Kitcher, P. (2003). *Science, Truth, and Democracy* (Oxford Studies in the Philosophy of Science). Oxford: Oxford University Press.

Knorr-Cetina, K. (1999). *Epistemic Cultures: How the Sciences Make Knowledge*. Cambridge, Mass.: Harvard University Press.

Knorr-Cetina, K. and Bruegger, U. (2002). 'Global Microstructures: The Virtual Societies of Financial Markets', *American Journal of Sociology*, 107/4: 905–950.

Koergte, N. (ed.) (1998). *A House Built on Sand: Exposing Postmodernist Myths about Science*. Oxford: Oxford University Press.

Koerner, J. L. (1993). *The Moment of Self-Portraiture in German Renaissance Art*. Chicago: University of Chicago Press.

——— (2004). *The Reformation of the Image*. London: Reaktion Books.

Koolhaas, R. and Mau, B. (1995). *Small, Medium, Large, Extra-Large*. Rotterdam: Office for Metropolitan Architecture.

Kummer, H. (1995). *In Quest of the Sacred Baboon* (trans. M. Ann Biederman-Thorson). Princeton: Princeton University Press.

Kupiec, J.-J. and Sonigo, P. (2000). *Ni Dieu ni gène*. Paris: Le Seuil-Collection Science ouverte.

Lafaye, C. and Thévenot, L. (1993). 'Une justification écologique? Conflits dans l'aménagement de la nature', *Revue Française de Sociologie*, 34/4: 495–524.

Latour, B. (1984). *Les microbes, guerre et paix, suivi de Irréductions*. Paris: A.-M. Métailié La Découverte.

——— (1987). *Science In Action: How to Follow Scientists and Engineers through Society*. Cambridge, Mass.: Harvard University Press.

——— (1988a). *Irreductions part II of The Pasteurization of France*. Cambridge, Mass.: Harvard University Press.

——— (1988b). *The Pasteurization of France*. Cambridge, Mass.: Harvard University Press.

——— (1988c). 'A Relativist Account of Einstein's Relativity', *Social Studies of Science*, 18: 3–44.

——— (1993). *We Have Never Been Modern*. Cambridge, Mass.: Harvard University

Press.
——— (1996). *Aramis or the Love of Technology*. Cambridge, Mass.: Harvard University Press.
——— (1999a). 'Factures/fractures: From the Concept of Network to the Concept of Attachment', *Res*, 36: 20-31.
——— (1999b). 'For Bloor and Beyond - a Response to David Bloor's "Anti-Latour" ', *Studies in History and Philosophy of Science*, 30/1: 113-129.
——— (1999c). 'On Recalling ANT', in *Actor Network and After*. (eds. Law, J. and Hassard, J.) Oxford: Blackwell, 15-25.
——— (1999d). *Pandora's Hope: Essays on the reality of science studies*. Cambridge, Mass.: Harvard University Press.
——— (2002). 'Gabriel Tarde and the End of the Social', in *The Social in Question: New Bearings in the History and the Social Sciences*. (ed. Joyce, P.) London: Routledge, 117-132.
——— (2002). *La fabrique du droit. Une ethnographie du Conseil d'Etat*. Paris: La Découverte.
——— (2003a). 'The Promises of Constructivism', in *Chasing Technoscience: Matrix for Materiality*. (eds. Ihde, D. and Selinger, E.) Bloomington: Indiana University Press, 27-46.
——— (2003b). 'What if We Were Talking Politics a Little?', *Contemporary Political Theory*, 2/2: 143-164.
——— (2004a). 'How to Talk about the Body? The Normative Dimension of Science Studies' a symposium edited by Madeleine Akrich and Marc Berg, 'Bodies on Trial', *Body and Society*, 10/2/3: 205-229.
——— (2004b). *Politics of Nature: How to Bring the Sciences into Democracy* (trans. Catherine Porter). Cambridge, Mass.: Harvard University Press.
Latour, B. and Hermant, E. (1998). *Paris ville invisible*. Paris: La Découverte-Les Empêcheurs de penser en rond.
——— (2004). *Paris the Invisible City* (trans. by Liz Libbrecht) http://bruno.latour.name.
Latour, B. and Lemonnier, P. (eds.) (1994). *De la préhistoire aux missiles balistiques - l'intelligence sociale des techniques*. Paris: La Découverte.
Latour, B. and Weibel, P. (eds.) (2002). *Iconoclash: Beyond the Image Wars in Science, Religion and Art*. Cambridge, Mass.: MIT Press.
——— (eds.) (2005). *Making Things Public: Atmospheres of Democracy*. Cambridge, Mass.: MIT Press.
Latour, B. and Woolgar, S. (1979/1986). *Laboratory Life: The Construction of Scientific Facts* (second edition with a new postword). Princeton: Princeton University Press.
Lave, J. (1988). *Cognition in Practice: Mind, Mathematics and Culture in Everyday Life*. Cam-

bridge: Cambridge University Press.

Law, J. (1986a). 'On Power and Its Tactics: A View From The Sociology Of Science', *The Sociological Review*, 34/1: 1-38.

——— (1986b). 'On the Methods of Long-Distance Control: Vessels, Navigation and the Portuguese Route to India', in *Power, Action and Belief. A New Sociology of Knowledge?* (ed. Law, J.) Keele: Sociological Review Monograph, 234-263.

——— (ed.) (1992). *A Sociology of Monsters: Essays on Power, Technology and Domination*. London: Routledge Sociological Review Monograph.

——— (1993). *Organizing Modernities*. Cambridge: Blackwell.

——— (2002). *Aircraft Stories: Decentering the Object in Technoscience*. Durham: Duke University Press.

——— (2004). *After Method: Mess in Social Science Research*. London: Routledge.

Le Bourhis, J. P. (2004). 'La publicisation des eaux: Rationalité et politique dans la gestion de l'eau en France (1964-2003)', Ph.D. thesis, Paris: University Paris I Sorbonne.

Lemonnier, P. (ed.) (1993). *Technological Choices: Transformation in Material Cultures since the Neolithic*. London: Routledge.

Lépinay, V. (2003). 'Les formules du marché. Ethno-Economie d'une innovation financière: les produits à capital garanti', Ph.D. thesis Paris: Ecole des Mines.

Leroi-Gourhan, A. (1993). *Gesture and Speech*. Cambridge, Mass.: MIT Press.

Lewontin, R. (2000). *The Triple Helix: Gene, Organism and Environment*. Cambridge, Mass.: Harvard University Press.

Leyshon, A. and Thrift, N. (1996). *Money/Space: Geographies of Monetary Transformation* (International Library of Sociology). London: Routledge.

Linhardt, D. (2004). 'La force de l'Etat en démocratie: La République fédérale d'Allemagne à l'épreuve de la guérilla urbaine 1967-1982', Ph.D. thesis, Paris: Ecole des Mines.

Lippmann, W. (1922). *Public Opinion*. New York: Simon & Schuster.

——— (1927/1993). *The Phantom Public*. New Brunswick: Transactions Publishers.

Livingston, E. (1985). *The Ethnomethodological Foundations of Mathematical Practice*. London: Routledge.

Livingstone, D. N. (2003). *Putting Science in Its Place: Geographies of Scientific Knowledge*. Chicago: University of Chicago Press.

Lowe, A. and Schaffer, S. (1999). *N01se*, 1999. An exhibition held simultaneously at Kettle's Yard, The Whipple Museum of the History of Science, Cambridge, the Museum of Archaeology and Anthropology, Cambridge and the Wellcome Institute, London. Cambridge: Kettle's Yard.

Luhmann, N. (1985). *A Sociological Theory of Law*. London: Routledge.

Lynch, M. (1985). *Art and Artifact in Laboratory Science: A Study of ShopWork and Shop Talk in a Research Laboratory*. London: Routledge.

Lynch, M. and Bogen, D. (1996). *The Spectacle of History: Speech, Text and Memory at the Iran*

Contra Hearings. Durham: Duke University Press.

MacKenzie, D. (1990). *Inventing Accuracy: A Historical Sociology of Nuclear Missile Guidance*. Cambridge, Mass.: MIT Press.

——— (2001). *Mechanizing Proof: Computing, Risk, and Trust* (Inside Technology). Cambridge, Mass.: MIT Press.

——— (forthcoming). *An engine, not a camera: finance theory and the making of markets*. Cambridge, Mass.: MIT Press.

MacKenzie, D. andWajcman, J. (1999). *The Social Shaping of Technology*. Second edition. Milton Keynes: Open University Press.

Madsen, A. (1991). *Chanel: A Woman of Her Own*. New York: Owl Books.

——— (1996). 'Les instruments dans la coordination de l'action: pratique technique, métrologie, instrument scientifique', Ph.D. thesis, Paris: Ecole des Mines.

Marin, L. (1989). *Opacité de la peinture: Essais sur la représentation*. Paris: Usher.

——— (1992). *Des pouvoirs de l'image: Gloses*. Paris: Le Seuil.

——— (2001). *On Representation* (trans. Catherine Porter). Stanford, CA.: Stanford University Press.

Marres, N. (2005). 'No Issue, No Politics', Ph.D. thesis, Philosophy Department, Amsterdam.

Maturana, H. R. and Varela, F. J. (1980). *Autopoiesis and Cognition: The Realization of the Living* (Boston Studies in the Philosophy of Science). Dordrecht: Reidel.

Mauss, M. (1979). 'Body Techniques' in *Sociology and Psychology: Essays* (Trans. Ben Brewster). London: Routledge and Kegan Paul.

McNeill, W. (1976). *Plagues and peoples*. New York: Anchor Press.

Mélard, F. (2001). 'L'autorité des instruments dans la production du lien social: le cas de l'analyse polarimétrique dans l'industrie sucrière belge', Ph.D. thesis, Paris: Ecole des Mines.

Merton, R. K. (1973). *The Sociology of Science: Theoretical and Empirical Investigations*. Chicago: University of Chicago Press.

Mialet, H. (2003). 'Reading Hawking's Presence: An Interview with a Self-Effacing Man', *Critical Inquiry*, 29/4: 571-598.

Miall, R. C. and Tchalenko, J. (2001). 'A Painter's Eye Movements: A Study of Eye and Hand Movement during Portrait Drawing', *Leonardo*, 34/1: 35-40.

Miller, P. (1994). 'The Factory as Laboratory', *Science in Context*, 7/3: 469-496.

Minvielle, A. (forthcoming). 'De quoi une entreprise est-elle capable? Comptabilité sociale des entreprises', Ph.D. thesis, Paris: Ecole des Mines.

Mirowski, P. (2001). *Machine Dreams: Economics Becomes a Cyborg Science*. Cambridge: Cambridge University Press.

Mirowski, P. and Nik-Khah, E. (2004). 'Markets Made Flesh: Callon, Performativity, and a Crisis in Science Studies, augmented With Consideration of the FCC auctions'.

Mitchell, T. (2002). *Rule of Experts: Egypt, Techno-Politics, Modernity*. Berkeley: University of California Press.

Mol, A. and Law, J. (1994). 'Regions, Networks, and Fluids: Anaemia and Social Topology', *Social Studies of Science*, 24/4: 641–672.

Mol, A. (2003). *The Body Multiple: Ontology in Medical Practice* (Science and Cultural Theory). Duke University Press.

Mondada, L. (2000). *Décrire la ville: La construction des savoirs urbains dans l'interaction et dans le texte* (Collection Villes). Paris: Anthropos.

Monsaingeon, B. (1998). *Le chant possédé* (documentary by Bruno Monsaingeon), distribution Idéale Audience.

Morrison, P. and Morrison, P. (1982). *The Powers of Ten*. San Francisco: W. H. Freeman and Company.

Mumford, L. (1967). *The Myth of the Machine: Technics and Human Development*. New York: Harcourt, Brace & World, Inc.

Mundy, M. and Pottage, A. (2004). *Law, Anthropology and the Constitution of the Social: Making Persons and Things* (Cambridge Studies in Law & Society). Cambridge: Cambridge University Press.

Muniesa, F. (2004). 'Des marchés comme algorithmes: sociologie de la cotation électronique à la Bourse de Paris', Ph.D. thesis under the direction of Michel Callon, Paris: Ecole des Mines.

Nanda, M. (2003). *Prophets Facing Backward: Postmodern Critiques of Science and Hindu Nationalism in India*. New Brunswick, N.J.: Rutgers University Press.

Napoli, P. (2003). *Naissance de la police moderne: Pouvoirs, normes, société*. Paris: La Découverte.

Nelson, V. (2002). *The Secret Life of Puppets*. Cambridge, Mass.: Harvard University Press.

Norman, D. A. (1988). *The Psychology of Everyday Things*. New York: Basic Books/Doubleday.

——— (1993). *Things that Make Us Smart*. New York: Addison Wesley Publishing Company.

O'Connell, J. (1993). 'Metrology: the Creation of Universality by the Circulation of Particulars', *Social Studies of Science*, 23/1: 129–173.

Oettermann, S. (1997). *The Panorama: History of a Mass Medium*. (trans. Deborah Lucas Schneider) New York: Zone Books.

Pasteels, J. and Deneubourg, J.-L. (eds.) (1987). *From Individual to Collective Behavior in Social Insects*. Bâle Boston: Birkhauser Verlag.

Pavel, T. (1986). *Fictional Worlds*. Cambridge, Mass.: Harvard University Press.

——— (2003). *La pensée du roman*. Paris: Gallimard.

Perret-Clermont, A.-N. (1979). *La Construction de l'intelligence dans l'interaction sociale*. Berne: Peter Lang.

Pickering, A. (1995). *The Mangle of Practice: Time, Agency and Science*. Chicago: University of Chicago Press.

Piette, A. (1999). *La religion de près: L'activité religieuse en train de se faire*. Paris: Métailié.

Pietz, W. (1985). 'The Problem of the Fetish, I', *Res*, 9: 5-17.

——— (1993). 'Fetishism and Materialism: the Limits of Theory in Marx', in *Fetishism as Cultural Discourse*. (eds. Apter, E. and Petz, W.) Ithaca: Cornell University Press, 119-151.

Polanyi, K. (1944). *The Great Transformation*. Boston: Beacon Press.

Ponge, F. (1972). *The Voice of Things. Edited and translated by B. Archer*. New York: McGraw-Hill Book C8.

Porter, T. M. (1995). *Trust in Numbers: The Pursuit of Objectivity in Science and Public Life*. Princeton: Princeton University Press.

Power, M. (ed.) (1995). *Accounting and Science: Natural Inquiry and Commercial Reason*. Cambridge: Cambridge University Press.

Powers, R. (1995). *Galatea 2.2*. New York: Farrar, Strauss and Giroux.

——— (1998). *Gain*. New York: Farrar, Straus & Giroux.

Quattrone, P. (2004). 'Accounting for God: Accounting and Accountability Practices in the Society of Jesus (Italy, 16th-17th centuries)', *Accounting, Organizations and Society*, 29/7: 647-683.

Riskin, J. (2002). *Science in the Age of Sensibility: The Sentimental Empiricists of The French Enlightenment*. Chicago: University of Chicago Press.

Robbins, E. (ed.) (1994). *Why Architects Draw*. Cambridge, Mass.: MIT Press.

Rogers, R. (2005). *Information Politic on the Web*. Cambridge, Mass.: MIT Press.

Rosental, C. (2003). *La Trame de l'évidence*. Paris: P.U.F.

Rotman, B. (1993). *Ad Infinitum: The Ghost in Turing Machine. Taking God out of Mathematics and Putting the Body Back In*. Stanford, CA.: Stanford University Press.

Ruellan, A. and Dosso, M. (1993). *Regards sur le sol*. Paris: Foucher.

Sahlins, M. (2000). *Culture in Practice*. New York: Zone Books.

Salmon, L. (2004). *La pensée politique de Gabriel Tarde*. Paris X: Economie, organisations, sociétés: Mémoire de DEA.

Sartre, J.-P. (1993). *Being And Nothingness* (trans. Hazel E. Barnes). Washington Square Press.

Schaffer, S. (1988). 'Astronomers Mark Time: Discipline And The Personal Equation', *Science In Context*, 2/1: 115-145.

——— (1991a). 'The Eighteenth Brumaire of Bruno Latour'. *Studies in History and Philosophy of Science*, 22: 174-192.

——— (1991b). 'A Manufactory of OHMS, Victorian Metrology and its Instrumentation', in *Invisible Connections*. (eds. Cozzens, S. and Bud, R.) Bellingham Washington State: Spie Optical Engineering Press, 25-54.

Schmitt, J. C. (1990). *La Raison des gestes dans l'Occident médiéval*. Paris: Gallimard.

Searle, J. (1995). *The Construction of Social Reality*. New York: Free Press.

Serres, M. (1974). *La Traduction* (Hermès III). Paris: Minuit.

——— (1995). *Conversations on Science, Culture and Time with Bruno Latour*. Ann Arbor, MI.: The University of Michigan Press.

Shakespeare, W. (1988). *The Complete Works*. Compact Edition edited by Stanley Wells and Gary Taylor. Oxford: Clarendon Press.

Shapin, S. and Schaffer, S. (1985). *Leviathan and the Air-Pump: Hobbes, Boyle and the Experimental Life*. Princeton: Princeton University Press.

Sloterdijk, P. (1999). *Sphären*. Bd.2 Globen. Munich: Suhrkamp.

——— (2004). *Sphären*, Bd. 3 Schaüme. Munich: Suhrkamp.

Smith, B. C. (1997). *On the Origins of Objects*. Cambridge, Mass.: MIT Press.

——— (2003). 'The Devil in the Digital Details: Digital Abstraction and Concrete Reality', in *Digitality in Art Special Symposium Calcografía Nacional* (ed. Lowe, A.).

Smith, C. and Wise, N. (1989). *Energy and Empire: A Biographical Study of Lord Kelvin*. Cambridge: Cambridge University Press.

Sokal, A. D. and Bricmont, J. (1999). *Fashionable Nonsense: Postmodern Intellectuals' Abuse of Science*. New York: Picador.

Souriau, E. (1943). *Les différents modes d'existence*. Paris: PUF.

Sperber, D., Premack, D. and Premack, A. J. (1996). *Causal Cognition: A Multidisciplinary Debate* (Symposium of the Fyssen Foundation). Oxford: Oxford University Press.

Star, S. L. and Griesemer, J. (1989). 'Institutional Ecology, "Translations" and Boundary Objects: Amateurs and Professionals in Berkeley's Museum of Vertebrate Zoology, 1907-1939', *Social Studies of Science*, 19: 387-420.

Stengers, I. (1991). *Drogues, le défi hollandais*. Paris: Les Empêcheurs.

——— (1996). *Cosmopolitiques - Tome 1: la guerre des sciences*. Paris: La découverte & Les Empêcheurs de penser en rond.

——— (1997). *Power and Invention. Situating Science* (trans. Paul Bains). Minneapolis: University of Minnesota Press.

——— (2000). *The Invention of Modern Science* (trans. DanielW. Smith). The University of Minnesota Press.

——— (2002). *Penser avec Whitehead: Une libre et sauvage création de concepts*. Paris: Gallimard.

Stocking, G. W. (ed.) (1983). *Observers Observed: Essays on Ethnographic Fieldwork*. Madison: The University of Wisconsin Press.

Strathern, M. (1999). *Property, Substance and Effect: Anthropological Essays in Persons and Things*. London: Athlone Press.

Strum, S. (1982). 'Agonistic Dominance among Baboons an Alternative View', *International Journal of Primatology*, 3/2: 175-202.

——— (1987). *Almost Human: A Journey Into the World of Baboons*. New York: Random House.

Strum, S. and Fedigan, L. (eds.) (2000). *Primate Encounters*. Chicago: University of Chicago Press.

Strum, S. and Latour, B. (1987). 'The Meanings of Social: from Baboons to Humans', *Information sur les Sciences Sociales/Social Science Information*, 26: 783-802.

Suchman, L. (1987). *Plans and Situated Actions: The Problem of Human Machine Communication*. Cambridge: Cambridge University Press.

Susuki, T. (2003). 'The epistemology of macroeconomic reality: The Keynesian Revolution from an accounting point of view', *Accounting, Organizations and Society*, 28/5: 471-517.

Tang-Martinez, Z. (2000). 'Paradigms and Primates: Bateman's Principles, Passive Females, and Perspectives from Other Taxa', in *Primate Encounters*. (eds. Strum, S. and Fedigan, L.) Chicago: University of Chicago Press, 261-274.

Tarde, G. (1893/1999). *La logique sociale*. Paris: Les Empêcheurs de penser en rond.

——— (1895/1999). *Monadologie et sociologie*. Paris: Les empêcheurs de penser en rond.

——— (1899/2000). *Social Laws: An Outline of Sociology* (trans. Howard C. Warren). Kitchener, Ont.: Batoche Books.

——— (1901/1989). *L'opinion et la foule*. Paris: PUF.

——— (1902). *Psychologie économique*. Paris: Félix Alcan.

——— (1969). *On Communication and Social Influence*. Selected Papers. Edited by Terry N. Clark. Chicago: University of Chicago Press.

Taylor, J. R. (1993). *Rethinking the Theory of Organizational Communication: How to Read an Organization*. Norwood, New Jersey: Ablex Publishing.

Teil, G. (1991). 'Candide2, un outil de sociologie assistée par ordinateur pour l'analyse quantitative de gros corpus de textes', Ph.D. thesis, Paris: Ecole des Mines.

Thévenot, L. (1984). 'Rules and implements: investment in forms', *Social Science Information*, 23/1: 1-45.

——— (2002). 'Which road to follow? The moral complexity of an "equipped" humanity', in *Social Studies of Knowledge Practices*. (eds. Law, J. and Mol, A.) Durham: Duke University Press, 53-87.

——— (2004). 'Une science de la vie ensemble dans le monde', *La Revue semestrielle du MAUSS*, 24: 115-126.

Thompson, C. (2002). 'When Elephants Stand for Competing Philosophies of Nature: Amboseli National Park, Kenya', in *Complexities in Science, Technology, and Medicine*. (eds. Mol, A.-M. and Law, J.) Duke University Press.

Tiles, M. and Pippin, R. B. (eds.) (1984). *Bachelard: Science and Objectivity*. Cambridge: Cambridge University Press.

Tresch, J. (2001). 'Mechanical Romanticism: Engineers of the Artificial Paradise', Ph.D.

thesis, Department of History and Philosophy of Science. Cambridge: University of Cambridge.

Vaughan, D. (1996). *The Challenger Launch Decision: Risky Technology, Culture and Deviance at NASA*. Chicago: University of Chicago Press.

Vinck, D. (1995). *La sociologie des sciences*. Paris: Armand Colin.

Vygotski, L. S. (1878). *Mind in Society: The Development of Higher Cognitive Processes* (Texts edited by Michael Cole). Cambridge Mass: Harvard U.P.

Warwick, A. (2003). *Masters of Theory: Cambridge and the Rise of Mathematical Physics*. Chicago: University of Chicago Press.

Waters, L. (2004). *Enemies of Promise: Publishing, Perishing, and the Eclipse of Scholarship*. University of Chicago Press: Prickly Paradigm Press.

Weber, M. (1947). *The Theory of Social and Economic Organization*. New York: Free Press.

Whitehead, A. N. (1929/1978). *Process and Reality: An Essay in Cosmology*. New York: Free Press.

Wilson, E. O. (1975). *Sociobiology, the New Synthesis*. Cambridge, Mass.: Harvard University Press, The Belknap Press.

Winance, M. (2001). 'Thèse et prothèse. Le processus d'habilitation comme fabrication de la personne: l'association française contre les myopathies, face au handicap', Ph.D. thesis, Paris: Ecole des Mines.

Winchester, S. (2003). *The Meaning of Everything: The Story of the Oxford English Dictionary*. Oxford: Oxford University Press.

Winner, L. (1993). 'Upon Opening the Black Box and Finding It Empty: Social Constructivsm and the Philosophy of Technology', *Science, Technology and Human Values*, 18/3: 362-378.

Wise, N. (ed.) (1995). *The Values of Precision and Exactitude*. Princeton: Princeton University Press.

Woolgar, S. (1988). *Science The Very Idea*. London: Tavistock.

——— (1991). 'The Turn to Technology in Social Studies of Science', *Science, Technology and Human Values*, 16/1: 20-50.

Yaneva, A. (2005). 'Scaling Up and Down: Extraction Trials in Architectural Design', *Social Studies of Science*, 35 (6): 867-894.

——— (2001). 'L'affluence des objets: Pragmatique comparée de l'art contemporain et de l'artisanat 2001', Ph.D. thesis, Paris: Ecole des Mines.

——— (2003). 'When a Bus Meet a Museum: To Follow Artists, Curators and Workers in Art Installation', *Museum and Society*, 1/3: 116-131.

Zourabichvili, F. (2003). *Le vocabulaire de Deleuze*. Paris: Ellipses.

日本語訳

アイゼンスタイン，E.（一九八七）『印刷革命』別宮貞徳監訳，みすず書房.
アインシュタイン，A.（一九九一）『特殊および一般相対性理論について』金子務訳，白揚社.（Einstein 1920）
アボット，E. A.（二〇〇九）『フラットランド——多次元の冒険』富永星訳，日経BP社.（Abbott 1992）
インゴルド，T.（二〇一四）『ラインズ——線の文化史』工藤晋訳，左右社.（Ingold 2000）
ヴィゴツキー，L. S.（二〇〇五）『文化的‐歴史的精神発達の理論』柴田義松訳，学文社.
———（二〇〇六）「子どもの発達における道具と記号」『記号としての文化——発達心理学と芸術心理学』柳町裕子・高柳聡子訳，水声社.
ウィルソン，E. O.（一九九九）『社会生物学 合本版』坂上昭一ほか訳，新思索社.（Wilson 1975）
ウィンチェスター，S.（二〇〇四）『オックスフォード英語大辞典物語』苅部恒徳訳，研究社.（Winchester 2003）
ヴェーバー，M.（一九七二）『社会学の根本問題』清水幾太郎訳，岩波書店.
ガーフィンケル，H.（一九八七）「アグネス、彼女はいかにして女になり続けたか」ガーフィンケル他『エスノメソドロジー——社会学的思考の解体』山田富秋・好井裕明・山崎敬編訳，せりか書房.
カーク，S. A. ／カチンス，H.（二〇〇二）『精神疾患はつくられる——DSM診断の罠』高木俊介・塚本千秋訳，日本評論社.（Kirk and Kutchins 1992）
カストリアディス，C.（一九九四）『想念が社会を創る——社会的想念と制度』江口幹訳，法政大学出版局.（Castoriadis 1998）
カロン，M.（二〇一六）「社会学は外部性の経済分析を豊富化できるか？ 『フレーミング＝氾濫』概念についてのエッセー」横田宏樹・須田文明訳，『旭川大学経済学部紀要』75: 117-46.（Callon 1998a）
カンギレム，G.（二〇〇六）『生命科学の歴史——イデオロギーと合理性』杉山吉弘訳，法政大学出版局.（Canguilhem 1968/1988）
カントロヴィチ，E.（二〇〇三）『王の二つの身体——中世政治神学研究』小林公訳，筑摩書房.（Kantorowicz 1997）
ギーソン，G. L.（二〇〇〇）『パストゥール——実験ノートと未公開の研究』長野敬・太田英彦訳，青土社.（Geison 1995）
ギデンズ，A.（二〇一五）『社会の構成』門田健一訳，勁草書房.（Giddens 1984）
ギブソン，J. J.（一九八六）『生態学的視覚論——ヒトの知覚世界を探る』古崎敬訳，サイエンス社.（Gibson 1986）
ギャリソン，P.（二〇一五）『アインシュタインの時計 ポアンカレの地図——鋳造される時間』松浦俊輔訳，名古屋大学出版会.（Galison 2003）

ギンズブルグ，G.（二〇〇一）『歴史、レトリック、立証』上村忠男訳，みすず書房．（Ginzburg 1999）
――――（二〇一二）『チーズとうじ虫――16世紀の一粉挽屋の世界像』上村忠男訳，みすず書房．（Ginzburg 1980）
グッドマン，N.（二〇〇八）『世界制作の方法』菅野盾樹訳，筑摩書房．（Goodman 1988）
グディ，J.（一九八六）『未開と文明』吉田禎吾訳，岩波書店．（Goody 1977）
グレマス，A. J.（一九八八）『構造意味論――方法の探究』田島宏・鳥居正文訳，紀伊國屋書店．
ケーナー，J. L.（一九九四）『パウル・クレー――記号をめぐる伝説』太田泰人訳，岩波書店．（Koerner 1993）
ゴードン，D.（二〇〇一）『アリはなぜ、ちゃんと働くのか――管理者なき行動パタンの不思議に迫る』池田清彦・池田正子訳，新潮社．（Gordon 1999）
コールハース，R. ／マウ，B.（二〇一五）『S，M，L，XL+――現代都市をめぐるエッセイ』太田佳代子・渡辺佐智江訳，筑摩書房．（Koolhaas and Mau 1995）
ゴフマン，E.（一九七四）『行為と演技――日常生活における自己呈示』石黒毅訳，誠信書房．（Goffman 1959）
コルビュジエ，L.（一九六七）『ユルバニスム』樋口清訳，鹿島出版会．
サール，J.（一九九七）『志向性――心の哲学』坂本百大訳，誠信書房．（Searle 1995）
サッチマン，L. A.（一九九九）『プランと状況的行為』佐伯胖監訳，産業図書．（Suchman 1987）
サルトル，J-P.（二〇〇七―八）『存在と無――現象学的存在論の試み』松浪信三郎訳，筑摩書房．（Sartre 1993）
シェイピン，S. ／シャッファー，S.（二〇一六）『リヴァイアサンと空気ポンプ――ホッブズ、ボイル、実験的生活』吉本秀之・柴田和宏・坂本邦暢訳，名古屋大学出版会．（Shapin and Schaffer 1985）
ジェームス，W.（一九四〇）『心理學の根本問題』松浦孝作訳，三笠書房．（James 1890）
ジェームズ，W.（一九九二、一九九三）『心理学』今田寛訳，岩波書店．
シュミット，J. C.（一九九六）『中世の身ぶり』松村剛訳，みすず書房．（Schmitt 1990）
ジュリアン，F.（二〇〇二）『道徳を基礎づける――孟子vs. カント、ルソー、ニーチェ』中島隆博・志野好伸訳，講談社．（Jullien 1995）
スタンジェール，I.（一九九九）『科学と権力――先端科学技術をまえにした民主主義』吉谷啓示訳，松籟社．
ストラム，S.（一九八九）『人とヒヒはどこまで同じか』榎本知郎訳，どうぶつ社．（Strum 1987）
セール，M.（一九七四）『ヘルメス〈3〉翻訳』豊田彰・輪田裕訳，法政大学出版局．（Serres 1974）

―――― （一九九六）『解明 M. セールの世界――B. ラトゥールとの対話』梶野吉郎・竹中のぞみ訳，法政大学出版局．（Serres 1995）
―――― （一九九七）『彫像――定礎の書』米山親能訳，法政大学出版局．
ソーカル，A. D. ／ブリクモン，J.（二〇〇〇）『「知」の欺瞞――ポストモダン思想における科学の濫用』田崎晴明・大野克嗣・堀茂樹訳，岩波書店（Sokal and Bricmont 1999）
タルド，J-G.（一九八九）『世論と群集』稲葉三千男訳，未来社．（Tarde 1893/1999）
―――― （二〇〇八 a）「社会法則」『社会法則／モナド論と社会学』村澤真保呂・信友建志訳，河出書房新社．（Tarde 1899/2000）
―――― （二〇〇八 b）「モナド論と社会学」『社会法則／モナド論と社会学』村澤真保呂・信友建志訳，河出書房新社．（Tarde 1895/1999）
チャンドラー，A. D.（一九七九）『経営者の時代――アメリカ産業における近代企業の成立（上）（下）』鳥羽欽一郎・小林袈裟治訳，東洋経済新報社．（Chandler 1977）
ディドロ，D.（一九五八）『ダランベールの夢――他四篇』新村猛訳，法政大学出版局．（Diderot 1964）
デスコラ，P.（近刊）『自然と文化を超えて』中沢新一・檜垣立哉他訳，水声社．（Descola 2005）
デューイ，J.（二〇一〇）『公衆とその諸問題』植木豊訳，ハーベスト社．（Dewey 1927/1954）
―――― （二〇〇九）『哲学の改造』清水幾太郎・清水禮子訳，岩波文庫．（Dewey 1930）
デュエム，P.（一九九一）『物理理論の目的と構造』小林道夫・熊谷陽一・安孫子信訳，勁草書房．（Duhem 1904）
デュモン，L.（二〇〇一）『ホモ・ヒエラルキクス――カースト体系とその意味』田中雅一・渡辺公三訳，みすず書房．（Dumont 1982）
デュルケム，E.（一九五六）『プラグマティズムと社会学』福鎌忠恕・福鎌達夫訳，関書院．（Durkheim 1955）
デュルケム，E.（一九七八）『社会学的方法の規準』宮島喬訳，岩波書店．（Durkheim 1966）
―――― （二〇一四）『宗教生活の基本形態』山崎亮訳，筑摩書房．（Durkheim 1915/1947）
デリダ，J.（一九七二）『根源の彼方に――グラマトロジーについて』足立和浩訳，現代思潮新社．（Derrida 1998）
―――― （二〇一〇）『アーカイヴの病』福本修訳，法政大学出版局．（Derrida 1995）
ド・ルージュモン，D.（一九九三）『愛について』鈴木健郎・川村克己訳，平凡社．（de Rougemont 1972）
ドゥ゠ヴァール，F.（二〇〇六）『チンパンジーの政治学――猿の権力と性』西田利貞訳，産経新聞社．（De Waal 1982）

ドゥルーズ，G.（二〇一五）『襞——ライプニッツとバロック』宇野邦一訳，河出書房新社．（Deleuze 1993）
ノーマン, D. A.（二〇一五）『誰のためのデザイン？——認知科学者のデザイン原論』岡本明・安村通晃・伊賀聡一郎・野島久雄・野島久雄訳，新曜社．（Norman 1988）
————（一九九六）『人を賢くする道具——ソフト・テクノロジーの心理学』佐伯胖・八木大彦・嶋田敦夫・岡本明・藤田克彦訳，新曜社．（Norman 1993）
ハーシュマン，A. O.（二〇一四）『情念の政治経済学〈新装版〉』佐々木毅／旦祐介訳，法政大学出版局．（Hirshman 1977）
バーン，R. ／ホワイトゥン，A.（二〇〇四）『マキャベリ的知性と心の理論の進化論——ヒトはなぜ賢くなったか』藤田和生・山下博志・友永雅己監訳，ナカニシヤ出版．（Byrne and Whiten 1988）
ハイデッガー，M.（二〇〇九）『技術への問い』関口浩訳，平凡社．
バウマン，Z.（二〇〇一）『リキッド・モダニティ——液状化する社会』森田典正訳，大月書店．（Bauman 2000）
ハッキング，I.（二〇〇六）『何が社会的に構成されるのか』出口康夫訳，岩波書店．（Hacking 1999）
バトラ，S.（一九三五）『エレホン——山脈を越えて』山本政喜訳，岩波書店．（Butler 1872）
ハラウェイ，D. J.（二〇〇〇）『猿と女とサイボーグ——自然の再発明』高橋さきの訳，青土社．（Haraway 1991）
————（二〇〇七）『サイボーグ・ダイアローグズ』高橋透・北村有紀子訳，水声社．（Haraway 2000）
パワーズ，R.（二〇〇一）『ガラテイア2．2』若島正訳，みすず書房．（Powers 1995）
ヒューズ，T. P.（一九九六）『電力の歴史』市場泰男訳，平凡社．（Hughes 1983）
フォイヤー，L. S.（一九九一）『アインシュタインと科学革命——世代論的・社会心理学的アプローチ』村上陽一郎・大谷隆昶・成定薫訳，法政大学出版局．（Feuer 1974）
フォックス＝ケラー, E.（二〇〇一）『遺伝子の新世紀』長野敬・赤松真紀訳，青土社．（Fox-Keller 2000）
フーコー，M.（一九七七）『監獄の誕生——監視と処罰』田村俶訳，新潮社．（Foucault 1975）
————（二〇〇七）『ミシェル・フーコー講義集成〈6〉——社会は防衛しなければならない』石田英敬・小野正嗣訳，筑摩書房．（Foucault 2003）
————（一九八六）『性の歴史I 知への意志』渡辺守章訳，新潮社．（Foucault 1990）
————（一九九九）『ミシェル・フーコー思考集成II』蓮実重彦・渡辺守章監修，筑摩書房
————（二〇〇七）『ミシェル・フーコー講義集成6——社会は防衛しなければな

らない』石田英敬・小野正嗣訳，筑摩書房．
――――（二〇一一）『臨床医学の誕生』神谷美恵子訳，みすず書房．（Foucault 1973）
プラトン（一九七六）「国家」『プラトン全集11』藤沢令夫訳，岩波書店．
ブリクス，H.（二〇〇四）『イラク大量破壊兵器査察の真実』伊藤真訳，DHC.（Blix 2004）
ブルア，D.（一九八五）『数学の社会学――知識と社会表象』佐々木力・古川安訳，培風館．（Bloor 1976/1991）
ブルデュー，P.（一九九一）「権限委託と政治的物神崇拝」『構造と実践――ブルデュー自身によるブルデュー』石崎晴己訳，藤原書店．（Bourdieu 1991）
――――（二〇一〇）『科学の科学』加藤晴久訳，藤原書店．（Bourdieu 2001）
ブルデュー，P.／シャンボルドン．J. -C.／パスロン，J. -C.（一九九四）『社会学者のメチエ――認識論上の前提条件』田原音和訳，藤原書店．（Bourdieu, Chamboredon and Passeron 1991）
ベッカー，H.（一九七八）『アウトサイダーズ――ラベリング理論とはなにか』村上直之訳，新泉社．（Becker 1991）
――――（二〇一六）『アート・ワールド』後藤将之訳，慶應義塾大学出版会．（Becker 1982）
ベック，U.（一九九八）『危険社会――新しい近代への道』東廉・伊藤美登里訳，法政大学出版局．（Beck 1992）
ベック，U.／ギデンズ，A.／ラッシュ，S.（一九九七）『再帰的近代化――近現代における政治、伝統、美的原理』松尾精文・小幡正敏・叶堂隆三訳，而立書房．
ベック，U.／ベック＝ゲルンスハイム，E.（二〇一四）『愛は遠く離れて――グローバル時代の「家族」のかたち』伊藤美登里訳，岩波書店．
ヘッドリク，D. R.（二〇〇五）『進歩の触手――帝国主義時代の技術移転』原田勝正・多田博一・老川慶喜・浜文章訳，日本経済評論社．（Headrick 1988）
ベンヤミン，W.（二〇〇三）『パサージュ論』今村仁司・三島憲一訳，岩波書店．（Benjamin 2002）
ポーター，T. M.（二〇一三）『数値と客観性――科学と社会における信頼の獲得』藤垣裕子訳，みすず書房．（Porter 1995）
ポランニー，K.（二〇〇九）『［新訳］大転換』野口建彦・栖原学訳，東洋経済新報社．（Polanyi 1944）
ボルタンスキー，L.／テヴノー，L.（二〇〇七）『正当化の理論――偉大さのエコノミー』三浦直希訳，新曜社．（Boltanski and Thévenot 1991）
ボルタンスキー，L.／シャペロ，E.（二〇一三）『資本主義の新たな精神　上・下』三浦直希・海老塚明・川野英二・白鳥義彦・須田文明・立見淳哉訳，ナカニシヤ出版．（Boltanski and Chiapello 1999/2005）
ホワイトヘッド，A. N.（一九八一）『過程と実在I――コスモロジーへの試論』平林康之訳，みすず書房．（Whitehead 1929/1978）

ポンジュ，F.（一九七一）『物の味方』阿部弘一訳，思潮社.（Ponge 1972）
マートン，R. K.（一九八三）『科学社会学の歩み――エピソードで綴る回想録』成定薫訳，サイエンス社.（Merton 1973）
マクニール，W.（一九八五）『疫病と世界史』佐々木昭夫訳，新潮社.（McNeill 1976）
マトゥラーナ，H. R. ／ヴァレラ，F. J.（一九九一）『オートポイエーシス――生命システムとはなにか』河本英夫訳，国文社.（Maturana and Varela 1980）
マンフォード，L.（一九七二）『技術と文明』生田勉訳，美術出版社.（Mumford 1967）
ミアレ，E（二〇一四）『ホーキングInc.』河野純治訳，柏書房.
モース，M.（一九七六）「身体技法」有地亨・伊藤昌司・山口俊夫訳『社会学と人類学II』弘文堂.
モリソン，P. ／モリソン，P.（一九八三）『パワーズ オブ テン――宇宙・人間・素粒子をめぐる大きさの旅』村上陽一郎・村上公子訳，日本経済新聞出版社.（Morrison and Morrison 1982）
モル，A.（二〇一六）『多としての身体――医療実践における存在論』浜田明範・田口陽子訳，水声社.（Mol 2003）
ラトゥール，B.（一九九九）『科学がつくられているとき――人類学的考察』川崎勝・高田紀代志訳，産業図書.（Latour 1987）
――――（二〇〇七）『科学論の実在――パンドラの希望』川﨑勝・平川秀幸訳，産業図書.（Latour 1999d）
――――（二〇〇八）『虚構の「近代」――科学人類学は警告する』川村久美子訳，新評論.（Latour 1993）
――――（二〇一一）「〈社会的なもの〉の終焉――アクターネットワーク理論とガブリエル・タルド」村澤真保呂訳『VOL』5，以文社.（Latour 2002）
――――（二〇一七 a）『法が作られているとき――近代行政裁判の人類学的考察』堀口真司訳，水声社.（Latour 2002）
――――（二〇一七 b）「近代の〈物神事実〉崇拝について」『近代の〈物神事実〉崇拝について――ならびに「聖像衝突」』荒金直人訳，以文社.
――――（二〇一七 c）「聖像衝突」『近代の〈物神事実〉崇拝について――ならびに「聖像衝突」』荒金直人訳，以文社.
リヴィングストン，D. N.（二〇一四）『科学の地理学――場所が問題になるとき』梶雅範・山田俊弘訳，法政大学出版局.（Livingstone 2003）
リップマン，W.（一九八七）『世論 上・下』掛川トミ子訳，岩波書店.（Lippmann 1922）
――――（二〇〇七）『幻の公衆』河崎吉紀訳，柏書房.（Lippmann 1927/1993）
リンチ，M.（二〇一二）『エスノメソドロジーと科学実践の社会学』水川喜文・中村和生訳，勁草書房.（Lynch 1985）
ルーマン，N.（二〇〇〇）『法の社会学的観察』土方透訳，ミネルヴァ書房（Luhmann 1985）
ルロワ＝グーラン，A.（二〇一二）『身ぶりと言葉』荒木亨訳，筑摩書房.（Le-

roi-Gourhan 1993)
レイヴ，J.（一九九五）『日常生活の認知行動――ひとは日常生活でどう計算し、実践するか』無藤隆・中野茂・山下清美・中村美代子訳，新曜社.（Lave 1988）